国家出版基金项目
NATIONAL PUBLICATION FOUNDATION

主　编 **赵晓耕**　副主编 **时　晨**

谢红星 著

中国共产党法治思想史稿

从理念到实践

刑事卷

中国民主法制出版社

图书在版编目（CIP）数据

中国共产党法治思想史稿：从理念到实践．刑事卷/赵晓耕主编；谢红星著．—北京：中国民主法制出版社，2022.6

ISBN 978-7-5162-2835-7

Ⅰ．①中…　Ⅱ．①赵…②谢…　Ⅲ．①中国共产党—法律—思想史—研究②社会主义法制—法的理论—中国③刑法—研究—中国　Ⅳ．①D909.2②D920.0

中国版本图书馆 CIP 数据核字（2022）第 075902 号

图书出品人：刘海涛
责 任 编 辑：庞贺鑫

书名/ 中国共产党法治思想史稿——从理念到实践（刑事卷）

作者/ 谢红星　著

出版·发行/中国民主法制出版社
地址/北京市丰台区右安门外玉林里 7 号（100069）
电话/（010）63055259（总编室）　63058068　63057714（营销中心）
传真/（010）63055259
http：// www. npcpub. com
E-mail：mzfz@ npcpub. com
经销/新华书店
开本/16 开　787 毫米×960 毫米
印张/21　**字数/**271 千字
版本/2022 年 7 月第 1 版　2022 年 7 月第 1 次印刷
印刷/北京天宇万达印刷有限公司

书号/ ISBN 978-7-5162-2835-7
定价/ 78.00 元

序

在法律史的研究中，制度和思想作为一体两翼，共同构建了一个时代法律的样貌，也为我们提供了还原当时法律全貌的不同视角。近年来，法律史的教学科研非常重视制度与思想的融合研究，也更加强调思想史作为法律有机组成部分的重要性。无论是研究中华传统法律的意义和价值，还是对中国共产党百年红色法治的本质和特点进行归纳，都应该将思想史纳入研究的视野中。这不仅可以在法律史的研究中突出法学的研究方法，也是法律研究和历史研究以人为本、坚持人民性的题中之意。

我国现行的法律制度、理念等的构建，革命根据地法律制度、思想和实践起到了举足轻重的作用。在中华人民共和国成立后的数十年时间中，适应社会各方面的现实发展情况、源于革命根据地而超越革命根据地的法律体系逐步形成。我们现实的法治状况与革命根据地时期的法治建设状况有千丝万缕的联系。因此，在法律史研究中，对于当下许多制度的理解和溯源，都可以从革命根据地时期找到依据，以探明其产生时的形态、产生原因和产生条件等。对于法律思想的流变，就更加能够体现法学乃至于整个法律体系与社会之间的良善互动。当然，厘清现实法制与革命根据地时期法制的各种关系，不仅包含对宏观法律体系延续和变革的研究，还包括对各种具体制度承接的辨析和明确，更应该注重思想的传承。从中国共产党革命法律史的研究中对现有制度、机构、规范、思想、实践效果等进行探源，无疑可以加深对现实法律体系本身及其形成背景、发展过程等方方面面的理解，从而更好地理解制度、运用制度、完善制度，以指导现实的法治建设和思想建设。

中国共产党对于党史、国史、革命史的研究非常重视。作为党史国史的有机组成部分，党领导下的革命根据地法律史的研究近年来也取得了相当的成绩。自20世纪70年代开始，以韩延龙先生、常兆儒先生、张希坡先生等为代表的法律史研究者，将革命根据地的法律史料进行了整编，系统梳理了从中国共产党成立以来至新中国成立之前的各革命根据地的法律、法规、条令，对其出处来源和原字原句进行了反复校对，形成了多套极具覆盖广度和厚重分量的革命根据地法律文献汇编著作。可以说，就法律的正式条文方面，当前研究者获取史料已经不存在障碍了。同时，法律史研究与党史研究和政史研究紧密配合，对于领导人的文集、传记和回忆录也进行了较为系统的整理、结集、出版，配合以各革命根据地和地方编纂的文史资料，在制度体系研究构建的基础上，为法律思想研究和法律实践的研究提供了重要素材。在获得难度略大的档案方面，许多研究者认为革命根据地时期特别是中华人民共和国成立以后的许多档案看不到，未免有些以偏概全。尽管目前各地的档案开放仍受限制，部分档案处于佚散或封闭状态，但若将视野扩大，思路更新，不仅仅以档案馆所保存档案的全面开放为获取资料的主要途径，那么获取质量可靠的研究资料也并非难以实现。当下各地陆陆续续建了许多类似于地方党校的培训机构和展览机构，这类设施往往对公众展示一些历史资料，其中就包含大量中央档案馆的复印件。通过这些纪念馆或展览馆而间接看到相关档案和资料，或许能弥补一些史料上的缺憾。

由此，“中国共产党法治思想史稿——从理念到实践”丛书特别关注革命根据地法律史中的中国共产党的法律思想，且以中国共产党作为一个整体，探讨范围横跨建党伊始到构建中国特色社会主义法治体系和习近平法治思想的整个过程，这是之前的研究所未曾着力的领域。我们希望，能够通过对中国共产党法治思想的分类整理和系统阐述，呈现制度与思想的良性互动，勾勒出中国共产党从马列主义法律观开始，艰难探索，不懈努力，至当下形成的习近平法治思想的历史征程。

在对待史料的基本态度上，本丛书坚持鲜明的政治性、严谨的学术性和客观的历史研究的基本立场，同时还突出了法律史研究的特点，尤其是革命根据地法史研究的基本特点。在对相关史料进行收集以后，真实性的判断是第一要义，这也是研究中容易被忽视的。对档案的真实性保持适当的谨慎与合理的怀疑，并不仅是对某一份档案的真伪存疑，而是不能将档案认为是当时社会状况的最真实表达，即不可尽信档案。历史的真实不一定可以表达出真实的历史。在此基础上，我们应首先着眼于对既有史料的分析视角的自我检讨上：是不是还有一些由于我们各自学科眼界或者主观认识上的限制而没有被正确解读的史料文献呢？我们对于既有史料的分析方法、阐述逻辑是否受其他因素影响？不断挖掘、开发、整理新史料固然重要，但既有资料的反复利用同样不可忽视。从更加独特和全新的视角来解读同样的史料，革命根据地档案史料的“再认识”将继续推动研究领域的创新。本丛书希望，从历史出发，还原法律规范应有的样貌，并进一步在这一基础上总结出思想的流变以及思想与制度的交互关系，尤其应注意在前述过程中均坚持对于历史的尊重。这是对于老前辈们研究梳理成果的尊重，更是对党的历史和革命的历史进行学习阐述时应该保有的态度。

基于现有史料对于当前制度进行证成或者证伪的过程中，许多概念的阐述乃至于性质的判断，都有赖于对史料进行细致的解读。以古鉴今虽然是一种有效的研究方式和理念，但以今度古也不能忽视，甚至可以使我们在面对史料的时候会有一种警惕和应有的分析。我们应该通过“古今”联系，将现实法制问题和革命根据地法制问题联系起来，在对史料进行审慎分析的基础上，对当下的法律作出批判与历史的分析，这同样是史料要服务于现实法律体系的应有之意。如此，可以为我们的研究提供新的思路。我们也欣喜地看到，随着新技术的发展，研究者已经可以使用越来越多的数据模型和分析软件对于史料进行分析整合，大大节省了从巨量的史料中析出具有统计意义的结论的时间。通过对革命根据地法律文献的电子化，我们也可以将数据抓取和数据处理软件应用于对史料和法律条文的处理当中，通过“词频”“词云”“导图”等多种呈现形式，更好地厘清制度的源流，并且更直观地表达革命时期制度和思想乃至于整个社会的巨大变革。这种新的“镜头”和新的“映像”，为革命根据地法律史研究赋予了新的、无限的可能性，使之焕发了蓬勃的生命力。

在有了相对充足的史料以后，下一步应该被探讨的则是对于史料进行分析的视角、立场和评价问题。从整体上看，革命根据地的研究成果形成了“在价值评价上肯定多于反思”“在研究对象上宏观多于微观”“在研究角度上单向多于多维”的特点。革命根据地的法律制度经历苏维埃时期、抗日战争时期和解放战争时期三个阶段，值得研究、关注、肯定的东西很多，但是制度的制定和实施同样存在一些深刻的教训。对于所谓“教训”，往往因人而异，看法各不相同。具体来说，针对“教训”的探讨涉及一些技术性的操作问题，例如行文方面，这是首先需要注意并妥善处理的，即如何将“教训”合理地表达出来。由于涉及主体身份、话语体系和更加广泛的社会因素，此类研究常常会囿于特别的表达技术而需格外注意措辞，因而许多用词、观点等都是在具体的行文中不得不权衡的。许多学者或是选择回避此类话题，或是仅关注积极因素而忽略许多颇具价值、有待讨论的问题。应当明确，在探讨一个时期的法律历史之时，人不可能完全摆脱自己的主体性视角，在探讨中相对简单的论断，实际也往往需要非常复杂的逻辑过程加以证明。这也同时决定了，我们在梳理当中，不可避免地将面对研究视角和行文表述契合与否的矛盾。在此，“述而不作”是一个较为合适的做法。

我们视野所见的各种法律史的史料之本身就具有实际的意义。正如我们可以将以人民解放军总部名义发表的文件列在宪法性法律文件当中一样，这种对于史实的忠实纪录，完全可以被认为已经起到了基础性的分析效果。以特殊的方式，表达了我们认为人民解放军发布的《中国人民解放军宣言》和《中国人民解放军布告》具有宪法性质这一基本的观点。面对史论所可能受到的诸多影响，“述而不作”不仅是一种审慎明智之举，而且也更加能够体现著述者对于历史本身的尊重。这种对于历史的忠实，恰如中国共产党对于社会公平正义的追求一样，都经过了实践的反复锤炼。在本丛书的编纂过程中，“述而不作”的原则在诸多问题上体现得较为明显，我们希望这种审慎的态度能够确保本书坚定的政治性和学术性，也能够为后来的研究者提供材料上的助益。

在表达的角度上，我们应该首先匡正一个认识：既有的以部门法为基础的法律研究结构被认为是学科与学科之间天然地、具有不容置疑的合理性的界分。但是此种合理性并不会当然地延展至法律史的研究中。在革命根据地当中，一项制度很可能并不会被非常明确地归类。例如《中华苏维埃共和国惩治反革命条例》，不仅有现代意义上刑法的内容，也包括很多刑事诉讼法和行政法的内容。还有很多以“训令”“命令”等为名的文件，如果以法律形式为纲，则属于行政法；但是其内容包罗万象，甚至包括了宪法性的规范。因此，界分应该以方便探讨为直接目的。因此，在本丛书的编纂过程中，我们初步进行了宪法法治、土地法治、刑事法治、民事法治、行政与司法法治的基本划分。

宪法是革命根据地的基本大法，也是最能够体现革命根据地法律与其他法律性质根本区别的法律门类。中国共产党非常重视宪法的制定工作，形成了诸多具有自身特点的宪法立法思想和宪法实施的思想。在革命的各个时期，宪法思想的侧重也各有不同。在土地革命时期，中国共产党主要关注苏维埃国家的政治结构、基层苏维埃的建制、党员领导干部的监督监察人民基本权利等方面，不仅推出了真正的人民的宪法，也在实践领域大大推动了宪法中的基本规定落到实处。在抗日民主政权时期，由于与国民党的合作，中国共产党的革命根据地名义上服从国民党中央的统一领导。因此，这一时期的宪法建构则主要关注民主选举、人民的政治权利、人权保障、三三制的政权建构、合理化稳定化的劳资关系和租佃关系等。抗日革命根据地在进行艰苦卓绝的战斗的同时，宪法法治建设方面也有声有色，各地纷纷出台人权保障的相关条例，充分体现了中国共产党建设宪法、维护人权的坚定决心和高超技术。与国民党的“伪立宪”“宪政襁褓”等形成了鲜明对比，使全国人民人心向党、心向进步，延安成为全国乃至世界同时期宪法立法和实施的榜样。在解放区人民民主政权时期，中国共产党的宪法思想从地方逐步扩展到全国，进一步关注政权内部的组织和原则规范，强调民主建政和民主协商，为新中国的成立和新中国的宪法建设奠定了极为坚实的基础。

尤其值得一提的是，本丛书将土地法治思想单独成卷，其原因有三。首先，革命根据地的土地法律制度是所有法律规范中对于革命的回应最为直接、迅猛的。革命形势和中国共产党的方针的变化，往往可以在土地法中寻得证据，而土地法治基本原则的变化，也被作为划分革命基本阶段的一个重要依据。其次，中国共产党的土地法律包罗万象，不仅有对于田地如何划分等基础性的内容，也包括农村阶级如何划分、农民革命如何开展、农民素质如何提高等多种问题，可谓乡村革命之百科全书。最后，一段时期以来，“三农”问题是党中央高度关注的基础问题，在推动国家发展和社会进步领域有着极为重要的地位。而土地法律关系及依托土地而产生的人与人的法律关系，在相当长的时间内又具有明显的传承性。因此，我们将中国共产党土地法治思想单独加以讨论，以突出其在革命根据地历史中及实践中的重要意义。

在刑事法治方面，中国共产党坚持高度的政治性，在坚持依法裁断的基础上，考虑犯罪对于社会的破坏与对于革命的破坏的同质性。在对反革命进行严厉打击的过程中，逐步将对各种犯罪行为的惩处纳入制度框架内，并将刑罚进行适应性的调整，以满足生产、革命、劳动和社会治理的多方面需求。从苏区开始，中国共产党逐步总结出一套以死刑和自由刑为主刑、以财产刑和褫夺政治权利为从刑的刑罚体系，创造了“管制”等新的刑种，逐步确立了“法律面前人人平等”“惩前毖后治病救人”“少捕慎捕、少杀慎杀”等刑法适用原则。特别强调对于犯人的改造，将其与党的群众路线紧密地结合起来。新中国成立以来，中国共产党领导中国人民对刑法进行了多次修订。当前，刑法已经成为打击犯罪、保障公民合法权利的国之利器，将为国家和民族的长治久安发挥基础性的作用。

在民事法治方面，中国共产党坚持以人为本、实事求是，特别强调以民事立法改革社会风气。中国共产党非常注重革命根据地婚姻立法的建设，贯彻了男女平等、婚姻自由、恋爱自由、财产平均等民法的基本观点。在陕甘宁边区，高等法院进行了较大规模的民事习惯调查，充分表现了因地制宜、为民便民的立法思想。当前，《中华人民共和国民法典》是新中国第一部以法典命名的法律，在法律体系中居于基础性地位，也是市场经济的基本法。民法典的出台，不仅是社会主义市场经济的制度建设的经验总结，也是革命根据地以来中国共产党在民事立法方面经验教训和智慧的总结。

在行政司法方面，必须强调，行政与司法不分一直是中国传统法治尤其是基层法治的重要特点。自清末变法修律以来，司法独立逐渐成为法律从业者和社会管理者的共同需求。在革命根据地中，军事斗争的残酷和革命形势的复杂决定了难以将司法机关推广到最基层。在革命根据地的组织建构和机构设置中，一般也将司法机关作为“政务部门”的有机组成部分。从司法实践上看，二者的联系就更为紧密，相当多的刑罚判决以后，犯人不在司法机关或者监狱进行服刑，而是将其下放至乡村进行劳动改造，并由基层政府进行监督管理。此故，我们将行政与司法放置在同一语境下进行探讨，以期能够更好地揭示革命根据地时期政权建构的具体形态及其流变，并为回答新中国成立后政法系统何以呈现该样貌，提供历史的经验。

本丛书最终能付梓刊行离不开中国民主法制出版社刘海涛社长的鼎力支持和庞贺鑫编辑的辛勤付出，在此表示诚挚的感谢。

本丛书开始编纂之时，学界尚在对法律史之前路进行艰难探索；待到序言撰写之今日，习近平法治思想和民法典等中国共产党在法律领域的新成就已经呈现于世，在共和国法律发展的道路上留下了深刻的印迹。这之中又承载着多少共产党人、多少代法律工作者的精彩人生。在这种时间跨度和法律逻辑所带来的厚重历史面前，我们回望历史是为了开拓未来，同时也是在探讨我们在不断前行的路上，如何将本就活在我们血肉中的历史内化于心、外化于行。

本丛书资料浩繁，体量庞大，错漏之处在所难免，还望读者们不吝赐教。我们希望，对于中国共产党法治思想的探索，可以作为一个良好的开端，日后进一步涌现出在革命根据地法律史研究和中国共产党制度研究当中有分量、有深度、站得稳、看得远的研究成果。乘建党百年之东风，为法治社会作出新的、更大的贡献。

是为序。

赵晓耕

2022 年 3 月

目　录

第一章　中国共产党早期刑事法治思想与实践

一、传统中国的刑法思想

中国传统法律文化是中国共产党法治思想和中国特色社会主义法治理论的重要理论渊源。习近平总书记指出，“五千多年（中华）文明史，源远流长。而且我们是没有断流的文化。建立制度自信、理论自信、道路自信，还有文化自信。文化自信是基础”，[①]“我国古代法制蕴含着十分丰富的智慧和资源，中华法系在世界几大法系中独树一帜。要注意研究我国古代法制传统和成败得失，挖掘和传承中华法律文化精华，汲取营养、择善而用”。[②] 中国共产党是生于中国并在中国革命的实践中成长壮大的马克思主义政党，中国传统法律文化必然对中国共产党法治思想产生深刻影响，构成其历史资源和重要理论渊源。传统中国的刑法思想和刑罚文化，必然从一开始就对中国共产党的刑事法治思想产生不小影响。

在人类刑法思想史中，中国传统刑法思想特色鲜明、独树一帜，包容了儒家、法家、道家、阴阳家等多种刑法思想和文化，构成一个参差有序、和谐统一的整体，其要点如下。

---

① 《习总澳门谈中华文化：一书在手，其乐无穷》，http://hm.people.com.cn/n/2014/1221/c42272-26246959.html，2014 年 12 月 21 日。

② 中共中央文献研究室编：《习近平关于全面依法治国论述摘编》，中央文献出版社 2015 年版，第 32 页。

（一）恤刑慎杀的思想

从西周开始，由于“皇天无亲，惟德是辅”及“以德配天”“敬天保民”观念的确立，“明德慎罚”成为法制和刑法领域的指导思想。统治者认识到，“明德慎罚”本身就是“保民”的重要举措，只有恤刑慎杀，才能争取到民心，统治才能巩固。《尚书・吕刑》中“五刑之疑有赦，五罚之疑有赦”体现了疑罪从轻从赦的原则。《周礼・秋官・司刺》规定：“壹刺曰讯群臣，再刺曰讯群吏，三刺曰讯万民。”凡是重大或疑难案件，一定要经过三道特殊程序，反复广泛征求意见，才能作出判决，可见对重大、疑难案件的慎重。《尚书大传》认为：“听讼，虽得其指，必哀矜之，死者不可复生，断者不可复续也。”要求司法官吏对罪犯存怜悯之意，对法律持慎重态度。

春秋战国时期，礼崩乐坏，百家争鸣，儒家从仁义、仁政的核心理念出发，继承和发展了周人明德慎罚、恤刑慎杀的刑法思想，使之成为自己法律思想的一部分。儒家重视道德教化，较为轻视刑罚的作用，“道之以政，齐之以刑，民免而无耻；道之以德，齐之以礼，有耻且格”，认为以刑去刑虽然能收到效果，但百姓却不会因此知道犯罪的可耻，其内心的犯罪动机无法自动消除，而德礼不但可以统一人们的言行，而且可以使百姓知荣辱，因而自觉地不去犯罪，从而变被动的守法为自觉的守法，使人对守法的理解由知其然而进入知其所以然的层次。儒家不仅主张重德轻刑，而且在刑罚的使用上主张慎刑少杀，提出了一些恤刑慎杀的具体司法原则和刑事司法主张，如孔子的“哀矜折狱”，要求司法官员以悲天悯人的心态看待罪案的发生，以中立客观的立场全面、认真、细致弄清案情事实，量刑时充分考虑庶民犯罪的社会原因，考量判决的社会效果，寻求天理、人情、国法的和谐统一。孟子又提出“罪人不孥”的主张：“昔者文王之治岐也，耕者九一，仕者世禄。关市讥而不征，泽梁无禁，罪人不孥。”（《孟子・梁惠王下》）主张罪责自负，反对株连无辜。荀子进一步提出了“宁僭无滥”、“刑当罚”、“明其请、参伍明”、“治则刑重，乱则刑轻”以及“教而诛”等恤刑措施，《荀子·致士》：“赏不欲僭，刑不欲滥。赏僭则利及小人，刑滥则害及君子。若不幸而过，宁僭无滥；与其害善，不若利淫。”宁可赏过头，也不可罚过头。《荀子·君子》：“刑当罪则威，不当罪则侮。”《荀子·成相》：“听之经，明其请，参伍明谨施赏刑。显者必得，隐者复显民反诚。”司法官员审理案件，应反复查清案情，并谨慎地施行赏罚，若能如此，明显的案件一定可以查清，隐秘的疑难案件也会逐渐显露其真相，百姓也就归于诚实了。《荀子·富国》：“不教而诛，则刑繁而邪不胜；教而不诛，则奸民不惩。”进一步阐明了教化的必要性。在预防犯罪方面，儒家也发展出一套自己的主张，认为犯罪不是天生的，是可以预防的，预防的基本原则是“富之”“教之”，《孟子·梁惠王上》：“无恒产而有恒心者，惟士为能。若民，则无恒产，因无恒心。苟无恒心，放辟邪侈，无不为已。”因此，首先要“制民之产”，然后“驱而之善，故民之从之也轻”，荀子则将孔孟单一的“富而教之”学说进一步发展为犯罪综合治理的理论，《荀子·性恶》：“古者圣人以人之性恶，以为偏险而不正，悖乱而不治，故为之立君上之势以临之，明礼义以化之，起法正以治之，重刑罚以禁之，使天下皆出于治，合于善也，是圣王之治而礼义之化也。”《荀子·大略》：“不富无以养民情，不教无以理民性。故家五亩宅，百亩田，务其业而勿夺其时，所以富之也。立大学，设庠序，修六礼，明七教，所以道之也。”这两段话表明，荀子认为：预防犯罪要“立君上之势以临之”，建立国家权力机构体系尤其是暴力机构；要“法正以治之，重刑罚以禁之”，善用法律的规范功能和刑罚的惩戒功能；要“富之”，扫荡犯罪的经济基础；要“教之”“道之”，提高人的道德修养和自觉。展现出一种综合治理的理论特色。

虽然随着大一统中央集权帝国秦朝的建立，法家重刑主义逐渐成为占主导地位的刑法思想。然西汉中期以后，儒学成为国家正统思想，法律开始儒家化，儒家恤刑慎杀思想重新成为主导地位的刑法思想。“二十四史”历代刑法志对此有许多记载，如《旧唐书·刑法志》载，“古之御天下者，其政有三：王者化之，用仁义也；霸者威之，任权智也；强国胁之，务刑罚也。是以化之不足，然后威之，威之不足，然后刑之。故至于刑，则非王者之所贵矣”。“德礼为政教之本，刑罚为政教之用”。[①] 恤刑慎杀的理念贯彻到法律制度中，形成了一系列具体的刑事法律制度：汉代的上请、疑案上报、录囚制度，南北朝时期“登闻鼓”的设置、死刑奏报制度，唐代的“三复奏”“五复奏”“九卿议刑”“三司推事”与审判官回避制度，宋代的“鞫谳分司”“翻异别勘”制度，明朝的朝审、大审、热审等多种会审制度，清朝的秋审制度等，无不体现了统治者对案件处理的慎重态度，在一定意义上都可以说是慎刑思想的体现。此外，废除肉刑、矜老恤幼、限制连坐、赎法和恩赦的运用等，无不表明恤刑慎杀并未停留在口头宣教上，而是已成为体系化的制度和实实在在的法制实践。

（二）以刑去刑的思想

以刑去刑的重刑主义思想，在中国历史上亦是源远流长，由来已久。众所周知，“刑起于兵”是中国法律产生的重要特点，《汉书·刑法志》载，“大刑用甲兵，其次用斧钺；中刑用刀锯，其次用钻凿；薄刑用鞭扑。大者陈诸原野，小者致之市朝”。刑法从一开始就是古代中国法的重要表现形式，重视刑法与刑罚的作用是先民法律观念的重要内容，在很长一段时间里，先民的法律观念中法与刑不分，只知“刑”而不知“法”。同时，在神权思想的笼罩下，刑罚适用的基本原则是“恭行天罚”。《尚书·甘誓》载，“天用剿绝其命，今予惟恭行天之罚”，定罪量刑之事，一概交给鬼神决定，只要是上天的意旨，再重的刑罚也可以施行。在“天命”“天罚”的掩饰下，统治者以重刑惩治和威慑犯罪，“用命，赏于祖；弗用命，戮于社，予则孥戮汝”。延至西周，神权思想的影响力开始减弱，“明德慎罚”的指导思想确立起来，恤刑慎杀成为主流的刑法观念，但刑法和刑罚在周人的统治方略中仍占有重要地位，“礼之所去，刑之所取。失礼则入刑”，刑法和刑罚本身构成“礼治”的必要组成部分。

---

① 刘俊文点校：《唐律疏议》，法律出版社 1999 年版，第 3 页。

春秋战国时期，礼崩乐坏，“明德慎罚”的思想随“礼治”一道湮灭在列国交兵、弱肉强食的残酷竞争中，儒家以德教为主、恤刑慎杀的思想也被视为“立意甚高”却“迂阔无用”。与此同时，法家“以刑去刑”的重刑思想却在相当程度上契合了列国交兵、弱肉强食的生存环境及统治者希冀富国强兵的急迫功利需要，因而相继为各国采用并实践。法家“以刑去刑”的刑法思想的主要内容包括：（1）“壹刑”。法家要求针对阻碍、破坏农战政策和违反法律的“奸民”统一实施刑罚，无论是谁，只要违反了法律，一概严惩不贷，《商君书·赏刑》：“所谓壹刑者，刑无等级。自卿相、将军以至大夫、庶人，有不从王令、犯国禁、乱上制者，罪死不赦。”“壹刑”与儒家“礼治”的“刑不上大夫”形成鲜明对比。（2）赏多罚少，罚重于赏。赏和罚是法家认为统治者应该掌握和善于运用的“二柄”，《韩非子·二柄》：“明主之所导制其臣者，二柄而已矣。二柄者，刑德也。何谓刑德？曰：杀戮之谓刑，庆赏之谓德。”但在两者之间，法家更为重视刑罚的作用，主张“刑胜”、“少赏”，“治民者，刑胜，治之首也；赏繁，乱之本也”（《韩非子·心度》），“王者刑九赏一，强国刑七赏三，削国刑五赏五”（《商君书·去强》）。（3）轻罪重刑。法家认为，刑罚的功能不仅在于惩罚犯罪，更在于预防和吓止犯罪，《商君书·开塞》：“故王者刑用于将过，则大邪不生；赏施于告奸，则细过不失。”预防犯罪必须在刑罚上想办法，而最有效的办法就是对轻微的犯罪也施以重刑，从而使人们出于利害得失的考虑而不敢犯罪，商鞅明确提出：“行罚重其轻者，轻其重者，轻者不至，重者不来。”（《商君书·靳令》）韩非进一步将商鞅的重刑主张理论化，提出了“轻刑伤民”的重刑论：“所谓重刑者，奸之所利者细，而上之所加焉者大也。民不以小利蒙大罪，故奸必止者也。所谓轻刑者，奸之所利者大，上之所加焉者小也。民慕其利而傲其罪，故奸不止也。”（《韩非子·六反》）要想让刑罚足以吓止犯罪，让百姓远离犯罪，刑罚就必须足够重，足够酷烈，对重罪如此，对轻罪也必须如此。由此，韩非反对赦宥与“哀矜百姓”，“夫施与贫困者，此世之所谓仁义；哀怜百姓不忍诛罚者，此世之所谓惠爱也。夫有施与贫困，则无功者得赏；不忍诛罚，则暴乱者不止”（《韩非子·奸劫弑臣》）。

秦亡之后，法家跌落，儒学复兴，“德主刑辅”、恤刑慎杀重新成为占主导地位的刑法思想。但是，以儒为宗的基本国策之下，王道和霸道仍然是统治者治理国家经常使用的两种手段，刑法和刑罚的作用仍受到重视，《汉书·刑法志》：“鞭扑不可弛于家，刑罚不可废于国，征伐不可偃于天下。”西晋刘颂上书晋武帝，重新阐述了“以刑去刑”的理论，请求恢复肉刑，他认为，“古者用刑以止刑，今反于此”，导致“刑不制罪，法不胜奸”，应该恢复肉刑，使“亡者刖足，无所用复亡。盗者截手，无所用复盗。淫者割其势，理亦如之”。（《晋书·刑法志》）《隋书·刑法志》：“夫刑者，制死生之命，详善恶之源，翦乱诛暴，禁人为非者也。……仁恩以为情性，礼义以为纲纪，养化以为本，明刑以为助。”刑法和刑罚是治国必不可少的辅助，刑法苛刻、刑罚滥重固然有违治道，刑法过于疏简宽纵同样会给国家治理带来严重不良后果，《隋书·刑法志》还举梁武帝为例，认为他“锐意儒雅，疏简刑法”，导致“公卿大臣，咸不以鞫狱留意。奸吏招权，巧文弄法，货贿成市，多致枉滥”。《旧唐书·刑法志》：“古之圣人，为人父母，莫不制礼以崇敬，立刑以明威，防闲于未然，惧争心之将作也。”《宋史·刑法志》：“言刑以弼教，使之畏威远罪，导以之善尔。唐、虞之治，固不能废刑也。惟礼以防之，有弗及，则刑以辅之而已。”

（三）明刑弼教的思想

“明刑弼教”一语，源自《尚书·大禹谟》：“明于五刑，以弼五教。期于予治，刑期于无刑，民协于中，时乃功。”意思为刑罚同样是有助于治道的特殊手段，刑罚的惩罚能使人们产生畏惧之心，不再干犯刑法之禁，从而维护统治秩序。后人据此概括出“明刑弼教”一语。但是一直到宋代以前，“明刑弼教”思想并未受到学者和统治者的重视，盖因主流儒学的刑法思想是“德主刑辅”，而“明刑弼教”与“德主刑辅”之间存在不小的差异，前者认为刑罚手段的运用虽然要服务且受制于德教，但毕竟还是凸显了刑罚的作用，后者虽然并未彻底否定刑罚的必要性，但是显然有某种贬抑刑罚手段的倾向，正因为如此，在很长一段时间内，“明刑弼教”的思想备受冷落，无人问津。

到了宋代，尤其是南宋前期，“明刑弼教”思想被学者们从古代典籍中重新提取出来，加以重新阐释和重点论述，朱熹是其中的代表。朱熹从刑与教的关系视阈中，对“明刑弼教”思想进行了创新性的阐发和解读：(1) 明确提出刑罚的不可或缺性。“‘明于五刑以弼五教’，虽舜亦不免。教之不从，刑以督之。……圣人亦不曾徒用政刑，到德礼既行，天下既治，亦不曾不用政刑”。[①] (2) 把刑罚与教化理论上的本末关系替换为治国实践中的表里关系，认为刑罚和礼教都是天理的表现，二者“精粗本末虽若有间，然其相为表里如影随形，则又不可得而分别也”[②]。(3) 论证了刑罚与儒家“仁义”之间的兼容性。朱熹一改过去儒学对于刑罚的负面评价，认为刑罚中包含着仁义，刑罚可以做到“惩一人而天下人知所劝戒，所谓‘辟以止辟’”，在这个意义上讲，“虽曰杀之，而仁爱之实已行乎中”，[③] 这样的“杀”是“义刑义杀”，而非“滥刑滥杀”。(4) 否定教化与刑罚之间的先后次序。朱熹认为教化与刑罚在现实的适用中并没有绝对、必然的先后次序，谁先谁后需根据实际需要而定，“明刑以弼五教，而期于无刑焉。盖三纲五常，天理民彝之大节而治道之本根也。故圣人之治，为之教以明之，为之刑以弼之，虽其所施或先或后或缓或急，而其丁宁深切之意未尝不在乎此也”，[④] 刑罚和教化都是服务于“三纲五常”之根本，只要是有助于此，则二者孰先孰后、孰缓孰急都是可以变动的。

经朱熹的阐发，“明刑弼教”在不背离三纲五常的大前提下，获得了新内涵，自此，传统的德刑关系沿着“德主刑辅—礼法结合—明刑弼教”的发展轨迹进入了一个新阶段。在这一阶段，刑罚不仅获得了道义的支持，而且在现实的治理中也被统治者名正言顺地强化运用。明太祖朱元璋正是在“明刑弼教”理论的支撑下，实施其“重典治国”的方略。朱元

---

① ［宋］黎靖德编：《朱子语类》，杨绳其等校点，岳麓书社 1997 年版，第 1804 页。

② 朱杰人等主编：《朱子全书》，上海古籍出版社、安徽教育出版社 2002 年版，第 3382 页。

③ ［宋］黎靖德编：《朱子语类》，杨绳其等校点，岳麓书社 1997 年版，第 1804 页。

④ 《朱熹集》（第 2 册），郭齐、尹波点校，四川教育出版社 1996 年版，第 532 页。

璋“明刑弼教，重典治国”的思想作为明代立法和司法的主要原则，对明代刑事法制产生了深远影响。到了明代中叶，丘濬（一说名为邱浚）等人又从刑罚存在的合理性基础、“弼教”的现实功能等方面，进一步阐发和充实了“明刑弼教”思想的内容，可谓“明刑弼教”思想义理阐释的集大成者。第一，丘濬充分肯定了刑罚在国家治理中的必要性及重要地位，“德立，刑行，政成，事时，典从，礼顺，六者为治之要也”，“然是六者，德、刑，其大者也”，[①] 不仅把德刑相提并论，而且认为刑是治国六要中极为重要的方面，与传统儒家对刑罚的贬抑形成鲜明的对比。第二，丘濬从天理、人性等方面充分论证了刑罚存在的合理性基础。丘濬认为，人之资禀不同，性情各异，因此人有“中人以上”与“中人以下”之分，这两类人在现实中表现差异很大，“中人以上，固有不待教而自循于理者。若夫中人以下之资，化之而不从，示之而不听，故先王制为教刑以愧耻之”，[②] 要使中人以下之人恢复天理之性，刑罚的存在就是必要的，从人之天命之性和气禀之性的角度，丘濬给出了刑罚存在的人性论基础。丘濬又从天地阴阳、春秋有时的角度，赋予了刑罚以“自然天理”的品性，“刑者，阴事也，阴道属义。人君奉天出治，当顺天道肃杀之威，而施刑害杀戮之事，所以法天时，行义道也”，[③] 丘濬还从人性与天理的结合中，论证刑法的产生和刑罚的必要性，“天地生人，而人得以为生，是人之生也，莫不皆欲其生”，凡人不知此理，“相争相夺以至于相杀”，于是便需要运用“刑法之制”，[④] 以除去逆生背理之人。第三，丘濬从“弼教”之功的视角阐述了刑罚存在的现实基础。丘濬认为，德礼政刑均是国家治理中不可或缺的方面，刑罚可以辅礼乐政教之所不及，盖因刑罚具有严厉的惩罚性，具备了德礼教化所不具有的强烈威慑力，由此，刑罚的存在是德礼教化实施的后盾，也是德礼教化失败后的纠偏之具，“自古圣王为治，设刑罚以齐其众，明教化以善其俗，刑罚立而后教化行，虽圣人尚德而不尚

---

① ［明］丘濬：《丘濬集》，周伟民等点校，海南出版社 2006 年版，第 1797 页。
② ［明］丘濬：《丘濬集》，周伟民等点校，海南出版社 2006 年版，第 1076 页。
③ ［明］丘濬：《丘濬集》，周伟民等点校，海南出版社 2006 年版，第 1666 页。
④ ［明］丘濬：《丘濬集》，周伟民等点校，海南出版社 2006 年版，第 1553 页。

刑，未尝偏废也”。[①] 第四，丘濬认为刑罚实施本身便内含着善性的特质。在传统儒家那里，刑罚无论如何也难以与善相连，然而，在丘濬这里，刑罚有劝善之功，“用刑以刑人，将使人不敢为恶，而务于为善”。[②]

在“明刑弼教”的铺垫下，刑罚便蕴含了祥瑞的意旨。朱元璋为论证自己颁行《大诰》、施行酷刑的正当性，告谕群臣曰：“古人谓刑为祥刑。”明代学者苏伯衡称：“圣人之刑，不徒曰刑而曰义刑，圣人之杀，不徒曰杀而曰义杀。”[③] 丘濬进一步解释道：“古人谓之祥刑者，盖除去不善以安夫善，使天下之不善者有所畏而全其命，天下之善者有所恃而安其身，其为器也固若不祥，而其意则至善大祥之所在也。”[④] 当然，丘濬同时认为能够“除去不善以安夫善”者之刑才能称作“祥刑”，只有在司法实践中“中道而行”，“祥刑”才能实现，“权其罪之轻重而施以其刑，其刑上下，不惟无太过，且无不及焉，夫是之谓中，夫是之谓祥刑”。[⑤]

（四）刑罚世轻世重的思想

“刑罚世轻世重”最早见之于《尚书·吕刑》：“上刑适轻，下服；下刑适重，上服。轻重诸罚有权，刑罚世轻世重。”意思是对于刑罚的适用，在各个不同的历史时期，其轻重程度可以各不相同。《周礼·秋官·大司寇》进一步提出：“一曰刑新国用轻典；二曰刑平国用中典；三曰刑乱国用重典。”明确提出刑罚应根据社会情势的不同或者从轻或者从重。周人一反夏商以“天命”“天意”决定刑罚与否及刑罚轻重的思维方式，将刑罚上的宽、严、轻、重与社会矛盾的缓和与激烈程度结合起来，根据犯罪行为对统治秩序的实际威胁程度，最终决定刑罚适用的轻重。

春秋战国时期，百家争鸣，刑罚世轻世重思想得到进一步阐发。儒家主张在必要的时候运用刑罚“以猛济宽”，“政宽则民慢，慢则纠之以猛；

① ［明］丘濬：《丘濬集》，周伟民等点校，海南出版社 2006 年版，第 1607 页。
② ［明］丘濬：《丘濬集》，周伟民等点校，海南出版社 2006 年版，第 1542 页。
③ 杨鸿烈：《中国法律思想史》，中国政法大学出版社 2004 年版，第 143 页。
④ ［明］邱浚：《大学衍义补》，林冠群等校点，京华出版社 1999 年版，第 864 页。
⑤ ［明］邱浚：《大学衍义补》，林冠群等校点，京华出版社 1999 年版，第 866 页。

猛则民残，残则施之以宽。宽以济猛，猛以济宽，政是以和”。[①] 孔子又说：“张而不弛，文武弗能也；弛而不张，文武弗为也。一张一弛，文武之道也。”[②] 主张在适应社会情势的要求下，刑罚的适用遵循宽猛相济、一张一弛的基本原则。法家秉持历史进化观，主张随时代和具体情势的变化修正治国之策、刑罚政策，“民朴，而禁之以名，则治；世知，维之以刑，则从”，[③] 民风淳朴的社会，用道德舆论手段就能治理好，相反，百姓奸巧诡诈的社会，则更多需要用刑罚手段使他们服从，时代变了而治理方法不变，就会出乱子，奸诈之民众多而禁令不变，国家就会衰弱，明智的统治者治理国家，其手段必然随时代的变化而变化，禁令必然依据民风状况而调整。

秦汉之后，关于刑罚和时世的关系，历代思想家又有不少新阐述。《淮南子》追述了尧、舜、周文王、周公等古代圣王变革礼乐法制的事迹，认为圣人治国之道随时代情势变化而变化，犹如音乐演奏家师旷弹瑟的手指，随乐谱的变化，在琴弦上来回移动，看似没有一定之规，最终却弹出一首美妙乐曲，“故五帝异道，而德覆天下；三王殊事，而名施后世。此皆因时变而制礼乐者。譬犹师旷之施瑟柱也，所推移上下者，无寸尺之度，而靡不中音”，[④] 在“世德益衰，民俗益薄”之世，就必须使用必要的政令和刑罚，以有效地驾驭和镇抚百姓。东汉思想家崔寔论证说，在社会秩序动荡混乱时实行严刑峻法，可以使恶棍坏蛋吓破胆，从而稳定社会秩序，见效远比实行德教来得快，刑罚就好比“治乱之药石”，而德教犹如“兴平之粱肉”，前者用以治病，后者用以疗养，如果要用德政去恢复统治秩序，就好比是“以粱肉理疾”，而如果在统治秩序稳定时依靠刑罚来治理，就好比是“以药石供养”。[⑤] 西晋思想家傅玄在其著作《傅子》中也强调指出，德教和刑罚的适用应当是“因物制宜”：“夫威德者，相须

① ［战国］左丘明：《左传》（下），［晋］杜预注，上海古籍出版社 2016 年版，第 849 页。
② 杨天宇：《礼记译注》（下），上海古籍出版社 2010 年版，第 556 页。
③ 张觉校注：《韩非子校注》，岳麓书社 2006 年版，第 705 页。
④ ［汉］刘安：《淮南子》，［汉］许慎注，陈广忠校点，上海古籍出版社 2016 年版，第 307 页。
⑤ ［南朝宋］范晔：《后汉书》（第六册），中华书局 1965 年版，第 1728 页。

而济者也。故独任威刑而无德惠，则民不乐生；独任德惠而无威刑，则民不畏死。”[①] 他进一步提出：“人君之治也，先礼而后刑。治世之民，从善者多，上立德而下服其化，故先礼而后刑也。乱世之民，从善者少，上不能以德化之，故先刑而后礼也。”[②] 在太平治世，百姓大多向善，愿意服从教化，此时应该“先礼而后刑”，但到了乱世，则很少有百姓愿意从善，此时就应该“先刑而后礼”。另一位晋代思想家葛洪也持类似观点，他说：“夫德教者，黼黻之祭服也；刑罚者，捍刃之甲胄也。若德教治狡暴，犹以黼黻御剡锋也；以刑罚施平世，是以甲胄升庙堂也。故仁者养物之器，刑者惩非之具，我欲利之，而彼欲害之，加仁无悛，非刑不止。刑为仁佐，于是可知也。”[③] 德教好比行礼时身穿的礼服，刑罚好比打仗时抵御锋刃的盔甲，用德教去对付狡猾的暴徒，犹如身穿礼服去抵挡刀刃，在太平时期动辄用刑罚去对付百姓，犹如身披盔甲去庙堂行礼。因此，刑罚要世轻世重，刚柔并用，宽猛相济。明初，朱元璋“重典治国”的刑事政策既是“明刑弼教”刑法理念的反映，某种程度上也是“刑罚世轻世重”观念主导下朱元璋本人对明初社会情势认知和研判后的决策，《明史·刑法志》如此评述朱元璋的刑事政策：“盖太祖用重典以惩一时，而酌中制以垂后世，故猛烈之治，宽仁之诏，相辅而行，未尝偏废也。”清世宗雍正帝也曾说：“然宽严之用，又必因乎其时。”[④] 强调刑罚在运用上的宽与严，要依据时代的不同、社会情势的不同而灵活掌握。总之，自汉代以来，思想家从不同的视角对“刑罚世轻世重”思想进行了论述和阐发，进一步充实和完善了“刑罚世轻世重”思想的依据、内容和具体运用，使之成为传统中国刑法思想中极具特色的部分。

综上所述，中国传统刑法思想包含着丰富深刻的思想内涵，蕴涵着厚实富饶的现代价值。恤刑慎杀的思想折射出可贵的人道主义因素，以刑去刑的思想触及预防犯罪的科学规律，明刑弼教将刑罚和教化有机结合起

① ［晋］傅玄：《傅子》，中华书局1985年版，第1页。
② ［晋］傅玄：《傅子》，中华书局1985年版，第9页。
③ ［晋］葛洪：《抱朴子》，上海书店出版社1986年版，第123页。
④ ［清］张廷玉等：《明史》（第2册），李克和等校点，岳麓书社1996年版，第1377页。

来，重视刑罚的教育功能，刑罚世轻世重的思想初步提出了宽猛相济的刑事政策构想。正如近代法律家沈家本所言："但推崇西法而不探讨中法，则法学不全，又安能会而通之，以推行于世。"① 近代以来，西法东渐，传统法律体系虽在外表上解体，其成分却仍于近代中国法制变革中发挥着潜在而巨大之影响，马克思主义虽传自欧陆，中国共产党却是生于中国、长于中国的中国政党，中国传统的刑法思想对早期中国共产党刑事法治思想的形成产生了重要影响，并必然继续为新时代全面依法治国背景下中国共产党刑事法治思想的发展创新提供重要历史资源。

二、 马克思主义刑法思想

马克思主义对国家与法的理论有着十分精辟的论述，在刑法方面提出了许多卓越的见解。中国共产党是以马克思主义为指导思想的政党，马克思主义刑法思想理所当然构成中国共产党刑事法治思想的主要理论来源，或者说，中国共产党的刑事法治思想本身就是马克思主义刑法思想中国化的成果，是中国化了的马克思主义刑法思想。具体来说，马克思主义刑法思想的主要内容包括以下几个方面。

（一）关于刑法的阶级性

阶级性是马克思主义刑法思想的重要内容之一。马克思主义认为，刑法的产生是阶级社会的产物，是和阶级矛盾、阶级斗争紧密联系在一起的，它随着社会生产力的发展和私有制的产生而产生，刑法必然是一定阶级的刑法，是一定阶级的意识形态和意志在刑法上的基本反映，具有强烈的阶级性和严厉的制裁性，它本质上是统治阶级进行阶级统治的重要工具，不同的阶级制定不同的刑法，具备不同的刑法观。资产阶级刑法本质

① ［清］沈家本：《历代刑法考》，邓经元、骈宇骞点校，中华书局1985年版，第2223页。

上是资产阶级整体意志的体现，是维护资产阶级统治的工具，它决定于资本主义的经济基础，首要目的是保护有产者反对无产者。在《共产党宣言》中，马克思、恩格斯对资本主义的法律发出尖锐批评："你们的观念本身是资产阶级的生产关系和所有制关系的产物，正像你们的法不过是被奉为法律的你们这个阶级的意志一样，而这种意志的内容是由你们这个阶级的物质生活条件来决定的。"① 资产阶级刑法"实质上是把穷人当做犯人，把习艺所当做惩治犯人的监狱，把住习艺所的人当做法律以外的人，当做人类以外的人，当做一切丑恶的化身"，② 取得政权后的无产阶级不能适用资产阶级的旧刑法，而必须制定反映自己阶级整体意志的刑法。

（二）关于犯罪的本质和根源

在《德意志意识形态》中，马克思、恩格斯对犯罪本质有着非常经典的阐述："犯罪——孤立的个人反对统治关系的斗争，和法一样，也不是随心所欲地产生的。相反地，犯罪和现行的统治都产生于相同的条件。同样也就是那些把法和法律看作是某种独立自在的一般意志的统治的幻想家才会把犯罪看成单纯是对法和法律的破坏。实际上，不是国家由于统治意志而存在，相反地，是从个人的物质生活方式中所产生的国家同时具有统治意志的形式。"③ 从这一段经典论述来看，马克思、恩格斯认为犯罪的本质是"孤立的个人"反对"统治关系"的斗争。"孤立的个人"是指单个的、分散的人，是现代分工和强大国家权力作用下形成的原子化的个人，是相对于国家、民族、阶级而言的孤立"个人"。"统治关系"首先是一种阶级关系，是掌握了国家政权的统治阶级为了维护本阶级的整体利益而建立和认可的社会关系，是为了维护统治阶级政治、经济等利益而形成的一种法律秩序，在《关于林木盗窃法的辩论》一文中，马克思明确指出："犯罪行为的实质并不在于侵害了作为某种物质的林木，而在于侵害了林

① 《马克思恩格斯文集》（第2卷），人民出版社2009年版，第48页。
② 《马克思恩格斯全集》（第2卷），人民出版社1957年版，第577页。
③ 《马克思恩格斯全集》（第3卷），人民出版社1960年版，第379页。

木的国家神经——所有权本身。”[①]

在阐述犯罪本质的同时，马克思、恩格斯同时分析了犯罪的根源。犯罪不是随心所欲产生的，不是所谓的“自由意志”和权力等最终决定的，而是根源于物质资料生产方式支配的物质生活条件及社会关系。社会生活中包含着各种社会冲突，正是这种冲突中滋生着犯罪，所以，社会关系和生活是产生犯罪的土壤，“犯罪和现行的统治都产生于相同的条件”，[②] 犯罪现象产生的原因更多要从社会关系中去寻找，而不是在所谓的自由意志中打转。基于这一理论，马克思、恩格斯进一步分析了资本主义社会犯罪发生的具体原因。

1. 经济原因

首先，贫穷和失业是引发犯罪的重要原因。马克思、恩格斯认为，生存需要是人第一位的需要，人首先必须生存才谈得上所谓人生价值，在资本主义社会，由于贫穷失业导致生存环境的恶化是引发犯罪的重要原因。在《“模范国家”比利时》中，马克思写道：“这种赤贫现象的增长不可避免地会使赤贫现象进一步加剧。……赤贫现象以加速度产生着赤贫现象。犯罪行为也随着赤贫现象的增长而增长，人民生命的源泉——青年日益堕落。”[③] 指出赤贫迫使青年走上犯罪的道路。在《英国工人阶级状况》这部优秀的著作中，恩格斯进一步揭示了资本主义社会贫穷与犯罪之间的紧密关系，因为贫穷，无产者连基本生活需求都无法满足，于是，男人抢劫，女人卖淫，他们铤而走险，蔑视法律，无视社会秩序，以暴力和犯罪的方式反抗现存秩序。其次，资本主义社会的残酷竞争和贫富分化必然引发犯罪。资本主义社会残酷的竞争导致贫富迅速分化和贫富悬殊，造成人际关系急剧恶化和人的生活环境的不稳定，大大强化了人的生存压力，导致社会极易陷入无序状态，造成犯罪率上升，“竞争最充分地反映了流行在现代市民社会中的一切人反对一切人的战争。这个战争，这个为了活

---

① 《马克思恩格斯全集》（第1卷），人民出版社1956年版，第168页。
② 《马克思恩格斯全集》（第3卷），人民出版社1960年版，第379页。
③ 《马克思恩格斯全集》（第5卷），人民出版社1958年版，第367—368页。

命、为了生存、为了一切而进行的战争，因而必要时也是你死我活的战争，不仅在社会各个阶级之间进行，而且也在这些阶级的各个成员之间进行；一个人挡着另一个人的路，因而每一个人都力图挤掉其余的人并占有他们的位置”。[①] 最后，资本主义私有制是资本主义社会犯罪的最终根源，资本主义社会化大生产的生产方式和生产资料私有制的分配方式必然导致贫富差距悬殊、财富分配不公，穷人与富人之间的矛盾不断深化，穷人要夺取富人的财富，必然铤而走险，不惜违反资本主义社会的现行法律，由此直接导致犯罪率不断上升，“工人对资产阶级的反抗在工业发展开始后不久就已经表现出来，并经过了各种不同的阶段。……这种反抗心情的最早、最原始和最没有效果的形式就是犯罪。工人过着贫穷困苦的生活，同时看到别人的生活比他好。他想不通，为什么偏偏是他这个比有钱的懒虫们为社会付出更多劳动的人该受这些苦难。而且贫穷战胜了他生来对私有财产的尊重，于是他偷窃了。我们已经看到，随着工业的发展，犯罪事件也在增加，每年被捕的人数和加工的棉花的包数经常成正比”。[②]

2. 政治原因

资本主义社会的立法、司法不公也会导致犯罪，马克思在《人口、犯罪率和赤贫现象》一文中深刻指出：“这种一方面扩大自己财富，但贫穷现象又不见减少，而且犯罪率甚至增加得比人口数目还快的社会制度内部，一定有某种腐朽的东西。”[③] 这种腐朽的东西就包括资本主义的政治制度和法律制度。从资本主义的立法来看，“整个立法首先就是为了保护有产者反对无产者，这是显而易见的”，[④] 立法把穷人为生存活命而迫不得已进行的一些危害性不大的行为规定为犯罪，从而陷大量穷人于法网之中。例如，由于封建制度的解体和工业的发展，大量农民丧失了土地，没有生产资料，又暂时适应不了新的生产方式和竞争规则，沦为乞丐、盗贼、流浪者，他们之中的绝大多数是为环境和生活所迫，并非生来就是犯罪者，

---

① 《马克思恩格斯全集》（第 2 卷），人民出版社 1957 年版，第 359 页。
② 《马克思恩格斯全集》（第 2 卷），人民出版社 1957 年版，第 501—502 页。
③ 《马克思恩格斯全集》（第 13 卷），人民出版社 1962 年版，第 551 页。
④ 《马克思恩格斯全集》（第 2 卷），人民出版社 1957 年版，第 570 页。

可资产阶级当局却认为他们扰乱了社会秩序，颁布了严酷的法律，用来惩治乞丐、流浪汉等无产者，从这个意义上讲，资本主义的刑法不是在惩治犯罪，而是在捏造罪行，“如果法律把那种未必能叫做违反森林条例的行为称为盗窃林木，那末法律就是撒谎，而穷人就会成为法定谎言的牺牲品了。……人民看到惩罚，但是看不到罪行，正因为他在没有罪行的地方看到有惩罚，所以在有惩罚的地方也就看不到罪行了。你们在不应该用盗窃这一范畴的场合用了这一范畴，因而在应该用这一范畴的场合就把盗窃粉饰起来了”。[①] 资本主义的司法活动也是偏袒资产阶级的，“治安法官的偏袒行为，特别在乡间，实在是想像不到的，而且这种行为已司空见惯”，[②] 相反，在对付穷人时，资本主义社会的司法机关“不是按照法律的条文而是按照法律的精神”。[③]

3. 社会原因

资本主义私有制导致人们利欲熏心、道德堕落、人性扭曲，从而引起并加剧了犯罪现象的发生。财富分配的不公和贫富分化不但使社会大众不满，同时也由此滋生道德的堕落、人性的扭曲和是非观念的颠倒，人们越来越失去基本的是非评判标准，为了一己之私而不择手段，由此互相敌视、斗争，乃至犯罪。资本主义私有制不仅使一部分下层劳动者道德堕落，同样也使资产阶级变得利欲熏心、贪得无厌，他们觉得一切都是围绕金钱而存在的，一切都是因为金钱而变得有价值，一切都应当为了追逐更多的金钱而努力。他们不知疲倦、近乎疯狂地去追求更多的财富，即使会侵犯他人的利益，即使会因此触犯法律，即使会招致刑罚，为了金钱，资产阶级也不会有一点收敛其放肆的追逐行为的举动。一旦有适当的利润，资本就胆大起来，有 300% 的利润，它就敢犯任何罪行，甚至冒着绞首的危险。资本来到人间，从头到脚，每个毛孔都滴着血和肮脏的东西。

---

① 《马克思恩格斯全集》（第 1 卷），人民出版社 1956 年版，第 139 页。
② 《马克思恩格斯全集》（第 2 卷），人民出版社 1957 年版，第 570 页。
③ 《马克思恩格斯全集》（第 2 卷），人民出版社 1957 年版，第 577 页。

（三）关于刑罚的本质、目的和适用

关于刑罚的本质，马克思明确指出：“刑罚不外是社会对付违犯它的生存条件（不管这是些什么样的条件）的行为的一种自卫手段。”[①] 刑罚是作为犯罪的对应物而产生的，是国家对于犯罪的一种反击或者说反应。任何犯罪都是对社会秩序的侵害，是对国家生存条件的严重破坏，因此，掌握国家政权的统治阶级，为了保护社会赖以生存的各种条件，必然要运用刑罚这种严厉的法律制裁手段，惩罚和打击破坏社会生存条件的犯罪行为，从这个意义上说，刑罚的本质是统治阶级用以保护统治秩序而进行自我防卫的一种最严厉的法律手段。

刑罚又是一种严肃的“公众惩罚”。马克思、恩格斯认为，刑罚虽然是统治阶级的一种自卫手段，但这一自卫权只能由国家行使，不能让渡给私人，“公众惩罚是罪行与国家理性的调和，因此，它是国家的权利，但这种权利国家不能转让给私人，正如同一个人不能将自己的良心让给别人一样。国家对犯人的任何权利，同时也就是犯人对国家的权利。任何中间环节的插入都不能将犯人对国家的关系变成对私人的关系”。[②] 刑罚权是国家统治权的一种重要表现形式，国家对犯罪之人适用刑罚，是统治阶级对犯罪行为进行自卫的唯一应当表现，这种自卫不是同态复仇，更不是私人复仇。

关于刑罚的目的，马克思、恩格斯认为，刑罚的一般目的是惩罚并预防犯罪。在《死刑。——科布顿先生的小册子。——英格兰银行的措施》中，马克思指出，刑罚应该是一种感化或恫吓的手段。所谓“感化”就是教育，即通过刑罚，使犯罪人改恶从善，不再犯罪；所谓“恫吓”就是震慑，指针对那些可能犯罪的危险分子，通过公开宣判和惩罚罪犯，使他们不敢以身试法、走上犯罪道路。这一论述揭示了刑罚预防犯罪功能的两个方面：特殊预防和一般预防。马克思进一步指出，“英明的立法者预防罪

---

① 《马克思恩格斯全集》（第 8 卷），人民出版社 1961 年版，第 579 页。

② 《马克思恩格斯全集》（第 1 卷），人民出版社 1956 年版，第 169 页。

行是为了避免被迫惩罚罪行。但是他预防的办法不是限制权利的范围，而是给权利以肯定的活动范围”，[①]“起预防作用的法律是不存在的。法律只是作为命令才起预防作用”，[②] 单纯依靠内容规定就能起到防范作用的法律是不存在的，法律只有作为命令对人的行为发生约束时，法律的预防功能才能发挥，例如犯罪分子实施犯罪之后，国家运用刑罚惩罚犯罪，刑罚预防犯罪的功能才能发挥。当然，马克思、恩格斯也指出，在资本主义及之前的社会，用刑罚来预防犯罪从来就没有真正成功过，资产阶级刑罚的感化、恫吓并不能阻挡无产阶级革命的潮流。只有在无产阶级专政的国家，无产阶级刑法才能充分发挥刑法预防犯罪的功能。

关于刑罚的适用，马克思、恩格斯认为，刑罚适用必须严格按照法律的界限进行，罪刑法定，罪刑相适应，不得武断专横，滥用刑罚。马克思、恩格斯认为，适用刑罚要受到法的基本原则的限制，要根据刑法具体的规定适用刑罚。马克思将对犯罪的惩罚分为“合法的惩罚”和“非法的惩罚”，他指出，“要使惩罚成为合法的惩罚，它就应该受到法的原则的限制”，[③] “以惩罚相威胁或使用法律规定的惩罚以外的惩罚都是不容许的”。[④] 恩格斯在《普鲁士出版法批判》中指出，在刑法里不容许有含糊的概念，不容许有主观臆断的自由，尤其在必然会出现政治观念分歧的地方，在法官不是陪审员而是国家官吏的地方，更不容许有以上那样的自由。这些论述和观念和罪刑法定的精神是完全吻合的。[⑤] 马克思认为运用刑罚进行惩罚还应有一定的界限和尺度，这个界限和尺度就是实际的犯罪行为的程度和内容，他指出：如果犯罪的概念要有惩罚，那么实际的罪行就要有一定的惩罚尺度。实际的罪行是有界限的。因此，为了使惩罚成为实际的，惩罚也应该有界限。要使惩罚成为合法的惩罚，它就应该受到法的原则的限制。他受惩罚的界限应该是他的行为的界限，犯法的一定内容

① 《马克思恩格斯全集》（第 1 卷），人民出版社 1956 年版，第 148 页。
② 《马克思恩格斯全集》（第 1 卷），人民出版社 1956 年版，第 72 页。
③ 《马克思恩格斯全集》（第 1 卷），人民出版社 1956 年版，第 140—141 页。
④ 《马克思恩格斯全集》（第 6 卷），人民出版社 1961 年版，第 68 页。
⑤ 《马克思恩格斯全集》（第 41 卷），人民出版社 1982 年版，第 326 页。

就是一定罪行的界限。因而衡量这一内容的尺度也就是衡量罪行的尺度。对于财产来说，这样的尺度就是它的价值。一个人无论把他置于怎样的界限内，他总是作为一个整体而存在，而财产则总是存在于一定的界限内，这种界限不但可以确定，而且已经确定，不但可以测定，而且已经测定。问题不在于将差别一一列举，而在于把某些差别加以确定。①

在这里，马克思强调了刑罚和犯罪之间的对应性，要求刑罚的严厉程度和罪行的严重程度之间大致均衡，这显然与罪刑相适应原则是基本一致的。基于罪刑相适应的精神，马克思还特别指出，刑罚如果过于宽缓，使犯罪之人犯罪后“他们可能受到的处罚和他们因破坏法律而获得的利益比起来实在太微小了”，② 必然促使犯罪人在衡量得失后，强化犯罪动机和心理，更加肆无忌惮地实施犯罪，这与刑罚的目的是相悖的。从这个意义上说，一个不足恶的刑罚比严厉的刑罚更坏，因为它违背刑罚设立的初衷，将不能得到任何好的结果。

十月革命胜利后，第一个无产阶级政权在俄国建立，列宁作为苏维埃俄国和苏联的主要领导人，对于无产阶级政党和社会主义国家在革命和建设过程中如何运用刑罚打击犯罪提出了大量精辟的论述，对刑法理论与实践的发展作出了艰辛而富有创造性的探索，极大地丰富和发展了马克思主义刑法思想。列宁对马克思主义刑法思想的发展主要包括。

第一，从严适用刑罚，坚决适用死刑。刑罚的适用建立在对犯罪的认识及定义的基础之上，1919 年列宁领导制定的《苏俄刑法指导原则》第 5 条规定：“犯罪是违反刑法所保护的社会关系的秩序的行为。”1922 年《苏俄刑法典》第 6 条进一步规定：威胁苏维埃制度基础及工农政权在向共产主义制度过渡时期所建立的法律秩序的一切危害社会的作为或不作为，都认为是犯罪。在新生苏维埃政权面临国内外敌对势力疯狂反扑和进攻的恶劣环境下，苏维埃俄国和列宁倾向于将犯罪视为阶级敌人的反扑和破坏，为巩固和发展新生的苏维埃政权，主要从严适用刑罚，对革命的敌

① 《马克思恩格斯全集》（第 1 卷），人民出版社 1956 年版，第 140—141 页。

② 《马克思恩格斯全集》（第 2 卷），人民出版社 1957 年版，第 460 页。

人毫不留情地适用死刑，“对人民的这些敌人、社会主义的敌人、劳动者的敌人不能有任何宽容”，[①]“在最残酷的国内战争正在进行，资产阶级阴谋引入外国军队来推翻工人政府的时期，工人阶级的革命政党居然不用死刑来惩罚这种行动，是可以想象的吗？除了不可救药的可笑的书呆子以外，任何一个人都会否定地回答这些问题”。[②] 列宁从革命斗争形势的客观需要和历次革命斗争的经验教训来论述死刑存在的必要性，“在历史上任何一次大革命中，人民没有不本能地感觉到这一点，没有不通过把盗贼就地枪决来表现其除恶灭害的决心的。从前历次革命的不幸，就在于使革命保持紧张状态并使它有力量去无情镇压有害分子的那种群众革命热忱，未能长久保持下去”，[③] 巴黎公社失败的原因之一就在于“运用自己的武力镇压剥削者的反抗时不够坚决”。[④] 在《苏俄刑法典》制定过程中，围绕着是否规定死刑一度争议很大，列宁对此明确指出：草案虽然有许多缺点，但其基本思想是清楚的——公开地提出原则性的和符合政治真实的（而不只是狭隘的法律上的）论点，说明恐怖手段的实质和理由，明确它的必要性和范围。同时，列宁指出，法院不应该取消恐怖手段，答应这样做是自欺欺人，法院应该原则地、明确地、不掩饰又不夸张地说明恐怖手段的理由，并使它具有法律依据。在列宁的指示下，1922 年《苏俄刑法典》明确规定了死刑。列宁不仅在理论上阐述了死刑存在的必要性，还对死刑适用的一些具体问题进行了论述，如对反革命分子要适用死刑，对投机倒把和盗窃、贪污、受贿的犯罪分子要适用死刑，等等。

第二，严厉打击经济领域内的各种犯罪。苏维埃政权建立之初，列宁就非常重视同经济领域里的各种犯罪活动做斗争，从严适用刑罚，严厉惩治经济犯罪。在全俄工兵代表苏维埃第二次代表大会上，列宁指出：“任何毁坏被没收的即今后属于全民的财产的行为，都是严重的罪行，革命法

① 《列宁全集》（第 26 卷），人民出版社 1959 年版，第 385 页。
② 《列宁全集》（第 37 卷），人民出版社 1986 年版，第 176 页。
③ 《列宁全集》（第 34 卷），人民出版社 1985 年版，第 176 页。
④ 《列宁全集》（第 33 卷），人民出版社 1985 年版，第 197 页。

庭应予惩处。”[①] 1917 年 11 月，列宁签发了人民委员会给军事革命委员会的命令，要求“采取最坚决的措施，以铲除投机倒把、暗中破坏、隐藏存粮、恶意积压货物等现象。凡犯有这类罪行的人，应当依照军事革命委员会的专门决定立即逮捕，并在送交军事革命法庭审判以前拘留在喀琅施塔得的监狱里”。[②] 为了更有力地打击敌人破坏经济的活动，维护苏俄的经济秩序，列宁还专门起草和颁布了一系列打击经济犯罪活动的具体法令，如关于同反革命分子和怠工分子做斗争的法令草案、关于反对贿赂的法令和关于反对投机倒把的法令，等等。新经济政策实施后，一些犯罪分子趁苏俄经济法律和政策尚未健全完善之机，大肆进行偷税漏税、走私、诈骗、投机倒把、行贿受贿、贪污侵占公共财产等犯罪活动，一些手中掌握权力的俄共（布）党员干部也私欲膨胀，堕落腐化，大肆进行权钱交易，中饱私囊。面对这些复杂现象，列宁认为，“应当重新审查和修改关于投机倒把活动的一切法令，宣布一切盗窃公共财物行为，一切直接或间接、公开或秘密地逃避国家监督、监察和计算的行为，都要受到制裁（事实上要比从前更严厉三倍地加以惩办）”，[③] 指示司法人民委员部要进行组织实施几起“惩办滥用新经济政策的坏蛋的示范性审判”，以教会人们“无情地（直至枪决）和迅速地惩办滥用新经济政策的人”。[④] 列宁还认为，维护社会主义经济秩序，不仅要严厉打击阶级敌人的破坏活动，也要使劳动群众遵守劳动纪律，严格按照规章制度来办事，劳动群众如果违反纪律，破坏规章制度，同样要交付法庭严加惩办，严厉惩罚，“在任何工厂、任何经济单位、任何事情上，凡是破坏劳动纪律的人，就是造成饥荒和失业痛苦的罪人；应该善于查出这种罪人，交付审判，严厉惩办”，[⑤] “我们需要国家，我们需要强制。苏维埃法院应当成为无产阶级国家实行这种强制的机

① 《列宁全集》（第 33 卷），人民出版社 1985 年版，第 18 页。
② 《列宁全集》（第 33 卷），人民出版社 1985 年版，第 81 页。
③ 《列宁全集》（第 41 卷），人民出版社 1986 年版，第 224 页。
④ 《列宁全集》（第 42 卷），人民出版社 1987 年版，第 425—426 页。
⑤ 《列宁全集》（第 34 卷），人民出版社 1985 年版，第 178 页。

关。苏维埃法院还应当担负起教育居民遵守劳动纪律的巨大任务”。[①]

第三，严厉惩治党员干部犯罪。十月革命胜利后，俄共（布）党内和苏维埃国家机关中出现了较为严重的腐败现象，党员干部违法犯罪的情况经常发生，列宁对此高度重视，他说：“共产党员成了官僚主义者。如果说有什么东西会把我们毁掉的话，那就是这个。”[②] 为此，他要求对腐败行为和腐败分子依法从重从快惩处，施以严刑，震慑住各种潜在的腐败分子，使他们想贪而不敢贪。1918 年 5 月 4 日，列宁得知莫斯科革命法庭轻判了莫斯科侦察委员会 4 名犯有贪污和受贿罪的苏维埃工作人员，立刻致函俄共（布）中央：“我请求把审判贪污案件（1918 年 5 月 2 日）的党员开除出党的问题列入议程，因为他们对案情属实、本人供认不讳的受贿者只判了半年监禁。不枪毙这样的受贿者，而判以轻得令人发笑的刑罚，这对共产党员和革命者来说是可耻的行为。”[③] 列宁还专门给司法人民委员库尔斯基写了一个便条，要求他迅速提出一项法令草案，规定对受贿罪起码判处徒刑 10 年，另加强迫劳动 10 年。[④] 在列宁的建议和坚持下，全俄中央执行委员会对这个案子进行重审，最后有 3 名被告分别被判处了 10 年徒刑。列宁还主张，在腐败行为及后果相同的情况下，对共产党员的处罚应更加严厉，坚决反对和禁止对党员干部重罪轻罚、袒护包庇，“对共产党员的惩办应比对非党人员加倍严厉，这同样是起码常识”，[⑤] 将加重惩办违法犯罪的共产党员作为衡量司法机关工作人员工作好坏的重要标准，“对司法人民委员部的每一个部务委员和每一个工作人员进行鉴定应当依据他的履历，先问问他：在你监禁的共产党员中有几个判刑比犯同样过失的非党人员更重？你监禁了多少个犯有官僚主义和拖拉作风罪过的官僚主义者？”。[⑥] 1922 年春，针对莫斯科苏维埃中央房产局营私舞弊案，列宁致

① 《列宁全集》（第 34 卷），人民出版社 1985 年版，第 149 页。
② 《列宁全集》（第 52 卷），人民出版社 1988 年版，第 300 页。
③ 《列宁全集》（第 34 卷），人民出版社 1985 年版，第 263 页。
④ 《列宁全集》（第 34 卷），人民出版社 1985 年版，第 564—565 页。
⑤ 《列宁全集》（第 42 卷），人民出版社 1987 年版，第 426 页。
⑥ 《列宁全集》（第 42 卷），人民出版社 1987 年版，第 426 页。

信俄共（布）中央政治局，信中写道："莫斯科委员会（包括捷连斯基同志）事实上包庇应该绞死的犯罪的共产党员，已经不是头一回了。这样做说起来是由于犯了'错误'，但是这个'错误'的危险性极大。"他建议，立刻"宣布给包庇共产党员（包庇的方式是成立特别委员会）的莫斯科委员会以严重警告处分；向各省委重申，凡试图对法庭'施加影响'以'减轻'共产党员罪责的人，中央都将把他们开除出党；通告司法人民委员部（抄送各省党委），法庭对共产党员的惩处必须严于非党员。凡不执行此项规定的人民审判员和司法人民委员部部务委员应予撤销职务"。

第四，对罪犯实行强制劳动。在马克思主义刑法思想史上，最早提出用劳动改造罪犯理论的当属革命导师马克思，在1866年11月12日致弗朗斯瓦·拉法格的信中，马克思写道："体力劳动是防止一切社会病毒的伟大的消毒剂。"① 1875年4月，在《哥达纲领批判》一文中，马克思再次指出："无论如何应该明白说出，工人们完全不愿意由于担心竞争而让一般犯人受到牲畜一样的待遇，特别是不愿意使他们失掉改过自新的唯一手段即生产劳动。这是应当期望于社会主义者的最低限度的东西。"② 在这里，马克思指出了劳动对于犯人改过自新的重要意义。列宁是马克思主义关于劳动改造罪犯理论的第一个实践者，并且在社会主义苏俄首次建立起全面的劳动改造罪犯的刑罚执行制度。在十月革命取得胜利后不久，列宁就提出了"改造可以改造好的人"的著名指示，指出应该做到"不让一个骗子（其中也包括不愿做工的懒汉）逍遥自在，而是把他们关进监牢，或者给予最繁重的强迫劳动的处分；不让一个违反社会主义规章和法律的富人逃脱理所当然与骗子同样的命运"。③ 1918年，列宁进一步提出了用教育机构来代替监狱的主张。这些都为劳动改造刑的创设和发展奠定了坚实的理论基础。根据列宁的指示，苏俄政府以立法设立了劳动改造营、劳动改造村（对青少年罪犯进行教育惩罚的机构）和强制工作营（对被判刑人

① 《马克思恩格斯全集》（第31卷），人民出版社1972年版，第538页。
② 《马克思恩格斯全集》（第19卷），人民出版社1995年版，第35页。
③ 《列宁全集》（第33卷），人民出版社1985年版，第209—210页。

的监禁场所）等通过劳动改造罪犯的监狱机构。1918 年 1 月 24 日，司法人民委员部颁布了《关于监狱工作队》的法令，明确规定把实行有益于社会的强制劳动作为改造罪犯的手段。1919 年，全俄中央执行委员会先后两次颁布了《关于强制工作营》的法令，规定罪犯不脱离正常的社会生活，而是在劳动改造机构指定的强制工作营进行劳动改造。1920 年 11 月 15 日，司法人民委员部批准了《俄罗斯苏维埃联邦社会主义共和国监狱条例》，进一步强调了劳动改造的教育意义以及劳动对改造罪犯的重要性。1923 年 2 月 20 日，苏俄劳动人民委员部和内务人民委员部通过了《关于不羁押的强制工作》的决议，规定：对于被判处不羁押的强制工作的人，可以把他们派往监禁场所之外的地方去做工。1922 年《苏俄刑法典》首次在刑法典中规定了不剥夺自由的劳动改造刑。随后，除必须立即执行的死刑外，每个被判刑的罪犯都有被改造的必要性和可能性，这一精神被纳入 1924 年的《苏俄劳动改造法典》中，进而成为所有劳动改造法规的基本原则。

第五，剖析犯罪的阶级本质和根源。马克思、恩格斯曾指出，犯罪的本质是孤立的个人反对统治关系的斗争，不单纯是对法律秩序的破坏。列宁继承并发展了马克思主义关于犯罪的学说，从阶级关系和阶级斗争的视角进一步阐发了犯罪的阶级本质。在他的领导下，苏维埃俄国于 1922 年制定了《苏俄刑法典》，该法第 6 条规定：威胁苏维埃制度基础及工农政权在向共产主义制度过渡时期所建立的法律秩序的一切危害社会的作为或不作为，都认为是犯罪。关于资本主义社会犯罪的原因，列宁认为，在资本主义社会，一小撮人掠夺、压迫和侮辱人民，造成了人民的极度贫困，受压迫、受剥削、受欺凌和贫困使人民走上了犯罪的道路，“产生违反公共生活规则的极端行动的根本社会原因是群众受剥削和群众贫困。这个主要原因一消除，极端行动就必然开始‘消亡’。虽然我们不知道消亡的速度和过程怎样，但是，我们知道这种行动一定会消亡”，[①] 被资产阶级统治

① 《列宁全集》（第 31 卷），人民出版社 1985 年版，第 87 页。

集团视为犯罪的行为，实际上是罪恶的资本主义制度自身所造成的，是人民怨恨达到极点和他们采用原始反抗形式的结果。因此，列宁指出，在资本主义社会，“对防止犯罪来说，改变社会制度和政治制度比采取某种刑罚，意义要大得多”。[①] 关于社会主义社会为何会产生犯罪，列宁认为，社会主义是从资本主义过渡到共产主义的一个必经阶段，只要这个阶段没有结束，剥削者就必然心存复辟的希望乃至行动，被推翻的剥削者从未曾料到自己会被推翻，他们不相信这一点，更不愿意想到这一点，所以他们在遭到第一次严重挫败后，就必然会以十倍的努力、疯狂的热情、百倍的仇恨投入战斗，为恢复他们失去的一切而斗争，而无产阶级在夺取国家政权以后，为了巩固自己的政权，必然也必须将被推翻的剥削阶级的反抗视为犯罪，并予以刑罚惩罚。

俄国十月革命之后，马克思主义开始在中国传播，马克思主义法律思想包括刑法思想开始对中国当时知识界的法律观产生影响。中国知识分子在传播马克思主义的同时，既接受马克思主义的历史观、辩证法、经济说、阶级论和无产阶级专政理论，又以中国传统政治文化整合马克思主义法律观念，建构起工具主义色彩浓厚的法律观和革命化的法政话语，从方法论和具体学说两方面丰富发展了马克思主义法律观，初步形成了中国化的马克思主义法律观和刑法观。

三、 中国共产党刑事法治思想的萌芽

（一） 废除死刑和酷刑：党早期文件中的刑法思想及其流变

1921 年 7 月，中共一大召开，中国共产党成立。中共一大通过了《中国共产党纲领》《中国共产党第一个决议》，明确了党的名称，规定

---

① 《列宁全集》（第 4 卷），人民出版社 1984 年版，第 360 页。

了党的组织、宣传、党员接收等具体事项，确定了消灭私有制、阶级斗争、建立无产阶级专政和苏维埃制度的纲领，尚未就法律和刑法问题发表看法。

1922年6月15日，成立不到1年的中国共产党发表《中国共产党第一次对于时局的主张》（以下简称《主张》），宣布了“目前奋斗的目标”：“（一）改正协定关税制，取消列强在华各种治外特权，清偿铁路借款，完全收回管理权；（二）肃清军阀，没收军阀官僚的财产，将他们的田地分给贫苦农民；（三）采用无限制的普通选举制；（四）保障人民结社、集会、言论、出版自由权，废止治安警察条例及压迫罢工的刑律；（五）定保护童工女工的法律及一般工厂卫生工人保险法；（六）定限制租课率的法律；（七）实行强迫义务教育；（八）废止厘金及其他额外的征税；（九）改良司法制度，废止死刑，实行废止肉刑；（十）征收累进率的所得税；（十一）承认妇女在法律上与男子有同等的权利。”首次在刑法方面提出了“废止治安警察条例及压迫罢工的刑律”，尤其是“废止死刑和肉刑”的观点。《主张》还提出，上述各项目标决不可能向封建军阀妥协请求得来，中国共产党的方法，是要联合国民党等革命的民主派及革命的社会主义各团体，共同建立一个民主主义的联合战线，向封建式的旧军阀继续战争，以实现上述目标。显然，尚未取得政权的中国共产党期望通过暴力革命的手段，实现废除死刑和酷刑的目标。1923年6月《中国共产党党纲草案》重申了这一主张。

然而，此后在战争与革命过程中，由于敌我斗争的残酷性及巩固革命政权的需要，中国共产党较多地运用了死刑这一刑罚，这是正常的，也是可以理解的。但即使在战争年代和斗争激烈的政权成立初期，中国共产党也力主少杀慎杀，严禁乱杀。尤其值得注意的是，1956年党的八大上，刘少奇代表中共中央所作政治报告重新提出了“逐步废除死刑”的构想，其原文如下：

现在，革命的暴风雨时期已经过去了，新的生产关系已经建立起来，斗争的任务已经变为保护社会生产力的顺利发展，因此，斗争的方法也就必须跟着改变，完备的法制就是完全必要的了。……党中央委员会认为，除极少数的罪犯由于罪大恶极，造成人民的公愤，不能不处死刑以外，对于其余一切罪犯都应当不处死刑，并且应当在他们服徒刑的期间给以完全人道主义的待遇。凡属需要处死刑的案件，应当一律归最高人民法院判决或者核准。这样，我们就可以逐步地达到完全废除死刑的目的，而这是有利于我们的社会主义建设的。[①]

这一大胆而有魄力的构想主要是出于对社会主义改造完成后国内主要矛盾的新判断，党的八大提出：社会主义改造完成后，我国国内的主要矛盾，已经是人民对于建立先进的工业国的要求同落后的农业国现实之间的矛盾，是人民对于经济文化迅速发展的需要同当前经济文化不能满足人民需要的状况之间的矛盾。由此，死刑之保留，似乎将随着经济文化的发展及人民力量的壮大而日益毫无必要。然而，仅仅不到一年，1957 年 9 月 20 日至 10 月 9 日，中共八届三中全会就改变了八大的基调，认为当前社会的主要矛盾还是无产阶级和资产阶级的矛盾、社会主义道路和资本主义道路的矛盾。当时政法工作的主要领导人董必武在 1958 年针对当时司法工作特别提出，“死刑要不要？我们是从来不说废除，但要少用。死刑好比是刀子，我们武器库里保存着这把刀子，必要时才拿出来用它”。[②] 从此，废除死刑的目标再也没有出现在党和国家的施政纲领中，党和国家的死刑政策逐渐确定为“保留死刑但严格控制”，并基于实践需要而调整。

（二）阶级斗争与无产阶级专政：早期马克思主义学者的法律观和刑法观

十月革命后，马克思主义法律观念伴随马克思的历史观、经济说、阶级论等传入中国。在传播马克思主义过程中，陈独秀、李大钊、瞿秋白、李达等马克思主义学者从不同的方面和视角阐述了马克思主义的国家和法

---

① 中共中央党史和文献研究院、中央档案馆编：《建国以来刘少奇文稿》（第八册），中央文献出版社 2018 年版，第 250—251 页。

② 董必武：《董必武法学文集》，法律出版社 2001 年版，第 414 页。

律学说，形成了包括刑法观在内的早期中国马克思主义法律观。

1. 关于国家和法律的产生

早期中国马克思主义学者用历史唯物主义观点探讨法律的起源，认为法律是强权的产物，是应阶级压迫的需要而产生的。陈独秀1920年9月发表的《谈政治》一文批判了无政府主义者的法律观，指出："没有强权便没有法律。"① 1921年6月，在《马克思派社会主义》中，李达对列宁所说法律源于阶级压迫的需要这一观点表示了认同。② 瞿秋白在谈及阶级斗争作为国家产生的渊源时，指出，国家、法律是阶级社会之产儿。认为法起源于阶级斗争，同国家一样，绝不是外部强加于社会的一种力量，而是社会发展到一定阶段的产物，是阶级斗争的必然结果。

2. 关于国家和法律的性质

早期中国马克思主义学者扬弃了当时中国社会盛行的"国家是政治和商业组织"的国家观，结合马克思主义的阶级斗争学说探讨了国家的本质。瞿秋白指出："所谓'社会阶级'乃是指占有同一的经济地位，对于生产工具有同一的关系的人。"③ 阶级之间的斗争使得一个阶级不能不以强制力量保存有利于本阶级的经济组织，以遏制其他阶级，因此，国家是人类社会之一种阶级的组织，是社会某一阶级的统治工具，"国家是社会之一种阶级的组织，含有一定的土地及居住于此土地之人民总体，且为一最高主权所结合者"，"国家是社会之一种阶级的组织，在治者阶级所节制管理的社会关系系统之范围内者"。④ 关于法律的本质，早期中国马克思主义学者普遍认为法律的本质是强权，是国家意志的表现。法律既非永久真理，也不代表"国民总意"，其存废取决于特定阶级或政党所造就的国家权力的变化，其虽有威权，却未必神圣。陈独秀认为，国家、权利、法律三者只是名称不同，其本质是同一的。瞿秋白认为，国家是统治阶级得以实现其意志的工具，法则使统治阶级的意志固定化、规范化、客观化，是

---

① 陈独秀：《谈政治》，《新青年》1920年第8卷第1号，第1—4页。

② 李达：《马克思派社会主义》，《新青年》1921年第9卷第2号，第134—137页。

③ 瞿秋白：《瞿秋白论文集》，重庆出版社1995年版，第1021页。

④ 瞿秋白：《瞿秋白论文集》，重庆出版社1995年版，第1023—1024页。

统治阶级意志的体现，因此，“法律是政治的附庸”“法律是不平等的产物”。

3. 关于法律的功能

早期中国马克思主义学者认为法律具有构造国家政治和公共生活的功能。陈独秀批评无政府主义者反对强权和法律，他说：“没有法律还有什么政治国家。”[①] 陈独秀还认为，法律具有保护社会制度的作用，保护社会公共利益、秩序和自由，同时制裁侵害上述利益、秩序、自由的行为，“保护社会公共的安宁利益及制裁侵犯他人法律上的自由”。[②] 在法律与权利、自由关系的认识上，早期中国马克思主义学者认为权利和自由通过宪法、法律规定和保障的人民权利或国民权利来实现，但同时，政治上的权利与自由需要相应的社会经济基础来支持。瞿秋白认为，社会主义计划经济的高度充分发展是保障国民自由和权利以及实现共产主义的必经阶段，“只有根据于无产阶级集产的可能性，经过社会主义有规划的经济制度，尽量发展生产力，令人人都能享受脱离私产束缚之自由及涵养知识文化之权利，方能渐进于无政府的各尽所能各取所需的共产社会”。[③] 早期中国马克思主义学者还认为，权利和自由是有限度的，这一限度通常是靠法律来规定，陈独秀说：“要绝对自由就不能联合，要联合就不能绝对自由。”他认为，不管哪种联合，若要想维持长久，“都要有一部分人牺牲自己的意见”。[④] 此外，法律虽然具有规定和保障权利之功能，但权利和自由最终要靠自己的斗争来争取，不能指望统治者的“恩赐”。

4. 关于法律与经济基础

马克思主义的唯物史观强调社会存在对社会意识的决定作用，认识到经济基础对政治上层建筑的决定作用。十月革命和五四运动后，陈独秀、李大钊、瞿秋白等人逐渐接受了马克思主义的唯物史观，从经济基础与上层建筑的关系来阐述法律与经济基础的关系，并以此寻求中国革命根本问

---

① 陈独秀：《谈政治》，《新青年》1920 年第 8 卷第 1 号，第 1—4 页。
② 陈独秀：《讨论无政府主义》，《新青年》1921 年第 9 卷第 4 号，第 346 页。
③ 瞿秋白：《瞿秋白文集》（政治理论编第一卷），人民出版社 1987 年版，第 427—428 页。
④ 陈独秀：《讨论无政府主义》，《新青年》1921 年第 9 卷第 4 号，第 353 页。

题之解决路径。李大钊认为，经济问题的解决才是“根本解决”：“依马克思的唯物史观，社会上法律、政治、伦理等精神的构造，都是表面的构造。他的下面，有经济的构造作他们一切的基础。经济组织一有变动，他们都跟着变动。换一句话说，就是经济问题的解决，是根本解决。经济问题一旦解决，什么政治问题、法律问题、家族制度问题、女子解放问题、工人解放问题，都可以解决。”[①] 陈独秀1923年在科学与人生观论点中，进一步指出：社会存在决定社会意识，但社会意识并不是只消极地反映社会存在，而是具有一定的反作用。科学阐述了马克思主义唯物史观，坚持了社会历史领域中的辩证法的思维，为中国唯物主义史观的形成写下重要的一页。李达在“问题与主义”的论战和对无政府主义的批判中，充分运用马克思主义唯物史观，有力地批判了张东荪等人的反社会主义的谬论，他以唯物史观为指导，力求联系中国社会现实，说明中国社会发展的问题，[②] 提出要“在全体的关联上去理解各种社会现象”，“在发展过程上去理解各种社会现象”，[③] 可谓在中国建立法律社会学理论核心的第一人。[④] 瞿秋白则把法与经济基础的关系应用到对法的变迁的解释上，首先，明确肯定经济基础对法的决定作用。瞿秋白把社会比作一项系统工程，经济是这一工程的基础，政治、法律、哲学等都是经济发展的结果，经济基础的发展变化最终决定了法的发展和变化，生产力及经济关系的变迁，使各阶级在社会生活中的相互优势互相更迭，“于是发生革命而政治制度变革——统治阶级相更调”，“治者阶级更迭之后——一切法律的总原则则都是随着变的”。[⑤] 其次，瞿秋白充分肯定法对经济基础的辅助作用。他说：物质的经济基础产生精神的社会现象，好像树的发叶开花，并非单供给你主观欣赏，而是有客观的营养传种作用的。所以政治、思想等当然能返其影

---

① 李大钊：《李大钊全集》（第三卷），河北教育出版社1999年版，第310页。

② 程波：《李达对中国近代法理学的贡献——从马克思主义法学方法意识的觉醒到“科学的法律观”的运用》，载肖海军主编《岳麓法学评论》（第7卷），湖南大学出版社2012年版，第223页。

③ 李达：《社会学大纲》，四川人民出版社2017年版，第232页。

④ 程波：《二十世纪二、三十年代中国法学话语的多面性》，《法学杂志》2011年4期。

⑤ 瞿秋白：《瞿秋白论文集》，重庆出版社1995年版，第921—925页。

响于经济。不过经济是基础，政治及思想等只能做经济数量上的变更之助缘，而不能做经济性质上变更之动因。法对经济的反作用是如何发挥的呢？瞿秋白认为，在阶级社会，统治阶级主要依靠经济力量（如占有生产资料以及工具，因而占有被统治阶级的生产产品的一部分）剥削被统治阶级，而且用法辅助他们的剥削行为。换句话说，就是使法积极地确认、巩固和发展统治阶级在经济、政治、思想上的统治地位，确认统治阶级的权利。同时，以法的形式确认被统治阶级的义务，保证统治阶级的统治长治久安。总之，中国早期马克思主义学者深受马克思主义唯物史观和经济学说之影响，主张造就新的社会经济基础是造就新政治的实质条件，法律等政治上层建筑即本于此，“我们不是不要宪法，是要在社会上造成自然需要新宪法底实质，凭空讨论形式的条文，是一件无益的事”，[①] 在他们看来，与其空谈法律，不如认真培育能够造就新的政治上层建筑的坚实社会基础。

5. 关于无产阶级专政的正当性

马克思主义认为法律是国家政权实施阶级统治的重要手段，无产阶级专政就是要推翻代表资产阶级利益的法律制度，建立符合无产阶级利益的法律制度。早期中国共产党人对无产阶级专政理论的认识有一个不断深入的过程，最早使用无产阶级专政概念的是蔡和森。1920 年 8 月 13 日，蔡和森在法国写给毛泽东的信中表示：“我现认清社会主义为资本主义的反映，其重要使命在打破资本经济制度，其方法在无产阶级专政，以政权来改建社会经济制度。”[②] 继蔡和森之后，陈独秀、李达等在创建上海共产主义小组的过程中，也相继使用了“劳动阶级专政”或“劳工专政”的提法。自 1921 年开始，使用无产阶级专政这一概念的人逐渐多了起来。1 月，毛泽东在新民学会新年大会上讨论改造中国问题时，明确表示赞同“激烈方法的共产主义”，他说：“急（激）烈方法的共产主义，即所谓劳

① 陈独秀：《谈政治》，《新青年》1920 年第 8 卷第 1 号，第 1—4 页。
② 《蔡和森文集》（内部发行版），湖南人民出版社 1979 年版，第 23 页。

农主义，用阶级专政的方法，是可以预计效果的。故最宜采用。”[①] 李达这时也明确使用无产阶级专政的提法：“无产阶级的革命，在颠覆有产阶级的权势，建立劳动者的国家，实行无产阶级专政。”[②] 一大党纲第 2 条第 2 款明确写道：“承认无产阶级专政，直到阶级斗争结束，即直到消灭社会的阶级区分。”自此，中国的马克思主义学者开始大力宣扬通过暴力革命建立无产阶级专政的国家政权并制定符合无产阶级利益的法律，认为暴力革命是阶级对抗的极致，也是最终消灭阶级差别的必经过程，“革命是天下最有威权的事”，“是一部分的平民以刀剑或枪炮强制别一部分的人服从其意志”。[③] 通过革命实现无产阶级专政，进而运用法律的强权改造旧政治，成为早期中国马克思主义法律观的基本面。

总之，中国共产党早期文件对法律和刑法表述不多，其刑法方面的主张聚焦于批评北洋政府和军阀的严刑峻法，要求废除肉刑和死刑，废止治安警察条例及压迫罢工的刑律，既体现出对底层民众和劳工权益的维护，同时也是服务于开展劳工运动和扩大党的社会影响的政治需求。但是，从早期中国马克思主义学者关于国家、阶级、法律的论述来看，早期中国共产党的刑事法治思想实际上包含另外一种面相：在经济基础决定上层建筑、阶级斗争产生国家和法律、通过暴力革命建立无产阶级专政的话语背景下，法律尤其是刑法，自然成为开展阶级斗争、建立和巩固无产阶级专政的有力工具。这一点，在接下来的工农斗争中得到了证明。

四、 惩治工贼与贪污受贿：省港大罢工中的刑事法治

1924—1927 年，是中国共产党和中国国民党进行党内合作，共同开

---

① 湖南省博物馆历史部校编：《新民学会文献汇编》，湖南人民出版社 1980 年版，第 141 页。

② 中共一大会址纪念馆编：《中共一大代表早期文稿选编（1917. 11 ~ 1923. 7）》（上），上海人民出版社 2011 年版，第 49 页。

③ 瞿秋白：《瞿秋白论文集》，重庆出版社 1995 年版，第 644 页。

展反对北洋军阀统治的国民革命时期。1923 年 6 月，党的三大通过《关于国民运动及国民党问题的议决案》，决定在“工人阶级尚未强大起来”之时，“加入国民党，但仍旧保存我们的组织，并须努力从各工人团体中，从国民党左派中，吸收真有阶级觉悟的革命分子，渐渐扩大我们的组织，谨严我们的纪律，以立强大的群众共产党之基础”。1924 年 1 月，中国国民党第一次全国代表大会在广州召开，以国共合作为基础的国民革命兴起。

大革命时期，中国共产党加入国民党的组织，参加国民政府，经常对外以国民党和国民政府的名义开展活动，积极投入到国民革命的洪流中去，为大革命的胜利推进作出了决定性的贡献。一方面，大革命时期广东国民政府和武汉国民政府的许多决议和法律，都是在共产党人的参与甚至主导下制定的，是国共合作的产物，相当程度上也反映了中国共产党的法律思想。另一方面，大革命时期的中国共产党仍保留着独立的组织，在加入和改造国民党的同时坚持自己的信仰和奋斗目标，坚持独立领导开展工农运动。1925 年 10 月，中国共产党扩大执行委员会通过的《中国现时的政局与共产党的职任议决案》指出，随着国民革命的发展和扩大，中国共产党的职任是：（1）作为“无产阶级的指导者”“民族解放运动的领袖的指导者”，应当指示群众以前进的道路，提出政纲，使工人阶级及其同盟者——农民、城市小资产阶级、革命的智识阶级——能够有所根据而向前奋斗；（2）组织工人的工会、工厂委员会、工会联合会，召集全国劳动大会，以集中积聚无产阶级力量，吸收中国无产阶级的革命分子到共产党里来，使共产党在革命的无产阶级之间发展和巩固；（3）组织工人运动，由直接反帝国主义的罢工运动到经济要求争工会组织的罢工运动，使群众多多的参加各种形式的政治运动；（4）利用帝国主义和军阀的压迫在工人群众中造成的从来没有过的革命心理，有组织地去预备武装工人阶级中最勇敢忠实的分子，扩大工人自卫军的组织；（5）注意国民党右派的阶级妥协主张，力求公开我们的党，组织我们自己的同志发展巩固我们党的组织，打击国民党右派和团结左派；（6）引导广大的学生群众参加革命运动，同时须设法使革命的分子加入共产党和共产主义青年团。大革命时期，中国共产党独立领导开展工农运动，产生了内容丰富的刑事法制及刑事法治思想。首先，便是省港大罢工中的刑事法制及法治思想。

发生于1925年6月至1926年10月的省港大罢工，是中国共产党直接发起和领导的，中国工人运动史上一次规模最为巨大、影响最为深远、坚持时间最长、对帝国主义打击最为沉重的反帝爱国运动。在罢工期间，被称作“工人政府的雏形”的省港罢工委员会，制定了一系列革命法规，建立了革命法庭，加强了法制建设，是中国共产党新民主主义革命法制建设的最早尝试，同时，也可以说是省港大罢工能够取得巨大胜利的重要原因之一。

（一）省港罢工委员会的刑事立法

省港大罢工期间，省港罢工委员会成立了法制局，这是一个专门负责为省港罢工委员会各部门制定组织法规，以及草拟与罢工有关的各种章程、条款和法规的立法机构。法制局由中国共产党的工运领袖、中华全国总工会执行委员邓中夏兼任顾问。鉴于当时的革命形势和罢工斗争的要求，法制局的立法工作主要围绕制定各种刑事法规而展开，进行刑事立法。省港罢工委员会的刑事法规，主要包括两个方面：一是惩治工贼和一切反动分子、反革命罪犯的刑事法规；二是惩治贪污受贿罪犯的刑事法规。

1. 关于惩治工贼和一切反动分子、反革命罪犯的刑事法规

省港大罢工是一次反帝爱国运动，工人以“罢工、排货、封锁”等手段与帝国主义进行斗争。因此，罢工委员会及其纠察队的主要任务，是封锁香港、澳门和沙面之间的交通，截留粮食，查缉私货，逮捕工贼走狗，维持罢工秩序。罢工斗争必然遭到帝国主义和反动分子的种种破坏，他们一方面不断对执行封锁任务的工人纠察队进行武装袭击，另一方面想方设法派遣暗探工贼到广州进行秘密破坏活动。对此，省港罢工委员会决定拿起革命的法律这一有力武器，坚决惩办敢于破坏罢工的工贼及一切反动

分子。

为了同破坏罢工的反动分子作斗争，罢工工人代表大会先后制定了关于惩治反革命和罢工破坏者的刑事法规。1925 年 7 月 5 日公布的《省港罢工委员会纠察队应守纪律》规定：工人纠察队要负责“镇压一切反革命行动”，“队员发现敌人间谍及侦探时，不得任意殴打，应即拘送本部审讯处分”。① 这是中国共产党刑事法治史上最早规定反革命罪的重要文献之一。同年 11 月公布的《会审处办案条例》，规定下列行为构成破坏罢工的重要罪行：（1）接济敌人粮食物品者；（2）未经准许而擅自复工者；（3）策动工人返工者；（4）侦探罢工消息报告敌人者；（5）私运人货往港、澳、沙面者；（6）缉获货物私自拍卖并放行者。②《纠察队纪律》规定：纠察队员凡包运粮食、盗卖截货、私运华人往港、澳、沙面及掳人勒索者，处以枪毙。③

根据 1926 年 3 月 31 日罢工工人代表大会第一百次大会统计，由罢工工人代表大会讨论决定的镇压反动分子的案件共有 3 件，另有多起破坏罢工的案件，是由会审处和特别法庭直接审理的。此外，工人纠察队驻江门第十三支队队长郑福，非法盗卖火油，经罢工委员会派专人密查核实后，报工人代表大会讨论决定，将其交特别法庭处以死刑。省港大罢工期间，罢工委员会坚决制裁破坏罢工的罪犯，给国内外反动势力以沉重打击，对于坚持反帝罢工斗争、巩固罢工胜利成果，起到重要作用。

2. 关于惩治罢工过程中贪污受贿罪的刑事法规

省港罢工委员会刑事法规的打击锋芒，除了指向破坏罢工的反动分子外，还针对罢工队伍内部的贪污受贿分子。由于当时采取封锁港澳、查缉私货等斗争手段，各罢工机构和管理人员经常要处理大量财物。为了防范和杜绝贪污受贿行为，罢工委员会在许多法规中，都提出了明确要求和具体防范措施。

---

① 《省港罢工委员会纠察队应守纪律》，《工人之路》，1925 年 7 月 5 日。

② 《会审处办案条例》，《工人之路》，1925 年 11 月 15 日。

③ 《纠察队纪律》，《工人之路》，1925 年 11 月 28 日。

省港罢工委员会关于惩治贪污受贿罪犯的刑事法规，有以下几个特点。

第一，惩治贪污受贿的规定散见于各有关法令条例中，所列罪行不够全面系统，处刑办法也不具体。当然，尽管如此，它基本上包括了贪污受贿罪的各种表现形式及其主要实施手段。凡公务人员利用职务之便，侵吞公款、贪污自肥、受贿舞弊、假公济私、截留财物、盗卖公物证券、克扣粮食、勒索钱物的，一经查实，即以贪污受贿罪论处。向公务人员行贿者，也须受法律制裁。

第二，对贪污受贿者，采取政纪处分和刑事制裁两种方式进行惩处。情节较轻者，给以政纪处分，包括申诉、记过、记大过、取消名籍（撤差）、解散该级机构等方式，或处以短期拘留。情节严重者，给以刑事处分，分为死刑、监禁、拘留、没收财产和罚金等。

第三，加重处罚各级机关干部的违法行为。1926 年 3 月颁布的《罢工委员会组织法》规定：如果罢工委员会委员“有违法行动被人告发，或为法制局弹劾于工人代表大会及各机关，一经查确，应罪加一等”。[①]《纠察队纪律》规定：“纠察队委员如有失职及违法情事，得由省港罢工委员会或省港罢工工人代表大会科以应得之惩罚。”“委员之受惩罚应比委员会下之各级队部职员之惩罚加重一等。”[②] 可见，省港罢工委员会对工会干部提出了更为严格的要求，强调干部要廉洁奉公，以身作则。

省港罢工委员会的机关报《工人之路》经常报道罢工委员会各机构揭发所属成员贪赃舞弊的案件。如罢工委员会干事局招待部的干部彭某，原系海员工会会员，1925 年 10 月假借招待部的名义，私售火油，渔利自肥，经海员工会一致决定，将其送交会审处依法查办。又如敬工会会员何某，担任筑路委员会会计，经手款项数百元，手续未清，即离职不归，有亏空公款潜逃之重大嫌疑。为此，《工人之路》于 1925 年 12 月 11 日刊载省港罢工委员会的布告，宣布“自登报之日起，限七天内回会，如逾期不返，

① 《罢工委员会组织法》，《工人之路》，1926 年 3 月 5 日。
② 《纠察队纪律》，《工人之路》，1926 年 3 月 9 日。

即实行通缉归案追究”。

省港罢工委员会的刑事立法虽然不是很完备，却开创了中国共产党领导工人阶级建设革命法制的历史先例。它团结了罢工工人，对惩治破坏罢工的帝国主义走狗及反革命分子发挥了应有的威力，而对罢工队伍内部违法犯罪分子的从重从严处罚，则体现了法律面前人人平等、没有任何特权的革命法制精神。

（二）省港罢工委员会对刑事犯罪的审理

在省港大罢工期间，为了更有力惩办破坏罢工的工贼和一切违法犯罪分子，罢工委员会成立了会审处、纠察队军法处和特别法庭等司法机构。会审处直属罢工委员会，是专门审理破坏罢工案件的初审机构。特别法庭成立后，重要案犯都要解交特别法庭审理，会审处只审理判处短期监禁或拘留的轻微刑事案件。纠察队军法处隶属于工人纠察队委员会，接受纠察队移交来的各种犯人，经讯问后，分别作如下处理：如犯法者为纠察队员，则直接由军法处依照《纠察队纪律》的规定处理；如犯法者为非纠察队员，则转送会审处处理。特别法庭的产生，是基于对敌斗争的特殊需要：省港罢工开始后不久，英帝国主义从香港派遣反动分子林和记到广州策动罢工海员回港复工，被罢工工人当场抓获，证据确凿，林犯对其罪行也直认不讳，会审处正准备组织公审，却遭到广州国民政府总检察长公开阻挠，经过反复交涉和斗争，最后决定由广州国民政府特派审判委员 3 人、罢工委员会选派陪审员 3 人，联合组成特别法庭，负责对林犯的审理。自此，特别法庭依据《会审处办案条例》，审理破坏罢工的各种重要罪犯，有权判处包括死刑在内的各种刑罚。

省港大罢工期间创立的上述革命法庭，在司法实践中逐步发展出了一系列诉讼原则。

第一，逮捕人犯只能由公安和司法机关依法执行，审判权统一由司法机关行使。罢工委员会规定，逮捕人犯由代行公安职权的工人纠察队负责，然后解送军法处或会审处审理。

第二，废止肉刑，严禁逼供。早在1922年6月15日《中国共产党第一次对于时局的主张》中，中国共产党就明确提出要改良司法制度，废止肉刑。省港大罢工运动认真实践这一原则。《会审处细则》规定："会审处不得使用笞刑逼供，以重人道。"《会审处组织法》再次强调："会审处（审）讯案件，应秉公依法，无枉无纵，不得擅用私刑及受贿舞弊；倘有上项事实被人告发或被查出，应由省港罢工委员会送交特别法庭查办之。"①

第三，建立人民陪审员制度。《会审处细则》规定：会审处设陪审员5人，必须有陪审员3人以上出席方能开审。后来又决定由各工会选派陪审员1人，以9人为一组，各组每日轮流到会审处参加陪审。特别法庭成立后，罢工委员会又选派3名陪审员参加该法庭的审判工作。

第四，公开审判原则。《会审处细则》规定实行公开审判，开庭时"会审处得准工友旁听，以昭大公。惟各工友旁听时，不得越权干涉或肆意叫嚣，以损法权。如有特别案件，须秘密审讯者，不在此限"。《工人之路》亦时常登载会审处的公审通告，宣布某案定于某日某时进行公开审判，有关人员可到庭旁听。

第五，实行上诉制度和案件复核制度。《会审处组织法》规定："会审处判决人犯如（不）服判决时，得向特别法庭上诉。"《纠察队纪律》规定：纠察队员被判决枪毙时，须报请省港罢工工人代表大会通过，方能执行。

综上所述，在省港大罢工运动中，中国共产党领导的罢工委员会制定了一系列革命的刑事法规，创建了革命的刑事法庭，初步提出了一些诉讼原则，有力地打击了帝国主义对罢工的破坏，保证了罢工队伍的纯洁、团结和稳定，保障了罢工的顺利进行。省港罢工委员会的刑事法制建设是中国共产党刑事法治思想的最初实践，为新民主主义革命刑事法制的创立和完善提供了宝贵经验。

---

① 《会审处组织法》，《工人之路》，1926年3月11日。

此外，在省港大罢工的过程中，中国共产党杰出的工人运动领袖、省港大罢工的主要领导者邓中夏从反对帝国主义、争取罢工胜利的实际需要出发，对工人阶级革命政权建设进行了积极的理论探索和实验，丰富和发展了中国共产党领导的新民主主义革命政权建设的理论和实践，为新民主主义革命理论的最终形成作出了巨大贡献。

政权问题是一切革命的根本问题。早在 1925 年 5 月第二次全国劳动大会召开前，邓中夏在《中国工人》第 5 期上发表了《劳动运动复兴期中的几个重要问题——贡献于第二次全国劳动大会之前》一文，指出：在民主革命中，中国无产阶级必须和资产阶级争夺政权。他说："假使我们不努力，听资产阶级安然去取得一切权力，那么我们将来的命运一定更要坏。……无产阶级因无政权的原故，目前固踏践在帝国主义和军阀的铁蹄下，将来必钳束在新兴资产阶级的铁网里，其痛苦永不能够解除，幸福永不能够得到。……无产阶级从事国民革命，……可使我们在政治上的地位与势力日见增长而巩固，……造就我们在政治上的深厚的基础，为将来建设'工人政府'或'无产阶级专政'预为准备。政权不是从天外飞到我们工人手中的，是要我们从实际政治斗争去一点一滴的以至于全部的取得。政权我们不取，资产阶级会去取的。"① 在这段话里，邓中夏明确提出了他的无产阶级革命政权建设的重要主张，并在其后的省港大罢工运动中得以充分体现和初步实践。

在省港大罢工运动中，组织起来的工人阶级在中国共产党的领导下，推荐出自己的代表，召开了省港罢工工人代表大会，成立了省港罢工委员会，负责组织和领导罢工斗争的各项具体工作，制定了罢工委员会章程和有关法律法规。根据《省港罢工委员会章程》、《省港罢工委员会组织法》和《省港罢工工人代表大会组织法》的规定，"省港罢工工人代表大会为省港罢工工人最高议事机关"，"省港罢工委员会为最高执行机关"。省港罢工委员会下设干事局，干事局下设文书、招待、宣传、会计、庶务、交

① 中共中央文献研究室、中央档案馆编：《建党以来重要文献选编（一九二一——一九四九）》（第 2 册），中央文献出版社 2011 年版，第 346 页。

通、纠察等7个部，分别负责日常一切事务。除干事局外，罢工委员会还设有负责筹措、保管及支配罢工经费的财政委员会；负责起草各种法规的法制局；负责审核预算、决算的计划局；相当于陆军的工人纠察队；相当于海军的舰队；相当于法庭和监狱的会审处及拘留所。另外，省港罢工委员会还领导设立了工人医院、食堂、宿舍、劳动学院，出版了自己的机关报——《工人之路》。可以看出，省港罢工委员会所设立的机构涵括了政治、经济、军事、文化、教育、治安、外交、民政、卫生、社会福利等各个方面，在其管辖范围内，几乎具备了一个政权所应有的所有权力。因此可以说，省港罢工委员会是我国最早的无产阶级政权，它体现了“普遍民主主义”的精神，为以后中国共产党领导的革命政权的建立积累了宝贵经验。

省港罢工委员会成立后，邓中夏多次在讲话和文章中从理论上阐述其无产阶级政权的性质，并对无产阶级政权建设的问题作了进一步探索。邓中夏认为：省港罢工委员会是“工人阶级掌握政权的学习”，“是为将来自己阶级掌握政权的预备”，是真正意义上的工人政权；这个政权模仿俄国工人苏维埃的形式，实行普遍选举，由工人自己选举自己的代表，参加罢工工人代表大会；代表大会有至高无上的权力，同时选举产生罢工委员会，作为自己的最高执行机关，负责罢工各方面的具体工作。他说，我们这个“小小的政府”已经和帝国主义斗争9个月了，工人要得到完全的解放，只有在工人阶级掌握政权之后，学习掌握政权是工人阶级必修的一门功课，现在，中国的工人阶级已经学到了一些建设政权、掌握政权的知识和经验。他又指出：省港罢工委员会与巴黎公社、俄国苏维埃政府是性质相同的组织，区别在于在作用方面，他们是社会革命，根本推翻资本主义；我们是民族革命，努力打倒帝国主义。在程度方面，他们是管领全国，建设无产阶级的政权；我们只管东园（注：东园为省港罢工委员会所在地），进行反帝国主义罢工工作；他们的规模宏大而关系复杂，我们的规模细小而关系单纯罢了。然而其为工人政府的性质则一。所以我们敢于说罢工委员会是将来中国工人政府之先声。

邓中夏还是中国共产党最早重视革命武装斗争的领导人之一，他把工农兵视为革命的主力群众，把军事建设作为革命政权建设极为重要的方面。1923年底，他总结海丰、衡山农运失败的教训，主张建立农民武装，待时机成熟则成立农军，以为革命之用。1924年1月，他写下了《论兵士运动》一文，认为：尽管孙中山领导的革命党专靠兵士运动或军事运动企图夺取革命成功是梦中之梦，但是，在国民革命、群众革命思潮和革命行动已发展到极剧烈汹涌的时候，军事活动不仅不可废，而且应该是重要工作之一。此后，在工人运动中，鉴于吴佩孚武力镇压京汉铁路工人罢工的历史教训，邓中夏把武装工人作为工人运动的一个重要组成部分，先后组织工人"护卫团""义勇队""纠察队"等武装力量，提出由各工会团体组织"工人自卫团"，武力对待帝国主义及反动势力。他说："假使我们要得到完全的解放，只有夺取政权，把他们宰制我们的武器变为我们对付他们的武器，这一点是工人阶级在种种实际经验中得来的教训，不可忘记的。"在领导省港大罢工期间，他组织了2000多人的工人纠察队，并亲自担任纠察队的训育长，建立中国共产党领导的工人武装，为保证罢工的胜利起了重要作用。

此外，邓中夏重视工农联盟，主张联合农民。针对农民占中国人口大多数的实际，他指出，"中国不革命则已，欲革命不发动农民参加，革命不能胜利"，"近年来如湖南、陕西、广东等省的农民运动，已由原始的自然的农民反抗运动而进入于经济组织与政治斗争，已表示他们是中国国民运动中的重要成分"，中国革命的特殊性在于"工人与农民，因地位关系、利害关系，可说是天然的同盟者"。工人阶级能否与农民结成稳固联盟、广泛发动农民起来参加革命，决定着工人阶级在革命中的地位，是国民革命能否成功的关键。工人阶级必须最大限度联合各种革命力量，采取适当灵活的斗争策略。邓中夏还指出，在半殖民地半封建的中国社会里，要把散漫的农民组织起来，向他们灌输先进的革命理念，调动起他们的积极性来参加革命，关键是组织农会，设立与农民利益有密切关系的机构，使农民认识到农会是真正为农民自己谋利益的。同时，组织武装性质的民团，

“一方固然可以防御兵匪，而他一方一俟时机成熟亦可立呼成军，为革命之用”，农民完全具有参加革命的可能性，完全可以被武装，“（中国农民）能力是到了敢于反抗压迫阶级的时候，这种壮烈的举动，比较香港海员和京汉路工的罢工，并无逊色，真是中国革命前途可乐观的现象”。

五、 惩治土豪劣绅与刑事法治

大革命时期尤其北伐战争开始后，以两湖地区为主的各地农民运动迅猛发展，如火如荼。1927 年 6 月，据武汉国民政府农民部统计，湖南成立县农协 41 个，区农协 638 个，乡农协 13207 个，全省农协会员 4517140 人；湖北成立县农协 41 个，全省农协会员 2502600 人。[①] 此外，超过 10 万以上农协会员的省份，还有广东、河南、陕西、江西等省。

农民运动尤其两湖农民运动的迅猛发展，与中国共产党的重视、领导和投入有直接关系。早在国共合作之前，彭湃等中国共产党人就在广东领导开展了海陆丰农民运动，1924 年第一次国共合作开始后，广东的农民运动迅速发展，中国共产党亦提高了对农民运动极端重要性的认识。1925 年 1 月，中共四大《对于农民运动之议决案》明确指出：“农民问题在中国尤其在民族革命时代的中国，是特别的重要。中国共产党与工人阶级要领导中国革命至于成功，必须尽可能地、系统地鼓动并组织各地农民逐渐从事经济的和政治的争斗。没有这种努力，我们希望中国革命成功以及在民族运动中取得领导地位，都是不可能的。……我们须于国民党之外，同时独立地进行本党公开的宣传和支部的工作。此项工作以各地农会中之支部为中心，并将各地农民运动特派员放在本党地委指导之下；在农民反抗右派官僚、军阀和地主争斗中，本党地委应作适当的宣传或发布宣言，务使农民渐渐知道本党是真为他们利益而奋斗的党。”明确提出除了在国民政

① 《第一次国内革命战争时期的农民运动资料》，人民出版社 1983 年版，第 18—21 页。

府的名义下，中国共产党还应该独立地、以党自己的名义领导开展农民运动，扩大党的基础，提升党的影响力。为此中国共产党一方面开办农民运动讲习所，培训来自全国各地的学员，另一方面派大批党员和知识分子下乡，深入广大农村，积极领导农民运动。北伐战争前，中共中央发出通告，要求“在广东以外北伐路线必经之湖南、湖北……预备民众奋起的接应，特别是农民的组织”。[①] 1926 年 11 月，中共中央农民运动委员会书记毛泽东决定以湖南、湖北、江西、河南为农民运动的工作重点，在他的指示下，中共湖南区委派出大批农运特派员到农村，大力组织农民协会，发动农民支援北伐战争。北伐军占领湖北后，中共湖北区委又将大批农运特派员先后派到农村，分布在 41 个县，发动农民成立农协，开展斗争。在中国共产党的领导下，全国尤其两湖地区的农民运动突飞猛进，农村革命不断深入。

惩治土豪劣绅，必然要使用专政的手段，运用刑法这一法律武器。而从当时阶级斗争的实际情况看，土豪劣绅的反革命活动极为猖狂，非采取强有力的镇压和专政措施不可。在中国共产党的领导下，南方多地先后制定了惩治土豪劣绅的决议案和条例，尝试在大规模群众性政治运动中运用革命法律开展对敌斗争，积累了丰富的刑事法治经验。

（一）用革命的专政打倒土豪劣绅

惩治土豪劣绅是中国共产党领导的反帝反封建新民主主义革命的必然内涵，也是大革命时期党领导的农民运动的重要部分。中国共产党在第二次全国代表大会上提出了“反对国际帝国主义”和“反对封建军阀”的口号，但是，对于绝大多数乡村民众来讲，他们是很难理解国际帝国主义和封建制度等概念的。如何实现本党的奋斗目标，同时又能调动起广大民众的革命热情，是摆在中国共产党面前的一道难题。用马克思阶级斗争的系统理论建立起的“土豪劣绅”这一群体，无疑成功地解决了这一难题。

---

① 中央档案馆编：《中共中央文件选集》（第二册）（一九二六），中共中央党校出版社 1989 年版，第 82 页。

农村的土豪劣绅是压迫农民的土皇帝，与农民之间存在深刻强烈的阶级矛盾，农民运动一旦开展，必然极大冲击土豪劣绅在乡村中的统治，颠覆土豪劣绅在乡村中的权势地位，必然引起土豪劣绅的仇视和反扑，因此，农民运动必然也必须打倒在农村中作威作福的土豪劣绅阶级。1926 年 9 月，中共第四届中央执行委员会第三次扩大会议通过的《农民运动议决案》提出，号召“全体农民起来反抗贪官污吏劣绅土豪，反抗军阀政府的苛税勒捐”。中共湖南区委对湖南农民运动的宣言中指出：“从前的乡村，是土豪劣绅专政的乡村。土豪劣绅是乡村中之剥削者，他们必须拿得乡村政权来维持其剥削的利益。”[①] 农民群众要想取得自由，必然要打倒在乡村中作威作福的土豪劣绅阶级，“对于那些‘死灰欲燃’的土豪劣绅，必然要严重地打击，强力地镇压”。[②]《广东省农会重要宣言》（1926 年 6 月 1 日）指出：“土豪劣绅，平日假借功名，或恃其财势，勾结官府，包庇盗贼，盘踞团局，把持乡政，侵吞公款，鱼肉良民……比年以来，我农民因此而死亡者又不知其几千万。”总之，中国共产党主张用革命的专政彻底打倒乡村土豪劣绅，认为这既是反封建的具体体现，也是开展农民运动的必然要求。

（二）惩治土豪劣绅的刑事立法：以《湖北省惩治土豪劣绅暂行条例》为例

在中国共产党的领导和推动下，农民反抗土豪劣绅的斗争迅速开展起来，各地的农民在共产党的领导下，纷纷指控土豪劣绅的不法行为，要求组织农会，制定法律，严惩土豪劣绅。1926 年 12 月，湖南省第一次农民代表大会通过《铲除贪官污吏土豪劣绅决议案》，指出：“贪官污吏、土豪劣绅是封建社会的产物，也就是军阀政治的基础……故国民解放运动，与此种反动势力是绝对不能并存的，必将贪官污吏、土豪劣绅根本铲除，然

---

① 中国革命博物馆、湖南省博物馆编：《湖南农民运动资料选编》，人民出版社 1988 年版，第 106 页。

② 中国革命博物馆、湖南省博物馆编：《湖南农民运动资料选编》，人民出版社 1988 年版，第 106 页。

后国民革命胜利才有保障，帝国主义、军阀的基础才算根本消灭。”接着详细列举自农民运动开展以来各县土豪劣绅的种种破坏活动及罪恶行径，最后提出：“必须农民运动与市民运动联合，方能打倒贪官污吏，建设廉洁政府。”根据这一决议，国共合作下的国民党湖南省党部起草制定了《湖南省惩治土豪劣绅暂行条例》和《湖南省审判土豪劣绅特别法庭组织条例》，并于1927年1月由湖南省政府公布实施。1927年2月，江西省第一次农民代表大会也通过了《惩办土豪劣绅决议案》，大会决定：“一、各县农民协会，应与县政府县党部及各民众团体，共同组织审判土豪劣绅的特别法庭；二、对于省党部现在所组织的土豪劣绅审判法庭，省农民协会应联合其他团体派多数的代表参加。”陕西省第一次全省农民代表大会亦通过了《惩办贪官污吏及土豪劣绅决议案》，决议要求：“一、凡政府各机关官吏无论吞款多少，或危及农民本身利益，一经协会查出，呈请政府立即撤职从严惩办。二、凡官吏有吞款害民事实者，政府应时时检查撤职，并宣布罪状，以免污辱政府名誉。三、呈请政府立即建设审判土豪劣绅特别审判法庭。四、对土豪恶绅，农协有自行逮捕处决之权。五、凡土豪劣绅剥削农民吞款过多者，一经查出，除如数偿还外，并酌量罚金或将其家产充公。”湖北省则于1927年3月颁布了《湖北省惩治土豪劣绅暂行条例》和《湖北审判土豪劣绅委员会暂行条例》，在全省范围内实施。《湖北省惩治土豪劣绅暂行条例》是大革命时期农民运动的重要法规，也是中国共产党领导下制定的最早的刑事法规之一，集中体现了中国共产党在大革命时期的刑事法治思想。下面，将主要介绍《湖北省惩治土豪劣绅暂行条例》的制定背景和内容。

第一，《湖北省惩治土豪劣绅暂行条例》的制定背景。随着北伐战争的节节胜利，两湖地区的农民运动如火如荼地开展。与此同时，农村土豪劣绅站在农民运动的对立面上，极为仇视农会和农会干部，以及农民积极分子，他们勾结反动势力和土匪，用残酷的手段迫害农会干部。如在湖北省阳新县，1927年2月27日，当地的反动官吏与土豪劣绅相勾结，用残酷的手段毒打省特派员成子英和农会干部、农友等人，最后用汽油将他们活活烧死，造成了耸人听闻的残害农会干部事件。这一事件激起了湖北全省农运干部的愤怒，纷纷要求湖北省政府严惩凶手。农会干部还要求湖北省政府制定专门惩治土豪劣绅的条例，并成立专门的法庭，依法惩办那些敢于破坏农民运动的土豪劣绅。于是，在当时主持国民党湖北省政府工作的董必武的提议下，《湖北省惩治土豪劣绅暂行条例》出台，并于1927年3月开始施行。董必武在审议该条例时指出："湖北惩治土豪劣绅条例，系根据湖南已经实行之条例，足以保护农民运动。因为土豪劣绅之犯罪，为普通法律所不及。"① 毛泽东在审议时也发表评论："和平办法是不能推倒土豪劣绅的。故亟应颁布此条例，以便推行各省。"②

第二，《湖北省惩治土豪劣绅暂行条例》的主要内容。《湖北省惩治土豪劣绅暂行条例》共10条，全文如下：

第一条 凭借政治、经济、门阀身份以及一切封建势力或其他特殊势力（如凭借团防勾结军匪），在地方有左（下）列行为之土豪劣绅，依本条例惩治之：

（一）反抗革命，或阻挠革命及作反革命宣传者；

（二）反抗或阻挠本党及本党所领导之民众运动（如农民运动、工人运动、商民运动、青年运动、妇女运动）者；

（三）勾结军匪蹂躏地方党部或党部人员者；

（四）与匪通谋坐地分赃者；

（五）借故压迫平民，致人于死亡者；

（六）借故压迫平民，致人有伤害或损失者；

（七）包揽乡间政权，武断乡曲，劣迹昭著者；

（八）欺凌孤弱，强迫婚姻，或聚徒掳掠为婚者；

（九）挑拨民刑诉讼，从中包揽图骗图诈者；

（十）破坏或阻挠地方公益者；

---

① 《董必武传》撰写组：《董必武传》（1886—1975）（上），中央文献出版社2006年版，第185页。

② 中共中央文献研究室编：《毛泽东年谱（一九八三——一九四九）》（上卷），中央文献出版社1993年版，第187页。

（十一）侵蚀公款或假借名义敛财肥己者。

第二条　犯本条例第一条一项至五项之罪者，处死刑或无期徒刑，并得没收其财产。

第三条　犯本条例第一条六项七项之罪者，处无期徒刑或一等有期徒刑，并得没收其财产。

第四条　犯本条例第一条八项九项十项之罪者，处一等有期徒刑或二等有期徒刑，并得没收其财产之一部或全部。

第五条　犯本条例第一条十一项之罪者，依左（下）列处断：

（一）十元以上未满五百元者，处四等或五等有期徒刑，并科千元以下之罚金；

（二）五百元以上未满千元者，处二等至四等有期徒刑，并科二千元以下之罚金；

（三）千元以上未满三千元者，处一等或二等有期徒刑，并科六千元以下之罚金；

（四）三千元以上者，处死刑或无期徒刑，并没收其财产。

第六条　犯本条例之罪者，终身剥夺其公权。

第七条　暂行新刑律总则与本条例不抵触者，得适用之。

第八条　凡触犯本条例各罪，另组湖北省审判土豪劣绅委员会审判，其条例另定之。

第九条　本条例之最高解释权属于中国国民党湖北省党部。

第十条　本条例经湖北省政府公布施行。

从上述规定来看，《湖北省惩治土豪劣绅暂行条例》主要内容有3部分。

首先，给“土豪劣绅”定性。“土豪劣绅”一语出自毛泽东《湖南农民运动考察报告》之中。“土豪”是指乡里的豪强，即欺压乡民的地主；“劣绅”是指地方上的恶霸或退休官员中的恶劣者，同时泛指旧社会有钱有势、横行乡里的人。在《湖北省惩治土豪劣绅暂行条例》中，“土豪劣绅”是指那些“凭借政治、经济、门阀身份，以及一切封建势力或其他特殊势力”来对抗革命、破坏农民运动的人，这个定性与毛泽东提出的“土豪劣绅”的定义基本上是一致的。

其次，给“土豪劣绅”的“反动行为”定性。《湖北省惩治土豪劣绅暂行条例》规定的土豪劣绅的“反动行为”主要包括4种：一是反革命行为，即土豪劣绅造谣中伤、迫害革命者或阻挠各种革命运动的行为；二是为害乡里、欺压乡民者从而间接破坏革命形势的行为；三是欺压女性、干涉女性婚姻自由的行为；四是侵吞公物或各种经济贪污的行为。对这些行为进行惩治既符合当时农民运动深入发展的需要，也与中国共产党新民主主义革命的政治纲领相一致。

最后，规定具体惩罚。《湖北省惩治土豪劣绅暂行条例》规定对土豪劣绅反动行为的具体处罚基本上是法律制裁附加经济制裁的方法，另外还有剥夺政治权利的惩罚。其中，反革命行为被认定为重罪，所以在量刑上采用的是死刑、无期徒刑和没收全部财产的方法；欺压乡民、为害乡里的罪行仅次于反革命罪，所以要处以无期徒刑、一等有期徒刑或二等有期徒刑外加没收全部财产和部分财产；相对来说，经济犯罪量刑较轻，视金额多少，处以一至五等徒刑直至死刑的法律制裁，以及数额不等的罚金。这种量刑设置，充分体现了大革命时期保障革命运动顺利发展的总原则，以及稳定乡村社会的秩序、阻止一切造谣破坏革命或欺压民众现象的具体任务。尤其值得注意的是，凡是被此条例制裁过的一切人等，均会受到剥夺政治权利的惩罚，从而永远丧失政治地位，其处罚不可谓不严厉。

《湖北省惩治土豪劣绅暂行条例》是大革命时期中国共产党运用刑事法制开展对敌斗争的又一尝试，是在激烈的阶级斗争中产生的刑事法规，是革命斗争与法制建设相结合的产物，它在激烈的对敌斗争中起到了镇压土豪劣绅、震慑敌人的作用，也为中国共产党实践其刑事法治思想、进一步发展完善刑事立法提供了丰富的经验。

（三）惩治土豪劣绅的刑事实践

在实践中，农民在中国共产党的领导下，采取政治、经济等方式来打击土豪劣绅。乡村中的农民群众在共产党的领导下，利用清算、减租减息、罚款、捐款、没收逆产、小质问、大示威、戴高帽子游乡、关进监狱、驱逐和枪毙等各种方式打击土豪劣绅：（1）清算公产。农民夺取原为土豪劣绅掌握的乡村公产，清算土豪劣绅把持公产的罪状，打击其权威，"这样的清算运动，在农民运动起来的各县做得很普遍，意义不重在追回款子，重在宣布土豪劣绅的罪状，把土豪劣绅的政治地位和社会地位打下去"。[①]（2）减租减息。各地农民运动的兴起，在最初的时候一般是通过减租减息的方式展开的，这种方式鼓舞了农民斗争的积极性，一定程度上减轻了土豪劣绅对农民的剥削和压迫。（3）罚款。农民运动兴起后，农会组织对那些破坏农会、劣迹斑斑的土豪劣绅大都进行了一定的罚款，数额从数十元到千元不等，这些罚款一般被充作农会的经费。（4）捐款。各个地方的农会为了创办学校或者兴办合作社，强迫土豪劣绅进行各种捐款，绝大部分土豪劣绅迫于农会的压力，都会捐款给农会的，少者十元、多者百元。（5）没收逆产。惩办土豪劣绅的同时没收其家中的财产，所没收的财产一部分充作经费，一部分分给农民。（6）戴高帽。农会在审判土豪劣绅后，宣布其罪状，接下来让土豪劣绅戴上高帽子游乡，湖北黄石农民就曾将地主收租的大斗戴在地主头上游街。（7）枪毙。农民运动刚兴起时，一般是对土豪劣绅进行罚款、游行或者关进监狱来惩治，随着国民革命的深入，在共产党阶级斗争理论的影响下，农会或者督促政府枪毙土豪劣绅，或者施压政府同意由农会枪毙，有时甚至不经过政府，便召开农民大会直接枪毙土豪劣绅。除此之外，还有小质问、大示威、关进监狱、驱逐等方式。

为了防止土豪劣绅破坏农会，保护农民利益，在中国共产党的领导下，农会也组织起自己的武装力量。江西第一次全省农民代表大会决议："为巩卫农民协会，保护农民利益，防御反动派破坏起见，大会认为广东农民协会所制定《农民自卫军组织大纲》，适于实用，本省农民协会采用

① 中共中央文献研究室、中央档案馆编：《建党以来重要文献选编（一九二一——一九四九）》（第4册），中央文献出版社2011年版，第119—120页。

之，特此决议。”湖南省农会组织也通令各县组织自卫军，建立自己的武装力量，“最近各县土豪以及反动分子反攻日激，有非颠覆革命势力不已之势，如惨杀农民，围打特派员之事实层出不穷。在此期间，我革命民众，若不急图自卫，武装起来，将何以铲除土豪劣绅所代表之封建势力，而巩固乡村政权，确定民主政治之基础”。农民武装力量的建立一般采取两种方式，一是改编团防局等旧式武装，二是由农民协会单独组建。随着大革命的开展，农民武装在南方尤其两湖地区广大农村纷纷建立，在“打倒土豪劣绅”的旗帜下，中国共产党在乡村中组织农民武装，开始建立自己的武装力量。

（四）以革命的专政反封建：毛泽东《湖南农民运动考察报告》中的刑事法治思想

农民运动兴起后，一些同地主关系密切的国民党右派以及北伐军中一些军官的利益受到了影响。他们攻击农民运动“破坏了社会秩序”，“扰乱了北伐后方”，“是痞子运动”。中国共产党内部对农民问题也产生了不同看法，相当一部分人对发动农民运动持反对意见。在1926年12月召开的中共中央汉口特别会议上，作出了限制工农运动发展、反对农民分田地的决议，并且认为湖南工农运动“过火”“幼稚”“动摇北伐军心”“妨碍统一战线”等，对农民运动的责难已经成为普遍的声音。为了证明农民运动的重要性，反驳当时对农民运动的责难，从1927年1月4日开始，毛泽东用了32天的时间，行程700公里，深入湘潭、湘乡、衡山、醴陵、长沙5县，考察了这些县的农民运动，并将调查情况写成了《湖南农民运动考察报告》。《湖南农民运动考察报告》在当时引起了广泛的影响，实际上成为指导当时南方尤其两湖地区农民运动的纲领性文件。《湖南农民运动考察报告》同时包含丰富的法律和刑法思想，代表了中国共产党法律和刑事法治思想在大革命时期的进一步发展。

1. 革命就是要终结旧的不合理的法律秩序

对于那些认为农民运动“糟得很”“过火”的观点，毛泽东进行了反驳。他指出，农民运动“乃是广大的农民群众起来完成他们的历史使命，乃是乡村的民主势力起来打翻乡村的封建势力。宗法封建性的土豪劣绅，不法地主阶级，是几千年专制政治的基础，帝国主义、军阀、贪官污吏的墙脚。打翻这个封建势力，乃是国民革命的真正目标”。对于农民运动中的所谓“过火”，毛泽东认为，农民的这种革命行动是有原因的：“第一，上述那些事，都是土豪劣绅、不法地主自己逼出来的。……第二，革命不是请客吃饭，不是做文章，不是绘画绣花，不能那样雅致，那样从容不迫，文质彬彬，那样温良恭俭让。革命是暴动，是一个阶级推翻一个阶级的暴烈的行动。”①

毛泽东的以上论述，实际上谈到了革命与法律秩序的问题。一般认为，社会变革的形式有改良和革命两种，而当社会矛盾不可调和的时候，往往发生剧烈的革命。从法律和法治的视角来看，改良基本是在法律的范围内进行，是在基本制度不变的前提下，对非基本的制度进行创、改、废，是法律制度的自我完善和发展；而革命却是全面地、彻底地变革以前的法律。频繁的社会革命和暴力变革，客观上确实不利于维护法律的权威，但有时非革命不能解决问题，必须通过革命，缔造新的符合人民利益的法律秩序。毛泽东认为，基于当时的国情，中国社会非革命不能解决问题，革命是为了人民群众的利益，必须动员人民群众参加，破坏旧的不合理的法律秩序没什么不好，即使不得不使用暴力，以及违反当时军阀政府的法律。

2. 建立革命政权

毛泽东认为，农民革命打击了富人和官吏势力，地主的权力、体面和威风全被扫除，农会成了农村唯一的权力机关，做到了“一切权力归农会”，农会就是无产阶级专政在农村的雏形。在农村权力结构发生根本性变化后，县城的政权形式也必然发生变化。毛泽东谈到了当时湘乡、湘潭、醴陵、衡山等县的“联合会议”，“在地主权力被农民权力完全打下去

---

① 中共中央文献研究室、中央档案馆编：《建党以来重要文献选编（一九二一——一九四九）》（第4册），中央文献出版社2011年版，第113页。

了的时候……凡事取决于县长和革命民众团体的联合会议。这种会议，由县长召集，在县署开。有些县名之曰‘公法团联席会议’，有些县名之曰‘县务会议’。出席的人，县长以外，为县农民协会、县总工会、县商民协会、县女界联合会、县教职员联合会、县学生联合会以及国民党县党部的代表们。在这样的议会里，各民众团体的意见影响县长，县长总是唯命是听。所以，在湖南采用民主的委员制县政治组织，应当是没有问题的了。现在的县政府，形式和实质，都已经是颇民主的了”。[①] 这显然是一种联合政府式的地方政权形式。

3. 废除落后的家族法规和刑罚

毛泽东说，在农民运动之前，中国农村的男子普遍要受3种有系统的权力的支配，即政权、族权和神权。至于女子，除受上述3种权力的支配以外，还受男子夫权的支配（夫权）。“这四种权力——政权、族权、神权、夫权，代表了全部封建宗法的思想和制度，是束缚中国人民特别是农民的四条极大的绳索。农民在乡下怎样推翻地主的政权，已如前头所述。地主政权，是一切权力的基干。地主政权既被打翻，族权、神权、夫权便一概跟着动摇起来。农会势盛地方，族长及祠款经管人不敢再压迫族下子孙，不敢再侵蚀祠款。坏的族长、经管，已被当作土豪劣绅打掉了。从前祠堂里‘打屁股’、‘沉潭’、‘活埋’等残酷的肉刑和死刑，再也不敢拿出来了。女子和穷人不能进祠堂吃酒的老例，也被打破。”[②] 毛泽东认为，农民运动不仅要打掉土豪劣绅，也要打倒附在其上面的族权、神权、夫权，而只要土豪劣绅被打倒，族权、神权、夫权也必然动摇。毛泽东还力主废除由族权、神权、夫权主导的农村家族法规，废除由家族执行的刑罚。旧中国农村的日常生活，一般和国家生活距离比较远，而受家法族规影响深，所以，废除家法族规，实际上是对农村社会生活最深刻的变革。在农村的家法族规中，有许多野蛮残忍的处罚手段，像毛泽东提到的“打

---

① 中共中央文献研究室、中央档案馆编：《建党以来重要文献选编（一九二一——一九四九）》（第4册），中央文献出版社2011年版，第125页。

② 中共中央文献研究室、中央档案馆编：《建党以来重要文献选编（一九二一——一九四九）》（第4册），中央文献出版社2011年版，第126页。

屁股”“沉潭”“活埋”等，这些刑罚虽然不是由官府执行，但得到了官府的默许。这些民间的惩罚措施，有的甚至比官府的刑罚还要残酷。毛泽东主张废除这些刑罚，反映了他反封建和反对酷刑的主张。

4. 禁绝农村的陋习

在谈到农民运动给农村生活带来的变革时，毛泽东说：“共产党领导农会在乡下树立了威权，农民便把他们所不喜欢的事禁止或限制起来。最禁得严的便是牌、赌、鸦片这三件。……这些禁令中，包含两个重要意义：第一是对于社会恶习之反抗，如禁牌赌鸦片等。这些东西是跟了地主阶级恶劣政治环境来的。地主权力既倒，这些东西也跟着扫光。第二是对于城市商人剥削之自卫，如禁吃酒席，禁买南货斋果送情等等。因为工业品特贵，农产品特贱，农民极为贫困，受商人剥削厉害，不得不提倡节俭，借以自卫。至于前述之农民阻谷出境，是因为贫农自己粮食不够吃，还要向市上买，所以不许粮价高涨。这都是农民贫困和城乡矛盾的缘故，并非农民拒绝工业品和城乡贸易，实行所谓东方文化主义。农民为了经济自卫，必须组织合作社，实行共同买货和消费。还须政府予以援助，使农民协会能组织信用（放款）合作社。如此，农民自然不必以阻谷为限制粮食价格的方法，也不会以拒绝某些工业品入乡为经济自卫的方法了。”① 农会通过组织和动员农民参加农会，行使协会的职能，加入农村经济和社会生活，禁止一些陋习和不利于生产生活的做法。

5. 转变解决纠纷的方式

湖南的农民运动影响了当地解决纠纷的方式，毛泽东说：“湖南的司法制度，还是知事兼理司法，承审员助知事审案。知事及其僚佐要发财，全靠经手钱粮捐派，办兵差和在民刑诉讼上颠倒敲诈这几件事，尤以后一件为经常可靠的财源。几个月来，土豪劣绅倒了，没有了讼棍。农民的大小事，又一概在各级农会里处理。所以，县公署的承审员，简直没有事

① 中共中央文献研究室、中央档案馆编：《建党以来重要文献选编（一九二一——一九四九）》（第4册），中央文献出版社2011年版，第129—132页。

做。……于是知事及其僚佐们的荷包，只好空着。”[①] 农民运动有了农会后，农民遇到事情都到农会解决，于是当时的司法程序就形同虚设了，毛泽东认为这是一种进步，因为当时的政权和司法机构已经完全腐败，农会是农民自己的政权机构，代表农民利益，能比已经腐败的旧司法机构更好地替农民解决纠纷，更好地保护农民的利益。

毛泽东的《湖南农民运动考察报告》批驳了当时党内外对农民运动的各种责难，充分肯定了农民运动在中国革命中的伟大作用，强调要放手发动群众、组织群众、依靠群众，建立党领导下的农民政权，进行减租减息、分配土地等斗争。《湖南农民运动考察报告》从理论上阐明了中国革命中无产阶级领导权的中心问题——农民同盟军问题，提出了中国共产党领导农民运动的正确理论和政策，成为以后新民主主义革命理论的重要组成部分，其中以革命的专政反封建的主张，丰富和发展了中国共产党的刑事法治思想。

---

① 中共中央文献研究室、中央档案馆编：《建党以来重要文献选编（一九二一——一九四九）》（第4册），中央文献出版社2011年版，第125页。

第二章　中国共产党局部执政时期刑事法治思想与实践（一）

1927年大革命失败后，中国共产党确立了土地革命和武装斗争的总路线。秋收起义后，又逐渐在全国建立起中国共产党领导的武装割据的革命根据地。中国共产党依托革命根据地，建立党领导的武装力量，开展武装斗争，并且推动和完善根据地的政权建设、经济建设、社会建设和法制建设。承继建党初期和大革命时期而来的中国共产党的刑事法治思想，亦在更加丰富的革命斗争和根据地建设的实践中得到进一步的充实和发展。

一、土地革命时期工农民主政权的刑事立法：以《赣东北特区苏维埃暂行刑律》为例

工农民主政权一建立，中国共产党就立即着手建立工农革命的刑法制度，以镇压土豪劣绅和国民党反动势力的反扑，巩固工农阶级的统治，维护革命的法律秩序。由于激烈的阶级斗争环境，工农民主政权始终把惩治反革命活动作为革命刑法的基本任务。各种惩治反革命条例，构成红色根据地刑事立法的基本内容。从根据地开创初期，到抗日战争爆发以前，各根据地在每个重要的历史阶段，都颁布有不同的惩治反革命的法令、条例。最早颁布的有：1927年11月海陆丰工农兵代表大会通过的《杀尽反动派案》，广州苏维埃政纲关于惩治反革命的条款等。

1929年至1930年，各根据地基本建立起来，革命政权初步稳定。在

总结前段惩治反革命工作经验的基础上，一些根据地政权制定了较为条理化的惩治反革命条例。例如，1929 年信江工农政府制定的《肃反条例》，1930 年 6 月闽西工农政府制定的《惩办反革命条例》，1930 年 4 月鄂豫皖根据地六安县第六区制定的《肃反条例》等。

中华苏维埃共和国临时中央政府成立之后，强调制定正式法律，建立革命秩序，一些省的苏维埃政府陆续颁布了惩治反革命法规。例如，1932 年 4 月湘赣省的《苏区惩治反革命犯暂行条例》和关于反革命《自首自新条例》，还有后来的《川陕省苏维埃政府肃反执行条例》和川陕省《关于反革命自首的条例》等。

第五次反“围剿”战争时期，根据地敌我斗争形势趋于尖锐化，为严厉镇压一切反革命的破坏活动，中华苏维埃共和国中央执行委员会于 1938 年 4 月 8 日颁布了《中华苏维埃共和国惩治反革命条例》。这是土地革命时期工农民主政权颁布的最系统的一部刑事法律。

惩治贪污浪费和违法乱纪行为的刑事法规，在工农民主政权的刑事立法中也占有重要地位。这方面的重要法规有：1930 年 3 月闽西第一次工农兵代表大会通过的《政府工作人员惩办条例》；1933 年 12 月中华苏维埃共和国中央执行委员会颁布的《关于惩治贪污浪费行为》的训令及《关于红军中逃跑分子问题的命令》等。还有一些地区的肃反法令中也规定了制裁革命干部违法乱纪行为的条款。

此外，工农民主政权也制定了许多制裁普通刑事犯罪的刑事法规。例如，1930 年 3 月，闽西第一次工农兵代表大会通过的《保护青年妇女条例》规定，绝对禁止贩卖女子为婢妾娼妓，违者枪决。1930 年 10 月，闽西苏维埃政府发布《禁止私人收买金银首饰的布告》，规定：如果有私人在赤色区域收买金银首饰，处罚款；如果将首饰送到白色区域贩卖，处死刑，或在赤区私铸银币者，处死刑。1933 年 10 月制定的《违反劳动法令惩治条例》规定：凡私人雇主及国有或合作社企业之管理人员违反劳动部门登记的集体合同、阻挠工会代表合法行为或妨碍其行使职权、阻止职工加入工会者，皆以违反劳动法论罪，交由劳动法庭进行审判。[①] 1934 年人民委员会发布《保护山林条例》，除规定对于滥伐树木者要按价加倍赔偿损失外，还规定对滥伐树木而发生严重后果的主要负责人，以及批准滥伐树木者的刑罚。[②]

赣东北革命根据地于 1931 年制定的《赣东北特区苏维埃暂行刑律》，是这一时期出现的唯一一部刑法典草案，内容很完备。《赣东北特区苏维埃暂行刑律》的体例和主要内容如下。

《赣东北特区苏维埃暂行刑律》分总则与分则两编。总则 14 章，分则 22 章，共 36 章，149 条。总则编是关于犯罪构成、刑罚种类、量刑原则、法律效力以及假释的规定，分则编规定各类罪名。

第一，犯罪构成。《赣东北特区苏维埃暂行刑律》有“不为罪”一章，规定构成犯罪必须具备的要件。

（1）刑事责任年龄。规定刑事责任年龄为 12 岁。凡不满 12 岁人的行为，不构成犯罪。但根据其情节，得施以感化教育。

（2）刑事责任能力。规定行为人必须是了解自己行为并具备控制自己行为能力之人。精神病人之行为不构成犯罪，但根据其情节，施以监禁处分。

（3）行为人主观上有罪过。罪过包括故意和过失，非故意和过失不为罪。不知法令，不得为非故意，但因其情节，得减本刑一等或二等。

（4）行为有社会危害性。明确规定正当防卫和紧急避险不为罪。

第二，刑罚的种类。包括主刑和从刑。主刑分死刑、有期徒刑和拘役。死刑须经特区苏维埃人民委员会批准。有期徒刑分 5 等：一等，5 年以下、3 年半以上；二等，2 年以上、3 年半以下；三等，1 年以上、2 年以下；四等，半年以上、1 年以下；五等，1 月以上、半年以下。拘役刑为 1 日以上、1 月以下。从刑分褫夺公权和没收财产。褫夺公权的内容为剥夺其参加工农政权的资格、参加群众组织的资格、参加红军的资格、选

① 张希坡编著：《中华人民共和国刑法史》，中国人民公安大学出版社 1998 年版，第 97 页。
② 张希坡编著：《中华人民共和国刑法史》，中国人民公安大学出版社 1998 年版，第 98 页。

举的资格。

第三，量刑的原则：

（1）未遂犯减免。犯罪已着手，而因意外之障碍不遂者，为未遂犯。得减既遂罪之刑一等或二等。犯罪已着手，而因己意中止者，准未遂犯论，得免刑或减轻本刑。

（2）累犯加重。已受徒刑之执行，更犯徒刑以上之罪者，为再犯，加本刑一等。三犯以上者，加本刑二等。但在徒刑执行完毕，逾 5 年而再犯者，不在加重之限。

（3）数罪并罚。犯数罪者为俱发罪。科死刑者，不执行他刑。科有期徒刑者，于各刑合并之刑期以下，其中最长之刑期以上，定其刑期，但不得过 10 年。褫夺公权及没收，并执行之。

（4）区分正犯与从犯。2 人以上共同实施犯罪之行为者，皆为正犯，各科其刑。在实施犯罪行为之际，帮助正犯者，准正犯论。教唆他人使之实施犯罪之行为者，为造意犯，依正犯处断。在实施犯罪行为之前，帮助正犯者，为从犯，得减正犯之刑一等或二等。

（5）老幼及喑哑人宥减。喑哑人或未满 12 岁或满 80 岁人犯罪者，得减本刑一等或二等。

（6）自首减免。犯罪未发觉而自首于审判机关受审判者，得减本刑一等。一罪既发觉，而自首未发觉余罪者，得减所首余罪之刑一等。预备或阴谋犯分则特定各条之罪，未至实行而自首于审判机关受审者，得免除或减轻其刑，但没收不在免除之限。

（7）情节轻者酌减。审按犯人之心术及犯罪之事实，其情轻者，得减本刑一等或二等。同时规定：徒刑不得加重死刑，拘役不得减至免除；有 2 种以上应减者，得累减之；从刑不随主刑加重减轻。

第四，法律效力。《赣东北特区苏维埃暂行刑律》第 1 条及第 3 条规定：在中央未颁布刑律以前，本律有绝对的效力；凡在赣东北区内犯罪者，不问何人适用之。同时规定不溯及既往，第 2 条："本律于凡犯罪在本律颁行以后者适用之。"

第五，主要罪名。《赣东北特区苏维埃暂行刑律》规定了22类罪名：藏匿证人及湮没证据罪；伪证及诬告罪；放火、决水及妨害水利罪；危险物罪；妨害交通罪；伪造货币罪；伪造文书及印文罪；伪造度量衡罪；鸦片烟罪；赌博罪；奸非罪；妨害饮料罪；妨害卫生罪；杀伤罪；堕胎罪；遗弃罪；略诱及诱罪；窃盗及强盗罪；诈欺取财罪；毁弃损坏罪；私擅逮捕监禁罪；骚扰罪。

二、 惩治反革命与肃反运动

“反革命”一词，“五四”之后才出现在中国人的话语中，北伐前夕，开始在社会上流传，1927年武汉国民政府制定的《反革命罪条例》在历史上首次通过立法将“反革命”定为一种刑事罪名。土地革命时期，国民党反动派为了破坏工农民主政权，除了不断地组织军事进攻以外，还不断地派遣特务分子潜入根据地，与当地被打倒的土豪劣绅勾结在一起，从事反革命的活动，企图颠覆革命政权。基于此，摧毁反动组织、镇压一切反革命活动、惩办各种反革命分子，成为苏维埃政权和苏维埃刑事立法最重要的任务和使命。围绕着这一使命，各地方苏维埃先后制定了一些地区性的惩治反革命法令，对打击根据地内反革命分子的破坏活动起到了重大作用。

（一）工农民主政权创建初期的肃反法规

1.《闽西苏维埃政府惩办反革命条例》

1930年6月颁布的《闽西苏维埃政府惩办反革命条例》共17条。规定“土豪劣绅恃势欺压贫民者”“反动政党领袖危害革命者”“勾结白军摧残群众者”“为反动派当侦探者”“强收租息捐税者”“破坏革命团体及苏维埃者”等“枪决”。还规定惩办“侵吞公款、侵害公共建筑物及公产者”“破坏邮政交通者”“乱烧乱杀者”“与政府颁布法令有抵触行为者”等。

2.《湘赣省苏区惩治反革命犯暂行条例》

1932 年 4 月颁布的《湘赣省苏区惩治反革命犯暂行条例》第 1 条规定：凡公开的或秘密的加入一切反革命组织，企图破坏革命，颠覆苏维埃的反革命分子，均受本条例制裁。明确制裁的对象为加入一切反革命组织的反革命分子。第 2 条规定了制裁等级：死刑，没收其本人的土地财产；监禁或发苦工；剥夺公权，监视其劳动；警告；劝告。第 3 条规定，阶级异己分子为反革命首领工作显巨者，豪绅地主子弟加入反革命组织者，富农、流氓、资本家及其他剥削分子加入反革命组织、参加反革命活动者，经常与敌人暗通消息或隐藏反革命侦探，及反革命家属与反革命犯同谋反动者，自新后重新参加反革命活动者，判死刑，没收其本人的土地财产。第 5 至 7 条规定对贫苦工农加入反革命组织，根据不同情况处理，最重的处分是剥夺公权监视其劳动，一般的是警告和劝告。

3. 湘赣省苏维埃政府关于反革命《自首自新条例》

1932 年 4 月 15 日，湘赣省苏维埃政府颁布关于反革命《自首自新条例》，规定，凡贫苦工农、兵士、贫民，被胁迫欺骗加入 A B 团、改组派、国民党或反革命派御用的“甲子团”“吃烟会”“好吃会”“春风社”“恋爱社”“忠善堂”“新共产党”“新共产党青年团”等组织的，一律准许自首。凡自动出来自首，向当地苏维埃政府忠实报告反动派组织的自首分子，一律免罪或减轻处分。

此外，江西信江工农民主政权在 1929 年 12 月颁布《肃反条例》，到 1931 年 3 月发展成为《赣东北惩治反革命条例》，亦是工农民主政权较早的肃反法规。

（二）《中华苏维埃共和国惩治反革命条例》

第一次全国苏维埃代表大会之后，中华苏维埃共和国中央执行委员会于 1931 年 12 月颁布了《处理反革命案件和建立司法机关的暂行程序》，指出在中央政府成立前“肃反”工作中存在的缺点和错误，强调要迅速建立和健全苏维埃的司法机关，彻底消灭反革命的组织和活动，保障革命群众的生命财产安全和应当享有的民主权利。不管是在新区域还是老区域，审判机关在处置反革命分子的时候，一定要注意区分阶级成分，对于地主、富农、豪绅、资本家等出身的反革命分子和首要分子，应当给予严厉的处置，甚至处以死刑；对于工农群众出身从事反革命活动的分子以及附和者，应从宽给予处置。1933 年，中央司法部颁布命令，再次强调要以阶级成分、犯罪行为以及对苏维埃政权的危害程度来定罪量刑。1933 年，针对当时国民党第四次反革命"围剿"，为了打击根据地的反革命活动，确保反"围剿"的胜利，中华苏维埃共和国中央执行委员会发布了《关于镇压内部反革命问题》的训令，要求各级各类苏维埃机关行动起来，依靠广大的人民群众，从严、从速镇压反革命。对于证据确凿的重要反革命分子，应当立即逮捕处决，并把他们的罪状公布出来；授权苏区边缘各县的裁判部，对于已抓到的证据确凿、罪恶昭著的反革命分子，应立即判处死刑，执行死刑后报告上级备案；授权苏区中心区域的县裁判部，遇到特别紧急情况，对于抓到的证据确凿、罪恶昭著的反革命分子，同样可以先执行死刑，再报上级备案。1934 年 4 月 8 日，在第五次反"围剿"斗争的关键时期，中央执行委员会颁布《中华苏维埃共和国惩治反革命条例》（以下简称《惩治反革命条例》）。《惩治反革命条例》总结各地立法和与反革命斗争的经验，第一次明确规定了反革命罪的概念，详细规定了反革命的范围种类，确定了反革命罪的构成要件，把反革命罪与其他犯罪区分开来。主要包括以下内容。

1. 反革命罪的概念

《惩治反革命条例》第 2 条规定："凡一切图谋推翻或破坏苏维埃政府及工农民主革命所得到的权利，意图保持或恢复豪绅地主资产阶级的统治者，不论用何种方法，都是反革命行为。"由此，明确了构成反革命罪的两个要件，即"推翻或破坏苏维埃政府及工农民主革命所得到的权利""保持或恢复豪绅地主资产阶级的统治者"的意图和行为。

2. 反革命罪的种类

《惩治反革命条例》第 3 条至第 30 条具体列举了各种反革命罪，包括组织反革命武装军队及团匪土匪侵犯苏维埃领土，煽动居民在苏维埃领土内举行反革命暴动；组织各种反革命团体；组织或煽动居民拒绝纳税；暗杀或谋害苏维埃政府的工作人员；间谍行为；散布谣言反动宣传；制作反动文字图画；组织秘密机关等，以及藏匿上述反革命罪犯之人。

3. 刑罚的种类

《惩治反革命条例》规定的刑罚包括主刑和附加刑，主刑包括死刑和监禁，附加刑为没收本人财产并剥夺公民权。

（1）死刑。在《惩治反革命条例》列举的28条反革命罪中，有27条规定，其情节严重的得处以死刑。按当时法令，死刑一律用枪决，废止杀头、破肚等酷刑。

（2）监禁。监禁，即有期徒刑。《惩治反革命条例》规定，对反革命罪行情节较轻者，处6个月以上、1年以上、2年以上、3年以上、1年至5年等的监禁，以10年为最高限度。同时，根据《裁判部暂行组织及裁判条例》规定，在各级裁判部下设看守所，以监禁未审判的犯人，以及判决短期监禁的犯人。县、省两级裁判部下还设立劳动感化院，以监禁被判决长期监禁的犯人。

（3）没收本人财产并剥夺公民权。《惩治反革命条例》第39条规定，对犯反革命罪行的，除按各该条文上的规定科罪外，得没收其本人的财产全部或一部，并得剥夺其公民权一部或全部。

4. 量刑的原则

《惩治反革命条例》第31条至第38条规定了量刑的原则：

（1）再犯加重。《惩治反革命条例》第31条规定："凡犯本条例第三条至第三十条所列举各罪之一或一项以上，经法庭判处监禁，又再犯本条例所举各罪之一项或一项以上者，加重其处罚。"

（2）未遂犯和附和犯减轻。《惩治反革命条例》第32条规定："虽有本条例规定的犯罪行为之企图而未达到目的者（未遂罪），或为该项犯罪行为所附和者，得减轻其处罚。"

（3）胁迫犯、无犯罪意识及与犯罪无直接关系者减轻或免除处罚。

《惩治反革命条例》第33条规定："凡被他人胁迫，非本人愿意，又确无法避免其胁迫，因而犯罪者，或未觉察该项犯罪行为的最终目的者，或与实施该项犯罪行为无直接关系者，均得按照各该条文的规定减轻或免除其处罚。"

（4）工农分子犯罪减轻处罚。《惩治反革命条例》第34条规定："工农分子犯罪，而不是领导的或重要的犯罪行为者，得依照本条例各该条文的规定，比较地主资产阶级分子有同等犯罪行为者，酌量减轻其处罚。"尽管从法理上讲，工农分子减轻处罚的规定违背了法律面前人人平等的精神，却符合《中华苏维埃共和国宪法大纲》规定的政权性质，而且在当时的情境下，书本的"法理"必然要让位于革命的"情理"。

（5）对苏维埃有功的人犯罪减轻处罚。《惩治反革命条例》第35条规定："凡对苏维埃有功绩的人，其犯罪行为，得按照本条例各该条文的规定减轻处罚。"

（6）自首、自新分子减轻处罚。《惩治反革命条例》第36条规定："凡犯本条例所列各罪之一，未被发觉，而自己向苏维埃报告者（自首分子），或既被发觉而悔过，忠实报告其犯罪内容，帮助肃反机关破获其他同谋犯罪者（自新分子），得按照各该条文的规定减轻处罚。"

（7）未成年人减轻处罚。《惩治反革命条例》第37条规定："年龄在十六岁以下的未成年人，犯本条例所举各罪者，得按照该条文的规定减轻处罚。如为十四岁以下的幼年人，得交教育机关实施感化教育。"

（8）类推的原则。《惩治反革命条例》第38条规定："凡本条例所未包括的反革命犯罪行为，得按照本条例相类的条文处罚之。"在这里，《惩治反革命条例》体现了罪刑法定与刑事类推相结合的原则。根据现代刑法理论，罪刑法定是一切国家刑事立法中所应遵循的一般性原则，法无明文规定不为罪，法无明文规定不处罚，只有这样，才能保证法律的公开和透明，充分发挥法律的指引和教化作用，没有被刑法明确规定为犯罪的行为一律不得受到刑法的处罚。但《惩治反革命条例》制定的背景是革命战争十分激烈和残酷的年代，阶级矛盾十分尖锐，反革命敌人想方设法通过各种手段从事破坏革命的活动，再加上立法经验不足、立法技术不完善，法律体系也不健全，为了填补漏洞，只能实行法律的类推适用。

5. 法律效力

《惩治反革命条例》第 1 条规定："凡犯本条例所列举各罪者，不论是中国人外国人，不论在中华苏维埃共和国领土内或在领土外，均适用本条例以惩治之。"明确了极为广泛的空间效力和对人的效力。在时间效力上，《惩治反革命条例》第 41 条规定："本条例自公布之日起发生效力。"但实际上它对生效之前的反革命罪行具有溯及力，《惩治反革命条例》第 11 条规定："在反动统治方面曾担负重要责任，对工农利益及革命运动作积极反对行为者，处死刑。但遇特种情形时，得减轻其处罚。"

（三）惩治反革命的实践及其经验教训

主张"革命"或反对"革命"，本来只是政治态度上的差异，只有当"革命"成为一个时代的共同诉求，成为社会行为的唯一规范和价值评判的最高标准之后，"反革命"才会被建构为一种最大之"恶"和最恶之"罪"。中国共产党领导的苏区建设和斗争，符合人民群众的根本利益，顺应了历史潮流的发展，任何阻挠和破坏这一潮流的行动，都是违背人心并应当坚决予以反对的。工农民主政权的刑事立法规定"反革命"为重罪，以惩治反革命为主要任务，是正义和进步的。第二次国内革命战争时期，根据地的肃反工作取得了一定的成绩，审判了一批真正的反革命分子，有力地配合了反"围剿"斗争，保障了根据地的各项建设。

但是，也必须指出，当时的肃反工作由于缺乏经验，特别是由于"左"倾冒险主义采取了"过左的肃反路线"，使肃反扩大化，给革命带来严重损害。其主要经验教训，可以概括为以下两点。

第一，错误估计形势，夸大敌情，怀疑一切，导致肃反中心论的错误。1932 年 1 月制定的《苏区中央局关于苏区肃反工作决议案》指出：过去因为对 AB 团及一切反革命派认识不正确，将 AB 团扩大化了，以为一切地主残余富农分子都可当 AB 团看待，以为一切从异己阶级出身的分子都可能是 AB 团，把犯错误的党员和群众都与 AB 团联系起来，甚至发展到连工农群众都不能信任了，结果肃反工作成了“一切工作的中心”。[①] 方志敏在《我从事革命斗争的略述》中指出：“肃反工作的扩大化，就是认为反革命在苏区已经有了庞大的组织，雄厚的力量，到处都有了反革命派的混入活动，到处疑神疑鬼！这是夸大反革命的力量，过低估计党和苏维埃的政治力量。因为党和苏维埃的领导威信，群众的阶级性及其组织力量，以及反革命派不能和共产党员一样不畏艰苦危险的深入群众工作的关系，在苏区内，反革命派决不能很容易的大规模发展起来，这是极显明的道理。当时肃反工作就忽视了这一点，将肃反工作扩大化，没有指示全党要清楚的分出那些是政治上或行动上的错误，那些才真是反革命的阴谋。”[②]

第二，破坏革命法制，不注重调查证据，滥用刑讯逼供。根据地的革命立法不够健全，只有一些单行条例，没有制定详细的刑法和刑事诉讼法。即使这些单行条例，在“左”倾路线的影响下，也没有认真执行。特别是当肃反运动一来，便借口“情况特殊”，肆意破坏革命法制，大搞刑讯逼供。中华苏维埃共和国临时中央政府虽然明令废止肉刑，但是，“左”倾路线的领导者和执行者并不遵守革命法制，甚至弃之不用，或“以言代法”，审理案件，不重证据，不搞调查研究，只是一味地进行指供、诱供、逼供。罗瑞卿在 1956 年党的八大上的发言中，总结肃反工作的历史经验时指出：“同调查研究、实事求是完全相反的是逼供信的方法。这就是只根据一些片面的、没有经过检验的材料，草率捕人。捕人以后，又往往轻信犯人口供，甚至用肉刑和变相肉刑逼供，相信逼出来的口供，再去捕人。这是主观主义的反马克思主义的方法，其结果，必然会把敌人的力量夸大化。我们党在第二次国内革命战争期间，在肃反斗争中曾经犯过这种错误，吃了一些亏，但是，却取得了一条经验，这就是必须实行充分的调查研究，坚决反对逼供信。”

① 中央档案馆编：《中共中央文件选集》（一九三二）（第八册），中共中央党校出版社 1991 年版，第 18—19 页。

② 江西省方志敏研究会编：《方志敏年谱（1899—1935）》，中央文献出版社 2009 年版，第 240—241 页。

当然，各根据地肃反的扩大化，有其客观的原因。一是白色恐怖笼罩，革命斗争形势异常严峻。在当地地主武装和土匪势力、地方军阀的不断反抗、破坏、进攻之下，在经济封锁、保甲制度束缚和连坐法惩处而造成的血腥恐怖之下，在国民党军持续不断的“进剿”、“会剿”和“围剿”的过程中，苏区和红军时刻面临着生死存亡的危机，敌我力量悬殊和国民党军大兵压境，是诱发肃反扩大化错误的主要外部因素。二是受苏联和共产国际错误指示的影响。从1927年春季开始，中国大革命失败的责任等问题成为斯大林和托洛茨基、布哈林等互相攻讦的热门问题，他们在莫斯科中山大学等场所展开多次公开的辩论，由此开始了苏联共产党［联共（布）］内“肃清国际社会民主党”、反托洛茨基和季诺维也夫的斗争。1929年7月，共产国际执行委员会第十次全会撤销布哈林的执委会主席职务，进一步强调“右倾机会主义是各国共产党的主要危险”，并特别指示中国共产党要坚决反对改组派、第三党等反革命派别，坚决反对“带有公开的或暗藏的反革命作用的富农”。作为共产国际的一个支部，中共中央积极贯彻共产国际的这些指示，除在国民党统治区开展宣传攻势外，主要是在各个苏区推行包括肃反在内的一系列相应政策。这种状况到王明把持中共中央领导权以后达到极致。苏联党内斗争的不恰当方式和共产国际的一系列相关指示，也是中国各个苏区肃反扩大化的重要诱因。同时，虽然各个苏区普遍出现肃反扩大化错误是不争的事实，几乎与发生错误同步，抵制与纠正肃反扩大化的行动也相应而生。随着越来越多的同志觉悟，一些根据地肃反扩大化的势头得到遏制，一些严重的肃反扩大化事件被停止或得到局部纠正，有力地遏制了肃反的进一步扩大化。

三、 惩治贪污浪费和违法乱纪

中华苏维埃共和国临时中央政府成立后，中国共产党成为苏维埃国家的执政党，苏区的各级党政工作人员，成为掌握苏维埃国家权力的红色

“官员”。随着角色的转换，一个新的考验摆在党和苏维埃政府面前：苏区广大干部能否过好权力金钱关，树立清正廉洁的良好形象？中国共产党对这个问题的认识非常清醒，在苏区执政过程中十分重视完善监督体制，依据法律开展反腐倡廉斗争，以令人民满意的结果回答了这个问题。

（一）闽西苏维埃《政府工作人员惩办条例》

1930年3月，闽西第一次工农兵代表大会提出“整理各级苏维埃”，颁布了《政府工作人员惩办条例》。规定：（1）苏维埃政府工作人员怠工放弃职责者、侵越职权者、行动乖张为群众所厌恶者，撤职。违反决议案者撤职查办。（2）苏维埃政府工作人员侵吞公款有据者、受贿有据者、擅发或捏造号令者、把持政权者、借公报私为害他人者，撤职并剥夺选举权和被选举权。（3）苏维埃政府工作人员侵吞公款至300元以上者、受贿至50元以上者、将内部秘密报告敌方者、乱烧乱杀者、假借政府名义私打土豪有据者，枪决。

（二）《关于惩治贪污浪费行为》训令

1933年12月15日，中华苏维埃共和国中央执行委员会发布《关于惩治贪污浪费行为》的训令。规定：

1. 贪污罪

凡苏维埃机关、国营企业及公共团体的工作人员，利用自己地位贪污公款以图私利者，贪污公款在500元以上者，处以死刑；贪污公款在300元以上500元以下者，处以2年以上5年以下的监禁；贪污公款在100元以上300元以下者，处以半年以上2年以下的监禁；贪污公款在100元以下者，处以半年以下的强迫劳动。并追回各贪没之公款，没收其本人家产之全部或一部。

凡挪用公款为私人营利者，以贪污罪论，照贪污罪各项处治。

2. 浪费罪

苏维埃机关、国营企业及公共团体的工作人员，因玩忽职务而浪费公款，致使国家受到损失者，依其浪费程度处以警告、撤销职务以至1个月以上3年以下的监禁。

（三）苏区的权力监督机制：以中央苏区为例

苏区反腐倡廉，除了对已经发现的贪污腐败案件坚决查处、对贪污腐败分子严惩不贷外，党和苏维埃政府更注重加强对党员干部进行革命理想信念教育，注重建立健全苏维埃民主政治制度，为苏区干部形成廉洁自律好作风奠定坚实的思想基础和政治基础。同时，党和苏维埃政府还十分注重建立权威高效的监督机制，为苏区干部廉洁自律好作风的形成营造良好的外部环境和体制保障。

中央苏区建立的对各级苏维埃政府和苏维埃工作人员实施监督的机制，主要有以下几个方面。

1. 党政监督

首先是党内监督。主要从两个方面进行：一是发挥基层党组织的作用，通过召开民主生活会等方式，在党内开展积极的批评和自我批评，使各种消极腐败思想和行为一露头，就受到党内批评，使之消灭在萌芽状态，难以滋生蔓延；二是加强党的纪律建设，充分发挥党的纪律对党员干部腐败行为的遏制抨击作用。中国共产党自成立之后，就注意党的纪律建设。1931年11月在瑞金召开中华苏维埃第一次全国代表大会后，中央苏区各级党组织一方面加强了对党员的纪律教育，另一方面建立健全了党的纪律监察机构，严肃认真地查处了一批违纪案件，对违犯党纪者给予严肃处理，并且做到在纪律面前人人平等。

其次是政府内部的监督。一是各级苏维埃政府内设立工农检察部，作为政府的工作机关，专门负责对政府机关和政府工作人员进行检察监督。苏区各级工农检察部开展了卓有成效的工作，为苏区反腐倡廉作出了重大贡献。从1932年春至1934年春，中央工农检察部先后组织过多次集中检查。第一次是从1932年9月开始，集中检查各级政府执行优待红军条例的情况；第二次是从1932年12月开始，集中检查苏维埃政府机关和地方武装中的阶级异己分子及贪污腐化动摇消极分子；第三次是从 1933 年 6 月开始，配合查田运动，集中检查混进革命队伍中的阶级异己分子；第四次是从 1933 年 11 月开始，集中检查党政群机关和国家企业机关中的贪污浪费腐败分子。这几次集中检查，都查出了一批违法乱纪、贪污腐败和消极怠工分子，并对他们进行了严肃处理。平时，各级工农检察部还受理了大量人民控告，对群众检举揭发出的案件进行了及时处理。二是上级政府机关不定期地派出巡视员或检查团，对下级政府工作机关实行工作指导和检查。中央苏维埃组织法和地方苏维埃组织法都规定，中央和省、县苏维埃政府各部门都应设专职巡视员，专门负责对下级对口部门进行工作巡视、指导、检查，发现问题及时指出纠正，并向上级报告。

2. 审计监督

中央苏区的审计监督，是专门在经济领域对各级党政机关及国家企事业单位及其工作人员进行检查监督，以堵塞贪污浪费漏洞、防止贪污腐败现象发生的监督举措。中央审计委员会成立后，充分发挥自己的职能作用，对中央政府各部门和各省、直属县的财政收支预决算情况，以及各事业单位、革命团体和国有企业的财务收支情况，进行了独立、公开和认真负责的审计。如 1933 年 12 月 5 日出版的《红色中华》第 132 期载："据中央审计委员会报告：十月份中央总务厅预算浮开至五千元之多，总卫生部十月份预算载后方医院伤病及工作人员，人数与实际所有数相差很远，瑞金县苏每月仅灯油费一项达一百二十元之多，其他不少的苏维埃机关及军事机关浮支浪费的事亦时常发现，这证明浪费现象现在差不多仍是普遍的存在着。"① 中央总务厅左祥云贪污案和瑞金县苏维埃政府财政部会计科长唐仁达贪污案，就是中央审计委员会与中央工农检察部进行审计检查发现的。中央苏区的审计监督，有效地促进了苏区党政机关和企事业单位经济管理和行政管理的改善，遏制了贪污浪费和官僚主义作风的蔓延，树立了党和苏维埃政府在人民群众中的良好形象。

① 柯华主编：《中央苏区财政金融史料选编》，中国发展出版社 2016 年版，第 452 页。

3. 媒体监督

中央苏区从中央到地方各级党政机关、群众团体和红军部队，都办有报纸刊物。党和苏维埃政府十分重视并充分发挥这些大众传播媒体在反腐倡廉方面的监督作用。如苏维埃中央政府机关报《红色中华》，从 1932 年 3 月开始，就辟有“突击队”专栏，专门揭露批评各级党政机关及工作人员中的官僚主义、贪污浪费等消极腐败现象。中央政府副主席项英亲自撰写有关批评文章，在此专栏发表。后来，《红色中华》报还增辟“红板”“黑板”等专栏，在“红板”中刊登表扬稿件，在“黑板”中刊登批评稿件。红军总政治部主办的《红星》报，辟有“铁锤”专栏，专门批评红军部队和军事机关存在的各种不良现象和作风。《红星》报还辟有“自我批评”专栏。一些被批评了的单位和个人，都迅速给《红星》编辑部写出自我批评稿件。共青团中央局主办的《青年实话》，辟有“轻骑队”专栏。中华全国总工会苏区中央执行局主办的《苏区工人》，辟有“批评与指导”“反对贪污腐化”专栏。其他许多报刊，也都辟有各种批评专栏。从而使苏区存在的各种消极腐败现象，处于强大的舆论监督之下，难有藏身之地、蔓延之机。

苏区各类传播媒体的舆论监督，得到党和苏维埃政府的支持与保护。1933 年 12 月 1 日，中共中央局常委、宣传部长兼中央党报委员会书记张闻天，在中央局机关刊物《斗争》发表署名文章，指出：“我们的报纸是革命的报纸，是工农民主专政的报纸，是阶级斗争的有力的武器，我们对于一切损害革命利益，损害苏维埃政权的官僚主义者，贪污腐化分子，浪费者，反革命异己分子，破坏国家生产的怠工工人等，必须给以最无情的揭发与打击，使他们在全苏区工农劳苦群众的前面受到唾骂、讥笑与污（侮）辱，使他们不能在苏维埃政权下继续生存下去，这样来改善我们各方面的工作，来教育广大群众。”

4. 群众监督

苏区党和政府根据《中华苏维埃共和国宪法大纲》的规定，创造各种条件，倡导苏维埃公民对苏区党政工作人员实行民主监督。苏维埃政府在工农检察部设立控告局，在各国家机关、企业、工厂、作坊、矿山、学校、社会团体、街道、村落中建立不脱产的工农通讯员队伍，经常组织不脱产的“突击队”“轻骑队”，进行明察暗访、突击检查等，以充分发挥群众监督对反腐倡廉的重要促进作用。

各级工农检察部下设的控告局，专门接受和处理工农群众对苏维埃机关或国家经济机关工作人员贪污浪费、违法乱纪和官僚主义等不良作风的检举和控告。中央工农检察部于1932年9月6日颁布的《中央工农检察部控告局的组织纲要》规定：各级工农检察部控告局设局长1人，调查员若干人。在工农居民集中的地方，需设立控告箱，以便利工农群众投递控告材料。各级工农检察部还可以指定可靠的工农分子代替控告局接受群众的控告材料。控告局只受理对苏维埃国家机关或经济机关及其工作人员的控告材料，不受理私人争执的控告书。《中央工农检察部控告局的组织纲要》还明确规定：苏维埃的政府机关和经济机关，有违反苏维埃政纲政策及目前任务，离开工农利益，发生贪污浪费、官僚腐化、或消极怠工的现象，苏维埃公民无论何人都有权向控告局控告；人民向控告局控告，可用控告书，投入控告箱内，或由邮件均可，不识字的，可以到控告局用口头控告，有电话的地方，也可以用电话报告控告局。同时规定：控告人向控告局投递的控告书，必须署本人的真姓名，而且要写明控告人的住址，同时要将被告人的事实叙述清楚，无名的控告书一概不受理，倘发现挟嫌造谣借端诬控等事，一经查出，即送交法庭，受苏维埃法律的严厉制裁。

“突击队”是苏区人民群众在工农检察部指导之下监督政权的一种新方式。1932年8月13日，中央工农检察部颁布了《突击队的组织和工作》文告，规定：苏区内凡有选举权的人都可加入突击队。突击队每队人数最少需3人，每队有队长1人，隶属于当地的工农检察部领导。突击队员不脱产，利用休息时间进行工作，而且队员不固定，每次突击可以更换队员。突击队可采用公开突击检查和暗中查访两种方式开展工作。突击检查的对象，仅限于苏维埃机关和国家企业，而非私人企业。突击检查的内容是关于苏维埃政纲政策贯彻执行情况、官僚、腐化、贪污现象等问题。突击队前往突击检查前，必须得到工农检察部的同意和指导，并需持有工农检察部颁发的证书；检查队需首先向被检查单位出示证书，方可检查，并且不能妨碍被检单位的正常工作；突击检查得到的情况，必须当着被检单位负责人的面写成书面材料，经被检单位负责人认可签字，方可作为证据。突击队每次突击之后，需向工农检察部作详细报告。

“轻骑队”是苏区共青团组织于1932年7月发起建立的。它是与官僚主义消极怠工和贪污、腐化现象作斗争的一个重要武器，是群众对于这些分子进行监督的一种最好的方式。每个轻骑队设正副队长各1人。其任务是：“检查苏维埃机关内、企业内、经济的和合作社的组织内的官僚主义，贪污、浪费、腐化、消极怠工等现象，举发对于党和政府的正确政策执行的阻碍与曲解（如红军公谷之保管，军委仓库之保管，粮食之收集，打土豪之罚款等）”；“检查在国家企业内出产品的质量，生产计划的执行，内部的设备，节省材料，爱惜公物”等。轻骑队的活动方式是公开的，既可搞突然袭击，也可开展经常性的检查。轻骑队只有检查权、控告权，没有处决权，对有关事件（案件）的处置，必须依法进行。

总之，党和苏维埃政府对苏区党政机关工作人员中存在的消极腐败现象，始终保持清醒的头脑。苏维埃中央政府一成立，就将反腐肃贪作为一项严重斗争任务列入议事日程，采用铁腕手段，对揭露出来的贪污腐败案件，予以坚决查处和公开曝光。1932年4月至1934年3月，苏维埃中央政府和江西省苏维埃政府先后交处了谢步陞案，钟圣谅、钟铁青贪污腐败案，左祥云贪污案，唐仁达贪污案，熊仙壁、刘仕祥贪污案5起贪污腐败大案要案，同时还查处了一批其他贪污腐败案件，在中央苏区开了“杀戒”，引起极大震动，充分展示了党和苏维埃政府反腐肃贪的决心。中央苏区对贪污腐败案件的坚决查处，特别是对钟圣谅、钟铁青贪污腐败案，左祥云贪污案，唐仁达贪污案，熊仙壁、刘仕祥贪污案4个大案要案的查处，处决了9名贪污腐败分子，轰动整个中央苏区，大快人心，充分显示了党和苏维埃政府反腐肃贪的决心，有力地遏制了腐败现象的蔓延。在空前严密的监督机制和共产党员的模范引领下，中华苏维埃共和国各级政府成为中国历史上“空前的真正的廉洁政府”，苏区的各级党政干部是中国历史上“空前的真正的廉洁官员”。

四、刑事法治的主要特点

（一）以惩治反革命为刑事立法的主要内容

工农民主政权的刑事立法主要是《惩治反革命条例》，这是根据地政权所面临的环境和任务所决定的。毛泽东在《对第二次全国苏维埃代表大会的报告》中说：“当着我们来说苏维埃各种基本政策的时候，首先要问什么是这些政策的出发点呢？答复这个问题，应该明白苏维埃过去与现在所处的环境和从这种环境所产生的任务。”根据地四周都是敌人的世界，国民党反动派对根据地不断地进行军事的、政治的、经济的、文化的“围剿”、封锁和进攻，在根据地内部，被推翻的土豪劣绅和反动分子时刻企图以反革命行动响应进攻的敌人，这就是根据地所处的环境。各工农民主政权的任务，是革命战争，以坚决的革命战争去推翻帝国主义与国民党反动派的统治。工农民主政权必须巩固已经取得局部胜利的工农民主专政，并把这个专政发展到全国范围内去。在这种环境与任务之下，工农民主政权必须坚决镇压反革命。因此，刑事立法主要是《惩治反革命条例》，《赣东北特区苏维埃暂行刑律》是这个时期出现的唯一的刑法典。

在以惩治反革命为刑事立法主要内容的同时，工农民主政权的刑事立法和司法还在长期的实践中不断总结经验和克服“左”倾思想的干扰，逐步把反革命犯罪和其他刑事犯罪区分开来，把反革命分子和一般国民党人员区分开来。早期的刑事法令往往把政治上的“反动派”“反革命派”等泛指概念规定为刑法惩治反革命的对象，错误地扩大了打击范围，如海陆丰县工农兵代表大会通过的《杀尽反动派案》，不仅严惩“土豪劣绅贪官污吏”，而且把“地主以及侦探、警察、保安队与在敌人机关办事者”一概视作反革命，拿获枪决，[1] 但这种“左”倾盲动主义错误很快被纠正。后来，各根据地政府普遍制定了“肃反条例”，普遍使用了“反革命”这一概念，并把反革命行为作为主要的定罪根据，而不是仅仅看其身份，并且大部分条文是针对现行反革命活动的。但同时，又把“侵吞公款”“欺诈讹索”“私自报复”“破坏革命标语布告”等一些危害革命法律秩序、损害革命利益的一般违法犯罪行为都列入惩治反革命条例，规定过于宽泛，不适当地扩大了打击面。

1931 年后，各革命根据地曾颁布命令，进行肃清“AB 团”“改组派”“社会民主党”等反革命组织的斗争。实际上，在各根据地很少存在这些组织。各根据地大搞肃清这些反革命组织的斗争，导致了严重的肃反扩大化的错误。特别是在肃反工作中，往往把不同意领导人“左”倾错误主张、工作生活上犯有一些缺点错误以及阶级出身不好的人，也当作反革命加以严厉惩治，严重混淆和扩大适用了反革命罪的概念，不仅使许多革命同志遭冤杀，而且严重损害了根据地内部的政治关系，给革命事业造成重大损失。1931 年 1 月，中央苏区中央局会议批判了这种肃反扩大化的错误，强调指出不能把工作生活上的错误及阶级出身不好与反革命混淆起来，并在中央苏区大力纠正了这些错误。《惩治反革命条例》第一次明确规定了反革命罪的概念，该条例列举的 28 条反革命罪，也都明文规定了反革命目的和犯罪行为两个构成要件，这是工农民主政权长期经验的总结。

（二）重刑惩治和区别对待相结合

重刑惩治反革命犯罪，是工农民主政权刑事立法的基本方针。从 1927 年海陆丰工农民主政府的《杀尽反动派案》，到 1934 年的《惩治反革命条例》，包括这一时期各根据地颁布的各种肃反条例，对于犯有严重的反革命罪行者，一般都规定处以死刑。例如，闽西《惩办反革命条例》和六安

---

① 雷晟生：《第二次国内革命战争时期根据地刑法试析》，《西北政法学院学报》，1984 年第 3 期，第 73 页。

县第六区《肃反条例》，对于真正的反革命犯罪都规定处以死刑。即使在中央临时政府发出处理反革命案件一定要区分首要与胁从的训令以后，湘赣省工农政府颁布的《苏区惩治反革命犯暂行条例》仍然规定，“豪绅地主子弟加入反革命组织者”、“其他剥削分子加入反革命组织、参加反革命活动者”、劳动群众出身而“经常与敌人暗通消息或隐藏反革命侦探”者，一律处以死刑，并没收其本人的土地财产。[①] 再如《惩治反革命条例》所规定的28条反革命犯罪中，只有对进行反革命宣传者规定处1年至5年监禁，其余27条都有死刑的规定。这表明，工农民主政权采取了重刑政策。之所以如此，主要是由残酷的战争环境和激烈的敌我斗争形势决定的。同时，也因为“左”倾情结的长期存在和新政权的经验不足，常常过多地使用死刑。

同时，工农民主政权在刑事立法过程中，也逐步发展出区别对待、惩办和教育相结合的原则。在井冈山斗争时期，根据地政府和红四军军部，就采取了争取敌人营垒中的大多数和被蒙骗群众的政策。1930年期间根据地一些重要的惩办反革命的法令，已经开始区分犯罪的不同性质和情节，规定了不同的处置办法，缩小了死刑的适用范围，开始提出鼓励自首自新、胁从者从宽、不得株连的原则和政策。中华苏维埃共和国成立前后，总结了以往肃反的经验教训，努力纠正草率杀人的错误，明确提出了处理反革命案件一定要“区分首要与胁从”“鼓励自首自新的原则”。中华苏维埃共和国中央执行委员会训令第六号《处理反革命案件和建立司法机关的暂行程序》规定，对于反革命的“首要分子应该严厉处置（如宣告死刑等）”，对于“附和的分子，应该从宽处置（如自新释放等）”。[②] 从此以后，各省苏维埃的肃反条例都把区分首要与胁从、鼓励自首自新作为基本的刑法原则。1935年12月，党中央召开瓦窑堡会议后，“左”倾政策得以明确纠正。党中央和人民苏维埃政府关于肃反工作的指示正确规定了人民

---

① 江西省档案馆：《湘赣革命根据地史料选编》（上），江西人民出版社1984年版，第378页。

② 厦门大学法律系、福建省档案馆选编：《中华苏维埃共和国法律文件选编》，江西人民出版社1984年版，第379页。

革命政权的刑事政策。其主要内容是：必须坚决肃清汉奸分子和破坏分子；对于过去与旧政府及国民党有联系的分子，只要没有从事反对革命政权的活动，即不以反革命分子看待；对于过去叛变革命的分子，只要他们停止活动，解除了武装，可以采取宽大原则，允许其自新；宽大处理那些停止抵抗和解除武装的分子，尽量争取可以争取的中立动摇分子，以便集中力量，孤立和打击那些继续顽抗、坚决破坏抗日运动的反革命分子。这些政策某种意义上表明，人民刑事法治的镇压与宽大相结合的基本指导思想已经产生。

（三）贯彻阶级路线

自1931年12月《处理反革命案件和建立司法机关的暂行程序》的第六号训令颁布后，各省惩治反革命条例和反革命自首条例，都贯彻了“分别阶级成分”的原则。首先看其阶级成分，如湘赣省的《苏区惩治反革命犯暂行条例》采用列举方式，划分“阶级异己分子”“豪绅地主子弟”“富农、流氓、资本家及其他剥削分子”“商人、富农、学生、教员”“贫苦工农”等。对于贫苦工农一般处置从轻，同时严厉惩治地主资本家及其他剥削分子。[①]《惩治反革命条例》则不采用列举方式，而是在第34条规定：“工农分子犯罪，而不是领导的或重要的犯罪行为者，得依照本条例各该条文的规定，比较地主资产阶级分子有同等犯罪行为者，酌情减轻其处罚。”直接将其规定为作为刑法的一条重要原则，并进一步规定：“凡对苏维埃有功绩的人，其犯罪行为，得按照本条例各该条文的规定减轻处罚。”

第六号训令提出“分别阶级成分”，具有纠正肃反扩大化的积极意义，对剥削阶级分子进行严厉惩治，在当时阶级斗争极端尖锐的背景下，一般来说也是正确的。而对于工农分子和对苏维埃有功绩的人，既然是反革命，就已经背叛革命、背叛过去、背叛原来的阶级，成了敌人，如果还以阶级出身为前提，采取“同罪不同罚”的原则，减轻其处罚，则陷入了唯

① 江西省档案馆：《湘赣革命根据地史料选编》（上），江西人民出版社1984年版，第378页。

成分论的错误。

（四）严惩贪污腐化和各种违法乱纪行为

工农民主政权非常重视自身建设，始终把建立一个勤俭奉公、纪律严明、忠实于革命事业的政权机构视为重要的任务，坚决反对一切贪污腐化和违法乱纪行为，并采取重刑惩治的方针。1930 年 3 月，闽西第一次工农兵代表大会通过的《政府工作人员惩办条例》规定："有下列行为之一者枪决：（一）侵吞公款至三百元以上者；（二）受贿至五十元以上者；（三）将内部秘密报告敌方者；（四）乱烧乱杀者；（五）假借政府名义私打土豪有据者。"而且规定，对于犯有贪污受贿等罪行者，要撤销职务，并剥夺选举与被选举权。鄂豫皖六安县第六区《肃反条例》也规定："凡藉革命势力私自报复者，以反革命治罪。"对假借革命团体机关名义欺诈讹索乡民者，也要严加惩处。1933 年 12 月 15 日，中华苏维埃共和国中央执行委员会发布了《关于惩治贪污浪费行为》的训令，要求依靠群众，开展反贪污反浪费的斗争，并规定了对贪污、浪费行为的处置方法：贪污公款 500 元以上者处死刑，500 元以下 300 元以上者处 2 至 5 年监禁，100 元以上 300 元以下者，处以半年以上 2 年以下的监禁，100 元以下者，处半年以下强迫劳动；凡挪用公款为私人营利者，以贪污论；凡工作人员因玩忽职守浪费公款，致使国家受到损失者，依其浪费程度给予警告、撤职，以至 1 个月以上 3 年以下之监禁。

（五）对罪犯实行劳动教育改造

工农民主政权的刑罚制度不仅在阶级本质上，而且在指导方针上与一切剥削阶级的刑罚制度相比，都发生了根本性变化。其适用和执行刑罚，不仅在于惩治，而且主要在于教育和改造。它确立了对罪犯实行"劳动感化"的方针。毛泽东在《对第二次全国苏维埃代表大会的报告》中说："苏维埃的监狱对于死刑以外的罪犯是采取感化主义，即是用共产主义的精神与劳动纪律去教育犯人，改变犯人犯罪的本质。"在各根据地的监狱中，反对针对犯人的一切非人道待遇，推行政治思想教育和劳动改造的制度。1932 年 8 月 10 日，司法人民委员部颁布了《中华苏维埃共和国劳动感化院暂行章程》，在制度上正式落实了改造教育的方针。

五、 中国共产党局部执政时期的刑事法治思想（上）

（一）纠正肃反工作中的“左”倾做法

1929 年古田会议上，毛泽东起草了古田会议决议，明确提出“坚决废止肉刑”。1931 年，毛泽东在担任中华苏维埃共和国中央执行委员会主席期间，发布了中央执行委员会第六号训令《处理反革命案件和建立司法机关的暂行程序》，明确指出，要坚决地迅速地建立革命秩序，使革命群众的生命权利和一切法律上应得的权利，得到完全的保障；在审讯方法上，为彻底肃清反革命组织，及正确的判决反革命案件，必须坚决废除肉刑，而采用搜集确实证据及各种有效方法。[①] 项英[②]作为苏区党和苏维埃政权的主要领导人之一，实事求是地处理富田事变，纠正“反 AB 团”的“左”倾错误。项英指出，要运用正确的路线进行肃反，必须重证据，绝不能随便乱打乱杀，更不能随便听人乱供乱咬加以逮捕。较为妥善地处理了富田事变，部分纠正了苏区肃反过程中的“左”倾错误。

（二）刑事法制要坚持党的领导，服务革命大局

作为担任过中央工农检察委员会委员、中央监察委员会书记、中央党务委员会书记、临时最高法庭主席和最高法院院长等重要职务的苏区

---

① 西北政法学院法制史教研室编：《中国近代法制史资料选辑（1840—1949）》（第 2 辑），1985 年，第 361—364 页。

② 1931 年，项英被中央临时政治局任命为中共苏区中央局代理书记，后陆续担任中华苏维埃共和国临时中央政府副主席，主持临时中央政府日常工作。

法制工作领导人，董必武[①]认为，苏区纪检、监察、审判等法制工作都必须坚持党的领导，严格执行党中央的指示和命令，围绕保卫苏维埃政权的大局而开展。苏区的刑事法制必须始终围绕革命斗争的需要而开展，坚决执行明确的阶级路线，采取坚定迅速正确的办法镇压和裁判当地豪绅、地主、富农、资本家及一切反动派的反革命活动与企图，支持革命战争，巩固苏维埃政权。曾担任过中华苏维埃共和国司法人民委员部副部长、部长，最高特别法庭临时监察长等职，被中央苏区领导人称为"红色法律专家"的梁柏台[②]认为，要用刑事法制巩固苏维埃政权，在革命战争时期，党的一切工作都要以维护和巩固苏维埃政权为核心，打击敌人，保护人民利益，因此，苏维埃政府的法律也必须为革命需要服务，建立革命秩序，镇压反革命分子。1932 年 10 月，梁柏台在中央司法人民委员部一年工作报告中指出，"以适应革命战争为司法机关的工作中心任务"，"在猛烈发展革命战争的时候，一切工作都应以发展革命战争为中心任务，一切都应服从于战争。司法机关也应当如此，各级司法机关就是在这一个任务下进行工作"。1934 年 3 月 1 日，他在《红色中华》上发表题为《裁判机关的主要工作方向——镇压反革命》的文章，强调裁判机关的主要工作方向是镇压反革命，从第五次反"围剿"的严峻形势出发，指出：在粉碎敌人第五次"围剿"的决战面前，在阶级斗争达到了极端尖锐的时候，打击反革命的抬头，镇压反革命的活动，使苏维埃政权日臻巩固，红军可以胜利的迅速地去粉碎敌人的第五次"围剿"，完成革命在一省和数省的首先胜利，这是放在裁判机关面前的中心任务，是裁判机关工作的主要方向，裁判机关的一切工作都应当向着这个方向去做。他还进一

① 董必武是中国共产党的创始人之一，是中国社会主义民主与法制事业的主要奠基人之一。1914 年，他留学日本攻读法律。1917 年回国后，他在湖北武昌与人合办过律师事务所。1928 年至 1932 年，他又赴莫斯科中山大学、列宁学院学习。这些经历使他精通中外法律，具备了高深的法学造诣和修养，成为我党第一代领导人中少有的几个法律专家之一。

② 梁柏台，浙江新昌人，曾担任过中华苏维埃共和国司法人民委员部副部长、部长等职，是当时中央苏区为数不多的对苏维埃法律有系统学习研究的法律人才。梁柏台参与制定了一系列苏区法律法规，建立了司法机关，规范了司法程序，使中央苏区的司法工作步入正轨，是中央苏区立法和司法工作的开拓者和奠基人之一。

步强调：法律是随着革命的需要而发展的，有利于革命的就是法律，凡是有利于革命的可以随时变通法律的手续，不应因法律的手续而妨碍革命的利益。

（三）在刑事审判中执行阶级路线

马克思主义的阶级斗争学说贯穿于中国革命斗争的实践过程中，苏区的法制建设也具有鲜明的阶级性。梁柏台将马克思主义法学理论与中国革命实践结合起来，将阶级斗争学说贯彻到苏区刑事法制实践中。1933 年 5 月，梁柏台下达了中央司法人民委员部第十四号命令，对各级裁判部的工作作出指示，其中最为重要的一点就是要执行阶级路线，要求各级裁判机关在裁判工作中要坚决执行明确的阶级路线，对豪绅、地主、富农、资产阶级之反革命犯，应处以重刑；贫苦工农应该从轻；反革命的首领应处以重刑；反革命的附和应该从轻。解决案件时，应该注意阶级成分及犯罪者的犯法行为，根据犯罪行为对苏维埃政权的危害程度来决定处罚之轻重。阶级路线不仅体现在定罪量刑上，也体现在司法程序中。梁柏台起草了《中华苏维埃共和国司法程序》，该法第 5 条规定，“实行上诉制度，犯人不服判决者，准许声明上诉，并规定声明上诉之期最多为七天，从判决书送到被告人之日算起”，但同时，“在新区边区，在敌人进攻地方，在其他紧急情况时，对反革命案件及豪绅地主犯罪者，得剥夺他们的上诉权”。[①]其后制定的《革命法庭的工作大纲》又规定：汉奸卖国贼与一切反革命头子，根本无上诉权；一切苏维埃公民对法庭判决不服者，有上诉之权，但上诉期间不能超过 7 日；遵守苏维埃法令的商人、工厂老板、富农，对法庭判决不服者，可以容许上诉，但其上诉期间，不能超过 3 日。[②] 反革命分子没有上诉权，苏维埃公民和遵守法律的商人、富农等人拥有上诉权，但上诉时间因阶级出身不同而有长短之分。但是，强调阶级性并不等于完全否认刑法面前人人平等原则，并不意味着阶级出身好的干部群众违法犯

① 《中华苏维埃共和国司法程序》，《江西社会科学》1981 年 S1 期。
② 杨木生：《论苏区的司法制度》，《求实》2001 年第 1 期。

罪就不需要承担责任。《中华苏维埃共和国宪法大纲》明确规定，苏维埃公民在苏维埃法律面前一律平等。1933 年开展的群众性检举揭发运动中，董必武就明确提出，对有严重问题者，不论职务高低一律公审判决。主持苏维埃审判工作后，董必武要求各级审判机关在审判活动中，对苏维埃公民在适用法律上一律平等，不允许有特权，干部犯法与民众犯法一样要追究法律责任。据不完全统计，苏区时期仅临时最高法庭审判县团级以上干部犯罪案件就多达近百件，严惩了熊仙壁等一批在苏区具有较大权力、较高地位的腐败分子，维护了苏维埃法律的尊严，实现了苏维埃公民在苏维埃法律面前一律平等。

（四）坚持实事求是、依法办案，重视证据和程序

由于目睹了晚清及民国时期司法腐败及冤假错案层出不穷的现象，加之董必武接受专门法律教育及较早矢志投身革命事业的特殊经历，作为中央苏区党的纪律检查机关和司法机关的主要负责人，董必武在中央苏区轰轰烈烈的检举运动及司法实践中，始终保持着清醒的头脑，要求纪律检查人员和司法人员在保持自身清廉的同时，既要善于发动群众检举查处违法乱纪的人，又要坚持依法办案，严格掌握政策和法律界限，避免冤假错案的发生。他强调：不要忘记我们监察干部是掌握无产阶级铁拳的人，铁拳打下去要有力，要打准，要打中敌人的要害，可千万别打偏，打偏了就会伤害自己。在苏区审判工作中，董必武始终坚持严格依照苏维埃法律进行裁判。一方面，他要求苏维埃审判机关及司法人员要严格根据犯罪事实，用苏维埃法律的尺度去衡量与确定被告人有罪还是无罪、犯的什么罪、该判什么刑，做到不枉不纵，量刑公正；另一方面，强调立案、侦查、拘留、逮捕、预审、起诉、审判、执行判决等司法环节严格依照法定程序进行。苏区司法机关创办时间短，面临着诸多困难，特别是很多司法工作人员没有工作经验，在审理案件过程中会经常不分阶级成分，不分首要与附从，偏信口供，不重视搜集证据和材料，导致出现很多屈打成招的现象。为了转变这种错误的工作方法，梁

柏台要求司法人员处置案件要实事求是，对于每个案件的材料，要尽量去搜集，不得再有事实还未明了，又不经预审，就拿到法庭来马虎判决的情形；审判过程中，要注重阶级成分、首要与附和，绝对废止肉刑，不专信犯人的口供，注意预审机关所搜集的证据和材料。

（五）坚持司法审慎的原则，纠正冤错案件，谨慎适用死刑

1932 年 2 月，何叔衡[①]担任临时最高法庭主席。当时，以王明为代表的“左”倾错误路线已经在苏区开始逐步贯彻，在“左”倾肃反扩大化政策的影响下，一些司法机关的干部产生了宁“左”勿“右”的思想，在审理案件的过程中，以简单粗暴和多用死刑代替审慎公正的裁决。何叔衡坚决反对这种做法，他以事实和法律为依据，注重对证据的运用，对于事实不清、证据不足的案件，总是坚决予以纠正或否决，对下面报上来的审批案件，认为材料不够判处死刑的，坚决不予核准，以避免司法冤错的发生。在朱多伸死刑案中，何叔衡为了弄清案情，亲自下乡复查，核实的结果是朱多伸虽有一些罪过，但主要还是因为他多次举报，得罪了一些区、乡干部，干部借此报复他，最后何叔衡将案件改判。他在审批判决书时写道：关于朱多伸判处死刑一案，不能批准，朱多伸由枪毙改为监禁 2 年；根据口供和判决书所列举的事实，不过是贪污怀私及冒称宁、石、瑞 3 县巡视员等，是普通刑事案件，并非反革命罪，且朱多伸组织游击队，参加过革命，又年已 72 岁，因此减死刑为监禁。但是，何叔衡审慎理性的主张和做法激怒了王明“左”倾错误路线在苏区的执行者，1933 年 9 月 3 日，《红色中华》报点名何叔衡是“拿法律观念来代替残酷的阶级斗争”，不久之后，何叔衡中央工农检察部部长、临时最高法庭主席等职务被撤销。

---

① 何叔衡是中国共产党的创始人之一，在中央苏区时期，先后担任中华苏维埃共和国中央执行委员、工农检察人民委员、内务人民委员部代理部长和临时最高法庭主席，为中央苏区的法制建设做了大量的探索性工作，并作出了卓越的贡献。

（六）走群众路线，反对浪费，严惩贪污

毛泽东非常强调反对贪污浪费。他在第二次全国苏维埃代表大会上所作的报告中强调，“应该使一切政府工作人员明白，贪污和浪费是极大的犯罪”，[①]“必须反对贪污浪费现象，因为这种现象不但是苏维埃财政经济的损失，并且足以腐化苏维埃工作人员，使他们对于工作失去热忱与振奋精神的元素”。[②] 他在与项英一道签署的一道训令中进一步指出：“对苏维埃中贪污腐化的分子，各级政府一经查出，必须给以严厉的纪律上的制裁。谁要隐瞒、庇护和放松对这种分子的检查与揭发，谁也要同样受到革命的斥责。同时要注意到经费节省，决不是工作减少，相反的，在刻苦的精神之下，还要使工作的效能更加增大起来。”[③] 1932 年 3 月 2 日，项英在《红色中华》上发表《反对浪费严惩贪污》，指出：“贪污是苏维埃政权下，绝对不准许的事，如有发生，即是苏维埃政府的羞耻。”[④] 1934 年 2 月，第二次全国苏维埃代表大会召开后，项英兼任了中央工农检察部部长，到于都检查工作时，发现县委书记刘洪清为图个人舒适生活，竟置县委领导工作于不顾，带领少数党员干部做投机生意。县苏维埃主席熊仙壁包庇贪污，以主席之职，拿财政部的公款充作资本，交给弟弟贩卖私盐。在刘洪清、熊仙壁的不良影响下，于都县的部分党员和苏维埃工作人员争先恐后地做投机买卖，严重败坏了党和苏维埃政府在群众中的威望，影响了各项工作的正常开展。为了加强廉政建设，严肃党纪，项英秉公执法，逐一审查各个案件，将民愤极大、影响极坏的几个贪污要犯，组织全县公审并予以处决。经中央执行委员会批准，撤销了熊仙壁的县苏维埃主席职务，并由最高法院判处监禁 1 年，期满后剥夺公民权 1 年。对其他违

---

① 《毛泽东选集》（第 1 卷），人民出版社 1991 年版，第 134 页。

② 中共中央文献研究室编：《毛泽东著作专题摘编》（下），中央文献出版社 2003 年版，第 2139 页。

③ 中共中央文献研究室编：《毛泽东著作专题摘编》（下），中央文献出版社 2003 年版，第 2139 页。

④ 李良明：《项英评传》，经济日报出版社 1993 年版，第 97 页。

法违纪的党员干部和苏维埃工作人员也都一一给予了应有的惩处，从而限制了干部经商歪风，促进了廉政建设。中央工农检察部成立后，作为部长的何叔衡积极开展工作，贯彻执行中央政府惩治贪污浪费的训令，率领工作人员深入各县、区进行检查、督促、落实，并在贯彻群众路线，依靠人民群众开展检察工作方面作出许多创新：组织由突击队、轻骑队、工农通讯员及群众法庭四部分构成的群众性监察组织，配合中央工农检察部打击各种官僚主义和贪污浪费行为；创造性地在中央工农检察部增设控告局，以加强检举和监督力度；成立检举委员会和审查委员会，检查混入苏维埃政府、军事机关的阶级异己分子和动摇腐化分子，巩固苏维埃政权；把检察工作与舆论监督结合起来，开创了法律、新闻舆论和群众监督相结合的工作局面，并探索出了一条检察与舆论监督结合的新路子。

（七）通过劳动教育改造罪犯

1932 年 2 月，梁柏台提议创办劳动感化院，他的提议得到了中央领导的一致赞同，认为这是苏维埃法制的一项改革和创新，决定由他起草劳动感化院章程。梁柏台起草的《中华苏维埃共和国劳动感化院暂行章程》于 1932 年 8 月 10 日由司法人民委员部颁布。《劳动感化院暂行章程》对劳动感化院的设立条件、隶属关系、任务和内部机构设置等方面作出了具体而明确的规定。劳动感化院等苏维埃新式监狱的创立得到了毛泽东的高度评价，其在第二次全国苏维埃代表大会上所作的报告中指出：“苏维埃法庭一方面严厉镇压反革命分子的活动，苏维埃对于这些分子绝不应该有丝毫的姑息。但是另一方面，对于已经就逮的犯人，却是禁止一切不人道的待遇，苏维埃中央政府已经明令宣布废止肉刑，这亦是历史上的绝大的改革。”

第三章　中国共产党局部执政时期刑事法治思想与实践（二）

1937年“七七事变”爆发后，中国革命进入了全国抗战时期。中国共产党根据抗日民族统一战线的总政策，同国民党进行了第二次国共合作。将“中华苏维埃共和国临时中央政府西北办事处”改组为“陕甘宁边区政府”。经过艰苦奋战，到1945年，除陕甘宁边区外，先后开辟了18个敌后抗日根据地。在各个根据地里，逐步建立起边区、县、乡各级抗日民主政权。各根据地政权在中国共产党的领导下，继承和发扬了老苏区的革命传统，纠正了前一时期的“左”倾错误，先后制定了若干有关惩治汉奸和其他刑事罪犯的刑事法规，领导人民开展了锄奸斗争和对汉奸罪犯的审判工作，进一步发展和丰富了新民主主义刑事法治思想和实践。

一、刑事政策的发展

全国抗战时期，日本帝国主义除直接军事进攻之外，还在各抗日根据地周围广设特务间谍机关，收买反动地主、土匪和其他社会渣滓充当汉奸，潜入根据地进行破坏活动，甚至组织反革命暴乱。这些破坏活动给根据地人民的生命财产安全和发展建设带来严重危害。因此，中国共产党领导的抗日革命根据地政权的刑事法制的任务，就是运用刑罚手段同汉奸反动派作斗争，巩固人民政权，保护人民的合法权利，保证抗日战争的胜利。基于抗日战争时期刑法任务的变化，中国共产党和各根据地政权总结了多年的经验，对刑事法治的指导方针进行了重新调整和确定。

（一）正确划分敌我界限，严格区分罪与非罪、重罪与轻罪

全国抗战时期根据地刑法的主要任务是铲奸，中国共产党的铲奸政策是抗日战争时期刑事立法的主要政策依据。党确定铲奸政策的出发点有三：（1）抗日根据地特别是敌后抗日根据地长期处在敌人的包围之中，与敌占区犬牙交错，是汉奸特务破坏的重点目标，这就要求根据地各级政府克服麻痹大意的思想，提高警惕，清楚地认识到敌人破坏活动的危害性；（2）抗日根据地是经过长期斗争建立起来的，这里有坚强的共产党的组织、强大的抗日军队和具有高度觉悟、忠于革命事业的党的优秀干部和热爱祖国的广大人民，必须相信自己的力量，肯定敌特汉奸只是少数，更不能毫无根据地怀疑自己的干部和群众，使锄奸斗争扩大化；（3）抗日根据地实行抗日民族统一战线的总政策，因此，对于一切抗日的人民，不论他属于什么阶级、党派、团体，都要加以团结，必须纠正过去“左”倾路线时期错误的肃反政策，绝不允许到处树敌，把中间分子、动摇分子赶到敌人的阵营中去，使自己陷于孤立。以上三点反映在刑事法治实践中，就是正确划分敌我界限，严格区分罪与非罪、重罪与轻罪。唯有如此，才能瓦解敌人，打击敌人，得到广大人民的拥护。

在刑事立法中，全国抗战时期根据地依据犯罪行为人犯罪的主客观方面以及犯罪行为人自身的特质，区分不同情况，对一些减轻、从轻处罚的情况加以了明确规定。1939 年制定的《陕甘宁边区抗战时期惩治汉奸条例（草案）》第 4 条规定：“犯第三条各款之罪者，视情节之轻重判其有期徒刑或死刑。”第 8 条规定：“犯第三条各款之罪，未经发觉而自首者得减刑。”第 10 条规定：“犯第三条各款之罪，年龄在十四岁以下八十岁以上者，得减刑或免除其刑。”1939 年制定的《陕甘宁边区抗战时期惩治盗匪条例（草案）》第 3 条规定：“犯第二条各款之罪者，视情节轻重判处徒刑

或死刑。”第7条规定：“犯第二条各款之罪，未经发觉而自首者得减刑。”第8条规定：“犯第二条各款之罪，在事先告发能防止或破坏者，得减刑或免除其刑。”1939年制定的《陕甘宁边区惩治贪污条例（草案）》第3条规定：“犯第二条之罪者以其数目之多少及发生影响之大小依下列之规定惩治之……”第5条规定：“犯本条例之罪于发觉前自首者……得减轻或免除其刑。”1942年《陕甘宁边区刑法总、分则草案（初稿）》第7条规定，下列行为不予处罚：未满十四岁人之行为；心神丧失人之行为；依法令之行为；依职务之行为；业务上之正当行为；正当防卫；紧急避险；因预防破坏民主政权之必要行为；非出于故意或过失之行为。第8条规定：“下列之行为，得按其情节减轻或免除其刑：十四岁以上未满十八岁之行为；满八十岁人之行为；精神耗弱人之行为；聋哑人之行为；防卫过当之行为；避难过当之行为；激于义愤之行为；以己意中止犯罪或阻止其危险结果使不发生者；将自己尚未发觉之罪犯行为而自首者。”第26条规定：“裁判人员据案定刑时应依据事态之大小，实害之轻重，犯人之身份，慎重出之。”

不仅如此，全国抗战时期根据地对反革命罪的惩治也贯彻了区别对待的政策。反革命罪曾是土地革命时期最主要的犯罪类型，其打击力度极为严厉。全国抗战爆发后，虽然反革命罪在根据地依然被定为一种重罪，但随着全国抗战爆发，根据地刑法的惩治重点发生了转移，破坏抗战的重要犯罪，尤其是“惩治汉奸”成为根据地刑事立法和司法活动的重点。“汉奸罪”和“反革命罪”被提到了同等高度，一段时期内，甚至取代“反革命罪”成为根据地刑法的主要打击对象。在这种情况下，对“反革命罪”的处理逐渐有所缓和，定罪量刑开始考虑“区别对待”的原则，尤其在“抗日统一战线”的大背景下，曾经以“死刑”作为主要处理方式的“反革命罪”开始发生了转变。陕甘宁边区政府在1942年11月6日发布的《关于宽大政策的解释》中指出：“各抗日根据地发布的施政纲领或其他文件，曾宣布：对敌人、汉奸、及其他一切破坏分子等，在被俘被捕后，除绝对坚决不愿改悔者外，一律施行宽大政策，予以自新之路。……而对于一切曾有破坏行为、但是真正表示改悔、确有证据者，我们则必须采取宽大政策。”1941 年颁布的《陕甘宁边区施政纲领》也规定：对于一切阴谋破坏边区分子，例如叛徒分子、反共分子等，除绝对坚决不愿改悔者外，不问其过去行为如何，一律实行宽大政策，争取感化转变，给以政治上与生活上之出路，不得加以杀害、侮辱、强迫自首或强迫其写悔过书。这些规定给惩治“反革命罪”设置了底线：只有坚决不愿悔改者才进行镇压。对“反革命罪”的处理从此也遵循“区别对待”的原则。

（二）镇压与宽大相结合

土地革命时期，由于工农民主政权初建，严酷的斗争环境迫使苏维埃政府采取比较严厉的刑事政策，以巩固政权。此外，由于缺乏经验，特别是由于极左路线的影响，工农民主政权在刑事立法和刑事政策中存在一定的“重刑”倾向。① 相对于土地革命时期，全国抗战时期各根据地尤其陕甘宁边区所面对的政治形势已大不相同。国共第二次合作后，边区的合法性已经得到了国民政府的认可，而中国共产党经过十几年的发展也逐渐成熟起来，再延续土地革命时期的“重刑”政策已不适应各方面的实际。基于此，各根据地尤其边区政府及时将“重刑”政策调整为“镇压与宽大相结合”。1940 年 9 月，《中央社会部关于锄奸政策与锄奸工作的指示》中明确提出：“采取灵活的策略去反对敌人，反对锄奸工作的简单化。因此对敌人应各个击破，分别处理，打击主力，争取胁从。”② 1940 年 12 月，毛泽东在《论政策》一文中再次强调：“关于锄奸政策。应该坚决地镇压

---

① 参见《惩治反革命条例》，从第 3 条至第 29 条规定的具体罪行和惩罚方法来看，第 3、4、9、15、16、17、20、22、29 条均直接规定实施此种行为的判处死刑，毫无从轻内容。在其余各条款中死刑也是主要刑罚，情节较轻的一般处 1—5 年监禁，虽然在第 32、33 条中也规定了一些从轻或减轻处罚的条件，如“未遂罪”“被胁迫犯罪”等，但在“极左”和“肃反”扩大化的政治环境下，能够享受到从轻政策的犯罪分子几乎为零。

② 中央档案馆编：《中共中央文件选集（1939—1940）》（第十二册），中共中央党校出版社 1991 年版，第 477 页。

那些坚决的汉奸分子和坚决的反共分子，非此不足以保卫抗日的革命势力。但是决不可多杀人，决不可牵涉到任何无辜的分子。对于反动派中的动摇分子和胁从分子，应有宽大的处理。”[①] 中共中央于 1942 年 11 月 6 日再次专门发布了《关于宽大政策的解释》，对镇压与宽大相结合的方针作出了全面、系统的阐述：“对敌人、汉奸、及其他一切破坏分子等，在被俘被捕后，除绝对坚决不愿改悔者外，一律施行宽大政策，予以自新之路。这里是提示了镇压与宽大两个政策，并非片面地只有一个宽大政策。对于绝对坚决不愿改悔者，是除外于宽大政策的，这就是镇压政策。这里同时提示的两个政策，是完全正确的，必须坚决实行的。”[②]

镇压与宽大相结合的刑事政策在根据地的刑事立法和司法中主要体现在两个方面：第一，慎用死刑。根据地政府明确规定控制死刑的政策，1941 年 5 月 10 日，《陕甘宁边区高等法院对各县司法工作的指示》中明确指出：除因政治条件或群众关系必须判处死刑的，边区判刑采取宽大政策，对于罪犯，能够争取的应尽一切可能争取。我们必须知道，减少一份反革命的力量，就是增加一份革命的力量。因此在边区非至不得已，绝不应随便轻判死刑。[③] 除了在政策上严格控制死刑外，根据地政府还通过诉讼制度对判处死刑的案件进行严格复核，加以控制。1946 年 3 月前，陕甘宁边区政府明确规定，除镇压汉奸、土匪时，被告人无上诉权，其余死刑之案，被告人不服原判者，准其上诉。1946 年 3 月后更是明确规定“死刑案件应准许被告有上诉权，这是于法于理都应如此的”。[④] 为了贯彻“少杀”“慎杀”的政策，陕甘宁边区政府严格了“死刑复核制度”的执行，在 1938 年至 1949 年的 10 年中，发布了一系列命令、通令、训令、指示信

① 《毛泽东选集》（第 2 卷），人民出版社 1991 年版，第 767 页。

② 中央档案馆编：《中共中央文件选集（1941—1942）》（第十三册），中共中央党校出版社 1991 年版，第 455 页。

③ 韩延龙、常兆儒：《中国新民主主义革命时期根据地法制文献选编》（第三卷），中国社会科学出版社 1981 年版，第 361 页。

④ 杨永华、方克勤：《陕甘宁边区法制史稿（诉讼狱政篇）》，法律出版社 1987 年版，第 161 页。

等，规范了“死刑复核制度”的程序和流程。[①] 1938 年至 1939 年，陕甘宁边区判处死刑的犯罪分子从 83 人下降到 46 人，收到良好效果。第二，废止无期徒刑，缩短有期徒刑刑期。陕甘宁边区政府在《陕甘宁边区刑法总、分则草案（初稿）》中逐渐废除了无期徒刑，并将有期徒刑的最高刑期缩短为 10 年。与之相应，增加了“训诫”这一主刑，这一变化凸显出镇压与宽大相结合的刑事政策。

（三）刑法面前人人平等

工农民主政权时期，受“左”倾路线的影响，在刑事立法中曾有地主资本家犯罪后加重处罚、工农群众和对革命事业有功绩的人犯罪得减免刑罚的规定。显然，这是“唯成分论”和“唯功绩论”在刑事法制中的反映。遵义会议后，中国共产党逐步克服和纠正了“左”倾错误路线在刑事法制中的影响，进入全国抗战时期后，各根据地尤其陕甘宁边区无论是政治还是经济、文化，与土地革命时期相比均得到了长足发展。如果仍旧按照土地革命时期“唯成分论”“唯功绩论”的刑事政策，将引起广大群众的不满，敌对势力更会借此进行反动宣传。此外，在建立了抗日民族统一战线以后，如果仍旧按照“成分”或“功绩”来判案，势必会给支持抗日的开明地主和资产阶级带来严重的不安全感，轻则使他们倒向国民党阵营，重则成为汉奸投靠日本人，这显然是中国共产党所不愿意看到的。基于上述考虑，中国共产党相应地提出了法律面前人人平等、刑法面前人人平等的主张，推动了新民主主义刑事法制健康发展。对于“唯成分论”和“唯功绩论”偏向的纠正，集中体现在 1937 年毛泽东为黄克功一案致审判长雷经天的信和 1938 年陕甘宁边区政府主席林伯渠就司法工作向毛泽东的请示报告之中。

1937 年 10 月 5 日晚，在陕甘宁边区首府延安，发生了一起枪杀案。被告黄克功，男，26 岁，少年时加入红军，立过战功，当时任抗日军政大

---

① 杨永华、方克勤：《陕甘宁边区法制史稿（诉讼狱政篇）》，法律出版社 1987 年版，第 162—168 页。

学第六分队队长。被害人刘茜，女，16岁，1937年8月从太原来延安，先在抗日军政大学学习，后转入陕北公学。黄克功要求与刘茜结婚，被刘茜拒绝，为了泄愤，黄克功将刘茜杀害。此案在延安引起强烈反响，对于如何处理，产生了两种意见。一种意见认为黄克功少年参加红军，为革命屡建战功，应该从宽处理；另一种意见认为黄克功身为革命军人、共产党员，强迫未达婚龄的少女与其结婚，已属违法，因达不到个人目的，竟丧心病狂地杀害同志，实属革命队伍中的败类，理应判处死刑，以平民愤。边区政府对此案极为重视，组成了以雷经天为审判长的合议庭，经过详细调查审讯，决定判处黄克功死刑。同时，由于此案影响较大，按照当时法定程序，合议庭将案件及判决呈边区政府审核后，又转报中共中央审批。中共中央和中央军委在毛泽东主持下，经过慎重讨论，最后批准边区高等法院对黄克功处以死刑的判决，并由毛泽东亲自给审判长雷经天写了复信。在这封复信中，毛泽东明确指出必须依据被告人犯罪行为的危害大小，作为定罪科刑的主要根据，果断地纠正了有功绩者犯罪享受减免刑罚特权的做法，体现了法律面前人人平等的原则。

1938年9月，时任陕甘宁边区政府主席林伯渠，就地主富农利用统一战线的政策进行反攻倒算的罪行，在量刑上是较一般人民从重还是平等适用法律的问题，专门向毛泽东进行请示。对此，毛泽东指出：不能再沿用苏维埃政权时的法律，那是极左的东西，应该平等，贫富平等。次日，林伯渠向边区政府的成员传达了毛泽东的这一指示。从此，工农民主政权时期刑事法制中的“唯成分论”的错误倾向得到了纠正，法律面前人人平等、刑法面前人人平等的方针被正式确定下来。

法律面前人人平等、刑法面前人人平等的原则在陕甘宁边区的刑事实践中主要表现在两个方面：一是一切抗日人民在适用法律上一律平等，不因阶级成分及出身不同而受不同对待，抗日人民的人权受到保护。对于违法犯罪者，无论是工人、农民还是地主资本家，不因阶级成分、出身不同而加重或减轻处罚。即使曾因反对边区政府逃亡在外的地主、富农，返回边区后，拥护抗日，遵守边区法律，一律不咎既往，并受法律保护。二是一切公务人员，不论职位高低、功劳大小，与普通群众在法律面前一律平等，反对任何特权思想和违法乱纪行为。

二、刑事立法的内容和特点

（一）刑事立法概况

1. 惩治汉奸方面的刑事立法

为了同汉奸分子作斗争，各抗日革命根据地政权制定了若干铲奸惩奸的条例。1937 年 10 月，陕甘宁边区政府、保安司令部联合发布《陕甘宁边区锄奸委员会组织条例》，具体列出了汉奸罪的十大罪行，这是边区政府最早列举汉奸罪行的法律文献。1939 年，陕甘宁边区政府又制定了《陕甘宁边区抗战时期惩治汉奸条例（草案）》，共 13 条。此后，其他根据地也陆续制定了铲奸条例。如 1943 年 4 月《晋察冀边区处理伪军伪组织人员办法》、《太行区战时紧急处理敌探汉奸暂行办法》，1943 年 4 月《山东省战时除奸条例》、1945 年 3 月《山东省战时行政委员会、山东军区关于特务汉奸之处理办法的联合决定》、1945 年 8 月《山东省惩治战争罪犯及汉奸暂行条例》和《山东军区处理伪军伪警条例》，1944 年 2 月苏中行政公署、苏中军区司令部联合公布《处理汉奸军事间谍办法》、1945 年 7 月苏中行政公署、新四军苏中军区政治部《调查叛国汉奸罪行暂行条例》。各根据地还制定了没收汉奸财产的单行条例。如 1938 年 2 月《晋察冀边区行政委员会处理汉奸财产办法》、1940 年 3 月《晋西北没收汉奸财产单行条例》、1942 年 8 月《晋冀鲁豫边区汉奸财产没收处理暂行办法》、1941 年 4 月《山东省处理汉奸财产条例》、1945 年 8 月《山东省处理汉奸财产暂行办法》和《山东省政府、山东军区关于敌伪财产处理办法》。上述法规主要规定：凡敌伪直接占有或日华合办的资财，以及经司法机关判处死刑的汉奸罪犯，其财产得无条件没收。为了给汉奸分子自首和自新的机会，各根据地同时先后制定了汉奸自首自新条例。如 1938 年 11 月《晋察冀边区汉奸自首条例》、1945 年 7 月《苏中区伪政权伪组织人员悔过自首暂行办法》、1945 年 8 月《山东省汉奸自首自新暂行条例》以及同年 9 月的《山东省政府关于争取逃亡地主和失节附敌分子的决定》和《苏中区伪政权伪组织人员悔过自新暂行办法》等，具体规定了对汉奸罪犯和各种汉奸组织的伪职人员的自首自新办法，为他们指明了出路。

2. 惩治盗匪方面的刑事立法

全国抗战时期，各地盗匪活动十分猖獗，严重危害人民生命财产。革命根据地政府为了维护边区治安，确保人民生命财产的安全，先后制定了惩治盗匪条例。如 1939 年《陕甘宁边区抗战时期惩治盗匪条例（草案）》、1942 年 9 月山东省参议会通过的《山东省惩治盗匪暂行条例》等。这些条例具体规定了盗匪的罪行和惩治原则。

3. 惩治妨害军事和妨害公务方面的刑事立法

为了保障抗日军人和公务人员的人身安全以及正常执行职务，晋冀鲁豫边区政府于 1942 年 10 月颁布了《晋冀鲁豫边区危害军队及妨害军事工作治罪暂行条例》。同年 12 月，又颁布了《晋冀鲁豫边区妨害公务违抗法令治罪暂行条例》。前者规定凡捕杀抗日军人及其家属者及煽动抗日军人逃叛通敌者的处刑办法，后者规定了聚众骚扰捣乱政府机关、绑架杀害公务人员及其家属者的治罪办法。

4. 惩治盗毁空室清野财物的刑事立法

为了粉碎敌人“扫荡”，保护公私财物，各敌后根据地相继制定了惩治盗毁空室清野财物的刑事法规。如 1941 年 10 月，晋冀鲁豫边区政府制定了《晋冀鲁豫边区惩治盗毁空室清野财物办法》，到 1942 年又制定了《惩治盗毁空室清野财物补充办法》，同年 10 月，晋冀鲁豫边区政府和边区高等法院又联合发布了《关于对根据地人民、敌占区民夫等抢劫盗毁食粮田禾处理办法的通令》，规定对各类违法人员的处理办法，1942 年 4 月还制定了《晋察冀边区破坏坚壁财物惩治办法》。山东根据地于 1943 年 7

月和11月，分别制定了《渤海区处理敌人扫荡期间窃盗案件暂行办法》和《胶东区惩治窃取空室清野财物暂行办法》等。

5. 惩治破坏金融的刑事立法

全国抗战时期，各抗日根据地都发行了通行于本地区的边币。为了巩固边区金融，保护抗日边币，根据地坚决禁绝敌伪钞票进入根据地，严厉打击伪造边币等罪行。为此，各地区先后制定了有关破坏金融的惩罚条例。如1939年6月《陕甘宁边区政府禁止仇货取缔伪币条例》、1941年12月《陕甘宁边区破坏金融法令惩罚条例》、1941年5月《晋冀鲁豫边区禁止敌伪钞票暂行办法》、1941年11月《晋西北修正扰乱金融惩治暂行条例》、1943年5月冀鲁豫行署《查禁假鲁钞暂行办法》、1942年2月《晋绥边区修正扰乱金融惩治暂行条例补充办法》。以上条例规定了对边币的保护措施和破坏金融罪的惩治办法。

6. 惩治贪污方面的刑事立法

厉行廉洁政治，严惩公务人员之贪污腐败行为，禁止任何公务人员以权谋私、假公济私，是各革命根据地施政纲领的重要内容。为了实现这一政纲，更好同贪污分子进行斗争，各边区政府颁布了一系列有关惩治贪污的法令。如陕甘宁边区政府于1938年8月15日公布《陕甘宁边区政府惩治贪污暂行条例》9条，1939年又制定了《陕甘宁边区惩治贪污条例（草案）》11条。其他地区也陆续颁布类似的条例，如1940年12月《山东省惩治贪污暂行条例》（1945年3月再次修订公布）、1941年9月《晋西北惩治贪污暂行条例》、1942年2月《晋冀鲁豫边区惩治贪污暂行办法》、1942年10月《晋察冀边区惩治贪污条例》等。此外，还有1943年8月《山东省惩治贪污公粮暂行条例》、1943年3月《晋冀鲁豫边区冀鲁豫行署关于村政权人员贪污之处理的指示》。以上法规分别列举了各种具体贪污罪行，以及按贪污款数（或折成粮数）规定了处刑办法。

7. 禁烟方面的刑事立法

为了彻底根绝烟毒，保障人民健康，各边区政府皆成立禁烟督察局（处），颁布了禁烟禁毒办法或治罪条例。如《陕甘宁边区禁烟禁毒条例

（草案）》、1939 年 2 月《晋察冀边区行政委员会关于严禁播种罂粟的命令》、1941 年 7 月《晋冀鲁豫边区毒品治罪暂行条例》、1941 年 11 月《晋西北禁烟治罪暂行条例》、1942 年 1 月《陕甘宁边区查获鸦片毒品暂行办法》、1943 年 4 月《山东省禁烟治罪暂行条例》和《山东省禁毒治罪暂行条例》等，具体规定了对烟毒犯的治罪办法。

此外，各根据地政府还颁布了一些保护妇女权益、维护社会秩序和善良风俗的刑事法规，如 1943 年 1 月《晋冀鲁豫边区妨害婚姻治罪暂行条例》、1943 年 4 月《山东省战工会关于制止抢劫寡妇的训令》以及 1943 年 4 月山东省关于禁止赌博的训令。根据上述法令和政策，审理了大批刑事案件。

（二）罪名种类

1. 汉奸罪

1937 年 10 月，陕甘宁边区政府、保安司令部联合发布《陕甘宁边区锄奸委员会组织条例》，为了动员群众检举揭发汉奸分子，具体列举了汉奸罪的十大罪行。到 1939 年，边区政府正式制定了《陕甘宁边区抗战时期惩治汉奸条例（草案）》，共 13 条，具体规定了汉奸罪的构成要件和处罚办法，其中第 3 条列举了汉奸罪的 18 款具体罪行，主要内容如下：凡是企图颠覆抗日政府、阴谋建立傀儡政权者，破坏人民抗日运动者，进行间谍特务活动者，藏运军火图谋叛乱者或组织领导叛乱者，携枪投敌者，施放信号显示敌人轰炸或射击目标者，杀害革命干部或毒害人民者，以粮食军器资送敌人者，破坏交通或扰乱金融者，以文字图画宣传破坏抗战者，有意放纵汉奸分子逃跑者或诬陷别人为汉奸者，即以汉奸论罪。犯以上各款之罪，视其情节轻重，分判处有期徒刑或死刑。教唆、放纵或协助犯以上各款之罪者，与本犯同罪。①

2. 盗匪罪

陕甘宁边区政府制定了《陕甘宁边区抗战时期惩治盗匪条例（草案）》，

① 陕西省档案馆、陕西省社会科学院编：《陕甘宁边区政府文件选编》（第二辑），陕西人民教育出版社 2013 年版，第 11—12 页。

规定：凡以抢劫为目的，聚众持械抢劫、暴力掠夺他人财物、掳人勒赎、藏匿贩运及买卖军火、窝藏分赃、伤毙人命、趁机强奸妇女、纵火焚烧房屋、破坏阻塞交通、抢夺武器、勾结军人为匪等行为，即构成盗匪罪。犯盗匪罪者，视其情节轻重判处徒刑或死刑，并没收本犯全部财产。凡教唆、庇纵或协助犯，与本犯同罪，确系被威逼而构成的胁从犯得减刑。[①]

3. 烟毒罪

为了根绝烟毒，保障人民群众健康，陕甘宁边区政府率先制定《陕甘宁边区禁烟禁毒条例（草案）》和《陕甘宁边区查获鸦片毒品暂行办法》。按照《条例（草案）》规定，所谓“烟”指的是鸦片、罂粟和罂粟种子。所谓“毒”，指的是吗啡、高根、海洛因及其他化合物等。凡意图制造鸦片而种植罂粟者、制造贩卖运输烟毒者、制造吸食或注射烟毒器具者、意图营利设立吸食注射烟毒之商店者、包庇受贿纵容他人犯前项各罪者，均构成烟毒罪。[②]

4. 贪污罪

《陕甘宁边区施政纲领》第 8 条明确规定：“厉行廉洁政治，严惩公务人员之贪污行为，禁止任何公务人员假公济私之行为。”[③] 为实现这一政纲，边区政府颁布了惩治贪污犯罪的单行条例。边区政府制定的《陕甘宁边区惩治贪污条例》主要规定，边区所属之机关部队及公营企业人员，或群众组织及社会公益事务团体之人员，有下列行为之一者，即构成贪污罪：克扣或截留应行发给或缴纳财物者；意图营利，贩运违禁或漏税物品者；擅移公款，作为私人营利者；违法收募税捐者；伪造或虚报收支账目者；勒索敲诈收受贿赂者；为私人利益而浪费公有之财物者。在具体量刑上，该条例规定根据贪污数额及其影响大小，区别对待。贪污数目在以

---

① 陕西省档案馆、陕西省社会科学院编：《陕甘宁边区政府文件选编》（第二辑），陕西人民教育出版社 2013 年版，第 10—11 页。

② 甘肃省社会科学院历史研究室编：《陕甘宁革命根据地史料选辑》（第一辑），甘肃人民出版社 1981 年版，第 470—472 页。

③ 陕西省档案馆、陕西省社会科学院编：《陕甘宁边区政府文件选编》（第五辑），陕西人民教育出版社 2015 年版，第 2 页。

1000 元以上者，处死刑；500 元以上者，处 5 年以上有期徒刑或死刑；300 元以上 500 元以下者，处 3 年以上 5 年以下有期徒刑；100 元以上 300 元以下者，处1 年以上 3 年以下有期徒刑；100 元以下者，处 1 年以下有期徒刑或苦役。同时，还应追缴其贪污所得之财物。无法追缴时，没收其个人财产抵偿。贪污之财物者如属于私人，视其性质分别发还受损者的全部或一部。[①]

5. 故意杀人罪

在陕甘宁边区政府的管辖范围内，每个公民的生命安全均受法律保护。一切非法剥夺他人生命的行为，都是对公民人身权利的严重侵犯，必将受到法律的严厉制裁。全国抗战时期，从边区审判实践的资料分析来看，故意杀人案产生的原因主要有以下几个方面：图财害命、因奸杀人、因泄愤而报复杀人等。据边区高等法院 1944 年至 1945 年 9 月的统计，共发生命案 198 起，其中因夫妻感情不和、离婚未遂、因奸情而发生的杀人案，有 81 起，占 41%。[②]

6. 非法拘禁罪

除生命安全之外，在各根据地内，公民的人身健康、民主权利、人格名誉等都受到法律保护。陕甘宁边区政府颁布的施政纲领和人权保障条例对此作出具体规定。《陕甘宁边区保障人权财权条例》第 7 条规定："除司法机关及公安机关依法执行其职务外，任何机关部队团体不得对任何人加以逮捕审问处罚，但现行犯不在此例。人民利益如受损害时，有用任何方式控告任何公务人员非法行为之权。"

7. 诬告伪证罪

关于诬告罪和伪证罪，全国抗战时期各根据地没有制定过专门的治罪条例，但在其他刑事条例中，有相应的规定。主要有两种处理办法：一种是诬告反坐。《陕甘宁边区抗战时期惩治汉奸条例（草案）》规定：诬陷

---

① 陕西省档案馆、陕西省社会科学院编：《陕甘宁边区政府文件选编》（第二辑），陕西人民教育出版社 2013 年版，第 12 页。

② 张希坡、韩延龙主编：《中国革命法制史》（上），中国社会科学出版社 1987 年版，第 344 页。

别人为汉奸者，以汉奸论罪。二是直接以诬告论罪处罚。陕甘宁边区《破坏金融法令惩罚条例》第9条规定：如有挟嫌诬告者，以诬告论罪，处2个月以上1年以下有期徒刑。

8. 破坏金融罪

《陕甘宁边区破坏金融法令惩罚条例》规定：凡在边区境内买卖不以边币交换作价者，以破坏金融论罪，其钱货没收之；在边区境内故意拒用边币者，按其情节轻重处以1月以上6月以下之劳役或科以1000元以上1万元以下罚金；凡在货币交换所以外为私行交换货币之营业者，其货币全部没收之；意图破坏边区金融进行货币投机事业以牟利者，其货币全部没收，处以1年以上2年以下之有期徒刑并科以5000元以上10万元以下之罚金；如恃强胁迫兑换法币或以不正当之手续借故没收法币及故意提高法币者，一经告发，除依法赔偿被害人损失外，得视其情节处以3月以上1年以下之有期徒刑。①

9. 赌博罪

《陕甘宁边区违警罚暂行条例》对一般赌博行为规定由公安机关或基层政权组织给予适当处罚，只有情节严重者，才移交司法机关惩处。此外，边区各地司法机关多年来也审理了相当数量的赌博案件，通过具体案件的审理对广大人民进行法制宣传和教育，减少了赌博案件的发生。据边区1939年至1941年6月20个县的统计，共判决赌博案697件，占全部刑事案件的15.3%。

10. 破坏婚姻罪

同当时中国绝大部分落后地区相似，陕甘宁边区等根据地边区存在相当普遍和严重的包办、买卖、强迫婚姻现象。不仅有童养媳，还有俗称“站年汉”的童养婚。《陕甘宁边区施政纲领》对男女平等、从政治经济文化上提高妇女地位、坚持自愿的一夫一妻婚姻作出原则规定。同时颁布一系列新的婚姻政策和法令，包括《陕甘宁边区婚姻条例》（1939年4月

---

① 陕西省档案馆、陕西省社会科学院编：《陕甘宁边区政府文件选编》（第四辑），陕西人民教育出版社2013年版，第260页。

4日)、《陕甘宁边区政府关于严禁买卖婚姻的具体办法的命令》(1942年8月11日)、《陕甘宁边区政府为颁布修正〈陕甘宁边区婚姻暂行条例〉的命令》(1944年3月20日),规定婚姻自由、一夫一妻,禁止包办婚姻和买卖婚姻,严禁妇女缠足,违者将其本人或家长定罪处罚。凡边区妇女年在18岁以下者,自《陕甘宁边区婚姻条例》公布之日起,一律禁止缠足,有违犯者,一经查出,即判处其父母或其家长半年以下有期徒刑;已缠足者,自《陕甘宁边区婚姻条例》公布之日起,须一律解放,40岁以下在条例公布半年后仍不解放的,一经查出,即判处其父母或其家长半年以下有期徒刑。

除上述罪名外,散见于其他法律条文和司法审判实践中的罪名还有:破坏经济秩序的走私、破坏林木、无证宰杀耕牛等犯罪;妨害社会秩序的妨害风化、流氓等犯罪;侵犯公民人身与民主权利的伤害、强奸、侮辱、诽谤、妨害名誉、妨害选择自由等犯罪;侵犯财产方面的抢劫、诈骗、侵占土地财产等犯罪。

(三)刑罚制度的发展变化

抗日革命根据地时期的刑罚,没有统一规定,而是由各根据地政府在刑事条例中根据具体情况,制定适用于本地的刑罚措施。各根据地的刑罚分为主刑和从刑,大致包括以下几种。

1. 死刑

根据各根据地刑事条例的有关规定,死刑主要适用于罪大恶极、社会危害性严重又不肯改悔、为广大群众所深恶痛绝的犯罪分子。各根据地在适用死刑上都极为慎重,《陕甘宁边区高等法院对各县司法工作的指示》指出,在边区非至不得已,绝不应随便轻判死刑。[①] 各根据地对于死刑的判决和执行,一般都是依法由法庭宣布判处死刑,报上级政府核准后执行。只有在敌后根据地或战时状态,对于汉奸、敌特等现行犯,才可以适

① 韩延龙、常兆儒编:《中国新民主主义革命时期根据地法制文献选编》(第三卷),中国社会科学出版社1981年版,第361页。

用悬赏捕获就地处决的方式。本着少杀慎杀，争取挽救一切可以改造教育的犯人的原则，太岳区在司法实践中还创造了一项死刑保留制度。根据《晋冀鲁豫边区太岳区暂行司法制度》（1944 年 3 月）第 32 条、第 33 条、第 57 条规定，对于应判处死刑而认为有可能争取的改造者，可判处“死刑保留”，保留期间长短，根据具体情节，定为 1 年至 5 年，在保留期间，如果重犯前罪或另犯他种更大罪行者，经法庭重新讨论决定，即执行枪决，如果超过保留期限不再犯罪，其“死刑保留”即为失效，同时，死刑保留不能单独使用，必须与徒刑、罚款、讨保、具结等并用。这就意味着，对于判处死刑保留的人犯，既可以收监关押，也可以取保释放由当地政府进行监督。[①] 这种死刑保留制度在某种程度上与现行刑法中的死刑缓期执行类似。

2. 无期徒刑

全国抗战时期各根据地刑事立法在对待无期徒刑问题上采取两种做法：第一，明确废止无期徒刑，如陕甘宁边区的刑事立法中，没有规定无期徒刑。陕甘宁边区的各级司法机关，在全国抗战期间也没有判处过无期徒刑。第二，规定有无期徒刑。其他各根据地所制定的刑事法规中，大多规定有无期徒刑这一刑种。但在司法实践中，由于当时战争环境的动荡，基本上没有真正适用过无期徒刑。

3. 有期徒刑

各根据地刑事法规中，对有期徒刑刑期的规定不尽一致，但普遍做法是刑期较短，这是由当时的战争环境所决定的。陕甘宁边区在全国抗战初期，规定有期徒刑最高刑期为 5 年，最低刑期为 6 个月（或 2 个月），经过一段时间的实践，感到从死刑到 5 年徒刑之间刑差太大，有些案件判死刑太重、有失宽大之意，判 5 年徒刑又嫌太轻，影响受害人权利之保障。因此，1942 年 4 月陕甘宁边区政府委员会第十三次会议决定，并经边区参议会常驻会第五次会议通过，特将有期徒刑的最高刑期上调为 10 年。[②] 其

---

① 韩延龙、常兆儒编：《中国新民主主义革命时期根据地法制文献选编》（第三卷），中国社会科学出版社 1981 年版，第 428 页。

② 张希坡主编：《革命根据地法制史》，法律出版社 1994 年版，第 223 页。

他抗日根据地对有期徒刑的最高刑期没有明确规定，大都笼统地规定可判处“十年以上有期徒刑”。如晋察冀边区、晋冀鲁豫边区和山东根据地的许多刑事法规都有此种规定。但个别法令规定对罪犯判处有期徒刑15年，如1943年4月，山东省战时工作推行委员会《关于制止抢劫寡妇的训令》就规定，“其未遂主犯，处以十五年有期徒刑”。至于有期徒刑的最低刑期，各根据地的刑事立法中亦没有统一规定，仅原则地规定，某种罪行可判处6个月以上有期徒刑。结合各根据地的审判实践，对有期徒刑的最低刑期，一般实行6个月。

4. 拘役

拘役，称劳役或苦役。刑期一般为2个月以下1日以上，但也有规定6个月以下和1年以上者。如《晋冀鲁豫边区毒品治罪暂行条例》第5条规定：凡屡犯（3次）吸食毒品罪者，得处以远地1年以上劳役。[①]

5. 罚金

罚金，是司法机关强制犯罪分子向政府交纳一定数目金钱的刑罚。全国抗战时期的罚金制度，包括“并科”“选科”“专科”“易科”多种形式。“并科”是指对罪犯判处其他刑罚的同时，科以一定数额的罚金，当时，各根据地的大多数条例都规定，判处徒刑、拘役外，得“并科罚金”。“选科”是指对某些罪行进行处罚时，法官可以在其他刑种和罚金之中任选其一。如《陕甘宁边区破坏金融法令惩罚条例》规定，对故意拒绝使用边币者，得处以劳役“或科以罚金。”[②]“专科罚金”是指法律规定对于某些罪行只能处以罚金进行惩治，如《晋冀鲁豫边区禁止敌伪钞票暂行办法》规定，对于私自携带和行使伪钞者，得按其数目多寡，专科以一定比例或倍数的罚金。[③] 所谓“易科罚金”是指在某些特定的情况下，有些刑

① 西南政法学院函授部编：《中国新民主主义革命时期法制建设资料选编》（第二册），1982年，第410页。

② 西南政法学院函授部编：《中国新民主主义革命时期法制建设资料选编》（第二册），1982年，第380页。

③ 西南政法学院函授部编：《中国新民主主义革命时期法制建设资料选编》（第二册），1982年，第383页。

种在判决之后，可以用交纳一定数量的金钱作为替代的一种制度，如《修正淮海区审理司法案件暂行办法》规定："受有期徒刑或拘役之宣告，因抗战环境及被告身体、职业或家庭之关系，执行显有困难者，得以抗币一元以上五元以下折算一日，易科罚金。于宣判后一月内缴纳。"① 晋察冀边区规定在游击区判处徒刑者，在必要时，也可实行"易科罚金"。

6. 管束

管束，是指对于罪犯不予关押，但限制其一定行动自由的一种刑罚。《修正淮海区审理司法案件暂行办法》规定：为适应战争环境，特将"管束"列为主刑之一，排在死刑、有期徒刑、罚金、拘役之后，管束期限，定为"一年以下，一日以上"。② 此即当代"管制"之前身。

7. 教育释放

陕甘宁边区司法实践中普遍适用的一种刑罚。对于轻微刑事案犯，经过一定时间的关押教育，多则一月，少则几天，即能改正者，就不再判处徒刑或劳役，即行释放。故名"教育释放"。

8. 当庭训诫

被告之人虽有违法行为，但情节轻微，即在法庭上由法官当众予以训诫，讲清道理，指明错误，使其不再重犯。晋冀鲁豫边区政府规定，训诫注意采用说服或当众承认错误的方式，不许采取近似侮辱之方式（如游街、戴高帽、吊打等）。③

9. 驱逐出境

驱逐出境，是指将罪犯驱赶出边区政府所管辖范围的一种特殊刑罚。陕甘宁边区对于少数特殊案件，曾采用过这种办法。

10. 褫夺公权

全国抗战时期多数边区都规定有此种刑罚。陕甘宁边区的条例规定，褫夺公权是指剥夺犯罪分子的选举权、被选举权、为公务人员之权、为公

① 张希坡编著：《中华人民共和国刑法史》，中国人民公安大学出版社 1998 年版，第 375 页。

② 韩延龙、常兆儒编：《中国新民主主义革命时期根据地法制文献选编》（第三卷），中国社会科学出版社 1981 年版，第 348 页。

③ 北京政法学院刑法教研室：《法规汇编》（第一辑），1981 年，第 198 页。

职人员候选人之权。这种刑罚，主要适用于破坏边区政权的汉奸、敌特和反革命分子。《晋冀鲁豫边区太岳区暂行司法制度》规定：褫夺公权只适用于在政治上破坏根据地的罪犯。[①] 从刑期上看，这一时期根据地的褫夺公权分为终身和有期两种。

11. 没收财产

在抗日革命根据地，这一刑罚主要适用于汉奸、盗匪，有时也适用于其他犯罪。如《陕甘宁边区破坏金融法令惩罚条例》规定：进行货币投机事业以牟利者，其货币全部没收。[②]《陕甘宁边区禁烟禁毒条例（草案）》规定：设立烟毒商店者，处1年以上徒刑至死刑，并没收其全部财产。[③] 没收的对象，主要是指财产，但刑事案件中的违禁品、犯罪所用之物或犯罪所得之物，皆在没收之列。赃物若有被害人认领，应予发还。

（四）刑事立法的特点

抗日革命根据地的刑事立法，与工农民主政权的刑事立法相比，具有以下主要特点。

1. 因时因地制宜

这一时期因为没有建立中央一级的革命政权，因此不可能制定全国统一适用的刑法典。各抗日根据地都是依据中共中央的刑事政策和刑事立法指导方针，根据形势发展的需要，从实际出发，因时因地制定了一些地区性的单行条例，作为各该地区司法机关审理刑事案件的法律依据。从时间上看，全国抗战时期各根据地的刑事立法具有明显的阶段性。1939年为刑事立法草创时期，这一年刑事立法涉及的范围较广，如惩治汉奸、盗匪、贪污和禁烟禁毒等基本条例均是这一年制定的，又由于这一年其他抗日根

---

① 韩延龙、常兆儒编：《中国新民主主义革命时期根据地法制文献选编》（第三卷），中国社会科学出版社1981年版，第428页。

② 甘肃省社会科学院历史研究室编：《陕甘宁革命根据地史料选辑》（第二辑），甘肃人民出版社1983年版，第345页。

③ 甘肃省社会科学院历史研究室编：《陕甘宁革命根据地史料选辑》（第一辑），甘肃人民出版社1981年版，第470—471页。

据地尚未创建，因而从地区上讲，以陕甘宁边区刑事立法为主。1940年至1943年是抗日战争的相持阶段，也是各抗日根据地经济上最为困难的时期，这一时期各根据地的刑事立法，大都以打击经济犯罪为主，相继制定了一些破坏金融法令惩治条例、禁止粮食出境修正暂行条例、惩治贪污公粮暂行条例等单行法规，通过刑罚手段严惩经济犯罪，确保抗日根据地渡过难关。1945年是中国抗日战争的最后一年，抗日战争即将结束，大批汉奸和部分日本战犯已相继被捕，亟待处理，于是，这一年的刑事立法以惩治汉奸和战争罪犯为主，主要涉及汉奸敌特本人罪行的调查与惩治，财产的处理和自首自新处理办法等方面。从地域上看，各抗日根据地在贯彻中共中央刑事政策的前提下，根据本地区的特点和实际需要，制定适宜本地区施行的单行条例。如晋冀鲁豫边区、晋察冀边区和山东根据地从敌后抗日根据地的特点出发，制定颁布破坏坚壁财物惩治办法，晋冀鲁豫边区、山东根据地还制定了妨害婚姻治罪暂行条例、关于处理因灾荒买卖人口纠纷的规定、制止抢劫寡妇的训令等。

2. 援用国民政府刑事立法中的某些条款

抗日根据地的边区政府同国民党政府在政权性质和法律制度方面，都截然不同。但在全国抗战时期国共合作的特定历史条件下，基于巩固抗日民族统一战线的要求，各边区根据地在独立自主地制定一系列刑事法规的同时，有时还以不同的形式援用了国民党政府所制定刑法中某些可用的法律条文。当然，这种援用是有选择、有限制和有条件的，并非全盘全部照搬。中共中央在陕甘宁边区政府成立之初就明确规定，国民党政府制定的一些极其反动的法律，如1928年颁布的《暂行反革命治罪法》、1931年颁布的《危害民国紧急治罪法》等，绝对不能援用。但是，对于国民党政府颁布的有关抗日的法律，则可以参照援用，如《惩治汉奸条例》等。在援用国民党政府的法律时，应当遵循有利于抗战、有利于大多数人民利益、有利于民主政治、有利于国共两党合作、有利于抗日根据地的边区环境的原则。援用的方式包括：宣布国民党政府的个别条例在边区适用；规定适用国民党政府条例的某一部分条文；以国民党政府颁布的法律为依据制定自己的刑事法规。

3. 民族利益至上

全国抗战时期，中日民族矛盾上升为主要矛盾，国内阶级斗争退居次要地位。这种变化决定了这一时期刑事立法的首要任务是打击背叛祖国、甘心充当外国侵略者走卒的汉奸、战争罪犯，保卫民族利益。为此，各抗日根据地都相继制定了惩治汉奸、处理汉奸财产办法等单行条例，把同出卖民族利益的行为作斗争，作为边区广大军民所面临的一项最为迫切的政治任务。这类条例在根据地所制定的刑事法规中所占比重较大，条例中规定对汉奸罪的处刑亦较重，司法实践中汉奸案件在当时根据地所审理的各类刑事案件中占有突出的地位。此外，为了抵抗日本帝国主义及其走狗的经济破坏，各根据地还制定了许多禁止敌伪钞票流通、禁止粮食运出的刑事法规。

三、 全国抗战时期根据地的锄奸反特与刑事法治

日本侵略者发动侵华战争，严重威胁到中国的政治独立和领土安全，全国抗战时期中国革命的主要任务，是战胜日本侵略者，实现国内和平。汉奸特务是国家的心腹大患，是中国抗战消灭、打击的主要对象之一，锄奸反特与抗战是紧密联系的，是抗战的基本内容，也是各根据地刑事法治的重点内容。

（一）关于汉奸罪的立法

打击汉奸犯罪是根据地面临的重要政治任务，也是刑事立法的重点。1944 年林伯渠在边区政府委员会第四次会议上的报告《边区政府一年工作总结》中指出："把制裁汉奸、反革命当作中心，把保护群众当作天职。"[①] 惩治汉奸罪在边区的刑事立法中所占的比重较大，对汉奸罪的惩处

① 陕西省档案馆、陕西省社会科学院编：《陕甘宁边区政府文件选编》（第八辑），陕西人民教育出版社 2015 年版，第 94 页。

也比其他罪严厉。

1.《陕甘宁边区抗战时期惩治汉奸条例（草案）》

这是全国抗战时期关于汉奸罪的主要刑事立法。规定了18种汉奸罪的具体表现：（1）企图颠覆国民政府所属各级政权，阴谋建立傀儡伪政权者；（2）破坏人民抗日运动或抗战动员者；（3）进行各种侦探间谍及一切秘密特务工作者；（4）组织及领导土匪活动扰乱者；（5）施放信号，显示敌人轰炸或射击目标者；（6）组织领导军队叛变或逃跑者；（7）宣传煽惑人民，组织领导叛乱者；（8）谋害党政军民及人民团体领袖或其负责人者；（9）诱逼人民以供敌人使用，侮辱凌虐或毒害人民生命者；（10）拖枪逃跑哗变投降敌人者；（11）匿藏贩运及买卖军火意图叛乱者；（12）以粮食军器资送敌人者；（13）破坏交通，妨碍交通运输者；（14）破坏货币，紊乱金融财政者；（15）捏造或散布谣言者；（16）乘机纵火抢劫者；（17）以文字、图画、书报宣传或宗教迷信破坏抗战者；（18）有意放纵汉奸分子逃跑者或捏造别人为汉奸者。[①] 打击的对象既包括汉奸分子，也包括反共顽固分子和一切破坏边区抗日民主事业的反革命分子，对于一切危害抗日军队和政府，违抗政府法令，妨害抗日军事工作的犯罪行为，都构成汉奸罪。

2.《陕甘宁边区抗战时期惩治盗匪条例（草案）》

全国抗战时期，根据地盗匪猖獗，抢劫人民财产，危害社会治安，与国民党顽固派相勾结，武装破坏抗日民主政府，颠覆人民民主政权，盗匪是汉奸的帮凶，也是根据地锄奸反特打击的重点。陕甘宁边区政府颁布的《陕甘宁边区抗战时期惩治汉奸条例（草案）》规定，组织及领导土匪活动扰乱者以汉奸罪论罪，[②] 将土匪与汉奸作为同等的打击对象。《陕甘宁边区抗战时期惩治盗匪条例（草案）》规定，凡以抢劫为目的，有下列行为之一的，以盗匪论：聚众持械抢劫者；以暴力抢夺他人财产者；掳人勒赎

① 陕西省档案馆、陕西省社会科学院编：《陕甘宁边区政府文件选编》（第二辑），陕西人民教育出版社2013年版，第11—12页。

② 陕西省档案馆、陕西省社会科学院编：《陕甘宁边区政府文件选编》（第二辑），陕西人民教育出版社2013年版，第11页。

者；藏匿贩运及买卖军火者；窝藏或倈分赃物者；伤毙人命者；乘机强奸妇女者；纵火焚毁房屋者；破坏阻塞交通者；袭击或抗拒军队者；抢夺军队或自卫武器者；勾引军队为匪者。凡教唆、庇护或协助犯盗匪罪的，与盗匪同罪，对确实被威逼而构成从犯者、未经发觉而自首者得减刑，对盗匪犯罪，视情节轻重判处徒刑或死刑，没收全部财产或罚金。[①] 盗匪罪的设立为维护边区的社会治安、巩固抗日民主政权起到重要作用。

3.《战时治安条例》

该条例是1937年陕甘宁边区政府保安处发布的布告，虽然称为治安条例，实际上规定的是战时刑法的内容，对汉奸罪作了大量规定。《战时治安条例》规定，下列行为以汉奸罪论：（1）无论采用何种方式，破坏抗日民主政权、抗日民众组织及机关学校工厂合作社者；（2）破坏救亡工作或抗战动员者；（3）组织土匪或化装土匪，扰乱地方等任何阴谋破坏活动者；（4）谋害党政军及人民抗日机关、部队、团体之首长或工作人员者；（5）煽动或组织军队哗变，群众暴乱或引诱逃跑者；（6）煽惑与领导人民叛乱者，以军火粮秣等资助敌人或土匪者；（7）进行各种侦探、间谍与特务工作，企图泄露军政秘密，刺探或泄露抗战军事上政治上之秘密者；（8）当敌机空袭时，以有色物体指示目标或施放其他各种信号，显示敌人轰炸与射击目标等；（9）未经政府许可，私自测绘军政要隘或摄取影片者；（10）无论采取何种手段，破坏道路、桥梁、电线与妨害交通运输者；（11）以文字、图画、电报、刊物或宗教迷信做破坏抗战团结工作之宣传者；（12）捏造谣言，蛊惑民心者；（13）私自贩卖或携藏军火企图叛乱者；（14）投掷毒药于公饮料处所者；（15）私造、贩卖、偷运爆炸性物品者；（16）运送或散发敌伪文件及宣传品者；（17）故意损坏政府文告或破坏公共建筑物者；（18）故意破坏政府法令，企图挑拨阶级斗争，鼓动地主要回已分配之土地、房屋及已取消的租息者；（19）故意放纵或容纳汉奸及诬告他人为汉奸者。所有军民对上述行为人有权捕送边区政府，可视

① 陕西省档案馆、陕西省社会科学院编：《陕甘宁边区政府文件选编》（第二辑），陕西人民教育出版社2013年版，第10—11页。

情节轻重判处有期徒刑、拘役、苦工、罚金。[①]

4.《陕甘宁边区禁烟禁毒条例（草案）》

该条例是查禁烟毒的法规，在禁烟规定中包括了汉奸罪。《陕甘宁边区禁烟禁毒条例（草案）》规定：接受日寇主使，以烟毒政策危害民族生机者，构成汉奸罪。[②] 全国抗战时期，日本侵略者企图以毒品麻痹中国人民，在沦陷区推行毒化政策，强迫百姓种植鸦片，设立吸烟馆，建立生产加工毒品的工厂，向全国各地出售，目的是从身心上毒化中国人民。极少数不法之徒，不顾国家大局，贪财图利，经营销售毒品，客观上帮助了日寇毒害边区军民身心健康。陕甘宁边区政府在《印发查获鸦片毒品暂行办法的命令》《严禁料面入境的命令》中指出，“查我陕甘宁边区对于鸦片和毒品一贯厉禁，为抗战以来，敌区烟毒每年多偷向我后方运售，逐使我边区干净土地亦遭波及”，[③] “日寇毒害我国人民，制造料面红丸等毒品，在敌占区普遍公开销售，并勾引商贩偷向我抗日根据地及大后方运销。……近来竟发现有奸商以种种诡诈伎俩从敌占区偷运料面入边区销售，绥德、延安两地已破获数起”。[④] 为了粉碎日本侵略者的毒化阴谋，清除边区毒品根源，边区成立了禁烟督察处等组织机构，铲除鸦片、封闭烟馆、没收毒品、限期戒绝、发戒烟药丸等，发布禁烟布告教育人民：“查烟毒之为害，人所共知，小则毁身败家，大则亡国灭种。”[⑤] 颁布了《陕甘宁边区禁烟禁毒条例（草案）》等法律法规，为打击违反政府法令的烟毒犯罪行为提供了法律依据。

5. 政府规章关于汉奸罪的规定

陕甘宁边区政府和八路军后方留守处联合发布的布告等有关规定中，明确下列行为适用汉奸罪的规定给予严厉镇压：（1）国民党特务工作人员

---

① 欧阳华：《抗战时期陕甘宁边区锄奸反特刑事法律制度研究》，《军事历史研究》2012 年第 3 期。

② 史志诚主编：《陕甘宁边区禁毒史料》，陕西人民出版社 2008 年版，第 54 页。

③ 欧阳华：《抗战时期陕甘宁边区锄奸反特法制研究》，中国政法大学出版社 2013 年版，第 186 页。

④ 陕西省档案馆、陕西省社会科学院编：《陕甘宁边区政府文件选编》（第九辑），档案出版社 1990 年版，第 105 页。

⑤ 陕西省档案馆、陕西省社会科学院编：《陕甘宁边区政府文件选编》（第七辑），陕西人民教育出版社 2015 年版，第 253 页。

秘密打入我党、政、军及保安系统内部，进行奸细活动；（2）凡国民党及其特务分子在边区进行反革命暴动、暗杀、轰炸、放毒、瓦解部队、组织叛变、偷窃密码与机要文件、组织土匪活动等行为，证据确凿者；（3）国民党特务机关在我边区进行暗杀恐怖和各种公开破坏而有确实证据者；（4）凡混入我党组织、部队或政权机关内进行反共破坏工作者；（5）收买流氓，组织非法团体、造谣惑众，危害团结抗战，破坏政府、军队与人民之情感者，假借各种名义在人民中进行破坏民主政权和抗日军队之宣传者。①

（二）汉奸罪的刑事处罚

1. 死刑

抗日根据地对不思悔改的汉奸和危害极为严重、罪该处死的汉奸特务分子，根据情节适用死刑。如：

被告王光胜受汉奸李玉祥指使，于饮水中投毒，企图毒死人命；为敌机指示轰炸目标；诱使青年充当汉奸；进行汉奸宣传；污蔑八路军；为敌刺探消息；企图窃取文件、公章后逃跑。甘愿出卖祖国，依据国民政府修正惩治汉奸条例之规定，判决王光胜汉奸罪处以死刑。②

被告吉思恭甘做汉奸，出卖国家民族利益，是中国人民的公敌，帮助日寇消灭中国，执行汉奸种种行为，是日本帝国主义的忠实走狗。日寇指派汉奸吉思恭冒充八路军干部，潜入陕甘宁边区刺探情报，测绘地图，为日机轰炸提供目标，当此全国抗战正在严重的时候，这种叛变国家民族的汉奸分子不能不依法严惩，以申公愤而照炯戒。基此理由，依照军事委员会颁布惩治汉奸条例之规定，判处吉思恭汉奸罪处以死刑。③

对于罪大恶极的汉奸，根据地还经常召开公审大会，公布汉奸卖国投敌的罪行，教育警示群众。

---

① 欧阳华：《抗战时期陕甘宁边区锄奸反特刑事法律制度研究》，《军事历史研究》2012 年第 3 期。
② 艾绍润编：《陕甘宁边区判例案例选》，陕西人民出版社 2007 年版，第 131 页。
③ 艾绍润编：《陕甘宁边区判例案例选》，陕西人民出版社 2007 年版，第 122 页。

2. 有期徒刑

汉奸刘文义在山西临县城内做工被日寇俘虏，在日寇特务机关受训一个月，受汉奸陈国秉指使，在临县一带刺探八路军军情，1941年正月化装为卖盐商人，混进边区，在佳县、米脂、绥德各地刺探军情，曾两次报告汉奸周嘉荣。后携带毒药一包企图投入水井毒害民众，经群众告发。被捕后，经审理有悔改决心，从轻判处有期徒刑两年。[①]

3. 罚金

对汉奸罪处以罚金，使汉奸无利可图，失去犯罪资本，《陕甘宁边区抗战时期惩治汉奸条例（草案）》第4条规定："犯第三条各款之罪者，视情节之轻重判其有期徒刑或死刑。并没收本犯之全部财产，或处以罚金。"[②]《陕甘宁边区抗战时期惩治盗匪条例（草案）》第3条规定："犯第二条各款之罪者，视情节轻重判处徒刑或死刑，并没收本犯之全部财产或罚金。"[③]

4. 没收财产

对贪财图利或企图以敛财聚集经济资本当汉奸的犯罪，没收财产是重要的刑罚手段。《陕甘宁边区抗战时期惩治盗匪条例（草案）》规定：犯盗匪罪者，视情节轻重判处徒刑或死刑，并没收全部财产或罚金。《陕甘宁边区抗战时期惩治汉奸条例（草案）》规定：犯汉奸罪，视情节轻重判处徒刑或死刑，并没收全部财产或处以罚金。没收财产是打击及教育汉奸的重要手段。《陕甘宁边区土地条例》第11条规定："凡有卖国行为，经法院宣布撤销其本人土地所有权者，其本人土地即属公地，由当地乡政府管理之。"[④] 全国抗战时期没收汉奸的土地政策较为严格，只没收罪大恶极、不肯悔改汉奸的土地，分配给贫苦农民和抗日家属，由政府发给契

① 艾绍润编：《陕甘宁边区判例案例选》，陕西人民出版社2007年版，第133页。

② 陕西省档案馆、陕西省社会科学院编：《陕甘宁边区政府文件选编》（第二辑），陕西人民教育出版社2013年版，第12页。

③ 陕西省档案馆、陕西省社会科学院编：《陕甘宁边区政府文件选编》（第二辑），陕西人民教育出版社2013年版，第11页。

④ 艾绍润、高海深编：《陕甘宁边区法律法规汇编》，陕西人民出版社2007年版，第147页。

约，取得地权或以较低的租额租给人民。对被胁迫被骗当汉奸的土地，一般不予没收，争取其回到人民中来，政府认为必要时，也可以将土地的一部分或全部作为公共财产，举办公益事业。被没收土地的汉奸，如能向抗日民主政府坦白悔过，政府也可以由公地中酌给部分土地，但不得退回原被没收分配的土地。同时，没收财产也会兼顾犯罪分子个人和家庭的具体情况，1940 年，林伯渠在《陕甘宁边区政府便函》（后字第 870 号）中指出："对于匪首及其叛变的主犯，没收他们财产的时候，务要非常慎重，决不可滥行没收，以致脱离群众，或影响到不能争取次要分子。非是真正匪首及主要叛变首领，决不应没收；甚至没收匪首与主要分子的财产，亦应顾到他家中之兄弟父母子女等，如家中父母兄弟子女并不参加为匪与组织叛变，亦可只没收其本人的。如果以前没收错了，现在还应交还。"①

5. 褫夺公权

褫夺汉奸公权是鉴于其政治上的反动，而剥夺其在抗日民主政权中应享有的相应的政治权利，即剥夺汉奸的选举权和被选举权、当选公务人员或作为公职人员候选人的权利。同时，在全国抗战时期，配给自卫武器是政治待遇的体现，但曾被剥夺公权尚未期满者，"不准置备自卫武器，不予登记，其已登记给照者，得随时缴销之"。② 对汉奸恶霸等政治犯，一般宣告褫夺公权，给予政治上的否定评价。

6. 苦役

对需要关押，但又不宜剥夺较长时间人身自由的犯罪分子，则给予苦役的处罚。《陕甘宁边区禁烟禁毒条例（草案）》规定，构成烟毒罪者，"烟毒价值在十元以内者，罚一个月以下苦役，并科十元以下罚金；烟毒价值在十元以上者，罚六个月以下苦役，并科一百元以下之罚金"。

① 陕西省档案馆、陕西省社会科学院编：《陕甘宁边区政府文件选编》（第二辑），陕西人民教育出版社 2013 年版，第 133 页。

② 陕西省档案馆、陕西省社会科学院编：《陕甘宁边区政府文件选编》（第七辑），陕西人民教育出版社 2015 年版，第 136 页。

（三）自首自新和区别对待的量刑原则

1. 对自首、自新者减免刑罚

《陕甘宁边区抗战时期惩治盗匪条例（草案）》第7条规定："犯第二条各款之罪，未经发觉而自首者得减刑。"《陕甘宁边区抗战时期惩治汉奸条例（草案）》第8条规定："犯第三条各款之罪，未经发觉而自首者得减刑。"对不得已参加日伪组织、不甘心卖国投敌的人员，容许他们自首和悔过自新，使其立功赎罪，适当减轻或免除其刑罚，可以减少与抗日民主政权为敌的人员，增加抗战力量。

2. 对老幼者犯罪减免刑罚

老幼犯汉奸罪社会危害性较小，《陕甘宁边区抗战时期惩治盗匪条例（草案）》第9条规定："犯第二条各款之罪，年龄在十四岁以下八十岁以上者得减刑。"[①]《陕甘宁边区抗战时期惩治汉奸条例（草案）》第10条规定："犯第三条各款之罪，年龄在十四岁以下八十岁以上者，得减刑或免除其刑。"[②]

3. 区别主犯和从犯

主犯是在汉奸罪中起组织领导指挥作用者，对主犯按其情节轻重判其有期徒刑或死刑，从犯比照主犯减轻处罚，《陕甘宁边区抗战时期惩治汉奸条例（草案）》第7条规定："犯第三条各款之罪，经政府认为确实是被威迫而构成从犯者得减刑。"[③]

4. 未遂犯、中止犯或犯罪后主动消除犯罪后果的减刑

《陕甘宁边区抗战时期惩治盗匪条例（草案）》第8条规定："犯第二

---

① 陕西省档案馆、陕西省社会科学院编：《陕甘宁边区政府文件选编》（第二辑），陕西人民教育出版社2013年版，第11页。

② 陕西省档案馆、陕西省社会科学院编：《陕甘宁边区政府文件选编》（第二辑），陕西人民教育出版社2013年版，第12页。

③ 陕西省档案馆、陕西省社会科学院编：《陕甘宁边区政府文件选编》（第二辑），陕西人民教育出版社2013年版，第12页。

条各款之罪，在事先告发能防止或破坏者，得减刑或免除其刑。”①

锄奸反特刑事法制的发达，是抗日战争的大背景所决定的。因为只有赢得抗战胜利，才能保卫国家的主权和独立，才能巩固和发展中国共产党领导的新民主主义政权，而不加强锄奸工作，抗战胜利是不可能的。历史也证明，锄奸反特刑事法制的发达，为各根据地开展锄奸反特工作提供了有力的法制保障，当然，由于民族矛盾尖锐和战争的复杂、残酷性，对汉奸罪的认定范围较宽，实践中存在一定的扩大化倾向。

四、中国共产党局部执政时期的刑事法治思想（中）

（一）实事求是，刑事方针政策从实际出发

1941年，在延安干部大会上，毛泽东作了《改造我们的学习》的报告，首次对“实事求是”的概念作了科学的阐释。他说：“‘实事’就是客观存在着的一切事物，‘是’就是客观事物的内部联系，即规律性，‘求’就是我们去研究。”② 实事求是包括两方面的内容：一是一切从实际出发，这是实事求是的主要内容；二是理论联系实际，把马克思列宁主义普遍原理与中国革命具体实践相结合。毛泽东把实事求是这一唯物主义认识路线运用到法律工作中，强调从革命和建设的实际需要和现实可能出发来推进法制建设，反对脱离中国国情的本本主义和主观主义。全国抗战时期毛泽东提出的一系列刑事方针政策、刑法原则都是“实事求是”的产物。例如，惩办与宽大相结合的政策，在第二次国内革命战争时期，毛泽东开始产生了对反革命分子区别对待的思想，在此期间，他开始强调一般的地主富农与有反革命行为的地主富农要区别对待，对反动的地主富农要

① 陕西省档案馆、陕西省社会科学院编：《陕甘宁边区政府文件选编》（第二辑），陕西人民教育出版社2013年版，第11页。

② 《毛泽东选集》（第三卷），人民出版社1991年版，第801页。

进行严厉的制裁与镇压。到了全国抗战时期，随着战争形势的变化以及中国革命矛盾的复杂化，他指出，应该坚决地镇压那些坚决的汉奸分子和坚决的反共分子，非此不足以保卫抗日的革命势力，但是，决不可多杀人，决不可牵扯任何无辜的分子，对于反动派的动摇分子，应有宽大的处理。这一刑事政策的变化是根据抗日战争的具体情势制定的，为争取中间分子提供了理论依据，为抗日战争胜利奠定了社会基础，是实事求是这一唯物主义认识路线的法律体现。

（二）刑法面前人人平等

刑法面前人人平等是现代刑法的一项基本原则，也是毛泽东的一贯主张。毛泽东认为，敌对分子违法必须制裁，对于本阶级内部成员，包括共产党员，党内有地位、有贡献的干部也应当一律违法必究，不许有凌驾法律之上的特权。他进一步强调，对本阶级内有地位、有影响、有功劳的人应提出更严格的要求，他们违法犯罪不仅不应享有减免刑罚的特权，而且还“不能不执行比较一般平民更加严格的纪律”。① 在1937年黄克功案致审判长雷经天的信中，毛泽东指出：“黄克功过去斗争历史是光荣的，今天处以极刑，我及党中央的同志都是为之惋惜的……正因为黄克功不同于一个普通人，正因为他是一个多年的共产党员，是一个多年的红军，所以不能不这样办。共产党与红军，对于自己的党员与红军成员不能不执行比较一般平民更加严格的纪律。”② 1941年9月7日在写给谢觉哉的信中，他再次强调：“此等原则立场我们决不能放松，不管犯错误的是何等样的好朋友、好同志。”③ 雷经天④认为，法律面前无特权。他在1939年边区司法报告中指出，公务人员犯罪处罚应比一般人民加重，党员犯法与一般人民

① 中共中央文献研究室编：《毛泽东书信选集》，中央文献出版社2003年版，第100页。

② 中共中央文献研究室编：《毛泽东书信选集》，中央文献出版社2003年版，第100页。

③ 《谢觉哉传》编写组：《谢觉哉传》，人民出版社1984年版，第93页。

④ 雷经天，陕甘宁边区高等法院任职时间最长的一位院长，还先后兼任边区法令研究委员会委员、延安大学司法系主任等众多与法制相关的职务，在边区司法制度的建设和发展史上具有重大影响，为中国共产党法治建设作出了重要贡献。

相同，党应宣布开除其党籍，如何处理则要征求党的意见。在 1941 年边区司法工作报告中，他指出，新民主主义的法律应体现真正的平等精神，“这个法律不但保护无产阶级和资产阶级的利益，也是保护一切抗日阶级、抗日人民的利益的，只有这样，才能谈到真正的平等”。[①] 在审理黄克功案中，他经过认真细致的调查、取证、侦破，确定黄克功系枪杀刘茜凶犯，并无可疑之处，之后果敢致信毛泽东，主张对黄克功处以极刑，该主张得到了毛泽东的认可和支持，最后黄克功被判处死刑。在黄克功案件审理中，雷经天坚持原则，坚持维护正义，大公无私，充分体现了其法律面前无特权的主张。

（三）重调查研究，不轻信口供，严禁刑讯逼供

在全国抗战时期，毛泽东鉴于“左”倾的肃反方法和错误的审讯方法所造成的严重损失，比较全面地阐述了要重调查研究、重证据，严禁逼供。他指出，确定犯罪嫌疑人或逮捕特务分子，认定他们有罪还是无罪，罪轻还是罪重，全靠调查研究方法，收集材料，加以分析，并根据这些证据材料，作出实事求是的结论。1943 年，毛泽东为中共中央起草的《关于审查干部的决定》的指示中，全面系统总结了肃反工作的经验教训，提出著名的九条方针。他说，九条方针“是和内战时期曾经在许多地方犯过的错误的肃反方针根本对立的。这个错误方针，简单地说来，就是逼供信三字。审讯人对特务分子及可疑分子采用肉刑，变相肉刑及其他威逼办法；然后被审人随意乱供，诬陷好人；然后审讯人及负责人不加思索地相信这种绝对不可靠的供词，乱捉乱打乱杀。这是完全主观主义的方针与方法”。[②] 在《论政策》一文中，他重申：“对任何犯人，应坚决废止肉刑，

---

① 《雷经天在陕甘宁边区司法工作会议上的报告》，载韩延龙主编《法律史论集》（第 5 卷），法律出版社 2004 年版，第 378—379 页。

② 中央档案馆编：《中共中央文件选集（一九四三——一九四四）》（第十四册），中共中央党校出版社 1992 年版，第 90 页。

重证据而不轻信口供。”[①] 谢觉哉[②]一贯坚持办案要实事求是，反对逼供，重视证据，重视调查研究，依靠群众走群众路线，以求做到每起案件公正准确。在中央西北办事处司法部成立不久，省裁判部送来一起案子要求谢觉哉复核死刑。这起案件的当事人王观娃当过土匪，当年又抢过一次人，原判机关认为一定要处以死刑。谢觉哉在反复研读卷宗后，提出了一系列的可疑观点：王观娃的罪到底是什么？当了几年土匪都有什么事实？今年抢人抢了些什么？在何处抢的？抢的情形怎样？怎样活动人当土匪的？都是哪些人？他指出，凡此种种事实情节，都没有说清，在案卷报告上看不出来，这样马马虎虎，怎好来定他的死刑？[③] 省裁判部在拿到谢觉哉的批复后，重新查找证据，详细审理，结果以无罪释放结案。在情况复杂，没有成文法律和固定法庭的情况下，谢觉哉要求司法机关和审判人员要维护人民的权利，贯彻实事求是的原则。不能因为急于把案子审完，就忽视了过程和证据，要从深入实际的审判中总结出经验与教训，改造我们司法工作者所以致此的思想来源，提高我们的审判技术。[④] 雷经天认为，对刑事案件的被告，应该完全取消刑讯逼供，取消肉刑。定罪时应重视证据，如果口供是通过正当手段得来的，也可以采信；如果是通过刑讯逼供得来的，则不可采信。1943 年，他在陕甘宁边区党政联席会议上指出，“还有些打人杀人的凶犯，乡政府也可捉他，但要细心，要证据”，“各机关、民众团体，是否可以随便捉人，处罚人，这个也要慎重，有证据、事实方可捉”，“切不可用刑迫供，为了证明自己没捉错”。[⑤]

---

① 《毛泽东选集》（第二卷），人民出版社 1991 年版，第 767 页。

② 谢觉哉是中国共产党著名的法学家和教育家、中华人民共和国法学界的先导、人民司法制度的奠基者。抗日战争时期，他先后担任中央西北办事处司法部长、陕甘宁边区高等法院院长、陕甘宁边区政府秘书长、参议会副议长，为陕甘宁边区人民民主司法制度的形成作出了重要贡献，是人民民主司法制度的重要奠基人。

③ 《谢觉哉传》编写组：《谢觉哉传》，人民出版社 1984 年版，第 95 页。

④ 王定国、王萍、吉世霖：《谢觉哉论民主与法制》，法律出版社 1996 年版，第 135 页。

⑤ 张子君、姚泽卿：《雷经天延安时期司法主张探析》，《中国青年社会科学》2018 年第 6 期。

（四）少捕慎杀，罪责自负，反对株连

毛泽东反对株连，主张少捕、少杀。全国抗战时期，在《论政策》一文中，他指出，镇压汉奸和反共分子“决不可牵扯到任何无辜的分子”。在1943年《关于审查干部的决定》的指示中，他指出：“只有少捉不杀，或少捉少杀，才可保证最后不犯错误。留得人在，虽有冤枉，可以平反（确实冤枉的必须平反，绝无犹豫余地）。多捉多杀，则一定会犯不可挽救的错误。”①

（五）惩办和宽大相结合

主张宽严相济，惩办与宽大相结合，分别不同情况对反革命分子和其他犯罪分子实行惩办与宽大相结合的政策，以争取多数孤立少数，是毛泽东的一贯主张。在《论政策》一文中，他提出，“应该坚决地镇压那些坚决的汉奸分子和坚决的反共分子，非此不足以保卫抗日的革命势力……对于反动派中的动摇分子和胁从分子，应有宽大的处理”，②“锄奸运动应注意区别首要与胁从，自觉的与被骗的，坚决分子与动摇分子，分别处理，前者从重，后者从轻，并注意争取后者使之回心向善，决不可一例看待”。③ 他反对“镇压无边”和“宽大无边”的倾向，认为如果只讲宽大不讲惩办，则会助长日伪汉奸、国民党反动派、恶霸地主、反革命分子和其他刑事犯罪分子的嚣张气焰，使革命的势力、人民的利益和权利得不到充分的保护，反之，如果只讲惩办不讲宽大，实际上就是一种不加区别的乱打乱杀的做法。这种不考虑任何差别的残酷方法，会使刑罚毫无效果，不仅不能达到分化瓦解敌对阵营和犯罪分子的目的，还会使自己陷于孤立

---

① 中央档案馆编：《中共中央文集选集（一九四三——一九四四）》（第十四册），中共中央党校出版社1992年版，第94页。

② 《毛泽东选集》（第二卷），人民出版社1991年版，第767页。

③ 中央档案馆编：《中共中央文件选集（一九三六——一九三八）》（第十一册），中共中央党校出版社1991年版，第621页。

的境地。就惩办与宽大的关系来说，毛泽东认为惩办是基础，是前提，失去了惩办，宽大毫无意义，只会是软弱和无原则的退让。他说，“希望劝说帝国主义者和中国反动派发出善心，回头是岸，是不可能的。唯一的办法是组织力量和他们斗争……把他们打倒，制裁他们的犯法行为”，然后，“才有希望把已经缴械了和投降了的地主阶级分子、官僚资产阶级分子和国民党反动集团的成员及其帮凶们给以由坏人变好人的教育，并尽可能地把他们变成好人”。①

（六）重视通过调解预防刑事犯罪

谢觉哉认为，调解可使大事化小、小事化无；可使小事不闹成大事、无事不闹成有事，增加农村和睦、节省劳力以从事生产，② 群众之间知根知底，利益关系错综复杂，最好的解决方式便是自我调解。③ 他提倡审判与调解相结合，推行马锡五的审判方式，即：查清案件事实；听取群众意见；形成解决方案，说服调解双方予以采纳。要求负责审判工作的司法人员亲自到争议发生地，召集群众共同商讨，确定争议双方都满意的解决方案。不但民事案件提倡调解，谢觉哉认为轻微刑事案件也应该推广调解结案，争取被告人和被害人之间和解。雷经天认为，调解是预防刑事犯罪的有效途径，他提出，乡政府组织应更重视犯罪的预防工作，对于群众中出现的矛盾纠纷，应通过调解手段及时化解，防止这些矛盾纠纷上升为犯罪，乡政府若不管群众之间的小纠纷，就有可能会酿成流血的大案件，乡政府应注意这些小事。④

① 《毛泽东选集》（第四卷），人民出版社 1991 年版，第 1487 页。

② 陈志凌主编：《中共党史人物传》精选本（第 8 卷），人民日报出版社、中央文献出版社 2001 年版，第 872 页。

③ 张希坡、韩延龙主编：《中国革命法制史（1921—1949）》（上册），中国社会科学出版社 1987 年版，第 512 页。

④ 雷经天：《向前集》，广西人民出版社 2009 年版，第 252 页。

（七）重视改造罪犯

全国抗战时期，全国局势紧张，边区不仅存在着敌对分子，还有大量的社会闲散人员，边区政治气氛、社会气氛较为紧张，对罪犯权利重视不够，甚至还发生一些打骂捆绑事件。对此，谢觉哉认为，即使判了刑的犯人，他们也是犯了罪的“人”，而且是社会上不幸的人，只是出于主客观原因，使他们实施了犯罪，应更加关心他们。一方面剥夺其自由，一方面要尊重他们的人格，改善他们的环境，才能激发他们的上进心、羞恶心。对于犯人应该充分采取感化主义，不采取报复主义，[①] 更要帮助被释放的人搞好家务，督促他们一天天向上向好，不再犯罪。在中央红军到达陕北后不久，各级政权正在筹建时，谢觉哉便提出了改善感化院的配套设施的主张，以便从生活上、心理上对罪犯的身心以根本改造，他还要求，各高等分庭庭长和各县司法处处长必须清理监所，要一个所一个所的清理。在谢觉哉的指导和督促下，当时边区各地对于犯人的管理和教育，出现了一种全新的面貌。

雷经天认为，应把犯人改造为对社会有用的人，使犯人成为社会上一个好公民：“边区监狱对犯人不是单纯地拘束其自由，给以惩罚，而主要是帮助他们认识自己的罪行，改正错误思想意识和不正确的观念，及早成为社会上一个好公民。”[②] 要实现这一目的他认为应该做到：（1）尊重犯人的人格。“犯人虽然犯了错误，既不是死刑，我们则希望他好好转变错误，将来成为一个完善的公民。因此就要尊重他的人格，从逮捕一直到释放，我们随时都要注意这一点。在特殊情形之下，例如现行犯逮捕时可加捆绑，但须尽快的送到司法机关。”[③]（2）对犯人实施感化教育。“边区对于犯人是采用感化和教育主义，因此，我们对于犯人的教育是时刻在进行

---

① 《谢觉哉传》编写组：《谢觉哉传》，人民出版社 1984 年版，第 95 页。

② 杨永华、方克勤：《陕甘宁边区法制史稿》（诉讼狱政篇），法律出版社 1987 年版，第 262 页。

③ 《雷经天在陕甘宁边区司法工作会议上的报告》，载韩延龙主编《法律史论集》（第 5 卷），法律出版社 2004 年版，第 398 页。

着的，从早到晚，从课堂到劳动都在进行教育，务使他们不再犯错误。”①（3）组织犯人参加劳动，通过劳动来改造犯人。参加劳动的以 5 人为一组，10 人为一班，3 班为一队，由看守所指定组长、班长、队长负责管理。上午 8 时至下午 4 时为劳动的时间，做掘窑、修路、背柴、挑水、辟地、建筑等工作。（4）重视犯人的文化学习。组织犯人识字小组，以一个窑洞的住室为单位，指定文化程度较高的为组长，负责教育，上课，开会由队长召集。（5）关心犯人生活。在生活待遇上同普通工作人员一样。判决的犯人的粮食同武装部队一样，过去犯人没有津贴，现在判决的犯人也有津贴。（6）做好犯人的卫生和健康工作。每周由边区医院派医生到看守所来诊病 2 次，有病的犯人隔离居住。每天早上犯人必须洗脸、漱口，并将室内打扫收拾清洁整齐。每周洗澡 1 次（此地天气，即在夏天，也不热），洗衣服 1 次，每月理发 1 次。他还主张，对于确实悔过自新的犯人，应减刑释放，“如果在劳动和学习方面都有成绩，对自己的罪过确实有切实的了解，并且确实改正过了，经过相当的时间，法院认为不一定满刑即可减刑释放”。②

---

① 《雷经天在陕甘宁边区司法工作会议上的报告》，载韩延龙主编《法律史论集》（第 5 卷），法律出版社 2004 年版，第 400 页。

② 参见赵金康：《试论雷经天的司法思想》，《史学月刊》2008 年第 10 期。

第四章　中国共产党局部执政时期刑事法治思想与实践（三）

解放战争时期各解放区的刑事法制，是随着革命斗争形势的变化而发展，并服务于革命战争的胜利和各个阶段的中心工作的。解放战争时期是中国共产党领导中国人民同帝国主义和国内反动派进行战略决战的时期，因此，取缔一切反动组织、惩办反革命罪犯，便成为解放区人民民主专政的首要任务。与此同时，由于新解放地区的不断扩大，特别是进入大城市之后，为了维护社会治安，同其他刑事犯罪分子作斗争，也就显得更为繁重。为了完成上述任务，各解放区人民政府分别制定了各种刑事法规，惩治反革命罪和各种普通刑事犯罪，为全国性胜利的到来奠定了法制基础。

一、解放区的刑事立法的内容和特点

（一）镇压反革命罪犯、取缔反动组织方面的刑事立法

镇压反革命罪犯的刑事法规，与革命战争的发展密切相关，并服务于革命战争的胜利和各阶段中心工作。根据形势的发展变化，这类刑事立法的发展在解放战争时期可以分为三个阶段。

1. 内战爆发前后针对危害解放区革命秩序的刑事立法

1946 年和平谈判时期，国民党秘密派遣大量反动分子潜入解放区，大肆进行破坏活动，妄图颠覆解放区的民主联合政府。针对这种情况，晋冀

鲁豫边区高等法院于1946年6月发出《关于特种案犯运用刑法的指示》，规定："对于意图破坏而有组织有计划地以非法之方法，着手颠覆解放区各级民主政府（地方性联合政府）及破坏和平建国纲领及有关之一切政策法令者，其为国家民族罪人，应以内乱罪惩治之。"[①] 其惩治办法是：如确系首谋分子或情节严重为人民所痛恨者，得处以死刑或无期徒刑；如确系胁从或盲从分子，悔改有据或其情节为人民所原宥者，应减轻或免除其刑。苏皖边区政府于1946年6月公布了《苏皖边区危害解放区紧急治罪暂行条例》，规定："凡手执武器、爆炸物、毒药或放火危害前方战斗或后方治安者，处死刑；或危害本边区党政军民生命者，处死刑。"[②] 在情况紧急时（指可能随时发生战事的边沿地带或已宣布戒严区域，对于案犯之解送、羁押已不能依照通常司法手续办理而言），所在地之县区政府，对于前项罪犯得及时予以紧急处置，但处置后应即呈报上级政府转报边区政府审核备案。根据这一精神，苏皖边区第一行政区于1947年1月制定了《破坏解放区革命秩序治罪办法》，列举了各种具体罪行，规定了不同的处刑办法。

2. 新解放区关于肃匪反霸和破坏土改的治罪条例

肃清土匪，让人民过上安定的生活，是各地解放初期对敌斗争的一项重要任务。各地军政领导机关采取"军政结合，剿抚兼施"的方针，一方面颁发布告，申明政府政策，命令一切残匪游勇立即缴械投降，对于拒不缴械的土匪武装，即进行武装讨伐，并且展开强大的政治攻势，对匪众进行争取瓦解工作；另一方面制定惩治土匪的单行条例，如《辽北省惩治土匪罪犯暂行办法（草案）》，对于合伙行抢者、持枪抢劫他人财物者、抢劫国家仓库公共财物者以及在抢劫时放火强奸者，规定具体处刑办法。

1947年9月13日通过的《中国土地法大纲》规定，"对于一切违抗或破坏本法的罪犯，应组织人民法庭予以审判及处分"，"农会应禁止任何人

---

① 韩延龙、常兆儒编：《中国新民主主义革命时期根据地法制文献选编》（第三卷），中国社会科学出版社1981年版，第192页。

② 朱耀龙、柳宏为主编：《苏皖边区政府档案史料选编》，中央文献出版社2005年版，第293页。

为着妨碍公平分配之目的，而任意宰杀牲畜，砍伐树木，破坏农具、水利、建筑物、农作物或其他物品，及进行偷窃、强占、私下赠送、隐瞒、埋藏、分散、贩卖这些物品的行为。违者应受人民法庭的审判及处分”。[①]侵犯人民民主权利者，也应受人民法庭的审判及处分。根据上述规定，各解放区政府制定了有关破坏土地改革的治罪条例或布告。如1947年11月，晋察冀边区行政委员会、中共晋察冀中央局、人民解放军晋察冀军区联合发布了《对破坏土地改革者的制裁问题》的布告，晋冀鲁豫边区政府1948年1月公布了《晋冀鲁豫边区破坏土地改革治罪暂行条例》。打击锋芒主要指向地主恶霸反革命分子，同时也制裁违反土地法大纲的其他犯罪分子，打击了地主恶霸及一切破坏土地改革的非法行为，有力保证了土地改革运动的顺利进行。

3. 解放战争后期惩办战犯、取缔反动组织、镇压反革命分子方面的刑事立法

解放战争后期，国民党反动统治面临最后崩溃，为了确保中国革命的彻底胜利，必须惩治战争罪犯，取缔反动党团特务组织，镇压一切反革命分子。在惩办战争罪犯方面，1947年10月10日公布的《中国人民解放军宣言》，在历述了以蒋介石为首的国民党反动集团卖国、内战、残杀人民的罪行后，提出了“打倒蒋介石，解放全中国”的口号，同时，明确宣布“逮捕、审判和惩办以蒋介石为首的内战罪犯”，作为人民革命的一项基本政治纲领。[②] 后来，在《中共中央毛泽东主席关于时局的声明》中，也将“惩办战争罪犯”列为和平谈判八项条件中的第一项。《中国人民解放军宣言》还宣布了对于蒋方人员的基本政策：“采取分别对待的方针。这就是首恶者必办，胁从者不问，立功者受奖。”[③] 具体规定了各项政策的界限。在取缔反动党团和特务组织方面，各地军管会和人民政府专门颁布了一些取缔反动组织的法令，如1949年3月《北平市国民党特务人员申请悔过

---

① 中央档案馆编：《中共中央文件选集（一九四六——一九四七）》（第十六册），中共中央党校出版社1992年版，第549—550页。

② 《毛泽东选集》（第四卷），人民出版社1991年版，第1237页。

③ 《毛泽东选集》（第四卷），人民出版社1991年版，第1238页。

登记实施办法》；同年7月，北平市军事管制委员会颁发布告《规定反动党派人员履行登记实施办法》。内蒙古自治政府于1949年3月发布《关于登记内蒙古自治区域内反动党派人员的布告》，明令宣布：以上反动党团特务组织一律解散，除查封其机关，严禁其活动，没收其所有公产、档案等物之外，并勒令反动党团的骨干分子和每个特务分子，必须在限期内向公安机关申请登记。[①] 在解散反动会道门组织方面，为了维护社会治安，挽救误入歧途的会员群众，并给道首分子以自新之路，各解放区政府明令宣布，一切会道门组织须一律解散，不得再有任何活动。如华北人民政府1949年1月发布的《解散所有会门道门封建迷信组织的布告》，具体规定了对各类人员的处置办法。

在镇压反革命罪犯、取缔反动组织方面，解放战争时期中国共产党的刑事政策是“首恶者必办，胁从者不问，立功者受奖”，贯彻镇压与宽大相结合的方针，在罪行上区分大小、主从与轻重的界限，在态度上划清抗拒、坦白和立功的界限，力争做到宽严结合、轻重适度、罪刑相适应。1947年1月，《关于对新收复区某些人员赏罚问题的指示》针对当时同地主阶级的报复和反报复的斗争中存在的问题，指出：“只有严格分清上述三类人的界限，一方面给反动者以坚决镇压，另方面给动摇者以宽大，给有功者以奖励，才能分化地主和坚定群众。决不应放纵作恶多端的反动分子，亦不可不分界限任意反报复，而必须严格掌握上述政策。”[②] 1948年4月，《将全国一切可能和必须统一的权力统一于中央》中指出，对昌潍地区之敌方人员“不加区别地一概宣布既往不咎”是错误的，因为“在这些罪大恶极分子被捕以后，人民群众要求惩办的时候，如果你们要维持对敌方的信用而坚持既往不咎的政策，你们就将违反群众的正义的要求和意志”，也是“直接违反我党政策及人民解放军宣言中首恶者必办一项规定的”。[③] 1949年6月25日新华社短评《消灭麻痹倾向扑灭特务匪徒》重

---

① 余明侠主编：《中华民国法制史》，中国矿业大学出版社1994年版，第503页。
② 杨永良主编：《中国共产党重要会议决策历程》（上卷），湖北辞书出版社2003年版，第605页。
③ 中共中央文献研究室编：《毛泽东文集》（第五卷），人民出版社1996年版，第85页。

申："对那些被胁迫参加，真心悔过的分子，可宽大处理，给以自新之路；对那些作恶多端，不知改悔的死心塌地的反革命分子，应该发扬人民民主政权的威权，严加惩办，为民除害！"①

（二）惩治扰乱金融行为的刑事立法

解放军解放若干大城市之后，发现许多投机分子，暗地倒卖银元或以银元计价，扰乱金融秩序，牟取暴利。为了杜绝这一现象，各解放区人民政府先后制定了许多专门法令，申明政府的金融政策。如 1945 年 10 月晋察冀边区发布《关于禁用白洋行使的决定》，1948 年 11 月华北人民政府发布《成立中国人民银行发行统一货币的法令》，1949 年 4 月华北人民政府公布了《华北区金银管理暂行办法》，同年 8 月陕甘宁边区颁布了《陕甘宁边区政府管理银洋暂行办法》，10 月又颁布《陕甘宁边区金银管理暂行办法》，对于各项管理制度和惩罚办法作了具体规定。

（三）惩治贪污和浪费行为的刑事立法

为了同贪污和浪费行为作斗争，各解放区根据形势的变化和斗争的需要，制定或修正公布了惩治贪污条例，如 1946 年 1 月《大连市惩治贪污条例》，1947 年 5 月《东北解放区惩治贪污暂行条例》，1948 年 1 月《晋冀鲁豫边区惩治贪污条例》，1949 年 9 月《苏北区奖励节约惩治贪污暂行条例》等。以《东北解放区惩治贪污暂行条例》为例，其最大特点是：在新解放地区特别是进入城市后，公务人员及其经办的财物大量增加，贪污案件数量上升，因而处刑标准也相应提高。该条例规定了 6 个处刑等级，贪污之值在 60 万元以上者，处死刑、无期徒刑或 10 年以上有期徒刑；贪污之值在 40 万元以上、60 万元以下者，处无期徒刑或 5 年以上 10 年以下有期徒刑；贪污之值在 20 万元以上、40 万元以下者，处 3 年以上 5 年以

① 中央档案馆编：《中共中央文件选集（一九四九年一月至九月）》（第十八册），中共中央党校出版社 1992 年版，第 344 页。

下有期徒刑；贪污之值在 10 万元以上、20 万元以下者，处 1 年以上 3 年以下有期徒刑；贪污之值在 1 万元以上、10 万元以下者，处 1 年以下有期徒刑；贪污之值在 1 万元以下者，处 3 个月以下徒刑。

（四）惩治破坏交通和交通肇事行为的刑事立法

解放战争时期，为了保证军事运输的需要和经济发展，必须迅速修复铁路交通设备。但由于战争破坏，材料缺乏，急需收集与保护铁路器材。为此，1948 年 8 月东北军区司令部、东北行政委员会联合发布《收集与保护铁路交通器材的布告》。华北人民政府、华北军区于 1948 年 7 月联合发布《搜集与保护铁路交通器材暂行办法》，华北人民政府又于 1948 年 12 月、1949 年 4 月和 5 月，连续发布收集与保护铁路器材的训令、通令，以及《华北人民政府为协助铁路局保护行车安全缉办沿线窃盗匪、煤匪令》。河南省人民政府、省军区也在 1949 年 9 月发布《保护铁路补充指示》。此外，华北区还公布了《护养公路暂行办法》等，规定了保护措施和对违犯者的惩治办法。为了加强城市交通管理，处理交通肇事案件，东北行政委员会还于 1948 年 11 月公布了《东北解放区交通肇事犯罪处罚暂行条例》。

（五）惩治破坏森林行为的刑事立法

1946 年，晋察冀边区和太行行署都曾发布过植树造林的法令。之后，随着解放区的扩大，尤其是在拥有大量森林和牧场的东北解放区和内蒙古自治区，护林防火工作显得更为突出。为了防止破坏森林或烧毁牧场，内蒙古自治区政府于 1948 年 4 月发布禁止居民放野火的通令。1949 年 6 月，东北行政委员会颁布了《东北解放区森林保护暂行条例》，规定了森林保护措施和对破坏森林行为的惩治办法。

（六）惩治抢劫、抢夺行为的刑事立法

《辽北省惩治土匪罪犯暂行办法（草案）》规定了抢夺罪，按以下办

法处刑：（1）不持枪械初次抢夺他人财物，价值微小者，科处 3 月以上 1 年以下有期徒刑；（2）连续犯或累犯抢夺罪者，科处 1 年以上 3 年以下有期徒刑；（3）合伙 3 人以上进行抢夺者，主谋及首领科处 8 年以下 5 年以上有期徒刑，其余者科处 5 年以下 1 年以上有期徒刑。抢劫罪则按以下规定处刑：（1）持枪械以强暴胁迫抢劫他人财物，系初犯者，科处 3 年以上 6 年以下有期徒刑；（2）带枪械抢劫连续犯或累犯强盗罪者，处 5 年以上 10 年以下有期徒刑，情节严重者处死刑；（3）合伙 3 人以上，携带枪械，以强暴胁迫方法抢劫财物者，主谋及首领处 15 年以下 8 年以上有期徒刑，情节严重者处死刑，其余者处 8 年以下 5 年以上有期徒刑。此外，还规定：乘水灾、火灾或其他不幸事件而抢夺他人财物者，处 1 年以上 5 年以下有期徒刑；持枪械抢劫者，处极刑或 10 年以上有期徒刑。①

（七）惩治盗窃犯罪的刑事立法

对于盗窃犯，首先着重打击惯盗，对于一般偷窃罪犯，则根据具体情节判处徒刑或拘役。《辽北省惩治窃盗犯暂行办法（草案）》，具体规定了对于各种盗窃行为的处罚办法：（1）初次窃取他人财物，价值微小者，处 2 月以下拘役；（2）连续犯或累犯窃盗罪者，处 6 月以下有期徒刑；（3）出身恶劣，以小偷为常业，或窃盗较重之财物者，处 6 月以上 1 年以下有期徒刑，累犯者按原刑加重 1/2；3 人以上合伙窃取他人财物者，比照以上 3 项规定了较重的刑罚。②

（八）惩治杀人及伤害犯罪的刑事立法

保障人民群众的人身安全，是解放区建立人民民主法律秩序的重要目标之一。1948 年 4 月，哈尔滨市人民政府颁布《禁止非法拘捕审讯及侵犯他人人权等行为的布告》，同年 5 月，豫皖苏边区行政公署公布《切实保

① 蔡鸿源主编：《民国法规集成》（第 73 册），黄山书社 1999 年版，第 326 页。
② 蔡鸿源主编：《民国法规集成》（第 73 册），黄山书社 1999 年版，第 326 页。

障人权严禁乱抓乱打肉刑逼供的训令》。特别是辽北省经东北行政委员会批准专门制定了单行刑事法规，即《辽北省惩治杀伤犯暂行办法（草案）》，分别就杀人罪和伤害罪的各种情节规定了具体惩治办法。关于杀人罪的规定是：（1）故意杀人罪，因贪欲嫉妒者，或危害多人，方法残酷者，或利用被害人之孤立无援而杀害者，处死刑、无期徒刑或 10 年以上有期徒刑，不属于上述之故意杀人者，处 10 年以下有期徒刑；（2）因过失致人死亡者，或超过防卫范围致发生杀人之结果者，处 3 年以下有期徒刑；（3）因威逼虐待或污辱而使人自杀者，处死刑、无期徒刑或 3 年以上有期徒刑；（4）未成年人犯杀人罪，未满 14 岁者，不判刑，施以感化教育，14 岁至 17 岁犯杀人罪者，酌情减刑；（5）未经许可的医生或巫医治死病人时，处 5 年以下有期徒刑、拘役或罚金，母亲杀死婴儿者，处 3 年以下有期徒刑。关于伤害罪的规定是：（1）故意伤害人身致轻伤者，处 2 年以下有期徒刑、拘役或罚金，致重伤者，处 3 年以上 7 年以下有期徒刑，致人死亡者，处无期徒刑或 7 年以上有期徒刑；（2）因过失或防卫过当而伤人者，处 1 年以下有期徒刑或拘役；（3）其他伤害，如凌辱虐待未成年男女致使妨害身体发育者，处 1 年以下有期徒刑、拘役或罚金，故意对人拷打、殴击或其他强暴行为使人肉体疼痛者，处 6 个月以下有期徒刑、拘役或罚金，机关工厂负责人对于从属地位的职工勤杂人员犯前项之罪者，处 1 年以下有期徒刑或拘役。[①]

（九）惩治妨害婚姻、奸害方面的刑事立法

大多数解放区根据地的婚姻条例规定：凡违反本条例而涉及刑事犯罪者，交由司法机关依法处理。但是该如何处理，大多没有具体规定。只有辽北省对此制定了单行条例，即《辽北省惩治关于婚姻与奸害罪暂行条例》，该条例对于强迫买卖婚姻、重婚、骗婚、强奸罪和引诱或容留妇女卖淫等罪，分别规定了量刑办法。关于妨害婚姻犯罪，该条例规定：（1）强迫妇

---

① 张希坡主编：《中国法制通史：新民主主义政权》，法律出版社 1999 年版，第 632 页。

女结婚，或劫夺妇女与其结婚、同居者，处2年以下有期徒刑；（2）有配偶而重婚者，经其配偶告诉，或由政府与人民团体检举者，处2年以下有期徒刑；（3）用诈术骗婚、拐婚者，处2年以下有期徒刑；（4）男女双方或其亲属，以交付或收受金钱及其他财物，作为娶亲之报酬者，处6个月以下有期徒刑、拘役或罚金（但纯系纪念品交换，不在此限）。媒介人图利较大，或促成买卖婚姻者，处拘役或罚金。关于奸害罪，该条例规定：（1）与性机能未成熟之人性交，使之身体受害者，处5年以下有期徒刑，强奸者处8年以下有期徒刑；（2）用强暴、胁迫、恐吓、药剂、催眠或其他办法，使对方不能抗拒而遭奸淫者，处5年以下有期徒刑；（3）如2人以上共同轮奸者，处7年以下有期徒刑；（4）犯以上各罪招致被害人自杀，或身体遭受严重伤害者，处无期徒刑或8年以上有期徒刑；（5）对于经济上、职务上处于从属地位的妇女，强迫使之发生性关系者，处3年以下有期徒刑；（6）对妇女乘其心神丧失，或其他相类似的情形，而奸淫之者，处5年以下有期徒刑；（7）意图营利而引诱或容留妇女与他人奸淫者，处2年以下有期徒刑、拘役或罚金；（8）直系血亲发生私奸者，处8年以下有期徒刑。①

（十）禁烟禁毒方面的刑事立法

解放战争时期，国民党统治区不断向解放区贩运烟毒，同时，新解放地区仍有种植鸦片和私存各种毒品者。为了保障人民健康，各根据地政府先后制定了一些禁止烟毒的法令。如1945年11月《晋察冀边区鸦片缉私暂行办法》、1946年8月辽吉区行政公署《辽吉区禁烟禁毒条例》和《辽吉区查获鸦片毒品暂行办法》、1949年7月《华北区禁烟禁毒暂行办法》、苏北区《苏北区禁烟禁毒暂行办法》。此外，绥远省政府为了贯彻执行华北人民政府的上述法令，特于1949年8月颁布了《绥远省戒吸毒品暂行办法》。上述立法采用行政措施与刑事处罚相结合的解决办法。主要规定：

① 蔡鸿源主编：《民国法规集成》（第73册），黄山书社1999年版，第331—332页。

（1）严禁种植鸦片烟苗、私存烟土及其他毒品，违者予以铲除或没收，并给予处罚；（2）严禁制造贩运烟毒，从事烟毒营业者立即停业，交出烟毒用具，向政府具结，违者定予严办；（3）染有烟毒嗜好者，须登记限期戒除。《辽吉区查获鸦片毒品暂行办法》具体规定量刑幅度：贩运鸦片在500两以上者，处无期徒刑或极刑；500两以下者，处3至10年有期徒刑；设灯供人食用鸦片者，处3年以上有期徒刑或处以罚金，重犯者处无期徒刑或极刑。

解放战争时期解放区刑法的主要任务是镇压一切反革命分子，取缔一切反动党团、特务组织、反动会道门组织，肃匪反霸，惩治战犯，保障解放战争的顺利进行和解放区的社会秩序。解放战争历时3年，形势变化迅速，中央及各解放区针对实际情况颁布的刑法法规具有以下特点。

第一，立法形式多样。由于该时期始终处于战争状态，从战略防御、相持到反攻仅仅用了3年时间，形势变化之快，使得当时的解放区政府来不及制定系统的刑事法律。刑事立法通过指示、宣言、命令、条例、办法等形式表现出来，均具有法律效力。如《辽北省惩治土匪罪犯暂行办法（草案）》《破坏土地改革治罪暂行条例》《中国人民解放军宣言》《关于惩处战争罪犯的命令》《中共中央关于军事管制问题的指示》《解散所有会门道门封建迷信组织的布告》等。就规范化的单行刑法而言，则是延续了抗日战争时期的立法风格和立法技术，如均有总则性规定和分则性规定，总则性规定一般包括立法目的、依据、共同犯罪、未完成犯罪、刑种、量刑原则、生效日期、适用范围等。

第二，立法重点突出，刑事立法打击锋芒指向各种反革命行为。这一时期，为了建立和巩固人民民主新政权，解放区刑事立法仍将反革命罪作为重点打击的对象，但此时反革命罪的内容大为扩展，把汉奸、内乱、破坏土地改革、国民党战争罪犯、反动党团、会道门及特务活动都视为反革命，同时在惩罚上采取区别对待、鼓励自首的政策。

第三，罪名和刑罚制度有新变化。普通刑事犯罪方面，除了已有的破坏金融、贪污、烟毒、强盗、盗窃、妨害婚姻家庭、杀人、伤害、破坏公共财产罪等罪名外，还规定了交通肇事罪。1948 年 11 月 1 日，东北行政委员会发布《东北解放区交通肇事犯罪处罚暂行条例》，将车辆驾驶员因过失造成交通肇事且致人于死或伤害的行为规定为犯罪进行刑事处罚。刑罚方面，正式创立了新刑种即管制。将某些反动分子交由群众监督改造的刑罚方法，在新民主主义革命初期曾经使用过，但没有制度化。1948 年 11 月 15 日《中共中央关于军事管制问题的指示》最早对其作出规定：各反动党团各级负责人员进行登记后，对少数反动分子实行管制，即每日或每星期须向指定的机关报告其行动。1949 年 1 月 27 日《中共中央关于国民党、三青团及特务机关的处理办法的决定》中也作了类似的规定。由此可见，管制就是对某些反动分子，向政府登记后不实行关押，而是在一定期限内由政府和群众组织进行监督和改造，同时剥夺其政治权利、限制其行动自由，并责令其每隔一定时间必须向指定机关报告行踪，根据改造后的表现，决定解除或延长管制期限的刑罚方法。这种形式非常适合解放战争后期及解放初期的形势需要，因而得到发展。此外，这一时期对剥夺公权和没收财产 2 种刑罚作了更为详细的规定，趋于制度化。缓刑、减刑、假释等制度也在一些法律文件中出现。

第四，与民国刑法决裂。抗日战争胜利后初期（1945 年底至 1946 年初），各根据地政府颁布的刑事法规仍在形式上承认民国刑法，如 1945 年 11 月 21 日《晋察冀边区鸦片缉私暂行办法》第 2 条规定："凡鸦片一律禁止私买、私卖、私自贩运或制造，违者依禁烟法（1929 年 9 月 25 日国民政府公布，1933 年 3 月 16 日修正公布施行）第 6 条治罪罚办。"① 在国共两党彻底决裂后，各根据地刑法立刻作出反应，彻底与民国刑法决裂。华北人民政府在《关于重大案件量刑标准的通报》中，明确规定"不得援用国民党的法律"。②

第五，初步形成对法律、犯罪与刑罚等法律概念的清楚认识。华北人民政府在《关于重大案件量刑标准的通报》中，明确解释了"法律是什

① 马模贞主编：《中国禁毒史资料》，天津人民出版社 1998 年版，第 1628 页。
② 河北省地方志编纂委员会编：《河北省通志》（第 73 卷），河北人民出版社 1994 年版，第 145 页。

么”“什么行为是犯罪”“犯罪应当怎样处罚”等问题，提出“法律是政权的一部分，是当权的阶级用以保护本阶级的利益并统治敌对阶级的工具”“凡危害新民主主义国家及由国家制定的法律秩序，或危害个人权益致对社会有严重影响者，即为犯罪。犯罪之处罚，以危害国家社会人民之利益的严重与否，而为科刑之标准。首要的严重的反革命犯，及首要的严重的反施政秩序犯，应处重刑。一般的反革命及反施政秩序犯可依其危害程度的大小主动被动分别处以徒刑，其他犯罪之处罚亦宜视其行为对社会人民危害程度的大小而分别论处，处罚犯罪不以报复、损毁人格及使人身体痛苦为目的。而以教育改造为目的”的观点。①

二、 解放区的刑罚制度

（一）刑罚种类

此时刑罚制度并未统一规定，根据各解放区的刑事立法，主要有以下几种刑罚。

1. 死刑

1948 年哈尔滨市规定：死刑案件须经市政府审核，并呈请东北行政委员会批准后，方可执行。苏皖边区规定：处决死刑案犯一律用枪决。冀南区规定：被判处死刑案犯如怀有胎儿，呈请上级产后执行。

2. 无期徒刑

各解放区对各种重要罪犯，基本上都规定适用无期徒刑。

3. 有期徒刑

有的解放区规定最高刑期为 10 年，有的规定为 5 年，有的规定数罪并罚最高不得超过 20 年。最低刑期有的规定为 6 个月，有的规定为 3 个月。

---

① 河北省地方志编纂委员会编：《河北省志》（第 73 卷 · 审判志），河北人民出版社 1994 年版，第 145 页。

关于有期徒刑的执行方式，1948 年晋察冀边区规定：人民法庭判处 2 年（或 3 年）以下徒刑之人犯，一般可交村服劳役，超过 2 年（或 3 年）者可交县监所执行强迫劳动。

4. 拘役（监管、拘禁、苦役或劳役）

有的地区规定对轻微罪行判处 6 个月以下（或 1 年以下）拘役。

5. 管制

1948 年 11 月 15 日《中共中央关于军事管制问题的指示》规定：对反动党团各级负责人员进行登记后，对其中少数分子“实行管制，每日或每星期须向指定的机关报告其行动”。1949 年 1 月 27 日《中共中央关于国民党、三青团及特务机关的处理办法的决定》，重申上述规定。

6. 罚金

一般规定为专科或并科罚金，但也有规定易科罚金的，如 1945 年 12 月，太行区规定对汉奸罪犯判处徒刑、群众不太痛恨者，“可将刑期易科罚金，每日以 10 元至 30 元为折合标准”，但在原判刑期内，仅有生活上的自由，仍无公权。[①] 1949 年 9 月苏北行署规定，“徒刑易科罚金之办法，决定仍暂不施行”。[②] 皖北行署则规定：“被告经判处徒刑后，可否易科罚金，须视案情大小与案件性质如何酌定，不能一概而论”，如犯罪判刑后以在监执行为宜（如盗匪小偷），虽其刑期较短，亦不宜易科罚金；如罪行较轻，又因特殊原因（如有特殊职业），易科罚金亦能收到教育改造之效的，则予易科罚金，但切记不要为有钱阶级所玩弄。[③]

7. 没收财产

1946 年 2 月《辽西区行政公署关于没收财产问题的决定》规定：没收财产包括动产和不动产，以被告本人应继份或其自置产为限，家属共同财产或其他共有人应得份，不得没收；没收财产中，原有契约、借贷、典押等，执行机关应负责清理，不得侵害第三人之权利；没收之财物一律缴归

---

① 杨五湖主编：《案件学大词典 · 审案大全》，法律出版社 1993 年版，第 267 页。

② 杨五湖主编：《案件学大词典 · 审案大全》，法律出版社 1993 年版，第 238 页。

③ 西南政法学院函授部：《中国新民主主义革命时期法制建设资料选编》（第二册），1982 年，第 246 页。

国库。对没收财产之权利有疑义者，应在一定期间发布公告，促使关系人声报权利，如有声报者，应待调查后进行处理，如过期无人声报者，即得执行没收；经县级判决没收财产者，须经专署以上政府核准施行。晋察冀边区规定：关于没收财产事，一律报省政府或行署核准。

8. 褫夺公权

1947 年 4 月《山东省胶东区行政公署司法处关于“褫夺公权”的几个问题》，规定：（1）所谓“公权”，指民主社会里在政治上法律上一律平等的原则下，人民对国家所享有的民主权利，范围很广，但对犯罪者宣告褫夺的公权，应是指人民所公认的最荣誉最重要的资格而言，包括选举权与被选举权、罢免权、创制权与复决权、公职候选人的资格、为公务人员的资格、学校教职员的资格、其他公认的最荣誉的资格。可根据实际需要，单独宣告褫夺其某一部分权利，如对贪污犯褫夺其为公务人员的权利。（2）宣告“褫夺公权”的运用问题。通常应和主刑同时宣告，必要时也可专科褫夺公权。对奸特恶霸等犯，一般应宣告夺权；普通刑事犯，如估计其行使公权尚不致危害群众利益者，一般可不必宣告夺权。（3）褫夺公权的期限，过去多与徒刑相同或少于徒刑，今后如系单独宣告夺权，一般不超过 2 年，判徒刑而宣告夺权者，一般不超过 5 年。开始执行的时间，单独宣告夺权者，应自判决确定时起算，判徒刑宣告夺权者，应自徒刑执行完毕时开始计算。（4）公权恢复。褫夺公权须经司法机关之宣告。褫夺公权未满期前，表现好者，得由村政府请求县政府批准复权，并应召集复权大会加以宣布。1946 年苏皖边区规定：对汉奸罪判处无期徒刑或死刑者，褫夺公权终身；对一般汉奸罪犯，将褫夺公权 1 年以上 10 年以下；情节轻微者，酌处褫夺公权 1 年以下。

9. 驱逐出境

针对外国人犯罪，必要时可判处“驱逐出境”，若情节轻微，可在教育后释放。

（二）关于减刑的规定

1949 年 1 月《华北人民政府为清理已决及未决案犯的训令》规定，

对判刑无误之案犯，刑期执行满 1/3 后，有下列情形之一者，得由监所呈报原判司法机关减刑，转呈行署核准执行：（1）经常遵守规则遵守纪律者；（2）对错误坦白真实且有清楚认识者；（3）主动积极从事劳动能完成或超额完成任务者；（4）经常学习且能帮助别人者；（5）其他适合于减刑之行为者。但前项减刑，不能超过宣告刑的 1/3，不得少于宣告刑的 1/10。

（三）关于假释的规定

1949 年 1 月《华北人民政府为清理已决及未决案犯的训令》规定，监所对案犯之合乎下列条件者，应备具理由报请该管司法机关，转呈行署核准假释：（1）对所犯罪行有深刻认识且悔改有据者；（2）无期徒刑执行逾 8 年，有期徒刑执行逾一半，但半年以下有期徒刑不在此限。

三、 解放区的刑事法治实践

（一）严厉惩治危害新民主主义政权和革命秩序的犯罪

解放战争时期，各类刑事犯罪都威胁着解放区政权的巩固、社会的安定和人民群众的生产生活。其中，对新民主主义政权和革命秩序危害最大的当属间谍、敌特分子破坏性质的犯罪。随着解放区的巩固，捍卫新生的人民民主政权，镇压敌对分子的颠覆、破坏活动成为各解放区刑事法治实践的题中之义。各解放区人民民主政权以最严厉的手段惩治了危害新民主主义政权和革命秩序的反革命犯罪。典型案件包括：1948 年 11 月上旬，河南省洛阳市公安局破获了国民党策划的军事阴谋案一起。案犯何仁甫、武茂斋、王振青等人组织匪徒，扰乱解放区后方秩序，潜入洛阳市进行破坏活动，意图策应国民党军向豫西进扰。洛阳市公安局经缜密侦查，破获了该案，粉碎了敌人的阴谋，首犯3人被执行死刑。[①] 1948年12月31日，华北人民政府通令表扬了冀鲁豫行署公安处破获蒋匪的伪“二十一兵站”特务案，逮捕了蒋匪武装特务何玉珍、邹建中等20余人。[②] 1949年1月22日，河南漳南县政府和民众密切配合，于贾太保村破获武装特务案，该案主犯康东顺被判处死刑。[③] 1949年3月10日，太行、冀中、冀南联合破获蒋匪军事特务组织，将其主要成员全部抓获归案。[④] 1949年3月23日，北平市公安局破获了特务巨案，主犯吴雷远落网。[⑤] 5月，冀南白阳古教反革命暴动案的罪犯7人被判处死刑。[⑥] 6月，北平的军管会枪决5名匪特分子。[⑦] 同时，沈阳等地的公安机关破获了美国的间谍案，主要人犯悉数落网。[⑧] 在1948年至1949年的《人民日报》上，不断有各类反敌反特、镇压反革命类犯罪的新闻报道登载，反映出中国共产党运用刑法保护新生人民民主政权的决心和法律智慧。

（二）惩治危害公共安全犯罪

在解放区，公共安全和公众利益也是解放区刑事法律所保护的重要法益。解放区政府严格司法过程，依法惩处了各类危害公共安全的犯罪活动。1949年4月，北平市人民法院积极处理各类交通肇事案件，先后受理此类案件20余起。对于一些情节轻微，已取得了受害者谅解的肇事司机，允许取保开释，对于严重违反交通规则的司机，法院依法审理，分别判处刑罚。5月，北平人民法院先后审理了10多起汽车肇事，轧死轧伤行人的

---

① 《洛阳破获军事阴谋案，首犯等三人被判处死刑》，《人民日报》1949年1月11日。

② 《冀鲁豫破获蒋特案，华北人民政府通令表扬》，《人民日报》1949年1月17日。

③ 《漳南破获武装蒋特案，主犯被处以死刑》，《人民日报》1949年1月22日。

④ 《太行、冀中、冀南联合破获蒋匪军事特务组织》，《人民日报》1949年3月10日。

⑤ 《北平市破获特务巨案，主犯吴雷远落网后正在审讯中》，《人民日报》1949年3月23日。

⑥ 《冀南白阳古教反革命暴动案匪首七人被判处死刑，华北人民政府已经批准执行》，《人民日报》1949年5月18日。

⑦ 《北平军管会枪决五名匪特》，《人民日报》1949年6月16日。

⑧ 《沈阳破获美国间谍案，主要人犯全部落网，我人民政府将依法予以制裁》，《人民日报》1949年6月19日。

案件，对于肇祸的司机，分别依据其过失的大小、情节的轻重处以徒刑，并在《人民日报》上以新闻报道的方式通报了案情。[①] 1949 年 5 月，北平石景山钢铁厂化验室失火事件发生，华北人民政府于 6 月 16 日发出通令，对钢铁厂化验室失火事件应负责的人员，按照情节轻重分别给予了处分，将失火案的主要负责人、化验室的主管人撤职，并移交北平市人民法院讯办。[②] 各解放区政府在其管辖范围之内，严肃查处了诸如交通肇事、失火、破坏交通、盗窃电线、破坏线路等危害公共安全的犯罪行为，保障了人民群众的生命和财产安全，维护了社会公共利益。

（三）打击经济犯罪

各解放区政府还在实践中严厉打击各类经济犯罪。1948 年 10 月，洛阳市破获蒋特经济阴谋巨案。洛阳市公安局在人民的协助下，成功破获了印制假的“中州票”，扰乱解放区金融，进行经济、军事阴谋的国民党特务破坏案主犯吴春暄等人被依法判处死刑。[③] 国民党特务机关国防部保密局局长毛人凤组织“特别委员会”，主持和策划解放区银行假钞票的制造和推销，意图扰乱解放区的金融秩序，北平市公安局在 1949 年 2 月左右破获了 6 起这样的制造和推销假币的案件，捣毁了一些制售假币的窝点。[④] 1949 年 1 月，洛阳市工商管理局依法制裁了捣乱的金融商人，邯郸市惩治了一大批贩卖假药，坑害人民的奸商。[⑤] 8 月，北平市西单的报子街永大制粉厂，盗卖公粮，非法购买金银物资，经北平市人民法院审理后，该厂

---

① 《北平市人民法院认真审理车祸案，公安局将公布交通规则》，《人民日报》1949 年 4 月 24 日；

《军用汽车肇祸，司机判处徒刑》，《人民日报》1949 年 5 月 18 日；

《北平市车祸减少一半，仍教育市民服从警察指挥》，《人民日报》1949 年 6 月 2 日。

② 《石景山失火案已获解决，肇事人员分别轻重予以处分》，《人民日报》1949 年 6 月 17 日。

③ 《洛阳破获蒋特经济军事阴谋巨案，主犯吴春暄等被判处死刑》，《人民日报》1948 年 10 月 11 日。

④ 《匪特务机关制造假钞票，北平公安局破获六起》，《人民日报》1949 年 2 月 26 日。

⑤ 《洛阳市工商管理局制裁捣乱的金融商人》，《人民日报》1949 年 1 月 24 日；

《邯郸奸商贩卖假药，政府应该依法严加处分》，《人民日报》1949 年 1 月 26 日。

被查封，该厂的经理梁景西被判处有期徒刑 3 年。[①] 在人民解放军内部，晋南人民解放军某部有一名排长王明焕，欺压百姓，破坏解放区的土地改革，经军民公审，被判处死刑。[②] 各解放区政府运用刑法这一法律武器，对偷税漏税、倒卖金银、制贩假钞、投机倒把、私贩银元、制贩假药、非法经营等违法犯罪行为进行了全面打击，对犯罪分子予以刑事制裁，维护了解放区的经济和社会秩序。

（四）惩治侵犯公民人身权利和民主权利的犯罪

各解放区政府依法惩处了故意杀人、故意伤害、过失致人死亡等侵害公民人身权利、民主权利的犯罪，切实保护了人民群众的人身权利和民主权利。1949 年 2 月，河南省洛阳仁利铁工厂的厂主刘克仁因为屡次打骂和虐待、伤害工人，屡次侵犯工人合法权益而被人民法院判处有期徒刑半年。[③] 3 月，山西省阳泉市二区某村村民苏黑眼以极其残忍的手段虐待童养媳胖妮，致其死亡，当地人民法院迅速抓捕了苏黑眼，严肃追究其刑事责任。[④] 6 月，北平市张记鞋铺的掌柜张岐峰，违反政策，多次毒打自己的学徒，经教育不改，送交人民法院法办。[⑤] 7 月，上海美商大美晚报总经理高尔德打伤职工代表，上海市公安局依法处理，高尔德向工人们赔礼道歉。[⑥] 9 月，驻在河北建屏某村的企业部所属某兵工厂某分厂与当地的村民关系不好，兵工厂工人由于琐事与当地村民发生矛盾，将村民吊打逼供，致人死亡。华北人民政府严肃处理此案，将案件的主犯史敦瑞、李俊

---

① 《盗卖公粮非法经营，永大制粉厂被查封，经理等判徒刑三年》，《人民日报》1949 年 8 月 2 日。

② 《王明焕破坏土地改革，军民公审宣判死刑》，《人民日报》1948 年 1 月 6 日。

③ 《洛阳仁利厂主虐待工人激起全市工人义愤，人民法院依法判处徒刑》，《人民日报》1949 年 2 月 10 日。

④ 《苏黑眼杀害童养媳，阳泉法院拘捕审理，石家庄妇联要求严惩凶犯》，《人民日报》1949 年 4 月 3 日。

⑤ 《张记鞋铺掌柜张岐峰，违反政策毒打学徒，经教育不改，已送人民法院》，《人民日报》1949 年 6 月 27 日。

⑥ 《沪美商大美晚报总经理高尔德打伤职工代表，市公安局依法处理，高尔德已经向工人认错，并登报道歉》，《人民日报》1949 年 7 月 7 日。

豪等3人送人民法院审讯，按司法程序办理。① 在北京的捷克籍的神父曾德望、德国籍神父纪福泰因为丢失门锁一事，非法扣留辅仁中学男生何琮等6人，未经公安机关、司法机关的同意，拘留中学生，非法限制他人的人身自由，无真凭实据地诬陷学生，被追究相应的责任，最终神父被判处拘役5天。② 10月，北京市军事管制委员会军法处审判了1起过失致人死亡案。原北京市建设局副局长的警卫员张守忠在北海公园鸣枪，将游人韩兆英击毙，张守忠非法盘问行人，擅自鸣枪，滥用枪械，违犯军令，导致1人死亡的严重危害结果，被判处无期徒刑。③

（五）惩治侵犯财产的犯罪

解放区政府严格依照法律法规，惩治了各类侵犯财产的犯罪，有力地保护了国家、集体和人民群众的财产安全。北平解放后，国民党特务分子佟宝功继续迫害人民，在北平多地以国民党流散军人的名义进行抢劫，怙恶不悛，严重扰乱社会治安，北平市公安局为维护新解放城市的革命秩序，保护人民的利益，将佟宝功拘捕，追究刑事责任。④ 1949年4月，张家口市连续发生抢劫案5起，经张家口市公安干警们努力，11名犯罪分子全部落网，主犯谢世峰等人被押送人民法院严厉惩处。⑤ 7月26日，北平石景山钢铁厂员工李玉宾违犯法纪，盗窃器材白金锅、干电池，被判有期徒刑3年。⑥ 8月25日，因多次结伙偷窃铁路器材，韩志友等人被人民法院判处徒刑，收买赃物者被罚做劳役。⑦

---

① 《华北人民政府严惩犯法员工，某工厂员工欺压村民酿成命案，送法院究办》，《人民日报》1949年10月1日。

② 《北京市人民法院昨天开庭审理捷德籍犯法神甫，判定为非法拘留及侮辱罪》，《人民日报》1949年10月30日。

③ 《擅自鸣枪击毙游人案宣判，张守忠判处无期徒刑》，《人民日报》1949年10月11日。

④ 《匪特佟宝功继续作恶，北平市公安局拘捕法办》，《人民日报》1949年3月28日。

⑤ 《张市潜伏的匪特抢劫破坏，谢世峰等落网》，《人民日报》1949年4月21日。

⑥ 《石景山钢铁厂职员违犯法纪，盗窃器材被判有期徒刑三年》，《人民日报》1949年7月26日。

⑦ 《结伙偷窃铁路器材，韩志友等被判徒刑，收买赃物者罚劳役》，《人民日报》1949年8月25日。

（六）惩处危害社会管理秩序的各类犯罪

1. 坚决取缔反动会道门，打击各类非法组织

1949 年 1 月 22 日，华北人民政府向解放区全区发布布告，为保障人民群众的利益，维持社会治安，决定解散一切会门道门组织。[①] 1949 年 3 月，河北冀中出现了春季疾病的流行，冀南三、五专署发现有坏分子利用部分群众的落后心理，组织发展会门和道门，破坏群众生产，政府立即解散了这些封建迷信组织，停止其活动，违者被给予法律制裁。[②] 1949 年 8 月 14 日，东北行政委员会颁发布告，解散封建会门，命令东北地区所有反动的封建会门道门组织一律解散，不准再有任何活动，规定反动会门道门的首要分子应该立即向各市县的公安机关进行报到登记，悔过自新，根据其不同态度，予以不同处理。[③]

2. 严厉打击贩卖毒品等犯罪

1949 年 7 月 16 日华北人民政府颁布的《华北区禁烟禁毒暂行办法》规定，烟毒的范围包括鸦片、吗啡、高根、海洛因、金丹或其化合质料等，严禁种植鸦片烟苗，禁止私存鸦片烟土及其他毒品，严禁烟毒之制造、买卖及贩运，如有违犯规定者，烟毒以及制造烟毒的工具予以没收，对犯罪分子将严厉惩办。[④] 1948 年 10 月，榆次县公安局通报了已破获的贩卖毒品的重大案件，主犯张继兴，同谋张继兰、王世杰、张宗亮等人无一漏网，张犯原系国民党中统机关工作人员，新中国成立后虽然曾到公安局登记，但并未交出制毒机器，而且仍然在暗中制造毒品，最终被公安机关抓获并移送法院处理。[⑤] 1949 年 3 月，河北保定市公安机关破获了制毒贩

---

① 《华北人民政府布告全区，解散一切会门组织》，《人民日报》1949 年 1 月 22 日。

② 《冀南取缔会门活动，违者处以法律制裁》，《人民日报》1949 年 3 月 17 日。

③ 《东北行政委员会颁发布告，解散封建会门，登记自新者从宽处理，继续阴谋活动定予严惩》，《人民日报》1949 年 8 月 14 日。

④ 《华北人民政府公布办法，全区厉行禁烟禁毒，号召注意宣教工作，发动群众协助》，《人民日报》1949 年 7 月 16 日。

⑤ 《榆次县公安局破获贩制毒品案》，《人民日报》1948 年 10 月 17 日。

毒案，毒贩郑英杰等5人被捕并移送法院，被判处2—3年不等的有期徒刑。[①] 9月2日，北平市公安局刑警大队破获了一起制造毒品案件，查获各类制毒原料。与此同时，北平市公安局内二分局在内五管界破获贩运大批烟毒案1件，共搜出烟土1203两，依法逮捕了毒贩李明远、张振武等31人。10月，公安局内二分局又根据线索进行追查，查获了烟土44斤。[②]

（七）惩治公职人员贪污贿赂、渎职侵权等犯罪

各解放区政府对国家公职人员中的贪污贿赂、渎职侵权等案件进行了严肃查处，维护了政府机关的廉洁，净化了党和政府公职人员的队伍。1949年3月，河南省开封市物资管理委员会调查科副科长张志球，在工作中贪污腐败，失职渎职，腐化堕落，被开除党籍，开除公职，并判处徒刑。[③] 1949年8月，西北钢铁公司炼铁部的副工程师玩忽职守，损害生产，受到了降级处分。[④] 10月，察哈尔省阳高粮库管理不善，相关渎职人员分别受到了严肃处理。[⑤]

四、中国共产党局部执政时期的刑事法治思想（下）

（一）废除国民党旧法统，全面建立人民自己的刑事法制

1949年1月14日，《中共中央毛泽东主席关于时局的声明》中提出

① 《保定市查获毒贩，分别判处徒刑》，《人民日报》1949年3月20日。

② 《公安局刑警大队破获制造毒品案，查获金银犯》，《人民日报》1949年9月2日；《内二分局破获贩毒案毒贩30余人，获烟土千余两》，《人民日报》1949年9月7日；《内二分局追查运毒案，又查获烟土44斤》，《人民日报》1949年10月18日。

③ 《张志球贪污渎职被判刑》，《人民日报》1949年3月7日。

④ 《西北钢铁公司炼钢部副工程师玩忽职守损害生产，受到降级处分》，《人民日报》1949年8月23日。

⑤ 《察哈尔省阳高粮库管理不善，渎职人员分别受到处分，抢护有功者受到奖励》，《人民日报》1949年10月13日。

“废除伪宪法”和“废除伪法统”的口号，并以此作为与国民党和平谈判的八项条件中的两项，要求在全国范围内彻底终结国民党政府的法统，彻底废除国民党政府制定的一切法律。2月22日，中共中央又发出《关于废除国民党〈六法全书〉和确定解放区司法原则的指示》，明确指出：“在无产阶级领导的以工农联盟为主体的人民民主专政的政权下，国民党的《六法全书》应该废除。”① 随后，又在1949年通过的《中国人民政治协商会议共同纲领》中加上了“废除国民党反动政府一切压迫人民的法律、法令和司法制度，制定保护人民的法律、法令，建立人民司法制度”的内容，正式宣告了国民党旧法统的结束和灭亡，意味着中国共产党和新中国与国民党的一切刑事法规从此一刀两断。与此同时，中共中央开始全面组建新的法律研究和工作机构，为制定统一适用于全国的法律包括刑事法律而做准备。1948年12月12日，毛泽东等中央书记处书记共同决定，将此前在延安成立的“中央法律问题研究会”更名为“中央法律委员会”，规定中央法律委员会是一个“在中央书记处领导之下，协助中央研究与处理有关全国立法和司法问题的工作机关”，主要任务是遵照中央指示，草拟有关全国性的法律大纲或条文；“遵照中央指示或依其他机关提议，协助其他机关草拟或审查专门性的法律或法令；协助中央书记处审查各地送来的法律草案”，在司法方面的任务则是厘定司法制度与法院组织纲要，拟定司法人员训练计划，编译法律书籍材料，以及总结司法工作经验。②

1948年9月，为适应全国革命形势发展的需要，中共中央决定成立华北人民政府，董必武当选为政府主席。华北人民政府一方面承担着支援全国解放战争的战略后方基地的重任；另一方面承担着为即将建立的新中国政权探索和积累政权建设、法制建设宝贵经验的职能，所以它不同于以往任何时期建立起来的地方政权，一定程度上可以说是中央人民政府的雏形。新中国成立前夕，如何对待国民党的旧法统，建立新中国自己的新法

① 中央档案馆编：《中共中央文件选集（一九四九年一月至九月）》（第十八册），中共中央党校出版社1992年版，第152页。

② 中央档案馆编，《中共中央文件选集（一九四八）》（第十七册），中共中央党校出版社1992年版，第563页。

制，已经成为中国共产党及其领导下的华北人民政府一个迫切需要解决的问题，董必武从马克思主义唯物辩证法的观点出发，主张坚决废除国民党旧法统，坚决废除以国民党《六法全书》为代表的一切反动的旧法。1949年2月22日，中共中央发布了《关于废除国民党〈六法全书〉和确定解放区司法原则的指示》。根据中共中央的指示，1949年4月1日，董必武和华北人民政府副主席薄一波、蓝公武、杨秀峰联名颁布《为废除国民党六法全书及一切反动法律的训令》，明确指出："国民党反动统治阶级的法律，是广大劳动人民的枷锁，它和世界各国资产阶级的法律一样，是压迫和统治劳动人民的工具，为着欺骗人民和缓和劳动人民的反抗，不能不假装'公正'以掩盖其资产阶级专政的实质。因此，反动阶级的法律和人民的法律，没有什么'蝉联''交待'可言，对反动阶级的法律只能是彻底全部废除它。"[①] 在废除旧法统的同时，董必武强调要加快制定人民政府自己的制度和法律。1948年9月26日，在华北人民政府就职演说中，董必武强调："这个政府是由游击式过渡到正规式的政府，首先要建立一套正规的制度和办法。"[②] 1948年10月，在《论新民主主义政权问题》的报告中，他再次强调："建立新的政权，自然要创建法律、法令、规章、制度。我们把旧的打碎了，一定要建立新的。否则就是无政府主义。如果没有法律、法令、规章、制度，那新的秩序怎样维持呢？因此新的建立后，就要求按照新法律规章制度办事。"[③] 为此，华北人民政府大力加强了法制建设工作，从1948年9月华北人民政府成立到1949年10月结束运转，短短13个月时间里，先后制定和颁行了200多项法令法规文本，其内容几乎包罗了政治、经济、文化领域的各个方面，其中包含了公安司法方面的法规36项。根据新制定的法律法规，华北人民政府依法处理了多起违反政纪法律的案件。如1949年1月17日中国人民银行总行不经请示自行盖房案、1949年5月13日霸县非法动员民工运柴造成严重浪费案、1949年7月21日广平县擅自建筑大戏院严重劳民伤财案、1949年8月25日徐水县粮库管理失职糜烂

① 董必武传记编写组：《董必武传略》，法律出版社1985年版，第101页。
② 《董必武年谱》编纂组编：《董必武年谱》，中央文献出版社2007年版，第315页。
③ 《董必武传》撰写组：《董必武传（1886—1975）》（下），中央文献出版社2006年版，第608页。

公粮 50 万斤案等，为新中国刑事法制建设积累了宝贵的经验。

（二）全面建立人民司法制度，完善刑事司法程序

董必武指出："司法活动要具备一定的形式。世界上任何实质的东西，没有不以一定的形式表现出来的。大至山和海，山有山的形式，海有海的形式；小至原子、电子，都有它一定的形式。形式主义和形式是两回事。所谓形式主义，就是不问实质，只讲形式，不管条件如何，硬要来搬弄一套形式。"① 在董必武的主持下，华北人民政府逐步建立了一整套比较完善的司法体系，设立了人民检察院，解决了战争环境下审检合一或由公安机关代行检察职责的弊端，明确了各级公安机关的职责，理顺了过去司法机关与民政、教育或公安职责混杂的状况，确定了刑事案件复核制度，一定程度上减少了冤假错案的发生。

（三）重申法律面前人人平等和少捕慎杀的主张

中国共产党向来主张在人民内部、干群之间、官兵之间、人与人之间建立起平等的、互助的、同志式的关系，除被法律剥夺政治权利的人以外，公民在法律面前一律平等，任何人都不允许成为凌驾于法律之上的特殊公民，任何公民触犯刑法都要追究刑事责任，不能因为其阶级出身、革命功绩、政治身份、财产地位而区别对待，党员干部违法犯罪更应从重治罪。在解放战争胜利推进的同时，毛泽东多次强调反对多杀乱杀，认为多杀乱杀只会使党丧失群众，限于孤立。1948 年 1 月 15 日，他在西北野战军前委扩大会议上指出，"一个不杀不能当作法律方针。那些罪大恶极的、群众非常痛恨的可以杀"，但是，"杀人是越少越好。不可不杀，但不可多杀"，要"采取分别对待的方针，第一是首恶者必办，要追寻他们至天涯海角；第二是胁从者不问；第三是准许将功折罪；第四是立功者受奖。这就是我们的政策。这样，要杀的人就少了"。② 1948 年 4 月，在晋绥干部会议上，毛泽东针对晋绥解

① 董必武：《董必武选集》，人民出版社 1985 年版，第 452 页。
② 《毛泽东文集》（第五卷），人民出版社 1996 年版，第 25 页。

放区在土改和整党中出现的乱打乱杀现象，再次重申："在人民法庭和民主政府进行对于犯罪分子的审讯工作时，必须禁止使用肉刑。"① 1948年9月，在中央政治局会议上，毛泽东对当时解放区一些无纪律和乱捕乱杀的现象提出严肃批评："现在无纪律和无政府状态在党内已到了令人不能容忍的程度。从中央机关、中央代表机关，一直到各地，报喜不报忧，瞒上不瞒下，封锁消息。村有杀人之权。一个干事可以把一个大工厂的厂长（资本家）搞死，九个照顾变成了九个不照顾，搬起石头打自己的脚。一些人因为没有分田，他们嗷嗷待哺。这些状态必须改变。"会上，任弼时提出："建立制度，制订法令，如逃兵处理条例，人民法庭条例等等。……没有法律不行。我们要有大法，还要有小法，大法管小法，还可由老百姓议订若干公约，但要有统一的法。"毛泽东对此非常赞赏，当即插话说道："我们有些共产党员没有守法精神，对我们的法也不遵守。"② 表明了完善法制、加强守法、贯彻执行少捕慎杀刑事政策的态度和决心。华北人民政府时期，董必武在坚持严格执法的前提下，主张少用、慎用死刑。1948年10月23日，为了更好保护人民的生命财产安全，同时为了帮助和指导司法干部准确掌握量刑幅度尤其是死刑的判定与复核，董必武与其他几位副主席联名颁布了《关于复核死刑案件的通令》，明确规定"各行署、各直辖市专署及各县、市政府处理死刑案件的审判工作，必须遵照毛泽东所提出的三个条件，即：一、禁止肉刑；二、重证据、不轻信口供；三、不得指名问供"，③ 要求判决书上记明如有不服可在十日内向原审判机关上诉，判决书要正式开庭宣判、送达被告并制作送达回证，被告声明不服上诉原审判机关不得扣留与阻止。董必武非常重视死刑复核制度，1949年3月，华北人民政府颁布了《关于刑事复核制度的通令》，对人民法院审判死刑案件作了进一步规定："送经华北人民政府主席批准，始为确定之判决。"④ 从而使死刑的判决更加谨慎正规，一定程度上减少了冤假错案的发生。

① 《毛泽东选集》（第四卷），人民出版社1991年版，第1307页。

② 中央档案馆等编：《中共中央在西柏坡》，海天出版社1998年版，第537、568页。

③ 《董必武传》撰写组：《董必武传（1886—1975）》，中央文献出版社2006年版，第612页。

④ 中央档案馆等编：《中共中央在西柏坡》，海天出版社1998年版，第891页。

第五章　中国共产党全国执政时期刑事法治思想与实践（一）

1949年10月1日中华人民共和国宣告成立，中国历史从此翻开了新的一页。中国共产党在全国执政，其刑事法治思想和实践也进入了一个新的历史时期。新中国成立后前30年，是中国共产党全国执政后初步在全国范围内贯彻其刑事法治思想的30年，中国共产党将马克思主义基本原理与社会主义革命和建设的具体实际结合起来，制定了一些体现中国国情、切合革命和建设需要的社会主义刑事法规，其刑事法治思想在法治实践中得到丰富和发展，同时，也收获了宝贵的经验和难得的教训。

新中国成立之初的刑事法治，是以作为临时宪法的《共同纲领》为指导，结合新中国成立初期惩治反革命犯罪、推进土地革命、开展“三反”“五反”、维护新政权的安全和稳定的实际需要，逐步建立和发展的。这一时期，党和政府集中力量完成了新解放地区的土地改革和镇压反革命活动，开展了反贪污、反浪费、反官僚主义的“三反”运动，和打退资产阶级进攻的反行贿、反偷税漏税、反盗骗国家财产、反偷工减料、反盗窃国家经济情报的“五反”运动。《中华人民共和国婚姻法》公布后，开展了宣传贯彻婚姻法的运动，同时还穿插进行了全国的禁毒、禁娼运动。在这些政治运动中，中国共产党基于自己的执政理念和新中国初期的政法需要，领导制定了新中国第一批重要的刑事法律法规，初步奠定了共和国刑事法治的基础。

一、镇压反革命运动与刑事法治

新中国成立初期，反革命活动极其猖獗，构成对新中国政权的主要威胁。一是国民党潜伏特务、残余反动党团分子和反动会道门头子等数目庞大，并且不断组织破坏和颠覆人民政权的活动。1949年8月，华北局向中央报告匪特破坏之严重："一、纵火。天津、安新均发生弹药库爆炸，林县焚毁仓库两处，北平电车被焚50余辆，石景山钢铁化验室亦曾失火，冀南、太行我党员村干与干属麦子被烧者数十起，冀南13个县统计，烧毁麦子1917亩。二、杀人。冀鲁豫26个县3个月内统计共杀人55起，死人88名，大部为匪特反革命分子所杀。冀南近3月内反动地富杀害我村干党员4起，绥远陶林二区蹋步忽洞村地主勾结土匪一次即杀我村干部积极分子12人。自1月至今合计约有288人（被杀），这些人命案件大部与国民党特务和反革命分子有关。"[①] 二是新解放区匪祸蜂起。1950年3月，西南局的报告反映了匪祸之严重："近一个时期以来，西南川、康、云、贵各省，连续有土匪在各地发动大规模武装暴乱。继2月5日在成都西南龙潭寺地区近万土匪暴乱，杀害我一七九师政治部主任朱向璃及闻讯前往增援部队50多名干部战士，随后被我派部队前往歼灭后，2月份以来，各地土匪又围攻并占领了包括温江、崇庆、郫县、金堂、新繁及川东之秀山等多座县城。邛崃城遭匪万人之围攻。壁山军分区一夜之间8个区政权遭匪袭击而全部丢失。平塘全县我地方工作人员被匪杀害达80余人。该县忠孝乡一保一次被匪劫去16岁至20岁妇女40名。次日，河扬乡往平塘赶场之妇女21人被匪剥光衣服，7人被强奸，两名军属被强奸后又掳走。清镇县属鸡场，3天之内遭匪两次洗劫，第一次被抢居民13户，第二次全村90余户全部被抢，并被土匪杀死70余人，8名商人被扔到火中活活烧死。

---

① 杨奎松：《新中国镇反运动始末（上）》，《江淮文史》2011年第1期。

另匪首曾绍华领数万人接连3次袭击贵州大学和花溪市，打死学生、员工多人，先后掳走男女学生90余名；长顺县匪首支超初用刀活活砍死我副县长、县政府部长、科长等4人。成渝、成灌、渝黔几条重要公路，渝泸等水路全部被土匪掐断；蓉雅、川湘两路之桥梁全被破坏。土匪甚至组织儿童拦截我军用汽车，抢走物资，杀害我押车干部战士。此类惨案，近日来连连发生，无法一一列举。"[①] 三是暴力对抗土改。华东、中南、西南、华南等新解放区的大部分农村尚未实行土改，农民对征粮不满，反革命分子借机煽动的群众骚乱事件频发多发，武装抢粮、袭击运粮队等事件层出不穷。在已土改地区尤其是和平土改地区，地主、富农对抗土改。比如，在和平土改的华北新区，"匪首、恶霸、特务杀得太少，至今这些地方的地主威风还有很多没有打下来，贫苦群众不敢抬头。一贯道等会门甚为猖獗，有众二百余万。故现在须重新提出镇压反革命的问题。"[②] 四是朝鲜战争的爆发大大刺激和鼓动了各种潜藏的反革命势力。上海的地主就对佃户说："现在美国人在朝鲜打得很好，不久就要到中国来了，国民党也很快回来的。"[③] 北京地区盛传："鼓楼冒烟，石狮子流泪，万寿山闹鬼。"说是"风水破了，要改朝换代"。[④] 台湾当局加紧向大陆派遣特务，内地暗藏的匪特亦趋活跃，对新中国经济建设、铁道、航运的破坏活动以及对党政干部的暗杀活动，都在加紧行动。1950年9月，北京市公安局即破获1起企图在国庆1周年时炮击天安门检阅台的重大案件。首都和省会等中央和地方各级党政军机关集中的大中城市，潜藏的反革命分子威胁甚大。在中央机关和北京市机关里，经常发现反革命标语，而且不是个别现象。总之，境内外反革命势力长期持续地严重威胁着人民政权，确已达到难以容忍的程度。

---

① 杨奎松：《新中国镇反运动始末（上）》，《江淮文史》2011年第1期。

② 中共中央文献研究室：《建国以来毛泽东文稿》（第2册），中央文献出版社1988年版，第36页。

③ 黄金娟：《建国初期新政权在上海郊区农村的征粮问题（1949～1953年）》，2010年华东师范大学硕士论文。

④ 公安部《罗瑞卿论人民公安工作》编辑组编：《罗瑞卿论人民公安工作》，群众出版社1994年版，第27页。

（一）镇压反革命运动的基本方针

1950年7月23日，经呈请中央人民政府主席批准，政务院、最高人民法院联合发布了《关于镇压反革命活动的指示》，明确指出，镇压反革命的基本方针是："各级人民政府必须遵照共同纲领的规定，对一切反革命活动采取严厉的及时的镇压，而在实行镇压和处理一切反革命案件中，又必须贯彻实行镇压与宽大相结合的政策，即首恶者必办、胁从者不问、立功者受奖的政策，不可偏废，以期团结人民、孤立反革命分子而达到逐步肃清反革命分子的目的。"并且重点提出了四项刑法规范：（1）对一切手执武器，聚众叛乱的匪众，必须坚决镇压剿灭，并将其主谋者、指挥者及罪恶重大者依法处以死刑。（2）对以反革命为目的而杀害公职人员和人民，破坏工矿仓库交通及其他公共财物，抢劫国家和人民的物资、偷窃国家机密及煽动落后分子反对人民政府的一切活动、组织或谍报、暗杀机关，应彻底破获并逮捕其组织者及罪恶重大者，依法处以死刑或长期徒刑。（3）对怙恶不悛的匪特分子和惯匪，依法处以长期徒刑或死刑。（4）凡勾结、窝藏上述三项重要反革命分子而情节重大者，依法处以长期徒刑或死刑。[①] 以上四项规定，构成《中华人民共和国惩治反革命条例》公布前，审判反革命案件的主要法律根据。

1950年10月10日，针对镇压反革命运动中出现的"宽大无边"的倾向，[②] 中共中央再次发出了《关于镇压反革命活动的指示》。指示中重申了中央关于镇压反革命的一系列指示，批判了前一时期各地在镇反问题上发生的严重右倾即"宽大无边"的偏向，强调对这种右的偏向必须采取步

---

① 高铭暄主编：《刑法学原理》（第一卷），中国人民大学出版社1993年版，第50页。

② 彭真认为："现在不少地方又偏差到'宽大无边'，宽大到灭自己志气，长匪特威风，宽大到助长匪特气焰、脱离人民大众的程度了。"（彭真：《论新中国的政法工作》，中央文献出版社1992年版，第8页）邓小平认为："三月以前各地不办首恶，误解宽大政策，怕犯'左'倾错误的偏向。"（中共中央文献研究室、中共重庆市委员会编：《邓小平西南工作文集》，中央文献出版社、重庆出版社2006年版，第146页）公安部也认为，反革命活动日趋猖狂的最主要的原因是镇压不够，严重存在"宽大无边"的右的偏向。［中共中央文献研究室编：《建国以来重要文献选编》（第1册），中央文献出版社1992年版，第442—443页］

骤，加以克服。要求各主管部门对一切反革命分子该抓的抓、该杀的杀、该管的管，这些案件的判决和执行必须公布，在报纸上发布消息，刊登在显著地位，并且规定各级党委限期向中央做关于镇反问题的专题报告，明确指出："法院、检察、公安机关是人民民主专政的重要武器，各级党委应加强自己对于它们的领导。"在党中央的指导下，公安部迅速召开了第二次全国公安会议，会议着重批评了右的偏向，对镇反运动作了总体部署，并且提出了具体方针：对已捕未捕的反革命分子，按杀一批、关一批、管一批的基本原则办理；对帝国主义特别是美帝国主义的特务间谍组织和特务间谍分子，要关一批、赶一批；对于会门特别是一贯道，在老区，应实行公开的、正面的进攻方针，在新区，先打击反动头子，并为公开的、正面的进攻准备必要条件；对于反革命谣言，必须实行讲、驳、追的政策；清理积案与侦捕新案相结合，纠正久押不问的现象；必须以镇压现行犯为主，对正在进行破坏活动的反革命，必须先办、严办。一场大张旗鼓地镇压反革命的运动，就此在全国范围内开展起来。

（二）《中华人民共和国惩治反革命条例》等刑事立法的内容和基本精神

1951 年春，镇压反革命运动达到高潮，各地有准备、声势浩大地依法搜捕了大批反革命分子特别是罪行昭著的土匪、恶霸，依法处决了一批罪大恶极、民愤极大的反革命分子。为了确定反革命罪犯的定罪量刑标准，克服或防止右的、"左"的偏向，政务院政法委员会草拟了《中华人民共和国惩治反革命条例草案》，经政务院第七十一次会议通过后，于 1951 年 2 月 20 日提交中央人民政府委员会第十一次会议批准，2 月 21 日公布施行。条例共 21 条，主要内容有。

1. 规定了反革命罪的概念

《中华人民共和国惩治反革命条例》第 2 条规定："凡以推翻人民民主政权，破坏人民民主事业为目的之各种反革命罪犯，皆依本条例治罪。"规定"以推翻人民民主政权，破坏人民民主事业为目的"为反革命罪区别于其他刑事犯罪的根本特征。

2. 明确了重点打击的对象

从第 3 条至第 13 条，《中华人民共和国惩治反革命条例》分别列举了“勾结帝国主义背叛祖国”“持械聚众叛乱的主谋者、指挥者及其他罪恶重大者”等 11 种反革命行为，作为重点打击的对象，并且分别规定了其应处的法定刑。而且，对其中怙恶不悛的首恶分子，如大特务、恶霸地主、匪首、惯匪、反动会道门头子或其他情节重大者，明确规定要判处死刑或无期徒刑。

3. 规定了从轻、减轻或免予处罚的条件

《中华人民共和国惩治反革命条例》第 14 条规定：凡犯本条例之罪而有下列情形之一者，得酌情从轻、减轻或免予处刑：（1）自动向人民政府真诚悔过者；（2）在揭发、检举前或以后真诚悔过立功赎罪者；（3）被反革命分子胁迫、欺骗，确非自愿者；（4）解放前反革命罪行并不重大，解放后又确已悔改并与反革命组织断绝联系者。

4. 规定了刑罚的种类及适用原则

《中华人民共和国惩治反革命条例》规定的刑罚种类包括死刑、无期徒刑、3 年以上 10 年以下有期徒刑、剥夺政治权利、没收财产之全部或一部。此外，条例还对数罪并罚及类推等原则作了规定。

《中华人民共和国惩治反革命条例》是新中国成立后颁布的第一个单行刑法。它总结了惩治反革命的经验，对各类反革命分子的处理何者从严、何者从宽作了比较具体的规定，概括而言，就是“杀、关、管、放”四个字：杀掉那些该杀、必须杀的罪大恶极的反革命分子；对于那些罪恶虽较大、但又可杀可不杀的反革命分子，就不杀，判处徒刑关起来劳动改造；对于那些虽有罪恶而又可关可不关的反革命分子，就不关，放到群众中去管制起来，如果决心向善确有转变，就解除管制，如果继续作恶，就要给予严厉惩办；对于确系胁从、罪恶不大的反革命分子，愿意悔改的就免予处刑，一律释放，给以自新之路；对于那些虽有罪恶，但有立功表现的反革命分子，则将功折罪，免予惩治或给予奖励；对于那些被欺骗，参加反革命活动又没有什么罪行的反革命分子，只要交代清楚，就既往不咎。条例体现了镇压与宽大相结合的刑事政策，确立了一些基本的刑事原则、制度，为新中国刑事立法的发展奠定了基础。

除了《中华人民共和国惩治反革命条例》外，这一时期颁布的处理反革命案件的刑事法规还有：1951 年 2 月 4 日公布的《政务院关于没收战犯、汉奸、官僚资本家及反革命分子财产的指示》，规定了没收战犯、汉奸、官僚资本家及其他反革命分子在企业中的股份财产的法定程序；1951 年 6 月 22 日公布的《政务院关于没收反革命罪犯财产的规定》，规定了没收反革命罪犯财产的范围和处理办法；1952 年 6 月 27 日政务院批准、公安部公布的《管制反革命分子暂行办法》，规定了管制的目的、对象、内容、期限和执行手续；1954 年 8 月 26 日公布的《中华人民共和国劳动改造条例》和 1954 年 8 月 26 日《劳动改造罪犯刑满释放及安置就业暂行处理办法》，规定了劳动改造的方针政策、组织机构和各项管理制度；1951 年 6 月 1 日政务院颁布的《保守国家机密暂行条例》，规定了国家机密的基本范围和奖惩办法；1952 年公安部制定的《治安保卫委员会暂行条例》，总结历史经验，巩固镇压反革命运动的成果，贯彻群众性镇压反革命路线，对反革命分子实施群众监督。

（三）镇压反革命中的刑事法治思想

镇压反革命运动是继武装斗争之后，中国共产党领导人民进行对敌斗争的一种主要形式，是新民主主义革命遗留的一项历史使命，也是新中国成立初期中国共产党刑事法治思想的重要内容。《中国人民政治协商会议共同纲领》第 7 条规定："中华人民共和国必须镇压一切反革命活动，严厉惩罚一切勾结帝国主义、背叛祖国、反对人民民主事业的国民党反革命战争罪犯和其他怙恶不悛的反革命首要分子。对于一般的反动分子、封建地主、官僚资本家，在解除其武装、消减其特殊势力后，仍须依法在必要时期内剥夺他们的政治权利，但同时给以生活出路，并强迫他们在劳动中改造自己，成为新人。假如他们继续进行反革命活动，必须予以严厉的制裁。”新中国成立初期的镇压反革命运动粉碎了国内外敌人的破坏活动，极大地提高了广大人民群众的政治觉悟和生产积极性，巩固了人民民主专政，为抗美援朝、土地改革运动，恢复与发展国民经济，进行社会主义改造和有计划地进行社会主义建设，创造了安定的社会环境。在镇压反革命运动中，中国共产党尝试运用刑事法律等武器巩固政权，稳定社会秩序，积累了宝贵的斗争经验和刑事法治经验，完善了若干关于镇压反革命和刑事法治方面的思想主张。

1. 必须坚持严肃与谨慎相结合的方针

只要还有反革命存在，就必须坚决进行镇压反革命斗争，同时，在镇压反革命斗争中，必须仔细分清敌我和是非轻重，反对草率从事。在打击反革命分子的同时，要坚决保护好人。新中国成立初期的镇压反革命运动，在清查处理反革命分子问题上，采取了一系列谨慎的措施。对捕杀反革命分子实行严格控制，规定凡是可捕可不捕的反革命分子，一律不捕，凡是可杀可不杀的反革命分子，一律不杀。在斗争策略上，坚持做好充分的准备，凡是情况没有调查清楚、政策没有交代清楚的，一般不轻率地发动斗争。在斗争中区分好人和坏人，区别思想问题和政治问题，对那些有错误有缺点的好人，以及那些只有反动思想而没有反动行为的人和真正反革命分子进行甄别对待。

2. 对待反革命分子必须坚持惩办与宽大相结合的政策

新中国成立初期的镇压反革命运动中，中国共产党在总结党的历史上历次肃反斗争经验的基础上，进一步发展了惩办与宽大相结合的刑事政策，将其细化为对待各类反革命分子的具体对策：（1）对于那些历史上罪恶严重，民愤很大，拒不坦白交代，或者在新中国成立后特别是经过宽大处理后仍继续进行破坏的反革命分子，必须依法惩办；（2）在必须依法惩办的反革命分子中，除了对极少数罪大恶极非杀不可的分子，依法判处死刑外，对其余绝大多数的反革命分子，都判处徒刑，实行劳动改造的政策；（3）在罪该处死的反革命分子中，对于那些没有血债、民愤不大，或者虽然严重损害了国家利益，但是尚未达到最严重程度的反革命分子，实行“判处死刑，缓期执行，强迫劳动，以观后效”的政策，给他们以最后的悔改机会；（4）对于那些仅有一般罪行，不是坚决与人民为敌的反革命分子，就一律不予逮捕，分别具体情节，给予管制或不予管制；（5）对于一切坦白交代、投案自首的反革命分子，即使是反革命分子中的骨干分子，一律给予宽大处置，罪该处死的可以不判死刑，立有功劳的，可以折罪，立了大功的，给以奖励。实行惩办与宽大相结合的政策，目的在于把一切可以改造的反革命分子，都改造成为自食其力的劳动者，从根本上肃清反革命活动。

3. 坚持调查研究，实事求是，反对逼供信

调查研究、实事求是是开展一切工作的基础。同调查研究、实事求是完全相反的，是逼供信的方法，即，只根据一些片面的、没有经过严格检验的材料，草率捕人，捕人之后，又往往轻信犯人口供，甚至用肉刑或变相肉刑进行逼供，根据逼出来的口供，再去捕人。在新中国成立初期的镇压反革命运动中，中国共产党坚持认为必须充分调查研究，正确估计敌我斗争形势，重证据不轻信口供，坚决反对逼供信，一切人证物证都要经过反复检验，而不是偏听偏信。1950 年 7 月 23 日政务院、最高人民法院《关于镇压反革命活动的指示》提出：对于各项反革命案犯的处理，均应切实调查证据，认真研究案情，并禁止刑讯逼供。在实行镇压反革命活动中，应防止乱打乱杀，如发生此种情形时，应即迅速有效制止，并查究责任依法处理。① 为了防止乱捕乱杀，1954 年 12 月《中华人民共和国逮捕拘留条例》对于捕押人犯，规定了严格的批捕手续，与此同时，也规定了死刑复核程序。总之，正如毛泽东多次强调的：“从实际出发，依靠群众，实事求是，调查研究，重证据不轻信口供，证据口供都必须经过查对，反对逼供信，禁止肉刑。”这是几十年来历史经验的总结。

---

① 高铭暄主编：《刑法学原理》（第一卷），中国人民大学出版社 1993 年版，第 50 页。

二、土地改革运动与刑事法治

（一）《中华人民共和国土地改革法》

新中国成立初期，为了彻底完成新民主主义革命的任务，并为社会主义革命和建设创造条件，党和政府在全国范围内进行土地改革，彻底消灭封建土地所有制，实行"耕者有其田"。土地改革是新民主主义革命向前发展的必然要求，是恢复国民经济的需要，同时也是实行新中国工业化发展战略的必然要求。

为了在全国范围内推进土地改革，1950 年 6 月 30 日，中央人民政府颁布了《中华人民共和国土地改革法》，其中包括一些与刑事有关的内容，第 32 条第 1 款规定："为保证土地改革的实行，在土地改革期间，各县应组织人民法庭，用巡回审判方法，对于罪大恶极为广大人民群众所痛恨并要求惩办的恶霸分子及一切违抗或破坏土地改革法令的罪犯，依法予以审判及处分。严禁乱捕、乱打、乱杀及各种肉刑和变相肉刑。"第 33 条规定："在土地改革完成以前，为保证土地改革的秩序及保护人民的财富，严禁一切非法的宰杀耕畜、砍伐树木，并严禁荒废土地，破坏农具、水利、建筑物、农作物或其他物品，违者应受人民法庭的审判及处分。"第 34 条规定："为保障土地改革一切措施符合于绝大多数人民的利益及意志，各级人民政府应负责切实保障人民的民主权利，农民及其代表有在各种会议上自由批评及弹劾各方各级的一切工作人员的权利。侵犯上述人民权利者，应受法律制裁。"

（二）惩治不法地主的立法及实践

为了惩治不法地主的犯罪活动，全国各县都成立了人民法庭。为了确定定罪量刑标准，各大行政区军政委员会颁布了惩治不法地主条例，如

1950 年 9 月《华东惩治不法地主暂行条例》、1950 年 11 月《中南区惩治不法地主暂行条例》、1950 年 11 月《西北军政委员会惩治不法地主暂行条例》、1950 年 12 月《西南区惩治不法地主暂行条例》等。总体来说，主要规定包括。

第一，凡违抗或破坏土地改革而有下列行为之一，查有实据者，视其情节之轻重，处以当众悔过（或当众警告）、劳役或 1 年以下有期徒刑（中南区规定为 1 年以上 5 年以下有期徒刑）：（1）以出卖、出典、赠与、假卖、假典、假分家等方式，分散转移，隐瞒土地财产者；（2）在减租期间，以不法手段，夺佃、抽房，致使农民遭受损失者；（3）非法索取依法应废除的解放前的欠租欠债者；（4）以恐吓利用等手段胁迫农民明减租而实不减者；（5）向农民预收或抢收地租者；（6）隐瞒或否认已收之押金或故意拖延不退押金者；（7）拆卖房屋者；（8）砍伐树木者；（9）杀害或故意饿死耕畜者；（10）破坏农具或农作物者；（11）故意荒废土地者。

第二，凡违抗或破坏土地改革而有下列行为之一、查有实据者，按情节轻重，处以 1 年以上 5 年以下有期徒刑（中南区规定 3 年以上 5 年以下有期徒刑）：（1）造谣或挑拨农民与人民政府之间的关系，致发生严重影响者；（2）以不法行为组织假农会或假借农会组织进行减租退押及分配土地，或篡夺操纵乡村政权者；（3）挑拨离间，制造农民内部纠纷，引起宗派斗争，致人民的财产损失和身体伤害者；（4）以金钱财物或其他不正当方法，贿赂引诱他人包庇其不法行为者；（5）以威胁利诱欺骗等手段，侵夺农民已获得之减租退押利益及已经分得土地财产者。

第三，凡违抗或破坏土地改革而有下列行为之一、查有实据者，中南区规定处死刑、无期徒刑或 10 年以上有期徒刑，华东区、西南区规定处死刑或 10 年以上有期徒刑，西北区规定处死刑或 5 年以上有期徒刑：（1）为首组织土匪武装或勾结匪特武装，反抗人民政府，杀害农民或其他重大危害农民利益者；（2）为首组织或利用封建迷信团体，实行暴动，杀害农民，或其他重大危害农民利益者；（3）狙击或暗杀农民及工作人员，因而致重伤或死亡者；（4）以爆破放火等手段，烧毁房屋、粮食，破坏山林或水利，因而造成人民生命财产之重大损失者；（5）为首聚众，以强暴胁迫手段，干涉农民运动，而致人于死或有重大破坏行为者。华东、西南、中南区还规定：有上述罪行之次要分子，处1年以上10年以下有期徒刑。被胁迫或被欺骗而犯上述之罪者，得按情节轻重及悔悟程度，处1年以下有期徒刑或施以劳动教育。

各地人民法庭，依照上述规定，审理了一批破坏土地改革的不法地主犯罪案件，充分发挥了刑法的威慑功能，有力地保卫了土地改革的顺利实施。如1950年底，江西省鄱阳县出现了一批由土改工作队检举的恶霸案和不法地主案。其中典型如：1950年12月底，廉函章因分散财产、抗粮不交等罪，被鄱阳县人民法庭第二分庭以“不法地主”的罪名判处有期徒刑3年，廉函章对此判决结果不服上诉，后改判为有期徒刑1年；吴占太经土改工作队检举，以“分散财产、变卖农具”罪被判处劳役6个月；黄增桦因“变卖农具和放高利贷”，被判处劳役6个月；黄皇乐因“逃避负担，抗缴公粮，隐瞒粮食，及分散耕牛，破坏土改”，被处以劳役8个月；朱吉明以“私藏枪支、抵抗公粮、私拆公文、造谣破坏、逃避税收、欺骗政府和分散财产”被判处有期徒刑5年。从鄱阳县的档案记载看，对这些土改中“不法地主”的司法审判程序如下：第一步，由人民群众、土改工作队、农民协会或者区乡政府向人民法庭各区分庭或区乡政府提出检举、控告材料；第二步，在收到材料后，人民法庭等有权逮捕、拘禁被告人，转入审讯和调查取证阶段，之后由各区分庭先作出判决；第三步，严重者报请县人民法庭或人民法院复审，死刑犯的判决则需提交至浮梁专区批准。①

---

① 《鄱阳县特殊人物档案》。引自刘诗古：《“失序”下的“秩序”：新中国成立初期土改中的司法实践——对鄱阳县“不法地主案”的解读与分析》，《近代史研究》2015年第6期。

三、“三反”、“五反”与刑事法治

三反运动，指1951年12月在党和国家机关内部开展的反贪污、反浪费、反官僚主义运动；五反运动，指与三反运动同时开展的反对不法资本家行贿、反偷税漏税、反盗骗国家财产、反偷工减料、反盗窃国家经济情报的运动。1951年10月，在全国工业战线开展的爱国增产运动中，暴露出大量的贪污浪费和官僚主义作风的问题，同年12月1日，中共中央发出《关于实行精兵简政、增产节约、反对贪污、反对浪费和反对官僚主义的决定》，指出："自从全国解放，许多方面工作的重点都从乡村转入城市……但由于经验不足，许多人缺乏警惕，而反动统治的残余作风和资产阶级的腐化影响却在猛力地侵蚀我们，以致我们的许多工作干部发生了贪污、盗窃和浪费国家财产的严重现象。以上这一切，都使我们有急切的必要来克服困难，补正缺点，以改善各方面的工作，并由此推动国家的建设大步地向前迈进。"[①] 12月8日，中共中央又发出《关于“三反”斗争必须大张旗鼓进行的指示》，要求把这一斗争“看作如同镇压反革命的斗争一样的重要，一样的发动广大群众包括民主党派及社会各界人士去进行，一样的大张旗鼓去进行”。[②] 12月29日，人民政协全国委员会也发布了《关于增产节约运动与反贪污、反浪费、反官僚主义斗争的指示》。从而在全国范围内开始了大规模的“三反”运动。

（一）《中央节约检查委员会关于处理贪污、浪费及克服官僚主义错误的若干规定》

为了处理“三反”运动中揭发出的问题，1952年3月8日，政务院批

① 中共中央文献研究室编：《建国以来重要文献选编》（第二册），中央文献出版社2011年版，第416—417页。

② 中共中央文献研究室编：《建国以来重要文献选编》（第二册），中央文献出版社2011年版，第442页。

准了《中央节约检查委员会关于处理贪污、浪费及克服官僚主义错误的若干规定》，其主要内容包括。①

1. 处理方针

对“三反”运动中揭发的贪污腐败分子，必须采取改造与惩办相结合的方针：对多数情节较轻或彻底坦白主动自赎者，从宽处理；对少数情节严重恶劣而又拒不坦白者，予以严惩。对浪费及官僚主义问题之处理，应采取严肃态度，区分情况，予以适当解决，以教育干部，团结群众。

2. 对贪污腐败分子的具体处理办法

（1）凡贪污未满100万元者，② 只要情节不太严重、能彻底认错、保证不再犯，一律不以贪污分子看待，并不予以行政处分。其中虽有情节较重者，但若能彻底坦白，真诚悔过，保证不再犯，亦可免以贪污分子论处，并免予行政处分。以上除自动退回贪污款物外，一般不予追缴。但如有顽固抗拒坦白或情节严重恶劣者，仍应以贪污分子论处，给以适当行政处分，酌退贪污款物。（2）凡贪污超过100万元，未满1000万元之贪污分子，只要情节不严重恶劣，能彻底认错，保证不再犯，一律不予刑事处分，但应按其情节轻重给以不同程度的行政处分，并酌退贪污款物；如有顽固抗拒或情节严重恶劣者，应受刑事处分。（3）凡贪污超过1000万元，未满1亿元之贪污分子，可依其情节轻重、坦白认罪程度、退赃和检举立功等情况，分别给以适当的刑事处分，或免刑而只予行政处分，但应尽可能追缴贪污款物。（4）凡贪污超过1亿元之贪污分子，一般均应按其情节轻重给以不同的刑事处分，追缴贪污款物，但自动坦白、退出赃物、检举立功者，亦可免予刑事处分，给以适当的行政处分。

3. 关于刑事处分

对贪污犯采用机关管制（1年至2年）、劳役改造（2年至4年）、有期徒刑、无期徒刑、死刑5种办法。有期徒刑宣告缓刑者，可不予关押，

---

① 参见中共中央文献研究室编：《建国以来重要文献选编》（第三册），中央文献出版社2011年版，第93—99页。

② 此处指旧币。1955年币制改革后1万元旧币相当于新币1元。

改用机关管制式的劳役改造办法，以观后效。受机关管制者，应留在机关中戴罪工作，在其被管制期内，不叙职位，并剥夺其政治权利，但给以学习机会，保障其必要的生活供给。受劳役改造处分者，集中在适当地点和适当部门实行劳动服役。无期徒刑和死刑缓刑，均应关押，强迫劳动，以观后效。

4. 关于溯及力

一般从1949年10月2日算起，但其中贪污情节严重恶劣者，或带有一贯性者，或民愤甚大者，可以追溯到各地大城市和省城解放之日。凡在中华人民共和国成立以后解放的地方，应自解放之日算起。唯起义部队，一律自该部队建立革命政治工作制度之日算起。在中华人民共和国成立前的贪污案件，如情节严重恶劣，必须处理，或民愤甚大而为人告发者，可作专案处理。

5. 对浪费问题之处理

（1）个人生活的超支与铺张浪费，分为“合理的超支”、“半合理的超支”、“铺张性的超支”和“挥霍性的超支”。对于“挥霍性的超支”，除应进行严格批评，交出多余物品，立即改正外，并须酌予行政处分。其情节特别严重者，可作专案议处，酌予刑事处分。（2）关于业务上的浪费，由于负责人严重的官僚主义或经管人员失职所造成的业务上的浪费和损失，而且并不存在不可克服的困难，其负直接责任的有关人员，除应严格检讨外，须酌情予以行政处分。其情节严重因而招致国家巨大损失者，可作专案论处，酌予刑事处分。

6. 处理批准权限

对于凡应受刑事处分或免除刑事处分的贪污分子之处理，无论党政军民学工作人员，均应依据本规定，经各级节约检查委员会进行准备，然后在法院或军法部门的领导下，由适当的行政单位组织人民法庭进行审判。对于刑事处分的批准权，一般采取隔一级批准制，但无期徒刑和大贪污犯免刑的批准权，应隔两级批准。所有判处死刑者，均由中央及大行政区批准。

（二）《中华人民共和国惩治贪污条例》

根据《中央节约检查委员会关于处理贪污、浪费及克服官僚主义错误的若干规定》确立的原则，政务院讨论通过了《中华人民共和国惩治贪污条例》，提请中央人民政府委员会批准，由毛泽东主席于1952年4月21日以“中央人民政府命令”颁布施行。条例共18条，基本内容如下。①

1. 明确了贪污罪的概念

条例第2条规定：“一切国家机关、企业、学校及其附属机构的工作人员，凡侵吞、盗窃、骗取、套取国家财物，强索他人财物，收受贿赂以及其他假公济私违法取利之行为，均为贪污罪。”明规定贪污罪的主体主要是国家工作人员，但第15、第16条也规定，社会团体的工作人员和现役革命军人犯贪污罪，适用本条例之规定。第8条还规定：非国家工作人员侵吞、盗窃、骗取或套取国家财物者，应追缴其违法所得财物，并得按其违法所得的多寡，参酌本条例第4条、第5条规定衡量其情节，酌处罚金或判令赔偿因其罪行所造成的国家其他损失；其情节特别严重者，并得参酎本条例第3条之规定，予以刑事处分，或并没收其财产之一部或全部；其彻底坦白、情节轻微者免予处罚。第7条规定：在本条例公布前，曾在公平交易中给予国家工作人员的小额回扣者，可不以行贿论。

2. 规定了惩治贪污罪犯的基本原则

根据惩办与教育相结合、镇压与宽大相结合的方针，处理贪污案件时必须贯彻执行过去从宽、今后从严，多数从宽、少数从严，坦白从宽、抗拒从严和对国家工作人员从严、对非国家工作人员从宽的原则。

3. 规定了刑罚和行政处分的责任方式

包括死刑、无期徒刑、有期徒刑、劳役、管制，以及罚金、没收财产、剥夺政治权利等刑罚。判处有期徒刑、无期徒刑者，均须监禁，在监押改造中加以考察，并根据其在服刑中的表现，决定执行原判刑罚或予以

① 参见中共中央文献研究室编：《建国以来重要文献选编》（第三册），中央文献出版社2011年版，第135—138页。

减刑。对于可以免予处分的贪污分子，应酌情予以行政处分。对于行贿分子，如能彻底坦白，也可免除刑罚而予以行政警告。

4. 规定了追缴贪污所得财物

条例第3条规定："贪污所得财物，应予追缴。"根据这一规定，1952年3月28日政务院批准的《中央节约检查委员会关于追缴贪污分子赃款赃物的规定》，明确了对贪污分子的追赃办法：（1）贪污100万元以下者，一般不予追缴；（2）贪污100万元以上1000万元以下者，应尽可能追缴；（3）贪污1000万元以上者，已决定予以刑事处分者，应追缴其贪污款物；其中情节特别严重者，得加重刑罚或强迫劳动抵偿。其利用贪污款物购买土地房屋者，应没收其土地和房屋。

（三）"三反"运动中的刘青山、张子善案

早在1949年3月5日，在中共七届二中全会上，毛泽东在《在中国共产党第七届中央委员会第二次全体会议上的报告》中就提出警告："因为胜利，党内的骄傲情绪，以功臣自居的情绪，停顿起来不求进步的情绪，贪图享乐不愿再过艰苦生活的情绪，可能生长。"他又说："可能有这样一些共产党人，他们是不曾被拿枪的敌人征服过的，他们在这些敌人面前不愧英雄的称号；但是经不起人们用糖衣裹着的炮弹的攻击，他们在糖弹面前要打败仗。我们必须预防这种情况。"① 刘青山、张子善就是"三反"运动中揭发出来的由功臣堕落为大贪污犯的典型代表。

刘青山，男，河北省安国县人，雇工出身，1931年6月加入中国共产党，曾任中共天津地委书记，后调任石家庄市委副书记。张子善，河北省深县人，学生出身，1933年10月加入中国共产党，前任天津地区专员，后任中共天津地委书记。刘青山和张子善，过去在党的培养教育下，曾为党和人民做了不少工作。他们在国民党的统治下，在艰苦的战争年代，都曾奋不顾身地进行过英勇的斗争，树立过功绩。刘青山曾参加过

① 《毛泽东选集》（第四卷），人民出版社1991年版，第1438页。

1932 年的高阳、蠡县的农民暴动，被国民党反动政府逮捕后，在严刑逼供下，没有屈服。张子善 1934 年被捕入狱，曾参加过绝食斗争。但是在革命胜利后，他们却很快就丧失了共产党人的高尚品质，堕落成为严重破坏党纪国法、罪不容诛的大贪污犯。他们盗用国家资财，勾结奸商，从事非法经营；他们利用职权，侵吞公粮，盘剥治河民工；他们挥霍国家资财供个人享用，甚至吸食“白面”成瘾；他们为了掩盖自己的罪恶，公开行贿，到处请客送礼。刘、张二人的罪行，早在“三反”运动前，就已激起干部群众的强烈不满，但在他们上欺下压的家长式统治下，一直未能公开揭露。

1951 年 10 月，天津专署的一位副专员向河北省委揭发了刘、张的若干违法乱纪事实，引起了河北省委的重视。同年 11 月，在河北省委部署“三反”运动的会议上，与会代表集中检举揭发了刘、张的贪污罪行。1951 年 12 月 4 日，经华北局批准，中共河北省委决定开除刘、张二人的党籍。河北省人民政府对本案专门组成调查处理委员会，会同天津市，经过 2 个月的调查侦讯，案情全部查清，获得大量证据。河北省人民法院判处刘、张二犯死刑，报请最高人民法院复核。党中央、毛泽东主席看到上述材料后，听取了党外民主人士的量刑意见，决定同意河北省人民法院的处理意见。刘、张二人被执行死刑，并没收其本人全部财产。

本案公布后，在全国引起极大的震动，它证实了毛泽东在七届二中全会时的忠告和预见，体现了中国共产党在掌握政权后反腐倡廉、严格执法的一贯决心和魄力，对“三反”运动的深入开展，起了积极推动作用。在刘、张二犯被中央批准判处死刑、准备召开公审大会之前，曾有一位“看着刘张成长”的负责同志提出，刘张错误严重，罪有应得，当判重刑，但考虑到他们在战争年代出生入死，立过功劳，在干部中影响较大，是否可以向毛主席说说，不要枪毙，给他们一个改造的机会。毛泽东主席得知后，非常明确地回答说：“正因为他们两人的地位高，功劳大，影响大，所以才要下决心处决他们。只有处决他们，才可能挽救 20 个，200 个，

2000个，20000个犯有各种不同程度错误的干部。”[①] 薄一波对此深有感慨地说：“毛主席在处理这个问题时所下的决心和所做的深思熟虑，他当时的心思完全倾注在如何维护党的事业上面，如何更好地挽救犯错误干部的多数上面，如何更有效地防止干部队伍的腐化上面。严惩刘青山、张子善的决定的果断作出，实际上是再一次用行动向全社会表明：我们党决不会做李自成！决不会放任腐败现象滋长下去！决不会让千千万万先烈用鲜血和生命换来的江山改变颜色！”[②] 一直到30多年后，邓小平于1986年在中央政治局常委会会议上的讲话中，仍强调指出：“一九五二年杀了两个人，一个刘青山，一个张子善，起了很大的作用。现在只杀两个起不了那么大作用了，要多杀几个，这才能真正表现我们的决心。”[③]

（四）“五反”运动中对不法资本家的刑事处分

“五反”运动，是1952年1月对资本主义工商业开展的反行贿、反偷税漏税、反盗骗国家财产、反偷工减料、反盗窃国家经济情报的运动。随着“三反”运动的深入，不断揭发出党政军民内部的贪污分子的违法行为，大多数是和社会上不法资产阶级分子互相勾结进行。于是，中共中央在1952年1月26日发出《关于在城市中限期展开大规模的坚决彻底的“五反”斗争的指示》，要求在全国一切城市，依靠工人阶级，团结守法的资产阶级及其他市民，向着违法的资产阶级分子开展一场大规模的“五反”斗争。运动后期，北京市人民政府于1952年3月制定了《在五反运动中关于工商业户分类处理的标准和办法》，报请政务院批准后由政务院以命令形式公布，要求全国各地遵照试行。该命令主要内容包括。[④]

---

① 薄一波：《若干重大决策与事件的回顾》（修订本）（上卷），人民出版社1997年版，第157—158页。

② 薄一波：《若干重大决策与事件的回顾》（修订本）（上卷），人民出版社1997年版，第158页。

③ 《邓小平文选》（第三卷），人民出版社1993年版，第153页。

④ 参见《北京市人民政府在“五反”运动中关于工商户分类处理的标准和方法》，《江西政报》1952年第3期，第7—8页。

1. 处理“五反”问题的基本原则

（1）“过去从宽，今后从严”。除拒不坦白和情节特别严重者外，偷税漏税、偷工减料2项违法所得，一般只补退1951年后的，1951年以前的免予补退。其他各项违法行为和违法所得，一般自中华人民共和国成立之日算起。只对大量隐匿侵吞敌伪财产者，才从日本投降之日算起。如果今后再有违法行为，从严处理。（2）“多数从宽，少数从严”。不同程度违法行为的工商户虽然数目很大，但是其中违法性质严重恶劣的不法资本家，则占少数。因此，决定对多数从宽，对少数从严。（3）“坦白从宽，抗拒从严”。对于彻底坦白检举立功的，则从宽减轻一级处理；抗拒者，均从严加重一级处理。（4）“工业从宽，商业从严”。（5）“普通商业从宽，投机商业从严”。

2. 私人工商业户的分类及处理

根据私人工商业户有无违法行为、违法行为的轻重和恶劣程度，以及在“五反”中的态度，将私人工商业户分为5类，分别处理：（1）守法户。未发现有任何违法行为且经审查结果无问题者，发给守法户通知书。（2）基本守法户。其违法行为较轻（主要是偷税或小额偷工减料），总数未满200万元，经审查问题不大且又性质不恶劣者，一般免退或酌退一部；或违法所得总额超过200万元，但情节轻微，并彻底坦白者，令其退出超过部分，并且均发给基本守法户处理通知书。（3）半守法户半违法户。一种是偷税漏税、盗骗国家资财、偷工减料且违法所得总额超过200万元，但无其他严重危害作用者；另一种是情节虽较严重，但在“五反”中已彻底坦白并立功赎罪者，对以上2种的处理办法是“补退不罚”，即只补退1951年的违法所得，然后发给半守法半违法户处理通知书。（4）严重违法户。一种是偷税漏税、盗骗国家资财、偷工减料等违法所得数量较大，又有严重危害者，或虽无严重危害但拒不坦白者；另一种是完全违法户中尚非罪大恶极，且已彻底坦白，并有立功表现者，得减轻其处罚，列入严重违法户，其处理办法，除令其退出违法所得外，并按情节酌处罚金。（5）完全违法户。包括对于国家社会建设事业或人民安全有极严重危害的盗窃犯，集体盗窃案的组织者和大盗窃者，借盗窃国家经济情报牟利、使国家人民遭受极严重损失、或有其他特别恶劣情节者，有严重违法行为、拒不坦白或抗拒运动者。对于完全违法户的处理办法是：除责令其退出违法所得外，并按其情节从重处以罚金，或判处徒刑，最重者可判处死刑，并没收其财产的一部或全部。

“三反”“五反”运动取得了伟大的胜利。中国共产党运用刑法这一法律武器，清除了党内一批腐败分子，教育挽救了一大批干部，树立了廉洁朴素的社会风尚，加强了执政党和国家机关的廉政建设，在私人工商业中加强了党的领导，巩固了人民民主专政。同时，在运动过程中，中国共产党贯彻实事求是、不枉不纵的法治精神，孤立极少数，减少打击面，取得了良好的法律效果和社会效果。至1952年10月，从“三反”运动对涉足“三害”人员处理的情况看，在已处理的部分中，免予处分的占75.7%，判处刑事处分的占已处理部分的3.6%，其中判处死刑和死刑缓期的仅占0.14%。[①] 从“五反”运动对涉足“五毒”人员处理的情况看，受影响的工商户总共999707户，受到刑事处分的有1509人，仅占工商户总数的1.5‰。其中，判处死刑和死刑缓期执行的仅19人，占判刑总数的1.26%；从北京、上海等8大城市的统计看，定为守法户、基本守法户和半守法半违法户的，共占工商户总数的97%以上。[②]

四、 贯彻婚姻法运动与刑事法治

《共同纲领》第6条规定：“中华人民共和国废除束缚妇女的封建制度。妇女在政治的、经济的、文化教育的、社会的生活各方面，均有与男子平等的权利。实行男女婚姻自由。”根据上述原则，1950年4月13日，

① 参见中共中央文献研究室编：《建国以来重要文献选编》（第三册），中央文献出版社2011年版，第340—344页。

② 参见中共中央文献研究室编：《建国以来重要文献选编》（第三册），中央文献出版社2011年版，第345—349页。

中央人民政府委员会第七次会议通过《中华人民共和国婚姻法》，同年4月30日公布，5月1日施行。该法总结了革命根据地实行婚姻制度改革的经验，确定下列基本的婚姻制度和原则：废除包办强迫、男尊女卑、漠视子女利益的封建主义婚姻制度；实行男女婚姻自由、一夫一妻、男女权利平等、保护妇女和子女合法利益的新民主主义婚姻制度；禁止重婚纳妾；禁止童养媳；禁止干涉寡妇婚姻自由；禁止任何人借婚姻关系问题索取财物；结婚须男女双方本人完全自愿，不许任何一方对他方加以强迫或任何第三者加以干涉。婚姻法第26条还规定："违反本法者，依法制裁。凡因干涉婚姻自由而引起被干涉者的死亡或伤害者，干涉者一律应并负刑事的责任。"

婚姻法公布后，得到广大群众特别是青年男女的热烈拥护。但也遇到旧思想旧势力的阻挠和干涉。由于新旧观念的冲突，在婚姻法实施后的一段时期内，婚姻及家庭冲突趋于剧烈，令人触目惊心的妇女被杀、自杀事件频频发生。据不完全统计，在婚姻法颁布后1年内，中南地区各地妇女因婚姻不能自主受家庭虐待而自杀和被杀的就有1万多人。在华北地区，据1952年1—10月份不完全统计，河北全省因婚姻问题自杀被杀的妇女达248人。其中不堪公婆及丈夫虐待自杀的99人，因婚姻不自由自杀的34人，因各种理由被杀的23人（包括离婚被杀的11人），还有因通奸自杀的41人，夫妇不合自杀、被杀的51人。在华东地区，苏北南通分区自1950年5月至1951年7月份被杀、自杀妇女共有178人，淮阳专区9个县在1950年5—8月间被杀妇女达119人，整个华东地区在婚姻法颁布后1年间妇女被虐杀、自杀的死亡人数也在1万人左右。在西南地区，各地男女群众特别是青年妇女因婚姻问题被杀和被迫自杀的现象极为严重。据川西、川北、川南不完全统计，1952年上半年，因婚姻问题而引起的刑事案件共4500多件，其中，因婚姻问题被杀和自杀而死的即有479人。在东北地区，婚姻法颁布后2个月，妇女因要求离婚被迫害而死者154人。另据不完全统计，1950年5月至1951年8月仅哈尔滨妇女被杀、自杀者即有

126 人。[①]

为了解决贯彻婚姻法中出现的问题，政务院和各政法机关先后发出了许多与婚姻问题有关的指示、通知和批复，如 1950 年《中央人民政府法制委员会关于重婚案件的处理原则》，1951 年 3 月《最高人民法院关于“亲告罪”或“告诉乃论”问题的复示》、4 月《最高人民法院关于处理现役革命军人婚姻问题的指示》、9 月《政务院关于检查婚姻法执行情况的指示》、10 月《最高人民法院、司法部关于婚姻案中聘金或聘礼处理原则的指示》、10 月《最高人民法院、司法部关于检查司法干部思想作风及对干涉婚姻自由杀害妇女的犯罪行为展开群众性司法斗争的指示》、12 月《最高人民法院、司法部、内务部关于纠正几个有关婚姻问题的错误的指示》、10 月《最高人民法院西南分院对川北人民法院关于通奸罪告诉问题的批复》等。上述规定对妨害婚姻家庭罪的审判发挥了重要的指导作用。各级人民政府和法院积极贯彻政务院和各政法机关的指示、通知和批复，及时地处理婚姻案件，对于因干涉婚姻自由而伤害、虐杀妇女或逼致妇女自杀的严重罪行，给予了严厉的法律制裁。据司法部报告，湖南省岳阳县人民法院积极开展巡回审判，打击违反婚姻法的犯罪活动。该县梅溪乡方盘姑、张世广母子干涉寡妇张小春婚姻自由，造成其自杀，分别被判处有期徒刑 10 年和 5 年。安徽省肥西县人民法院也以开展巡回审判的形式处理案件。该县新街乡横城村孟庆和长期虐待其妻孟张氏，致其悬梁自尽，被判处有期徒刑 10 年。据婚姻法执行情况中央检查组中南分组的检查报告，湖南省慈利县人民法院有计划地组织巡回审判，一次就处理了 72 个案件，给 182 个当事人解决了婚姻问题。又据婚姻法执行情况中央检查组华北分组的检查报告，山西省长治专区对婚姻法颁布前后直接杀害妻子的 18 名罪犯中的 15 名判处死刑（3 件因故未作处理），并且还分别在各县召开了一两万人的公审大会，将其中 10 名罪犯当场执行枪决。长治专区沁县四区郭村霍二庆虐待妇女，致使其自杀，被依法判处徒刑 10 年。另外，

---

① 引自李洪河、王颖颖：《新中国成立初期的婚姻家庭冲突和妇女权益保障》，《河北师范大学学报（哲学社会科学版）》2011 年第 3 期。

山西省赵城县第四区前区委书记靳书田为离婚杀害其妻刘奎女，并企图嫁祸于人，后经山西省人民检察署调查，查明了真相，靳书田被人民法院判处死刑。① 党和政府运用刑事法律及时对不法分子予以惩处，保证了婚姻法的贯彻实施。

新中国成立初期的刑事法治，确与政治运动紧密相连。但实际上除了政治运动中的刑事立法外，国家还制定了其他许多普通刑事法规，如1950年2月24日《政务院关于严禁鸦片烟毒的通令》，1951年4月19日《妨害国家货币治罪暂行条例》、6月1日《保守国家机密暂行条例》，1952年3月4日《政务院关于严防森林火灾的指示》，1953年3月1日《中华人民共和国全国人民代表大会及地方各级人民代表大会选举法》（含有破坏选举法的量刑标准），1954年8月26日《中华人民共和国劳动改造条例》、8月26日《劳动改造罪犯刑满释放及安置就业暂行处理办法》。此外，政法机关还针对刑事问题发布了许多司法解释。在新中国成立初期特定的时代背景下，中国共产党的刑事法治固然不能不围绕着巩固人民民主专政的政治运动而展开，但无论如何，政治运动都不能说是新中国成立初期中国共产党刑事法治的全部。

五、 刑法起草工作与社会主义刑事法治的发展

早在1950年，中央人民政府法制委员会就开始起草刑法的准备工作，曾翻译苏联和各人民民主国家，以及法、德、美等资本主义国家的刑法典，并搜集了中国历史上和革命根据地以及新中国成立以来刑事立法的大量资料，供研究参考，在此基础上，还试拟了《中华人民共和国刑法大纲草案》和《中华人民共和国刑法指导原则草案》（初稿）。1954年9月中华人民共和国第一届全国人民代表大会第一次会议通过了新中国的第一部

① 引自张成洁：《1950年〈婚姻法〉及其引发的社会变革——为纪念1950年〈婚姻法〉颁布60周年》，《江苏大学学报（社会科学版）》2010年第5期。

宪法。以宪法为依据，刑法的起草工作正式开始进行。1956 年，党的八大召开，八大决议明确指出：“由于社会主义革命已经基本上完成，国家的主要任务已经由解放生产力变为保护和发展生产力，我们必须进一步加强人民民主的法制，巩固社会主义建设的秩序。国家必须根据需要，逐步地系统地制定完备的法律。”在八大精神的鼓舞下，全国人大常委会法律室加紧进行刑法起草工作，到 1957 年 6 月，经过多次修改，形成了《中华人民共和国刑法草案》（初稿）（刑法草案第 22 稿），准备作为草案公布试行。

但是，刑法草案第 22 稿最终没有公布。1957 年，反右派斗争开始，“左”的思想倾向开始抬头，反映到法律工作方面，主要是否定法律、轻视法律的法律虚无主义。认为法律的作用无足轻重，政策可以取代法律，法律的存在会使政策实施起来缺乏灵活性、碍手碍脚。法律虚无主义的滋长，再加上 1958 年“大跃进”和人民公社运动，1959 年的“反右倾”斗争，刑法的起草工作由此停滞了三四年时间。1962 年 1 月 30 日，毛泽东在中央工作扩大会议上讲话，强调了加强民主集中制的问题，同时讲了认识客观世界的问题，指出，“工、农、商、学、兵、政、党这七个方面的工作，都应当好好地总结经验，制定一整套的方针、政策和办法”，“应当制定一些条例”。[①] 1962 年 3 月，毛泽东就法律工作明确指出：“不仅刑法要，民法也需要，现在是无法无天，没有法律不行，刑法、民法一定要搞。不仅要制定法律，还要编案例。”[②] 这些讲话极大地鼓舞了沉寂已久的刑法起草工作。1962 年 5 月，全国人大常委会法律室在有关部门的协同下，根据当时国际和国内阶级斗争的形势和几年来审判工作的经验，对刑法草案第 22 稿进行全面修改，并征求各省、市、自治区政法机关、中央有关部门的意见，到 1963 年 10 月 9 日，已经写出了第 33 稿（刑法草案第 33 稿）。但随后“四清”运动在全国范围内开展起来，阶级斗争被扩大化，法律虚无主义再度抬头，制定工作再度搁置，加上随之而来的“文化

---

① 《毛泽东文集》（第八卷），人民出版社 1999 年版，第 304 页。

② 转引自《人民日报》1978 年 10 月 29 日。

大革命”，刑法的制定长期陷于停顿，一直持续到1978年。

（一）《中华人民共和国刑法大纲草案》（1950年7月25日）[①]

《中华人民共和国刑法大纲草案》分为总则、分则两部分。总则部分规定罪刑指导原则，共3章：第一章，通则。包括刑事立法的目的，法律的时间效力，法律的地与人之效力，法律的类推适用于根据人民民主主义政策判罪，法令或社会政治情况变更的处理，轻微犯罪免处罚。第二章，犯罪。包括犯罪的定义，故意和过失，不成为犯罪，防卫过当与避难过当，未成年人的刑事责任，精神病人的刑事责任，预备犯，未遂犯中止犯，共犯组织犯教唆犯帮助犯。第三章，刑罚。包括刑罚的目的，刑罚的种类，刑罚的独立适用与附加适用，罚金的易科，羁押日数的抵算，没收的范围，褫夺政治权，量刑应审查犯罪及犯罪人的社会危害之重轻情节，重的犯罪情节与轻的犯罪情节，数罪处罚的方法，刑罚重轻的次序及从重从轻的释明，法定刑范围外减轻处罚，缓刑，对于军人的缓刑，假释，追诉权的时效，行刑权的时效，大赦权、特赦权等。该大纲规定的刑罚种类为：死刑、监禁、劳役、没收、罚金、褫夺政治权、褫夺亲权、禁止从事一定业务或职务、公开批评教育、赔偿损害、认错道歉。

分则部分规定具体的犯罪和刑罚。包括：第四章，反革命罪；第五章，妨害国家统治秩序罪；第六章，侵害国有或公有财产罪；第七章，职务上犯罪；第八章，经济上的犯罪；第九章，妨害公共秩序及公共卫生罪；第十章，侵害生命健康与自由人格罪；第十一章，侵害私有财产罪；第十二章，妨害婚姻与家庭罪。

---

① 《中华人民共和国刑法大纲草案》（1950年7月25日）和《中华人民共和国刑法指导原则草案》（初稿）（1954年9月30日），具体参见高铭暄、赵秉志编：《新中国刑法立法文献资料总览》（上册），中国人民公安大学出版社1998年版，第136—188页。

（二）《中华人民共和国刑法指导原则草案》（初稿）（1954 年 9 月 30 日）

《中华人民共和国刑法指导原则草案》（初稿）连同序言在内，包括 4 个部分。

序言部分。简要说明新中国成立以来各单行刑事法律的伟大作用，规定刑法的任务和适用的范围。

第一章，犯罪。主要规定：什么是犯罪；犯罪必须出于故意或者过失；承担刑事责任的年龄；精神病人犯罪的刑事责任；正当防卫和紧急避难；犯罪的预备、未遂和中止；共同犯罪的刑事责任。

第二章，刑罚。主要规定：刑罚的目的；刑罚的种类，即死刑、无期徒刑、有期徒刑、劳役、管制、逐出国境、流放、剥夺政治权利、没收财产、罚金；量刑；法律比照适用；数罪合并处罚；刑期计算；假释、减刑；对犯罪的追诉期限。

第三章，几类犯罪量刑的规定。共分七节：第一节，反革命罪；第二节，破坏公共财产的犯罪；第三节，破坏公共秩序的犯罪；第四节，侵犯人身权利的犯罪；第五节，经济上的犯罪；第六节，侵犯公民财产的犯罪；第七节，职务上的犯罪。

（三）《中华人民共和国刑法草案》（初稿）（刑法草案第 22 稿）（1957 年 6 月 28 日）

《中华人民共和国刑法草案》（初稿）共计 2 篇 13 章 215 条。第一篇，总则，共五章：第一章，刑法的任务和适用范围；第二章，犯罪，包括刑事责任、犯罪的预备、未遂和中止、共同犯罪 3 节；第三章，刑罚，包括刑罚的种类、管制、拘役、有期徒刑无期徒刑、死刑、罚金、剥夺政治权利、没收财产等 8 节；第四章，刑罚的具体运用，包括量刑、累犯、自首、数罪并罚、缓刑、减刑、假释、时效等 8 节；第五章，附则。第二篇，分则，共分 8 章：反革命罪；危害公共安全罪；妨害社会经济秩序罪；侵犯人身权利罪；侵犯财产罪；妨害婚姻、家庭罪；妨害其他管理秩序罪；渎职罪。

刑法草案第22稿是1957年反右派斗争开始之前、“左”的思想倾向尚未抬头、法律虚无主义尚未盛行之时，由全国人大常委会法律室征求多方意见起草和修改，并经过全国人大法案委员会审议修正。草案较为集中体现了社会主义革命和建设时期中国共产党的刑事法治思想，虽然最终没有公布实施，仍然可以说是新中国前期刑事法治建设的重要成果。其内容和特点主要如下。

1. 起草方针

刑法草案第22稿的起草，以“五四宪法”为依据，从我国的实际情况出发，总结过去解放区和中华人民共和国成立以来的刑事法治经验，同时吸收我国历史上和其他国家在刑法立法方面有益的经验，特别是苏联和各人民民主国家在这方面的成功经验，而其中最根本的是以我国实际情况为出发点，以是否有利于巩固工人阶级领导的人民民主专政制度、是否有利于社会主义改造和社会主义建设的需要为最终依归，坚决反对教条主义和经验主义，“如果我们不根据中国情况，今天抄了苏联的，明天全国人民代表大会通过实施，后天苏联修改了，怎么办？是不是我们再召开全国人民代表大会也来个修改？六亿人民的中国，我们能这样立法吗？”[①] 区别于苏联和其他国家的刑法典，刑法草案第22稿中没有规定“刑罚的目的”一节，并且在刑种中规定了死缓、无期徒刑、拘役、管制等，把自首单独作为一节，并用附则的方式保证了刑法执行的严肃性和灵活性，第91条规定：“民族自治地方，不能全部适用本法规定的，可以由自治机关，根据当地民族的政治、经济、文化的特点和本法规定的基本原则，制定变通或者补充的规定，报请全国人民代表大会常务委员会批准施行。”[②] 这一规定既保证了刑法的原则性、统一性和严肃性，又针对我国作为多民族国家

---

① 高铭暄、赵秉志编：《新中国刑法立法文献资料总览》（下册），中国人民公安大学出版社1998年版，第1944页。

② 高铭暄、赵秉志编：《新中国刑法立法文献资料总览》（上册），中国人民公安大学出版社1998年版，第267页。

政治、经济、文化发展不平衡的特点，尊重和照顾了各少数民族的宗教信仰和风俗习惯，有利于民族团结，贯彻了我国的宪法原则和民族政策。

2. 罪名和刑罚设置中的“分别对待”

刑法草案第22稿关于罪名和刑罚的设置，充分体现了“对人民要和，对敌人要狠，分别对待”的特点。对于反革命犯罪和其他严重危害社会秩序和人民权利的犯罪予以严惩。刑法草案第22稿中，规定死刑的条文共26条（含28个罪刑单位），主要有反革命罪（10条）、危害公共安全罪（8条），此外还有伪造国家货币罪、故意杀人罪、强奸罪、轮奸罪、奸淫幼女罪、强盗罪、国家工作人员为敌人窃取情报罪以及抗拒逮捕使用暴力罪等。规定无期徒刑的条文共5条，规定5年以上徒刑（不包括3年以上10年以下、1年以上7年以下的徒刑）的条文共11条，连同规定死刑、无期徒刑的条文共计42条，占分则119条的35.3%。体现了对反革命罪和其他严重破坏社会秩序和侵犯人民权利犯罪的严厉打击，用当时的话语说，对敌人进行专政，“为了维护社会秩序和广大人民的利益，对于那些盗窃犯、诈骗犯、杀人放火犯、流氓集团和各种严重破坏社会秩序的坏分子，也必须实现专政”。[①]

同时，对于人民内部矛盾，不能采取专政的方法解决，因为，“人民自己不能向自己专政，不能由一部分人民去压迫另一部分人民”,[②]“人民中间的犯法分子也要受到法律的制裁，但是，这和压迫人民的敌人的专政是有原则区别的”。[③]对人民内部分子尤其是对国家工作人员，主要是靠教育、靠整风，而不是靠刑罚。基于此，刑法草案第22稿在修改的时候删去了一些轻罪和轻刑的条文，改为由管理部门进行行政处罚；删去了对国家工作人员在工作中的某些错误、轻微违法乱纪以及工矿企业中的一般责任事故定罪量刑的规定。《有关草拟〈中华人民共和国刑法草案（初稿）〉的若干问题》强调：“我们今天进行的大规模的经济建设，是史无前例的，

① 《毛泽东文集》（第七卷），人民出版社1999年版，第207页。
② 《毛泽东文集》（第七卷），人民出版社1999年版，第207页。
③ 《毛泽东文集》（第七卷），人民出版社1999年版，第207页。

我们许多干部都是上了战场以后才学作战的，加以工业初创阶段的许多主客观的困难条件，发生责任事故是在所难免的。资本主义完成工业革命，培养技术和管理人才，是经过了很长时间的，他们也是犯过许多错误之后才走完这一段路的，我们要在几年之内完成几十年几百年的工作，不出偏差，不犯错误，是不可设想的。对于这些错误、偏差、事故如果都用严刑峻法来惩处，这决不会有助于社会主义事业的发展。对于其他国家工作人员也是一样，除了严重违法乱纪的必须予以刑事处分外，我们对于国家工作人员，主要是靠整风来教育大家，靠政治教育，思想教育，而不是靠惩办主义，而不是靠严刑峻法。”① 刑法草案第22稿中“分别对待”的刑事原则还体现在：过去从宽，今后从严；自首从宽，抗拒从严；胁从从宽，首恶从严；初犯从宽，累犯从严；偶犯从宽，惯犯从严；未成年人犯罪从宽，教唆未成年人犯罪从严。这些原则在刑法草案中都作了规定。

3. 惩办与宽大相结合

惩办与宽大相结合，是中国共产党刑事法治思想的重要内容，也是对待违法和犯罪分子的一贯方针。早在抗日战争时期，毛泽东就指出：“应该坚决地镇压那些坚决的汉奸分子和坚决的反共分子，非此不足以保卫抗日的革命势力。但是决不可多杀人，决不可牵涉到任何无辜的分子。对于反对派中的动摇分子和胁从分子，应有宽大的处理。”② 解放战争时期，在晋绥干部会议的讲话中，毛泽东指出：“除了可以和应当惩办那些为广大人民群众所痛恨的查有实据的罪大恶极的反革命分子和恶霸分子以外，必须实现对一切人的宽大政策，禁止任何的乱打乱杀。”③ 1949年《共同纲领》和1950年《关于镇压反革命活动的指示》都明确规定了惩办与宽大的政策。

刑法草案第22稿同样体现了惩办和宽大相结合的政策。总则第2章第9条规定了犯罪的概念：一切危害工人阶级领导的人民民主专政制度、

---

① 高铭暄、赵秉志编：《新中国刑法立法文献资料总览》（下册），中国人民公安大学出版社1998年版，第1951页。

② 《毛泽东选集》（第二卷），人民出版社1991年版，第767页。

③ 《毛泽东选集》（第四卷），人民出版社1991年版，第1314页。

破坏社会秩序、对于社会有危害的、依照法律应当受刑罚处罚的行为，都是犯罪。接下来各条以及第2章第2节和第3节各条又规定了哪些人、哪些行为应负什么样的刑事责任，哪些人、哪些行为应该从轻、减轻或者免除处罚。第4章刑罚的具体运用中规定了累犯、自首、数罪并罚、缓刑、减刑、假释、时效等。分则的某些条文也体现了这一政策，第148条规定："故意杀人的，处死刑、无期徒刑或者十年以上有期徒刑。本法另有规定的，依照规定。为了国家和人民的利益，当场激于义愤杀人的，可以减轻或者免除处罚。"[①] 第207条规定，向国家工作人员行贿后即行自首的，可以免除或者减轻处罚。

4. 允许类推

类推制度指对于法律没有明文规定的严重危害社会的犯罪行为，比照法律中最相类似的条文定罪处罚。刑法草案第22稿第90条规定："本法分则没有明文规定的犯罪，可以比照本法分则最相类似的条文定罪判刑。"[②] 显然，这是一种"相对的罪刑法定主义"，以类推为罪刑法定之补充。之所以如此，是因为当时社会主义革命和建设刚刚起步，全面执政经验和刑事立法经验不足，刑法草案只能将已经成熟的经验和迫切需要规定的先规定下来，而不求完备和应有尽有，即"宁疏勿密，不强求完备"，[③] 需要以类推为补充。

（四）《中华人民共和国刑法草案》（修正稿）（刑法草案第33稿）（1963年10月9日）

1. 形成过程

从1962年5月开始，全国人大常委会法律室在中央政法各部门的协同

---

① 高铭暄、赵秉志编：《新中国刑法立法文献资料总览》（上册），中国人民公安大学出版社1998年版，第274页。

② 高铭暄、赵秉志编：《新中国刑法立法文献资料总览》（上册），中国人民公安大学出版社1998年版，第267页。

③ 高铭暄、赵秉志编：《新中国刑法立法文献资料总览》（下册），中国人民公安大学出版社1998年版，第1948页。

下，对刑法草案第22稿启动全面修改工作。1962年6月7日，形成《对中华人民共和国刑法草案（初稿）的修改意见》报告。7月16日，形成《关于〈对中华人民共和国刑法草案（初稿）的修改意见（1962年6月7日）〉的修改意见报告》。对于需要研究修改的15个问题提出具体处理意见：（1）前言问题；（2）监督劳动问题；（3）拘役问题；（4）管制问题；（5）剥夺政治权利问题；（6）罚金问题；（7）数罪并罚问题；（8）共同犯罪问题；（9）减刑问题；（10）假释问题；（11）监外执行问题；（12）侵犯财产权的分章问题；（13）厂矿责任事故问题；（14）通奸问题；（15）渎职罪问题。

1963年1月8日，中央政法小组形成《关于修改〈中华人民共和国刑法草案（草稿）〉情况和意见的报告》。该报告除介绍刑法草案初稿的制定经过外，着重说明刑法草案初稿的基本特点，同时，对草案中存在的一些问题，如类推问题、死刑问题、渎职罪等问题，提出了处理意见。3月23日，中央政法小组又形成了《关于补充修改〈中华人民共和国刑法草案（初稿）〉的报告》。强调说明刑法草案中的几个主要问题：（1）刑法打击锋芒针对反革命和其他敌我矛盾性质的犯罪分子，对人民内部的犯罪，一般是从宽的。（2）刑法草案贯彻了惩办与宽大相结合的政策，体现了严肃性和灵活性相结合的精神。（3）对于国家工作人员的渎职罪，刑法草案主要打击贪赃枉法和利用职权为非作歹的犯罪分子，而对生产劣质产品、医疗事故等处刑问题，因情况复杂，又无成熟经验，可暂不规定。（4）在刑罚方面，规定5种主刑和3种附加刑，并对死缓和管制作了必要说明。（5）现在经济上的社会主义改造已经基本完成，因此，除保护国家所有和集体所有的公共财产外，还明确规定保护公民所有的合法财产，是完全必要的。（6）刑法草案中没有规定军职罪，可由中央军委总政治部协同有关部门另行起草单行法律。最后，这个报告附有《中华人民共和国刑法草案》（修正稿）（刑法草案第33稿）全文。

2. 篇章体例

《中华人民共和国刑法草案》（修正稿），即刑法草案第33稿，由全国人大常委会办公厅于1963年10月9日编印。共两篇13章206条。[①]

第一编为总则，共5章：第一章，刑法的任务和适用范围；第二章，犯罪，包括刑事责任、犯罪的预备未遂和中止、共同犯罪3节；第三章，刑罚，包括刑罚的种类、拘役、管制、有期徒刑无期徒刑、死刑、罚金、剥夺政治权利、没收财产8节；第四章，刑罚的具体运用，包括量刑、累犯、自首、数罪并罚、缓刑、减刑、假释、时效8节；第五章，附则。

第二编为分则，共8章：第一章，反革命罪；第二章，危害公共安全罪；第三章，破坏社会经济秩序罪；第四章，侵犯人身权利罪；第五章，侵犯财产罪；第六章，妨害婚姻、家庭罪；第七章，妨害管理秩序罪；第八章，渎职罪。

除了起草刑法草案外，1954—1966年其他刑事立法也取得了相当进展，包括：第一，在处理反革命罪方面，政策界限进一步明确。1957年11月发布了《中央十人小组关于普通反革命分子及其他反动分子的解释》，1958年发布了《中央十人小组关于处理反革命分子和其他坏分子以及某些肃反清查对象的若干政策规定》，1962年发布了《中央政法小组关于新的反革命分子的界限》。第二，在赦免罪犯方面，制定了一些具体规定。1959年9月17日全国人大常委会作出《关于特赦确实改恶从善的蒋介石集团和伪装满洲国的战争罪犯的决定》，1960年11月作出《关于特赦确实改恶从善的蒋介石集团和伪满洲国的战争罪犯的决定》，1961年12月作出了《关于特赦确实改恶从善的蒋介石集团和伪满洲国的战争罪犯的决定》等。这些特赦决定根据新中国成立以来对各类战争罪犯和其他罪犯改造所取得的重大成就，对在政治上、思想上和行动上确实改恶从善的罪犯，按规定予以赦免。这是党和国家关于惩办与宽大相结合、劳动改造与思想教育相结合的刑事政策的具体运用和发展，对于争取、改造大多数罪犯，化消极因素为积极因素，孤立少数顽固重大的罪犯、巩固人民民主政权，起了重大作用。第三，制定了许多关于普通刑事犯罪和定罪量刑一般规定的

① 高铭暄、赵秉志编：《新中国刑法立法文献资料总览》（下册），中国人民公安大学出版社1998年版，第1968—1984页。

法规和司法解释。如 1954 年 12 月 20 日《中华人民共和国逮捕拘留条例》，1955 年 7 月 22 日《国务院关于处理反动的、淫秽的、荒诞的书刊图画的指示》，1957 年 7 月 15 日《关于死刑案件由最高人民法院判决或者核准的决议》，9 月 26 日《关于死刑案件由最高人民法院判决或者核准的决议如何执行问题的批复》，8 月 3 日《国务院关于劳动教养问题的决定》，10 月 22 日《中华人民共和国治安管理处罚条例》，1955 年 1 月 18 日最高人民法院《关于处理奸淫幼女案件不得以十四岁为幼女年龄标准的通知》，3 月 2 日司法部《关于有期徒刑量刑最高年限的批复》，1956 年 5 月 25 日最高人民法院《关于警告、批评教育是否刑罚问题的批复》，6 月 2 日最高人民法院《关于处理精神病患者犯罪问题的复函》，1957 年 5 月 11 日最高人民法院、最高人民检察院、公安部、司法部《关于对劳改犯减刑、假释的批准问题联合通知》，6 月 18 日最高人民法院《关于减刑问题的批复》，1958 年 4 月 7 日最高人民法院《关于管制期间可否折抵徒刑刑期问题的复函》，4 月 9 日最高人民法院《关于剥夺政治权利的若干问题的函》，1959 年 8 月 5 日最高人民法院《关于死缓案件的刑期计算问题的批复》，1959 年 10 月 13 日最高人民法院《关于无期徒刑减为有期徒刑，其刑期应从何日起算问题的批复》，1960 年 2 月 18 日最高人民法院《关于无期徒刑减为有期徒刑和死刑缓期执行直接减为有期徒刑的刑期计算问题的复函》，4 月 30 日最高人民法院《关于管制对象的批复》，5 月 12 日最高人民法院《关于不能用罚金折服劳役问题的复函》，1962 年 2 月 17 日最高人民法院《关于报核死刑案件应注意的几个问题的通知》，4 月 30 日最高人民法院《关于呈报死刑复核问题的函》，7 月 26 日最高人民法院、最高人民检察院、公安部《关于清理在押的死缓罪犯的联合通知》，1963 年 3 月 21 日最高人民法院、公安部《关于无期徒刑罪犯需服刑多久才能考虑减刑问题的联合通知》，4 月 16 日最高人民法院、最高人民检察院、公安部《关于死缓罪犯减刑的处理程序问题的联合批复》，1964 年 1 月 18 日最高人民法院《关于训诫问题的批复》，4 月 7 日最高人民法院、最高人民检察院、公安部《关于死缓罪犯减刑问题的联合批复》，5 月 30 日最高人民法院、最高人民检察院、公安部《关于死缓和无期徒刑减为有期徒刑的刑期计算问题的联合批复》，1965 年 12 月 1 日最高人民法院、最高人民检察院、公安部、财政部《关于没收和处理赃款赃物若干问题的暂行规定》。上述刑事法规和刑法有关的司法解释，在没有公布系统的刑法典之前，在审判实践中发挥了重要作用。

六、 中国共产党全国执政时期的刑事法治思想（一）

（一）关于刑法的本质、内容和功能

中国共产党从历史唯物主义出发，将刑法放在与之赖以存在的经济基础的相互关系中、放在与国家政权的相互关系中加以把握。毛泽东认为，刑法是上层建筑，中华人民共和国刑法是“劳动人民自己制定的。它是维护革命秩序，保护劳动人民利益，保护社会主义经济基础，保护生产力的”。[①] 刑法不是什么仁慈的东西，在人民当家作主的人民民主专政的国家，刑法首先是人民民主专政的工具，人民民主专政包括对敌人实行专政和对人民实行民主两个方面，逮捕某些反革命分子并将他们判罪，当然属于专政的范围，对于那些盗窃犯、诈骗犯、杀人放火犯、流氓集团和各种严重破坏社会秩序的坏分子适用刑罚，也属于专政的范围，人民内部的犯罪分子也要受刑法制裁，但这只是个别的情形，本质上不属于对敌人的专政，“这个专政是干什么的呢？专政的第一个作用，就是压迫国家内部的反动阶级、反动派和反抗社会主义革命的剥削者，压迫那些对于社会主义建设的破坏者，就是为了解决国内敌我之间的矛盾。例如，逮捕某些反革命分子并且将他们判罪，在一个时期内不给地主阶级分子和官僚资产阶级分子以选举权，不给他们发表言论的自由权利，都是属于专政的范围”。[②]

---

① 《毛泽东文集》（第七卷），人民出版社 1999 年版，第 197 页。
② 《毛泽东文集》（第七卷），人民出版社 1999 年版，第 207 页。

总之，人民民主专政下的刑法同其他国家机器一样，是国家暴力的一个必要组成部分，本质上是作为统治阶级的人民意志的产物，主要功能是实现人民民主专政，尤其是对敌人的专政。

董必武[①]对于国家、法律和刑法的性质问题有着深刻的见解，他指出，“国家是统治阶级的工具，法是统治阶级的意志”，“我们的意志，就是工人阶级为领导、工农联盟为基础，团结一切赞成、拥护社会主义的阶级、阶层和其他爱国民主人士，来建设社会主义”，“我们的人民民主法制，是工人阶级领导的人民群众通过国家机构表现出来的自己的意志，是我们国家实现人民民主专政的重要工具”。[②] 刑法同样是人民意志的体现，是人民民主专政的利器，针对新中国成立初期惩治反革命条例和惩治贪污条例的不尽完善，董必武的评价是，“现在看来虽然不尽完善，但就同旧社会遗留下来的污毒作斗争的意义来说，是我们国家锐利的武器”，“对于维护革命秩序，保护人民利益，巩固民族团结，特别是摧毁一切旧制度，保障各种社会民主改革运动的胜利，促进国民经济的恢复和发展，起了很大的作用”，[③] 认为它们充分体现了人民民主专政的性质，是完全有别于旧社会的、先进的法律。

董必武深刻指出，新中国刑法的任务就是“进一步保卫人民民主制度，巩固法律秩序，保障人民民主权利，保护公共财产，更有效地发挥人民群众的积极性和创造性；同时，继续肃清反革命分子，继续同一切违法犯罪的现象作斗争，保障社会主义建设事业的顺利进行”。[④] 为此，要进一步加强对敌隐蔽斗争中的侦察工作，有力地保卫经济建设，特别是保卫重要的厂矿、交通、财经、贸易部门。总的说来，一方面是要继续严厉镇压反革命破坏活动，另一方面，对于其他危害国家建设和人民民主秩序的犯罪分子也要实行必要的法律制裁。董必武还指出，新中国的刑事立法在不

---

① 新中国成立后，董必武担任政务院副总理、政治和法律工作委员会主任，1954 年至 1959 年，任最高人民法院院长，对新中国刑事法治的完善作出了重要贡献。

② 董必武：《董必武法学文集》，法律出版社 2001 年版，第 381、390 页。

③ 董必武：《董必武法学文集》，法律出版社 2001 年版，第 342 页。

④ 董必武：《董必武法学文集》，法律出版社 2001 年版，第 351 页。

同时期有不同的特定任务，刑事立法要紧密结合社会情势，服务于党和国家的工作大局。

（二）关于犯罪方面的理论

首先，国内外阶级敌人的存在是反革命和刑事犯罪产生的主要原因，“帝国主义者和国内反动派决不甘心于他们的失败，他们还要作最后的挣扎。在全国平定以后，他们也还会以各种方式从事破坏和捣乱，他们将每日每时企图在中国复辟。这是必然的，毫无疑义的，我们务必不要松懈自己的警惕性”。[①] 其次，资产阶级及其思想影响的存在，是发生犯罪的另一个重要原因。毛泽东指出，资产阶级出于他们强烈发展资本主义的内在本性，不会完全服从新中国对资本主义工商业的利用、限制、改造的政策，而必然会寻找机会进行反抗和复辟。最后，旧社会的坏思想、坏习惯，以及国家机关存在的官僚主义和自由主义作风，也是犯罪产生的一个重要原因，“一个崭新的社会制度要从旧制度的基地上建立起来，它就必须清除这个基地。反映旧制度的旧思想的残余，总是长期地留在人们的头脑里，不愿意轻易地退走的”。[②]

区分不同性质的矛盾，准确认定犯罪。提出正确区分和处理两类不同性质矛盾的学说，是中国共产党对马克思主义的独特的理论贡献。毛泽东提出，在社会主义社会里，存在着两类不同性质的社会矛盾，一类是敌我矛盾，一类是人民内部矛盾。必须严格区分和正确处理敌我矛盾和人民内部矛盾，不同性质的矛盾用不同的方法解决，属于不同性质矛盾的犯罪也要适用不同程度的刑罚。对于敌我矛盾性质的犯罪如反革命犯罪，要坚决专政，无情镇压，但对于属于人民内部矛盾的犯罪，则要讲究方法，注重教育。因此，要严格区分不同性质的矛盾，准确认定犯罪，在新中国成立初期的镇压反革命过程中，他就指出：“要注意讲规格，没有规格那是很危险的。要合乎标准才叫反革命，就是要搞真反革命，不要搞出假反革命

① 《毛泽东文集》（第五卷），人民出版社 1996 年版，第 344 页。
② 《毛泽东文集》（第六卷），人民出版社 1999 年版，第 450 页。

来……要完全合乎规格，货真价实，硬是真反革命，不要冤枉好人。”[①]

中国共产党不但重视同各种反革命犯罪和其他严重破坏社会秩序的犯罪作坚决的斗争，也非常重视同贪污腐败犯罪作斗争。在新中国成立前夕，毛泽东就预见到，在全国胜利后的和平环境中，“贪图享乐不愿再过艰苦生活的情绪，可能生长”，告诫全党要警惕“用糖衣裹着的炮弹的攻击”。[②] 1951 年，他又及时指出：“必须严重地注意干部被资产阶级腐蚀发生严重贪污行为这一事实，注意发现、揭露和惩处，并须当作一场大斗争来处理。”[③] 在他的亲自领导下，全国范围内开展了声势浩大的反贪污、反浪费、反官僚主义的斗争，对贪污盗窃进行了一次集中有力的打击，处理了像刘青山、张子善一类的贪污案件。在之后的年代里，随着形势的发展，又开展了多次集中反贪污盗窃的斗争，保证了国家工作人员的清正廉洁，巩固了党和政府在人民群众中的威信。

（三）关于刑罚的理论

刑罚本质上是统治者用以保护统治秩序而进行自我防卫的一种法律手段，是一定的社会物质生活条件的产物与要求，是阶级统治的工具，惩罚反革命分子和其他刑事犯罪分子是人民民主专政国家的一项重要的权力，无产阶级政党为了维护国家与人民的权力与权利，巩固自己的统治，就必须用刑罚惩治各种侵犯无产阶级统治秩序的行为，“就人民政府关于镇压反动派的权力来说，千真万确地是这样的。这个权力，现在写在我们的纲领上，将来还要写在我们的宪法上。对于胜利了的人民，这是如同布帛菽粟一样地不可以须臾离开的东西。这是一个很好的东西，是一个护身的法宝，是一个传家的法宝，直到国外的帝国主义和国内的阶级被彻底地干净地消灭之日，这个法宝是万万不可以弃置不用的”。[④]

---

① 中共中央文献研究室编：《建国以来重要文献选编》（第七册），中央文献出版社 2011 年版，第 264 页。

② 《毛泽东选集》（第四卷），人民出版社 1991 年版，第 1438 页。

③ 《毛泽东文集》（第六卷），人民出版社 1999 年版，第 190—191 页。

④ 《毛泽东选集》（第四卷），人民出版社 1991 年版，第 1502—1503 页。

关于刑罚的具体适用，首先主张罪和刑要相适应，有什么罪就判什么刑，“重罪轻判是错误的，轻罪重判也是错误的”。[①] 在死刑的问题上，一般不主张废除死刑，如毛泽东认为，死刑是统治阶级镇压被统治阶级的反抗，维护自己统治的暴力手段，“要坚决地杀掉一切应杀的反动分子”，[②]“不杀匪首和惯匪，则匪剿不净，且越剿越多。不杀恶霸，则农会不能组成，农民不敢分田。不杀重要的特务，则破坏、暗杀层出不穷。总之，对匪首、恶霸、特务（重要的）必须采取坚决镇压的政策，群众才能翻身，人民政权才能巩固”。[③] 但同时，毛泽东又主张“少杀慎杀”，反对多杀乱杀。为此，他对死刑适用的程序，特别是死刑审批制度，提出了严格的规定，1951 年 5 月，他指示：“为了防止在镇压反革命运动的高潮中发生‘左’的偏向，决定从六月一日起，全国一切地方，包括那些至今仍然杀人甚少的地方在内……将杀人批准权一律收回到省一级，离省远者由省级派代表前往处理。任何地方不得要求改变此项决定。”[④] 他又指出：“对于没有血债、民愤不大和虽然严重地损害国家利益但尚未达到最严重的程度，而又罪该处死者，应当采取判处死刑、缓期二年执行、强迫劳动、以观后效的政策。”[⑤] 对死刑缓期执行制度的发展完善作出了重要的理论贡献。

（四）关于刑事政策方面的理论

政策和策略是关系到一个革命党成功与失败的大问题，之所以如此，是因为政策是“革命政党一切实际行动的出发点，并且表现于行动的过程和归宿。一个革命政党的任何行动都是实行政策。不是实行正确的政策，就是实行错误的政策；不是自觉地，就是盲目地实行某种政策”。[⑥] 政策包

---

① 《毛泽东文集》（第六卷），人民出版社 1999 年版，第 120 页。
② 《毛泽东文集》（第六卷），人民出版社 1999 年版，第 117 页。
③ 《毛泽东文集》（第六卷），人民出版社 1999 年版，第 141 页。
④ 《毛泽东文集》（第六卷），人民出版社 1999 年版，第 159 页。
⑤ 《毛泽东文集》（第六卷），人民出版社 1999 年版，第 158 页。
⑥ 《毛泽东选集》（第四卷），人民出版社 1991 年版，第 1286 页。

括刑事政策，新中国成立后中国共产党刑事政策方面的主张包括。

1. 严格分清敌我，对敌人要狠，对人民内部要和

中国共产党一贯坚持从理论和实践上分清敌我，“团结和划清敌我界限是非常重要的……除了划清敌我界限之外，在内部还有个是非界限”，[①]“在现阶段，在建设社会主义的时期，一切赞成、拥护和参加社会主义建设事业的阶级、阶层和社会集团，都属于人民的范围；一切反抗社会主义革命和敌视、破坏社会主义建设的社会势力和社会集团，都是人民的敌人”。[②] 强调分清敌我，必然导致对不同性质的矛盾采用不同性质的方法解决：敌我矛盾用专政方法解决，人民内部矛盾用民主的方法解决，即，对敌要狠，对人民内部要和，“我们对于反动派和反动阶级的反动行为，决不施仁政。我们仅仅施仁政于人民内部，而不施于人民外部的反动派和反动阶级的反动行为”。[③]

社会主义改造完成后，敌我矛盾不构成主要矛盾，而劳动人民犯罪的刑事犯罪案件的比例却逐渐上升，如何解决这个问题，并妥善地利用刑罚手段，董必武指出，“对处理人民内部犯罪案件，还必须切实分析案情，认清事件是否构成犯罪，应否处刑；行为错误而不违法，或违法而非犯罪的，不能用司法手续处理；行为虽构成犯罪，但就当时和事前事后的情况全面考量，可以不予追诉刑事责任的，也不应用司法手续处理，犯罪轻微的，可以不用司法手续处理”，[④] 严格地区分了行为错误、违法与犯罪，并进而明确了对于不同性质行为的处理办法。董必武还明确了对于轻微犯罪行为的特殊处理手段，提出解决人民内部矛盾要宽大处理的刑事政策，但也明确指出，人民内部犯罪并不是一个单纯的人民内部是非问题，它在不同程度上侵害了国家和人民的利益，因而要依法予以惩罚，“所以人民法院对人民内部犯罪案件应当依法正确审判，不应当因为犯罪者是劳动人民

---

① 中共中央文献研究室编：《建国以来重要文献选编》（第三册），中央文献出版社 2011 年版，第 263 页。

② 《毛泽东文集》（第七卷），人民出版社 1999 年版，第 205 页。

③ 《毛泽东选集》（第四卷），人民出版社 1991 年版，第 1476 页。

④ 董必武：《董必武法学文集》，法律出版社 2001 年版，第 404 页。

而不予严肃处理”。[①]

2. 惩办与宽大相结合

惩办与宽大相结合的政策建立在对政治形势和犯罪态势作正确分析的基础之上，这一政策包括从宽与从严两个方面，基本内容是：首恶必办，胁从不问；坦白从宽，抗拒从严；立功折罪，立大功受奖；给出路等。基本精神是根据反革命分子和其他刑事犯罪分子的不同情况，具体分析，区别对待，打击少数，争取教育多数，以有利于动员广大群众，孤立和瓦解犯罪分子，达到预防和减少犯罪的目的。毛泽东非常重视对罪犯的劳动改造，他指出，人是可以改造好的，对犯人进行改造在本身就是宽大政策的一种体现，给犯罪分子以“生活出路，使他们有自新的机会。这样做，对人民事业，对国际影响，都有好处”，[②]“让他们在劳动中改造自己，成为新人。他们如果不愿意劳动，人民的国家就要强迫他们劳动”。[③]

董必武在新中国成立后的讲话中也多次论述惩办与宽大相结合原则，强调在肃清反革命分子的司法工作中要贯彻这一原则。他指出：“我们对反革命分子的政策，从来就是镇压与宽大相结合的政策，这就是‘坦白从宽，抗拒从严，立功折罪，立大功受奖’的政策。”他还着重强调要严格区别对待历史上有一般反革命问题的人和现行的反革命分子、一般落后的小组织和真正具有反革命性质的小集团以及生产和工作中的责任事故和反革命分子破坏事故之间的界限，在处理上要“完全符合于实际情况，完全符合于国家的政策，实事求是，以达到惩罚犯罪，保护善良的目的”。[④]他坚决否定将“思想犯”作为犯罪处理的做法，“对于只有反动思想而没有反革命活动的分子，同对待反革命分子是有严格区别的。思想问题是教育改造的问题，只能采用批评教育的办法，帮助他们改正错误”，[⑤]他主张对于能够真正悔罪，并且有立功表现的犯罪分子，在量刑上给予一定的从宽

① 董必武：《董必武法学文集》，法律出版社2001年版，第404页。
② 《毛泽东文集》（第七卷），人民出版社1999年版，第39页。
③ 《毛泽东选集》（第四卷），人民出版社1991年版，第1476—1477页。
④ 董必武：《董必武法学文集》，法律出版社2001年版，第323、324页。
⑤ 董必武：《董必武法学文集》，法律出版社2001年版，第323页。

处理，“对于一切坦白悔罪的分子，不论他们是否有严重的历史罪恶或者有现行的反革命活动，都一律依法给以宽大处理”。[①]

董必武进一步认为，在人民民主专政的新中国，刑罚并不仅仅是一种对犯罪的报应，并不仅仅是对犯罪人的惩罚，而更应当是对犯罪人的一种特殊的、以强制力为保障的教育手段，“一般地说，我们的法律当然是教育的作用大，譬如拿刑法来说，那就是规定什么行为是犯罪并应受什么刑罚的法律，对犯了法的人依法判了他的罪，给他以应得的惩处，这对于他是不是教育呢？是教育，这就是教育他下次再不要犯，你现在犯了法要负这个责任；对其他的人也是教育他们不要犯法。在这个意义上讲，教育意义是很大的，但对犯罪人本身来讲，也就是惩罚，如果对他应该惩罚而没有惩罚，那么这种教育作用也就体现不出来。”[②] 他进一步对刑事审判工作提出了要求：“审判机关的工作不是以惩罚为目的，应与教育工作相辅而行，惩罚是作为教育工作的最后的一个手段。同时，通过公开审判，可以进行法制宣传教育，使当事人知道犯了什么罪，为什么犯罪，使旁听的人深刻认识犯罪行为的危险性，从而警觉起来，预防犯罪。”[③]

3. 反对株连

这一政策意味着“一人犯罪一人当”，只处罚有罪的，不株连无辜。早在第二次国内革命战争时期，毛泽东就主张镇压反动富农必须划清界限，不可株连其家属。抗日战争期间，毛泽东指出，镇压汉奸和反共分子“决不可牵涉到任何无辜的分子”。[④] 新中国成立后的镇压反革命过程中，毛泽东又明确指示，不得株连未积极参与反革命活动的家属。

（五）关于刑事立法的主张

中国共产党非常重视刑法的立法工作，人民民主政权确立后，最紧迫

---

① 董必武：《董必武法学文集》，法律出版社 2001 年版，第 331 页。

② 《董必武传》撰写组：《董必武传（1886—1975）》，中央文献出版社 2006 年版，第 831 页。

③ 中共中央文献研究室编：《建国以来重要文献选编》（第十册），中央文献出版社 2011 年版，第 130 页。

④ 《毛泽东选集》（第二卷），人民出版社 1991 年版，第 767 页。

的任务就是完善立法，刑事法律是一个国家法律体系不可或缺的、极为重要的组成部分，也是人民民主法制建立健全的重要体现和保障。但同时，新中国建国时间尚短，创制较完善的法律体系还不现实，“制定完备的法律，诸如刑法、民法和刑、民诉讼法等，是需要长期的工作，不可能一下搞好的”。[①] 但是，“法虽不善，尤胜于无法”，正如董必武所指出，“法律一下不完备不要紧，先有一个基础，逐渐发展，逐渐充实，就会趋于完备的”，“拿刑法来说，当然目前要创制一个很完整的刑法，条件还不够，但是如刑法指导原则或刑法大纲是不是有可能制定出来呢？应该说有充分的可能”，[②] 不仅强调刑法立法的必要性，同时也强调在刑事立法过程中要循序渐进，不能操之过急。

（六）关于刑事司法的基本主张

人民民主专政的最锐利的武器，如果说司法工作不是排在第一位的话，也是排在第二位。新中国成立后，中国共产党认为刑事司法工作要注意3点。

1. 以事实为依据，以法律为准绳

在刑事司法工作中，特别强调“以事实为依据，以法律为准绳”的原则。董必武指出，“凡属已有明文规定的，必须确切地执行，按照规定办事；尤其一切司法机关，更应该严格地遵守，不许有任何违反……我们反对一切随便不按规定办事的违法行为……不管他现在地位多高，过去功劳多大，必须一律追究法律责任”，[③] 审判人员“必须对每一案件认真进行具体的分析，正确地适用政策、法律。只有真正根据事实，按照法律作出的判决，才是正确的判决”。[④] 董必武对错案的危害性有着清醒的认识，他说：“错案不能光按百分数计算，因为错案虽然只占法院全部案件的百分

---

① 孙国华、冯玉军：《论董必武的法治文明观》，载《董必武法学思想研究文集》（第二辑），人民法院出版社2003年版，第41页。

② 《董必武传》撰写组：《董必武传（1886—1975）》，中央文献出版社2006年版，第742、830页。

③ 全国人大常委会办公厅、中共中央文献研究室编：《人民代表大会制度重要文献选编》（一），中国民主法制出版社、中央文献出版社2015年版，第338页。

④ 董必武：《董必武法学文集》，法律出版社2001年版，第407页。

之几，但是对每一个被冤枉的当事人来说，则是百分之百的错了。”[①] 以事实为依据，以法律为准绳，是防止错案发生的重要保障。

2. 遵守程序要求

处理刑事等案件中要遵循一定的程序，“工厂有操作规程，我们办案子也有操作规程，那就是诉讼程序。按照程序办事，可以使工作进行得更好、更合理、更科学，保证案件办得正确、合法、及时，否则就费事，甚至出差错。”[②] 对于实践中出现的忽视程序、违反程序的现象，董必武提出了严厉的批评：“有些地方对于违法犯罪的人犯，只注意他是否违法犯罪、而不注意严格履行法律手续的现象，还没有完全克服。例如，有些司法人员有时没有按照法律规定的手续拘捕人犯，限制被告人行使辩护和上诉的权利；有些监所和劳动改造单位的管理人员，违反党的政策和国家的法律，违反革命人道主义的原则，虐待犯人的现象也是有的。这些都是严重的违法行为，必须彻底加以肃清。”[③]

3. 保障人民的民主权利

董必武指出：“在逐步完备起来的人民民主制度和人民民主法制之下，人民的民主权利应该受到充分的保护。由于过去处在紧张的战争和大规模的社会改革运动中，由于法律还很不完备，司法制度特别是检察制度还不健全，有些公安、司法机关还有粗枝大叶、组织不纯甚至使用肉刑的现象，以致有一些人错捕、错押或错判，人民的民主权利受到侵犯。为克服这种现象，今后必须从立法方面，从健全人民司法、公安和检察制度方面，对人民的民主权利给予充分保护。”[④] 从保障人民民主权利方面对新中国的刑事司法工作提出了要求。

---

① 中共中央文献研究室编：《建国以来重要文献选编》（第十册），中央文献出版社 2011 年版，第 131 页。

② 中共中央政策研究室党建研究局编：《老一辈革命家论党的建设》，党建读物出版社 2001 年版，第 265 页。

③ 全国人大常委会办公厅、中共中央文献研究室编：《人民代表大会制度重要文献选编》（一），中国民主法制出版社、中央文献出版社 2015 年版，第 334 页。

④ 李敏昌、胡兆满：《论董必武的人民司法思想》，载《董必武法学思想研究文集》（第二辑），人民法院出版社 2003 年版，第 686—687 页。

第六章　中国共产党全国执政时期刑事法治思想与实践（二）

1976年10月，中共中央一举粉碎了“四人帮”，使党和国家进入了新的历史发展时期。粉碎“四人帮”后，中央开始在全国范围内复查、平反冤假错案，恢复、加强政法机关，并组织对“四人帮”的刑事审判。1978年12月召开的十一届三中全会，是新中国成立以来党的历史上最具深远意义的转折。全会作出了把工作重点转移到社会主义现代化建设上来的战略决策，提出了健全社会主义民主和加强社会主义法制的重要方针，奠定了中国特色社会主义道路和中国特色社会主义法治的基础。1979年，制定了新中国成立以来第一部正式的刑法，标志着社会主义刑事法治进入了一个新的发展阶段。1983年，为了有效遏制刑事案件上升的势头，中央开展了严厉打击刑事犯罪的“严打”斗争。在健全社会主义法治以及“两手抓，两手都要硬”方针的指导下，社会主义刑事法治在改革开放的过程中得到恢复、健全和发展。

一、党的十一届三中全会启动中国特色社会主义刑事法治建设进程

1978年12月18日至22日召开的十一届三中全会，是在极其特殊的历史背景下召开的。除了政治经济等方面的决策之外，法治建设也史无前例地被提到了重要的位置上来。会议通过的公报对社会主义法治作了许多新的阐述。

第一，公报指出："对于社会主义社会的阶级斗争，应该按照严格区别和正确处理两类不同性质的矛盾的方针去解决，按照宪法和法律规定的程序去解决，决不允许混淆两类不同性质矛盾的界限，决不允许损害社会主义现代化建设所需要的安定团结的政治局面。"强调无论是对敌人的专政还是对人民的民主，都要依靠法制，遵法而行。从根本上阐明了社会主义刑事法治的必要性和重要性。

第二，公报谈到民主与法制的关系，指出，为了保障人民民主，必须加强社会主义法制，使民主制度化、法律化，使这种制度和法律具有稳定性、连续性和极大的权威，做到有法可依，有法必依，执法必严，违法必究。公报提出应当把立法工作摆到全国人民代表大会及其常务委员会的重要议程上来；检察机关和司法机关要保持应有的独立性，要忠实于法律和制度，忠实于人民利益，忠实于事实真相；要保证人民在自己的法律面前人人平等，不允许任何人有超于法律之上的特权。提出了社会主义刑事法治的基本原则和方针。

第三，公报强调党员干部的守法问题："国要有国法，党要有党规党法。全体党员和党的干部，人人遵守党的纪律，是恢复党和国家正常政治生活的起码要求。党的各级领导干部必须带头严守党纪。对于违犯党纪的，不管是什么人，都要执行纪律，做到功过分明，赏罚分明，伸张正气，打击邪气。"明确了社会主义刑事法治建设的重点。

总之，公报多处涉及法制的内容，对社会主义法制的重视史无前例。由此可以说，党的十一届三中全会拉开了中国特色社会主义法治建设的序幕，正如邓小平所指出："这次会议以后，要接着制定一系列的法律。我们的民法还没有，要制定；经济方面的很多法律，比如工厂法等等，也要制定。我们的法律是太少了，成百个法律总要有的，这方面有很多工作要做，现在只是开端。"① 党的十一届三中全会正式启动了中国特色社会主义刑事法治建设的新征程。

---

① 《邓小平文选》（第二卷），人民出版社 1994 年版，第 189 页。

二、 恢复和加强政法机关

“文化大革命”结束后，为了加强法制建设，党和国家开始恢复并逐步加强各级政法机关。1977 年 12 月 1 日，公安部召开第十七次全国公安会议，揭露批判“四人帮”砸烂公检法的罪行，肯定“文化大革命”前 17 年公安工作的成绩，提出新时期公安工作的任务。1978 年 2 月至 3 月，第五届全国人民代表大会第一次会议召开，任命赵苍璧为公安部长。1978 年 8 月召开全国第三次治安工作会议。第五届全国人民代表大会第一次会议还选举江华为最高人民法院院长，决定重新设置检察院，选举黄火青为最高人民检察院检察长。4 月 24 日，最高人民法院召集第八次全国司法会议，揭露批判“四人帮”的罪行，做好对 1978 年宪法的宣传工作。10 月 20 日解放军军事法院正式恢复（1954 年 9 月建立，“文化大革命”中被取消）。10 月 20 日最高人民法院在上海召开第二次刑事审判工作会议，总结复查纠正冤假错案，布置研究刑事审判工作任务。1979 年 6 月，经济审判庭首先在北京市高级人民法院和中级人民法院成立，以适应国民经济发展的需要。1978 年 12 月 16 日，最高人民检察院召开第七次全国检察工作会议。1979 年 7 月 1 日，《中华人民共和国人民检察院组织法》通过。

1978 年 10 月 13 日，中央政法小组召开座谈会，商讨加强法制建设，准备制定刑法、民法、环境法、婚姻法等法律。1979 年 2 月 23 日，第五届全国人大常委会决定设立法制委员会，协助常委会加强法制工作，彭真为主任。1979 年 9 月 13 日，第五届全国人大常委会第十一次会议决定设立司法部，并通过《将革命委员会改为人民政府的决议》。同年 11 月 29 日，第五届全国人大常委会第十二次会议通过《关于中华人民共和国建国以来制定的法律、法令、效力问题的决议》，规定除与第五届全国人大及其常委会制定的宪法、法律、法令相抵触的以外，新中国成立以来制定的法律、法令继续有效。恢复和加强政法机关夯实了新时期社会主义刑事法治建设的组织基础。

三、平反冤假错案

“文化大革命”期间产生了大量冤假错案。“文化大革命”结束后，党中央开始集中力量进行调查研究，坚决平反冤假错案。这项工作大致经历了三个阶段。

第一阶段，从 1976 年 10 月粉碎“四人帮”至 1978 年 11—12 月中央工作会议，是平反冤假错案工作局部展开阶段。由于“两个凡是”的影响，这一阶段平反工作在开展时遇到一些障碍。1977 年 8 月，党的十一大报告指出，干部是我们党的宝贵财富，“四人帮”强加于人的一切诬蔑不实之词，应予推倒。1977 年 10 月 7 日，《人民日报》发表了《把“四人帮”颠倒了的干部路线是非纠正过来》一文，引起了极大反响。1978 年 1 月 28 日，胡耀邦在中央和国家机关 26 个部委副部长级座谈会上提出对“文化大革命”中的案件，该复查的复查，该平反的平反，总之要实事求是。11 月 25 日，华国锋根据中央政治局讨论的意见，宣布对“文化大革命”和“文化大革命”前遗留的一些重大政治事件及一些重要领导人功过是非问题的平反决定，包括为天安门事件、“批邓”、“反击右倾翻案风”、所谓“二月逆流”、薄一波等“六十一人叛徒集团”案及彭德怀、陶铸、杨尚昆等人平反，对平反冤假错案起了重大的推动作用。这一阶段平反工作实际举动较大的还有：为河南“马振扶公社中学事件”、北京“永乐中学事件”、“王亚卓事件”和中国科学院“两线一会”特务集团案彻底平反；为挖“新内人党”而造成的内蒙古自治区历史错案平反昭雪；为云南省“滇西挺进纵队”“特务组计划”2 个全省性政治假案平反；为“东北帮叛党投敌反革命集团”冤案昭雪。并为一些专家和知名人士如赵九章、熊庆来、翦伯赞、傅鹰等平反昭雪。

第二阶段，从 1978 年 12 月党的十一届三中全会至 1981 年 6 月十一届六中全会，是平反冤假错案大规模展开阶段。党的十一届三中全会坚决纠正了党在指导思想上的“左”倾错误，确定了解放思想、实事求是的思想路线，审查和解决了党的历史上一批重大冤假错案和一些重要领导人的功过是非问题，充分肯定了邓小平1975年主持中央工作期间的政治路线和工作成就，以及1976年天安门事件的革命行动，决定对1976年天安门事件中北京市公安局立案追查1984件、拘捕38人，及南京、杭州、郑州、西安、太原等地采取类似的镇压措施而受冤屈者，一律给予平反。[①] 1979年1月，刚刚选举产生的中央纪律检查委员会发出第一次全会通告，指出冤假错案一经发现，就要坚决纠正。一切不实之词，一切不正确的结论，一切错误的处理，不论是什么时候、什么情况下作出的，不论是哪一级组织、哪个领导人批准的，都要纠正过来。2月17日，中共中央宣布撤销1967年1月发布的“公安六条”。此后，全国平反冤假错案工作在更大的规模、更广的范围内展开。到党的十一届六中全会前夕，“文化大革命”中的大部分冤假错案都得到了复查与平反。正如邓小平于1980年1月所概括：“这三年内，特别是最近一年，中央和全国各地都平反了一大批冤假错案。已经得到平反的，据不完全的统计，总数已经有290万人。没有立案审查而得到平反的，比这个数字还要大得多。”[②]

这一阶段还全面复查了“文化大革命”以来所判处的反革命案件和普通刑事案件及死刑案件，凡属冤假错案的，都作了实事求是的纠正。自1978年下半年开始，各级人民法院着手纠正冤假错案的工作。1978年到1980年，中共中央先后批转了最高人民法院党组3个有关复查工作的请示报告，对于坚持和推动复查和纠正“文化大革命”期间的冤假错案，起了十分重要的指导和保证作用。全国各级人民法院经过3年多的努力，复查工作取得了很大成绩。到1981年底，复查了“文化大革命”期间判处的120余万件刑事案件，改判纠正了冤假错案30.1万余件，涉及当事人32.6万余人。各地人民法院还主动复查了1977年和1978年两年中判处的反革

① 马齐彬等：《中国共产党执政四十年》，中共党史资料出版社1989年版，第406页。

② 《邓小平文选》（第二卷），人民出版社1994年版，第243页。

命案件3.3万件，从中改判纠正了错案2.1万件。[①] 到1983年，此项工作基本完成。对“文化大革命”前的一些历史老案也进行了认真的复查和处理，包括：决定对被划为右派分子的进行全面复查，把98%错划为右派分子的错误结论统统改正过来，到1981年底基本完成；[②] 对1959年“反右倾”运动中被错误定为“右倾机会主义分子”的380万名干部和党员一律给予平反纠正；[③] 为1955年被错定为“胡风反革命集团”、1958年青海省平叛斗争扩大化问题造成的冤案、“四清”运动中被中央通报的“以黄罗斌为首的地主资产阶级篡夺白银公司领导权”事件和党的早期领导人瞿秋白、张闻天、李立三以及20世纪50年代遭到不公正批判的著名经济学家、教育家马寅初错案平反。

第三阶段，1981年6月党的十一届六中全会至1987年10月，是平反冤假错案工作继续深入和处理善后工作阶段。1981年6月召开的党的十一届六中全会通过《关于建国以来党的若干历史问题的决议》，对“文化大革命”及以前的“左”倾错误作出了彻底否定的结论，为平反冤假错案提供了可靠的依据。1981年11月，中共中央发出《关于进一步落实去台人员在祖国大陆亲属政策的通知》，指出在“文化大革命”中凡因在台湾有亲属关系被错误处理的，都应复查改正，冤假错案一律平反。1982年1月，中共中央、国务院批转公安部《关于释放和安置原国民党县团以下党政军特人员的方案》，到6月下旬，在押的原国民党县团以下党政军特人员全部宽大释放完毕。这一阶段，中共中央为“红旗党”假案彻底平反，并为被误为“内奸”的潘汉年这一新中国成立以来的错案进行彻底改正，同时转发了中共河北省委为“冀东党”冤案平反昭雪的报告。此外，还实事求是地复查和纠正了20世纪三四十年代“AB团”“社会民主党”“托派”等苏区肃反扩大化问题和地下党历史遗留问题，使平反工作继续深入，妥善解决了一些遗留问题，进一步落实了党对民主人士、高级知识分

① 李文主编：《中华人民共和国社会史（1949—2012）》，当代中国出版社2016年版，第138页。
② 有林等：《中华人民共和国国史通鉴》（第二卷），当代中国出版社1993年版，第38页。
③ 李锐1997年9月10日给中央领导同志的信，《改革》1998年第1期。

子、华侨、归侨、侨眷和台胞、台属的有关政策，取得了良好的效果。

习近平总书记在党的十九大报告中指出："九十六年来，为了实现中华民族伟大复兴的历史使命，无论是弱小还是强大，无论是顺境还是逆境，我们党都初心不改、矢志不渝，团结带领人民历经千难万险，付出巨大牺牲，敢于面对曲折，勇于修正错误，攻克了一个又一个看似不可攻克的难关，创造了一个又一个彪炳史册的人间奇迹。"从刑事法治的视角来说，平反冤假错案是"文化大革命"结束后中国共产党恢复共和国刑事法治到正常状态的一次巨大努力，它为新时期刑事法治的全面发展打下了坚实基础。

四、 制定1979年刑法

（一）"文化大革命"结束后至1979年刑法颁布前的刑事立法

"文化大革命"结束后，社会主义法制建设开始重新走上正常发展的轨道，刑事立法工作重新提上议事日程。"文化大革命"结束后到1979年刑法颁布前，刑事立法方面的举措主要有：1977年5月27日国务院发布《中华人民共和国计量管理条例（试行）》，8月3日最高人民法院、公安部发布《关于抓紧清理看守所关押的未决犯的联合通知》，规定严禁打骂虐待犯人，10月7日最高人民法院《关于判刑的反革命罪犯是否都有反革命分子帽子问题的批复》，11月22日最高人民法院、中央统战部、中央调查部、公安部转发《浙江省释放安置领导小组关于原国民党县团以上党政军特人员安置后有关工龄计算等政策问题处理意见的请示》的通知；1978年1月13日最高人民法院《关于处理破坏正在服刑的军人的婚姻家庭问题的批复》，2月10日最高人民法院《关于处理破坏援外人员的婚姻家庭案件的批复》，6月6日最高人民法院、国家劳动总局《关于判处有期徒刑缓刑仍留在原单位工作的被告人在缓刑期间是否计算工龄问题的批复》，

10 月 21 日最高人民法院《关于罪犯被捕前在看守所隔离审查日期可否折抵刑期的批复》，11 月 17 日最高人民法院《关于保外候审期间可否折抵刑期的批复》，12 月 29 日中共中央批转最高人民法院党组《关于抓紧复查纠正冤假错案认真落实党的政策的请示报告》；1979 年 1 月 19 日最高人民法院《关于罪犯在公安机关收容审查期间折抵刑期两个具体问题的批复》，2 月 23 日第五届全国人大常委会第六次会议通过《中华人民共和国逮捕拘留条例》，4 月 16 日最高人民法院、最高人民检察院、公安部发布《关于清理老弱病残犯和精神病犯的联合通知》。7 月 1 日，《中华人民共和国刑法》正式通过。

（二）1979 年刑法的制定经过

“文化大革命”结束后，刑事立法工作重新提上议事日程。1978 年 10 月，邓小平在一次谈话中指出：“非常需要搞社会主义法制。没有法不行。没有法，就乱搞一气。过去和现在，都是这么一种情况：领导人说了话就叫法，不赞成领导人说的话，就是违法、犯法。这种情况不能继续。”① 1979 年 2 月，全国人大常委会法制委员会以沉寂多年的刑法草案为基础，结合新情况、新经验和新问题，征求了中央有关部门及刑法理论界的意见和建议，作了较大的修改。先后拟定了 3 个草案稿，并于同年 6 月提交第五届全国人大常委会第八次会议审议，经过修改后，正式提请第五届全国人大第二次会议审议。彭真在 6 月 26 日向大会作了《关于七个法律草案的说明》，其中对刑法草案的说明指出：刑法是国家的基本法之一，是以马列主义毛泽东思想为指针，结合我国实行无产阶级领导的、工农联盟为基础的人民民主专政的具体经验制定的；刑法的重要任务之一是保护社会主义的公共财产和个人合法财产；刑法打击的锋芒是针对反革命和其他犯罪行为；刑法既要充分保护人民行使民主权利，又要切实维护社会秩序、生产秩序、工作秩序、教学科研秩序和人民群众生活秩序；此外，还对限

① 转引自高铭暄：《中华人民共和国刑法的孕育和诞生》，法律出版社 1981 年版，第 4 页。

制类推适用、尽量减少死刑以及死刑核准程序和死刑缓刑等问题作了说明。[①] 7月1日，修订后的刑法草案终于获得一致通过。7月6日正式公布，并规定自1980年1月1日起施行。新中国的第一部刑法终于诞生。

刑法的通过与施行，是我国法律生活中的一件大事。在刑法施行后不久的一次讲话中，邓小平欣喜地指出："在建国以来的二十九年中，我们连一个刑法都没有，过去反反复复搞了多少次，三十几稿，但是毕竟没有拿出来。现在刑法和刑事诉讼法都通过和公布了，开始实行了。全国人民都看到了严格实行社会主义法制的希望。这不是一件小事情啊!"[②] 高铭暄教授回顾新中国刑法孕育诞生的历程，感慨地说："一部出台时不过192个条文的刑法典（条文数在当代世界各国刑法典中可说是最少的），从全国人大常委会法律室着手起草算起，先后竟然孕育了25年之久。其实工作时间只用了5年多，有19年多是处于停顿状态。第22稿拟出后停了4年多，第33稿拟出后居然停了15年！这说明'以阶级斗争为纲'的思想，法律虚无主义，一个接一个的政治运动，对法制建设的冲击有多么大！建国近30年，我们才有了第一部粗放型的刑法典，这不能不说是法制的严重滞后。"[③] 1979年刑法标志着我国的刑法发展步入了一个崭新的历史时期，标志着新中国国家刑罚权的行使结束了主要依政策的时代，从此走上了法治化的轨道。

（三）1979年刑法的内容和特点

1979年刑法共分2篇13章192条。第一篇总则，5章89条，包括"刑法的指导思想、任务和适用范围""犯罪""刑罚""刑罚的具体运用""其他规定"。第二篇分则，8章103条，包括"反革命罪""危害公共安全罪""破坏社会主义经济秩序罪""侵犯公民人身权利、民主权利罪"

---

① 参见全国人民代表大会常务委员会法制工作委员会编：《中华人民共和国法律汇编（1979—1984）》，法律出版社1986年版，第809—811页。

② 《邓小平文选》（第二卷），人民出版社1994年版，第243页。

③ 高铭暄：《刑法肄言》，法律出版社2004年版，第94—95页。

“侵犯财产罪”“妨害社会管理秩序罪”“妨害婚姻、家庭罪”“渎职罪”。主要内容如下。

1. 刑法的目的、指导思想和刑事政策

1979 年刑法第 2 条规定：“中华人民共和国刑法的任务，是用刑罚同一切反革命和其他刑事犯罪行为作斗争，以保卫无产阶级专政制度，保护社会主义的全民所有的财产和劳动群众集体所有的财产，保护公民私人所有的合法财产，保护公民的人身权利、民主权利和其他权利，维护社会秩序、生产秩序、工作秩序、教学科研秩序和人民群众生活秩序，保障社会主义革命和社会主义建设事业的顺利进行。”第 1 条还明确规定了指导思想、刑事政策：“中华人民共和国刑法，以马克思列宁主义毛泽东思想为指针，以宪法为根据，依照惩办与宽大相结合的政策，结合我国各族人民实行无产阶级领导的、工农联盟为基础的人民民主专政即无产阶级专政和进行社会主义革命、社会主义建设的具体经验及实际情况制定。”

2. 关于犯罪的规定

1979 年刑法第 10 条规定了犯罪的定义：“一切危害国家主权和领土完整，危害无产阶级专政制度，破坏社会主义革命和社会主义建设，破坏社会秩序，侵犯全民所有的财产或者劳动群众集体所有的财产，侵犯公民私人所有的合法财产，侵犯公民的人身权利、民主权利和其他权利，以及其他危害社会的行为，依照法律应当受刑罚处罚的，都是犯罪；但是情节显著轻微危害不大的，不认为是犯罪。”第 11—26 条规定了故意犯罪、过失犯罪、刑事责任年龄、刑事责任能力、正当防卫等排除犯罪事由、犯罪预备、犯罪未遂、犯罪中止、共同犯罪等事项。分则第 90—192 条规定了反革命罪，危害公共安全罪，破坏社会主义经济秩序罪，侵犯公民人身权利、民主权利罪，侵犯财产罪，妨害社会管理秩序罪，妨害婚姻、家庭罪，渎职罪等 8 类罪名。

3. 关于刑罚的规定

1979 年刑法规定了管制、拘役、有期徒刑、无期徒刑、死刑等主刑和罚金、剥夺政治权利、没收财产、驱逐出境等附加刑。关于死刑的适用，

第43条规定“死刑只适用于罪大恶极的犯罪分子”，同时，“对于应当判处死刑的犯罪分子，如果不是必须立即执行的，可以判处死刑同时宣告缓期二年执行，实行劳动改造，以观后效”。死刑一般由最高人民法院核准，但“死刑缓期执行的，可以由高级人民法院判决或者核准”。第44条规定，犯罪的时候不满18岁的人和审判的时候怀孕的妇女，不适用死刑。第45条规定死刑用枪决的方法执行。第57—78条规定了量刑情节、累犯、自首、数罪并罚、缓刑、减刑、假释、追诉时效等事项。

4. 关于类推的规定

1979年刑法第79条规定：“本法分则没有明文规定的犯罪，可以比照本法分则最相类似的条文定罪判刑，但是应当报请最高人民法院核准。”规定了定罪量刑时的类推制度，但予以严格控制。应该说，1979年刑法仍然是以罪刑法定为基础，类推制度只是构成罪刑法定的补充。为了帮助各级人民法院正确而统一地适用类推，1980年1月14日，最高人民法院发出《关于适用法律类推的案件报送核准问题的通知》，强调：“人民法院在审判刑事案件中，应当严格限制类推的适用，只是对于刑法分则确无明文规定而又必须给予刑罚处罚的犯罪，才可以比照刑法分则最相类似的条文定罪判刑。”并规定人民法院适用法律类推的案件必须逐级上报，认真审查，一律由高级人民法院报请最高人民法院审核，将严格控制类推的适用予以制度化。

1979年刑法是新中国成立后几十年正反两方面丰富经验的总结，作为新中国第一部统一的刑法，它的诞生，表明新中国的刑法从无到有，标志着新中国的刑事立法进入了一个新的阶段，刑事法治建设向前迈进了一大步。当然，由于历史条件的局限和立法经验的不足，这部刑法也存在不少疏漏和缺陷。首先，基于“宜粗不宜细”的立法原则，这部刑法总共才192条，只规定了130种罪，条文偏少，罪名偏少，而且罪名规定得很粗，特别是分则中对罪状的规定有很多是空白罪状，很不利于司法实践中准确地定罪量刑。其次，对一些犯罪行为及其处罚的分析研究不够，规定得不够具体，缺乏操作性，容易导致刑法适用的随意性，诸如“投机倒把”

“寻衅滋事”“流氓行为”等立法用语充满了道德和舆论色彩，无法在法律上予以准确界定，为司法官员的随意解释提供了过大的空间。最后，随着国家政治、经济和社会生活的不断发展，出现了许多新情况、新问题，犯罪领域也产生了新的变化，1979 年刑法的相关规定越来越显得不合时宜。最明显的是，1979 年刑法是建立在计划经济基础之上的，而自 20 世纪 80 年代开始，中国启动了以经济体制改革为先导的深刻历史变革，计划经济体制逐渐被市场经济体制所取代。建立在计划经济体制上的刑法，在经济领域主要以惩治投机倒把、维护计划经济为己任，少有惩治破坏社会主义市场经济秩序方面的内容。因此，也就不能适应新旧经济体制的转轨之际各种新型经济犯罪急剧蔓延的情势。由此，不得不通过一系列单行刑事立法、附属刑法规范、司法解释，对刑法进行实质性的修改、补充和完善。

（四）1979 年刑法颁布之后的刑事立法

1979 年刑法颁布后，基于形势发展的需要，全国人民代表大会及其常务委员会先后制定了许多单行的刑事法律和与定罪量刑有关的决定。此外，这一时期内，最高人民法院和最高人民检察院在司法解释中，也有不少关于适用刑法的内容。兹列其要者如下：

1. 全国人民代表大会及其常务委员会通过的单行刑事法律和决定

如 1979 年《中华人民共和国刑事诉讼法》，从刑事诉讼制度方面保证了刑法的全面、准确实施。1981 年 6 月《全国人民代表大会常务委员会关于死刑案件核准问题的决定》，为了及时打击现行的杀人、抢劫、强奸、爆炸、放火等严重破坏社会治安的犯罪分子，规定在 1981—1983 年，凡上述罪犯由高级人民法院终审判决的死刑案件，以及由中级人民法院一审判决死刑，被告人不上诉，经高级人民法院核准的死刑案件，不必报最高人民法院核准。1981 年 6 月《全国人民代表大会常务委员会关于处理逃跑或者重新犯罪的劳改犯和劳教人员的决定》，主要规定了对逃跑或者重新犯罪的劳改犯、劳教人员从重处罚或加重处罚的内容。1981 年 6 月《中华人民共和国惩治军人违反职责罪暂行条例》，这是根据刑法的指导思想和基本原则，为惩治军人违反职责的犯罪行为，教育军人认真履行职责，巩固部队战斗力，而制定的单行刑事法律，具体规定了有关军人违反职责的各种主要罪行以及处罚标准，是对《中华人民共和国刑法》的重要补充。1982 年 3 月《全国人民代表大会常务委员会关于严惩严重破坏经济的罪犯的决定》，适应惩治当时社会上十分猖獗的走私、套汇、投机倒把、盗窃公共财物、盗卖珍贵文物和索贿受贿等犯罪活动的需要，对刑法中某些不完善、处刑偏低的相关规定，进行补充，提高了量刑幅度。1983 年 9 月《全国人民代表大会常务委员会关于严惩严重危害社会治安的犯罪分子的决定》，为了适应“严打”的需要，对严重危害社会治安的犯罪分子，规定可以在刑法最高刑之上处刑直至死刑；对传授犯罪方法的犯罪分子，规定情节较轻者，处 5 年以下有期徒刑，情节严重的，处 5 年以上有期徒刑，情节特别严重的，处无期徒刑或者死刑。[①] 1988 年 1 月《全国人民代表大会常务委员会关于惩治走私罪的补充规定》，对刑法中某些不够完善、量刑偏低的相应条款，作了必要的补充和修正，加重了量刑。1988 年 1 月《全国人民代表大会常务委员会关于惩治贪污罪贿赂罪的补充规定》，对刑法和《全国人民代表大会常务委员会关于严惩严重破坏经济的罪犯的决定》中有关贪污贿赂的条款，又作了补充和修改，使之更加具体化和便于执行，提高了行贿者的处刑标准。1988 年 9 月《全国人民代表大会常务委员会关于惩治泄露国家秘密犯罪的补充规定》，对 1979 年刑法第 186 条泄露国家秘密罪作了重要补充，提高了最高最低的量刑幅度。1990 年 6 月《全国人民代表大会常务委员会关于惩治侮辱中华人民共和国国旗国徽罪的决定》，具体规定了对侮辱国旗国徽罪的量刑标准。1990 年 12 月《全国人民代表大会常务委员会关于禁毒的决定》，比较全面详细地规定了对各种毒品犯罪的惩治办法。1990 年 12 月《全国人民代表大会常务委员会关于惩治走私、制作、贩卖、传播淫秽物品的犯罪分子的决

---

① 国务院法制办公室编：《中华人民共和国法规汇编（1982—1984）》（第六卷），中国法制出版社 2005 年版，第 225 页。

定》，分别对走私、制作、贩卖、传播淫秽物品规定了具体的惩治办法。1991 年 6 月《全国人民代表大会常务委员会关于惩治盗掘古文化遗址古墓葬犯罪的补充规定》，提高了对盗掘古文化遗址古墓葬犯罪的量刑标准。1991 年 9 月《全国人民代表大会常务委员会关于严惩拐卖、绑架妇女、儿童的犯罪分子的决定》，对刑法的有关条款作了重要补充。1991 年 9 月《全国人民代表大会常务委员会关于严禁卖淫嫖娼的决定》，对卖淫嫖娼犯罪规定了详细的量刑标准。1992 年 12 月《全国人民代表大会常务委员会关于惩治劫持航空器犯罪分子的决定》，把劫持航空器作为一个新的独立罪名确定下来，并规定了 3 种情节不同的量刑幅度。1993 年 2 月《全国人民代表大会常务委员会关于惩治假冒注册商标犯罪的补充规定》，对刑法第 127 条侵犯注册商标罪作了重要补充。1993 年 7 月《全国人民代表大会常务委员会关于惩治生产、销售伪劣商品犯罪的决定》，比较详细地规定了对有关生产、销售伪劣商品犯罪的惩治办法。1994 年 3 月《全国人民代表大会常务委员会关于严惩组织、运送他人偷越国（边）境犯罪的补充规定》，量化了偷越国（边）境犯罪的量刑标准。1994 年 7 月《全国人民代表大会常务委员会关于惩治侵犯著作权的犯罪的决定》，规定了侵犯著作权犯罪的罪状和量刑，是对 1979 年刑法的重要补充。1995 年 2 月《全国人民代表大会常务委员会关于惩治违反公司法的犯罪的决定》，对公司发起人采用欺诈手段虚报注册资本骗取公司登记的，虚假出资或在公司成立后抽逃其资金的，或者制作虚假招股说明书等犯罪行为，规定了具体的量刑标准。1995 年 6 月《全国人民代表大会常务委员会关于惩治破坏金融秩序犯罪的决定》，对破坏金融秩序犯罪作了进一步的补充，增加了许多新罪名，列举了各种犯罪情节，规定了多层次的量刑标准。1995 年 10 月《全国人民代表大会常务委员会关于惩治虚开、伪造和非法出售增值税专用发票犯罪的决定》，针对当时出现的新型犯罪，补充了刑法的规定。此外，全国人大及其常委会制定的许多法律以及国务院发布的行政法规中，也包含了不少有关刑事问题的条款。

2. 关于刑事问题的司法解释

如1978年7月11日最高人民法院《关于罪犯在公安机关收容审查期间可否折抵刑期的批复》，1979年9月24日最高人民法院《关于留场（厂）就业人员重新犯罪后在劳改机关禁闭审查日期应否折抵刑期的批复》，1979年10月10日最高人民法院、最高人民检察院、公安部《关于死缓犯和无期徒刑犯减刑问题的联合通知》，1979年11月23日最高人民法院、最高人民检察院、公安部《关于无期徒刑减为有期徒刑的罪犯假释问题的批复》，1980年1月14日最高人民法院《关于适用法律类推的案件报送核准问题的通知》，1980年3月18日最高人民法院《关于对几类现行犯授权高级人民法院核准死刑的若干具体规定的通知》，1980年2月23日最高人民法院、公安部《关于判处死刑、死缓、无期徒刑、有期徒刑、拘役的罪犯交付执行问题的通知》，1981年6月11日最高人民法院《关于执行全国人民代表大会常务委员会〈关于死刑案件核准问题的决定〉的几项通知》，1981年7月6日最高人民法院《关于劳动教养日期可否折抵刑期问题的批复》，1982年4月5日最高人民法院、最高人民检察院、公安部《关于如何处理有同案犯在逃的共同犯罪案件的通知》，1983年7月12日最高人民检察院《关于对“公捕”问题的意见》，1983年9月14日最高人民法院、最高人民检察院、公安部、国家安全部、司法部《关于人民警察执行职务中实行正当防卫的具体规定》，1983年8月28日最高人民法院、最高人民检察院、公安部、司法部《关于严厉打击劳改犯和劳教人员在改造期间犯罪活动的通知》，1983年9月20日最高人民法院《关于人民法院审判严重刑事犯罪案件中具体应用法律的若干问题的答复（一）》，1983年12月30日最高人民法院《关于人民法院审判严重刑事犯罪案件中具体应用法律的若干问题的答复（二）》，1984年1月9日最高人民检察院《关于在严厉打击刑事犯罪斗争中具体应用法律的若干问题的答复》，1984年3月31日最高人民法院、最高人民检察院、公安部《关于当前办理拐卖人口案件中具体应用法律的若干问题的解答》，1984年5月26日最高人民法院、最高人民检察院、公安部《关于怎样认定和处理流氓集团的意见》，1984 年 8 月 7 日最高人民法院、最高人民检察院、公安部《关于卖淫、嫖宿暗娼案件应如何处理的意见》，1984 年 11 月 2 日最高人民法院、最高人民检察院《关于当前办理盗窃案件中具体应用法律的若干问题的解答》，1985 年 5 月 9 日最高人民法院《关于缓刑考验期内表现好的罪犯可否缩减其缓刑考验期限的批复》，1985 年 7 月 8 日最高人民法院、最高人民检察院《关于当前办理经济犯罪案件中具体应用法律的若干问题的解答（试行）》，1985 年 7 月 12 日最高人民法院、最高人民检察院、公安部、司法部《关于抓紧从严打击制造、贩卖假药、毒品和有毒食品等严重危害人民生命健康的犯罪活动的通知》，1985 年 9 月 5 日最高人民法院、最高人民检察院、公安部、司法部《关于处理反动会道门工作中有关问题的通知》，1985 年 8 月 21 日最高人民法院《关于人民法院审判严重刑事犯罪案件中具体应用法律的若干问题的答复（三）》，1986 年 6 月 16 日最高人民检察院、财政部《关于进一步搞好查处偷税、抗税案件工作的联合通知》，1986 年 6 月 21 日最高人民法院、最高人民检察院《关于刑法第一百一十四条规定的犯罪主体的适用范围的联合通知》，1987 年 8 月 21 日最高人民法院、最高人民检察院《关于严格依法处理道路交通肇事案件的通知》，1988 年 2 月 9 日最高人民法院《关于严厉打击危害公共安全犯罪活动的紧急通知》，1991 年 1 月 26 日最高人民法院《关于办理少年刑事案件的若干规定（试行）》，1993 年 8 月 18 日最高人民法院《关于授权广东省高级人民法院核准部分毒品犯罪死刑案件的通知》，1993 年 10 月 22 日最高人民检察院《关于认真查办巨额财产来源不明犯罪案件的通知》，1996 年 12 月 24 日最高人民法院《关于审理诈骗案件具体应用法律的若干问题的解释》，1997 年 3 月 28 日最高人民法院、最高人民检察院、公安部《关于办理非法生产光盘案件有关问题的通知》等。

五、“两案”的审判

党的十一届三中全会后，社会主义民主和法制建设加速，依照宪法和刑法、刑事诉讼法，1980 年最高人民法院特别法庭公开审判林彪、“四人帮”集团主犯 10 人。在中国共产党刑事法治的历史上，这样的审判是史无前例的，过去，类似这样的问题都是扣上路线斗争或反党集团的帽子就结束了，“两案”的审判是中国共产党第一次尝试通过法律程序来解决政治问题，反映了党和国家领导人建立法制、依法治国的决心，展示了法律的尊严，推进了民主与法制的进程，是新中国成立以来中国共产党刑事法治建设一个引人注目的里程碑。

（一）“两案”的审理过程

1971 年“九一三”事件后，中央为清算、审理林彪集团的罪行，成立了“林彪专案组”。粉碎“四人帮”后，中央为清算、审理“四人帮”集团的罪行，成立了审理“四人帮”的专案组，对“四人帮”进行了审查，随后发布了揭露“四人帮”的三批罪证材料。1978 年秋，邓小平与陈云在一次谈话中，对做一个历史性的决议和用法制手段来解决林彪、“四人帮”集团的问题达成了共识。[①] 1978 年 12 月党的十一届三中全会上决定成立以陈云、邓颖超、胡耀邦、黄克诚为书记的中央纪律检查委员会。随后，中纪委接手审查林彪、“四人帮”这两个案子，成立了对林彪、“四人帮”案件审理领导小组，林彪、“四人帮”案件正式定名为“两案”。[②] 中纪委经过初步审查，认定“两案”案犯既有人民内部矛盾性质的问题，又有敌我矛盾性质的问题，既有违反纪律的问题，又有触犯刑律的问题。经审查，决定对林彪、“四人帮”交司法部门追究刑事责任。

1980 年 4 月，公安部开始对“两案”侦查预审，9 月 22 日，侦查终结，将起诉意见书移送最高人民检察院。9 月 29 日，第五届全国人民代表大会常务委员会第十六次会议听取了最高人民检察院检察长黄火青关于准备起诉林彪、“四人帮”集团 10 名主犯的报告和中纪委副书记王鹤寿、公

---

① 参见张湛彬：《石破天惊——中国“第二次革命”起源纪实》，中国经济出版社 1998 年版，第 91 页。

② 参见刘荣刚：《审判林彪、江青反革命集团时的彭真》，《党史博览》2003 年第 10 期。

安部副部长凌云对有关情况的说明和介绍。会议作出了《关于成立最高人民检察院特别检察厅和最高人民法院特别法庭检察、审判林彪、江青反革命集团案犯主犯的决定》，任命最高人民检察院检察长黄火青兼特别检察厅厅长，喻屏、史进前为副厅长。最高人民法院院长江华兼特别法庭庭长，伍修权、曾汉周、黄玉昆为副庭长。决定特别法庭设 2 个审判庭，第一审判庭审理“四人帮”集团主犯，曾汉周为第一审判庭审判长；第二审判庭审理林彪集团主犯，伍修权为第二审判庭审判长。

1980 年 11 月 20 日，最高人民法院特别审判庭决定正式受理此案，一直到 1981 年 1 月 15 日，特别法庭对江青、张春桥、姚文元、王洪文、陈伯达、黄永胜、吴法宪、李作鹏、邱会作和江腾蛟 10 名被告进行了公开审判。10 名律师接受姚文元等被告的委托出庭辩护。另外，对已死的林彪、康生、谢富治、叶群、林立果、周宇驰 6 名主犯，按照刑事诉讼法的有关规定，不再追究刑事责任。

特别检察厅的起诉书列举了林彪、“四人帮”集团四大罪状 48 条罪行。这四大罪状是：（1）诬陷迫害党和国家领导人，策划推翻无产阶级专政的政权；（2）迫害镇压广大干部和群众；（3）谋害毛泽东主席，策划反革命武装政变；（4）策划上海武装叛乱。第一、第二审判庭对上述犯罪事实进行了法庭调查和法庭辩论，共开庭 42 次，有 49 名证人和被害人出庭作证，审查各种证据 873 件。根据刑法，特别法庭最后认定 10 名主犯犯有颠覆政权罪，分裂国家罪，武装叛乱罪，反革命杀人、伤人罪，反革命诬告陷害罪，组织领导反革命集团罪，反革命宣传煽动罪，刑讯逼供罪，非法拘禁罪。1981 年 1 月 25 日上午，特别法庭开庭宣判，分别判处江青、张春桥死刑，缓期 2 年执行，剥夺政治权利终身。判处王洪文无期徒刑，剥夺政治权利终身。判处姚文元有期徒刑 20 年，陈伯达、黄永胜、江腾蛟各为有期徒刑 18 年，吴法宪、李作鹏各为有期徒刑 17 年，邱会作有期徒刑 16 年，以上 7 名罪犯均被剥夺政治权利 5 年。[①] 此外，从 1980 年底至

---

① 参见廖盖隆主编：《新中国编年史（1949—1989）》，人民出版社 1989 年版，第 470 页。

1983年初，一些地方和军队的法院、检察院对“文化大革命”的历史旧账也进行了彻底清算，审判了林彪、“四人帮”在各地的一批骨干分子以及军内的骨干分子。

（二）“两案”审判的法治意义

“两案”的审判坚持“以事实为依据，以法律为准绳”的社会主义法治原则。要在浩如烟海的材料中，找出有关这两个集团主犯犯罪的确凿证据，就必须把每一件事实的来龙去脉搞清楚。“两案”指导委员会开始工作时，从中纪委转来的材料，基本上都是各单位各部门报上来的群众揭发材料、个人写的交代材料等。这些材料可以提供线索，但是不能直接作为定罪的根据，正如彭真所指出：“起诉书不是政治声讨书，是要用犯罪事实和法律讲话的。”① 为此，《起诉意见书》搜集和列举了大量“文化大革命”时期的文件、信件、笔记、日记、会议记录、电话记录、讲话稿、讲话录音等原始书证和物证。在《起诉意见书》完成后，特别检察厅厅长和特别法庭庭长会同公安部部长对每一条犯罪事实和每一件证据集体一一会审、核实，认真、反复地审查，做到证据材料周密而有力，雄辩而服众。对于各种证据，始终注意保持它们的真实性、完整性，注意使用语气的严肃性，做到了不断章取义，不搞有损于证据本来面目的处理。“两案”的定罪严格依照1979年《中华人民共和国刑法》，根据1979年刑法的规定，颠覆政府，分裂国家，策动叛乱，以反革命目的杀人、伤人等，都属于反革命犯罪，林彪、“四人帮”在“文化大革命”中的所作所为，完全符合1979年刑法规定的反革命罪的构成要件，正如时任最高人民检察院检察长黄火青向五届全国人大常委会汇报时说：“这次准备对他们起诉四项罪状，一是煽动、策划推翻无产阶级专政的政权；二是诬陷迫害党和国家领导人，篡党夺权；三是迫害镇压广大干部和群众，实行法西斯专政；四是谋害毛主席，策动反革命武装叛乱。”② 涉及的主要是反革命罪行。

---

① 彭真：《彭真文选（一九四一—一九九〇年）》，人民出版社1991年版，第398页。
② 《历史的审判》编辑组：《历史的审判》，群众出版社1981年版，第15页。

在“两案”的审理过程中，特别法庭严格区分罪与非罪的界限，把工作错误和犯罪行为严格分开。工作错误不追究刑事责任，而是用整风学习、批评与自我批评的方法解决。林彪、“四人帮”集团罪恶滔天，民愤极大，但是不能凭感情用事，而必须用法律的规定来区别罪与非罪的界限，只追究林彪、“四人帮”集团直接触犯刑法的罪行，只审理他们共同犯罪和个人犯罪行为，不审理属于工作错误的问题。彭真指出：“特别法庭只审判林、江反革命集团的罪行，不审理党内、人民内部的错误，包括路线错误，不解决党纪、军纪、政纪的问题。后者不是法庭职权范围的问题，而是需要另行处理的问题。”① 黄火青在向五届全国人大常委会的报告中也指出：“准备提起公诉的是林彪、江青一伙触犯刑律的反革命罪行，不涉及工作中的错误，包括路线错误。”② 基于此，《起诉意见书》并未列入“文艺黑线专政”、“一月风暴”、“二月逆流”、一号手令、七二〇事件、“反击右倾翻案风”、天安门事件等，“文化大革命”十年的恶果只要同被起诉的林彪、“四人帮”集团主犯没有直接关系的部分，也不乱加在他们的头上。充分体现了依法定罪的法治原则。

“两案”的审判严格遵守法定程序，保障各被告人的合法权利。一切公民在适用法律上一律平等，在法律面前，不允许有任何特权，这是社会主义法治原则的重要内容。对这 10 名身居高位的主犯进行审判，本身就是社会主义法治原则的体现。1979 年《中华人民共和国刑事诉讼法》第 8 条规定：“被告人有权获得辩护，人民法院有义务保证被告人获得辩护。”在“两案”的审理过程中，特别法庭充分保障了各被告享有的辩护权利。陈伯达、吴法宪、李作鹏、江腾蛟要求委托律师辩护，姚文元要求特别法庭为他指定律师辩护，江青一变再变，一会儿要求委托律师，一会儿又决定自己辩护。法庭对被告的要求都予以充分的尊重和保障。当时，律师们或出于义愤，或有顾虑，不愿意担任林彪、“四人帮”集团主犯的辩护律师，但经过做工作也都接受了。在法庭调查时，律师通过询问被告人、证

---

① 彭真：《彭真文选（一九四一—一九九〇年）》，人民出版社 1991 年版，第 392 页。

② 《历史的审判》编辑组：《历史的审判》，群众出版社 1981 年版，第 16 页。

人、鉴定人等，从澄清事实的角度为被告进行了辩护，如律师在为陈伯达辩护时指出："我们认为，在决定批斗刘少奇这个问题上，被告陈伯达确实起了重要作用，但这是诬陷、迫害刘少奇一系列犯罪活动中的一个部分，而且这一具体罪行还是江青、康生和陈伯达共同决定的。因此，被告陈伯达在诬陷、迫害刘少奇这一共同犯罪活动中，他负有一定罪责，但他的地位和作用不同于林彪、江青、康生、张春桥等人。"[①] 此外，特别法庭严格遵守诉讼程序，严格依照法庭调查后的证据定罪，坚持不把未经法庭调查的证据作为定罪判决的依据，在审理过程中贯彻了程序法治的原则。

总之，对林彪、"四人帮"集团的历史审判，标志着"文化大革命"结束后社会主义法制建设的全新开始。它明确地表明不要法制的时代结束了，党和国家今后要走依法治国、依法办事的道路。前最高人民法院院长兼特别法庭庭长江华在谈到这次审判的意义时指出：它是加强社会主义法制的一个重要措施；它表明，要坚决做到中共十一届三中全会提出的有法必依、执法必严、违法必究；不管是什么人，只要他的行为危害了国家和人民的利益，触犯了国家的刑事法律，构成了犯罪，就毫无例外地要受到国家的审判和应得的惩罚，而那些应当得到法律保护的公民人身权利和民主权利都一视同仁地得到法律的切实保障，真正做到公民在适用法律上一律平等；这是我们依法治国的一个重要标志，"文化大革命"中那种可以超越法律、践踏法律，不受法律约束，任意侵犯人民民主权利，危害国家安全的行为和那种无法无天的状态，再也不能允许存在和重演了。[②] 从刑事法治的视角看，"两案"的审判是1979年《中华人民共和国刑法》和《中华人民共和国刑事诉讼法》通过后的一次极为重要的实践，是中国共产党刑事法治史上的一个重要里程碑。

---

① 《历史的审判》编辑组：《历史的审判》，群众出版社1981年版，第134页。

② 江华：《江华司法文集》，人民法院出版社1989年版，第170页。

六、1983 年 “严打”

1983 年 8 月至 1986 年底的“严打”斗争，是在中共中央和国务院统一领导下，由各级党委和政府牵头，组织各级公安机关、检察机关和法院，集中时间、集中力量开展的一场全国性严厉打击严重刑事犯罪的斗争，是在改革开放的新形势下，维护正常社会秩序和经济秩序，贯彻“两手都要硬”思想的一次重要行动，对改革开放以来中国共产党刑事法治的理论和实践，产生了重要而深远的影响。

（一）1983 年“严打”的历史背景

党的十一届三中全会之后，我国进入了社会主义现代化建设的新时期。一方面，在经济体制改革和对外开放政策的助力下，经济高速增长，人民群众生活水平显著提高。但另一方面，由于历史和现实的多方原因，与当时大好的政治经济形势形成反差的是社会治安状况急速下滑，刑事案件包括恶性刑事案件发案数呈快速上升势头。据公安部统计：1980 年共立案 75 万余起，其中大要案 5 万余起；1981 年共 89 万余起，其中大要案 6.7 万余起；1982 年共 74 万余起，其中大要案 6.4 万余起。一些重大恶性案件不断发生，到“严打”前夕，全国范围内发生了数起影响重大的恶性刑事案件，如 1979 年上海控江路群体滋扰事件、1980 年北京火车站爆炸案、1981 年北京北海公园强奸案、1983 年“二王”流窜杀人案，这些案件成为 1983 年“严打”的直接导火索。

（二）1983 年“严打”的经过

根据社会治安形势严峻的状况，彭真在 1979 年、1980 年和 1981 年 3 次提出要依法从重从快打击严重刑事犯罪。1981 年 5 月，彭真亲自主持召开了北京、上海等 5 大城市治安座谈会。在座谈会上，他明确提出：对恶性案件的现行犯，必须依法从重、从快处理，对他们的放纵、宽大就是对人民的残忍。1983 年 7 月 19 日，邓小平约见彭真和新任公安部部长刘复之，提出，“为什么不可以组织一次、二次、三次严厉打击刑事犯罪活动的战役”，“现在是非常状态，必须依法从重从快集中打击，严才能治住”，“严厉打击刑事犯罪活动是一件大快人心的事”。[①] 在邓小平等谈话精神的指引下，党中央决定对刑事犯罪活动给予必要的严厉打击。

1983 年 7 月 29 日至 8 月 2 日，中央政法委员会在北京召开有各省、市、自治区党委书记、政法委书记，公、检、法、司负责人参加的全国政法工作会议。会议讨论了中央政法委员会关于《坚决贯彻执行党中央关于严厉打击刑事犯罪活动指示的报告》，一致认为：社会治安虽然有一定的好转，但尚未恢复到新中国成立后的最好状况，有些地方凶杀、抢劫、强奸、盗窃等刑事犯罪问题还比较突出。重大恶性案件不是越来越少，而是越来越多，性质越来越严重。必须对严重刑事犯罪分子采取从重从快从严惩处的方针，坚决改变打击不力、下不了手的软弱状况。必须坚决贯彻执行这个方针，才能把犯罪分子的嚣张气焰打击下去。会议确定了将 7 种人作为打击的主要对象：（1）流氓团伙分子；（2）流窜作案分子；（3）杀人犯、放火犯、爆炸犯、投毒犯、贩毒犯、强奸犯、抢劫犯和重大盗窃犯等严重的现行犯；（4）拐卖妇女、儿童的人贩子和组织卖淫的鸨儿；（5）反动会道门的骨干分子；（6）劳改逃跑犯、重新犯罪的劳改释放分子和解除劳教人员，以及其他通缉在案的人犯；（7）书写反革命标语、传单、挂钩信、匿名信的现行反革命分子，包括有现行破坏活动的林彪、“四人帮”残余分子。会议还强调指出，在严厉打击刑事犯罪的活动中，必须强化各种专政手段。为了实现这一点，公安、安全、检察、法院、司法行政部门要充分运用一切专政手段，国家安全部和地方国家安全机关要密切掌握内外敌情动向，配合公安机关打击刑事犯罪的斗争，防止内外特务间谍分子的破坏，人民解放军要密切配合民政部门，加强基层政权的建设，支持打击刑

① 《邓小平文选》（第三卷），人民出版社 1993 年版，第 33—34 页。

事犯罪的斗争，维护社会安定。[①]

1983年8月25日，中共中央发布了《关于严厉打击刑事犯罪活动的决定》，为“严打”斗争拉开了序幕。决定指出，中央决定以3年为期，组织一次、两次、三次战役，按照依法“从重从快，一网打尽”的精神，对刑事犯罪分子予以坚决打击。9月2日，第六届全国人民代表大会常务委员会第二次会议通过了《关于严惩严重危害社会治安的犯罪分子的决定》。决定指出，为维护社会治安、保护人民生命和财产安全、保障社会主义建设的顺利进行，对严重危害社会治安的犯罪分子必须予以严惩。对于流氓集团的首要分子或携带凶器进行流氓犯罪活动情节严重的；或者进行流氓犯罪活动危害特别严重的，故意伤害他人身体、致人重伤或者死亡，情节恶劣的，或者对检举、揭发、拘捕犯罪分子和制止犯罪行为的国家工作人员和公民行凶伤害的；拐卖人口犯罪集团的首要分子，或者拐卖人口情节特别严重的；非法制造、买卖、运输或者盗窃、抢夺枪支、弹药、爆炸物，情节特别严重的，或者造成严重后果的；组织反动会道门，利用封建迷信进行反革命活动，严重危害社会治安的；引诱、容留、强迫妇女卖淫，情节特别严重的，可以在法定最高刑以上处刑直至死刑。对于传授犯罪方法，情节较轻的，处5年以下有期徒刑；情节特别严重的，处无期徒刑或者死刑。为适应“严打”斗争的需要，1983年9月2日，第六届全国人民代表大会常务委员会第二次会议通过了《关于迅速审判严重危害社会治安的犯罪分子的程序的决定》，规定对杀人、强奸、抢劫、爆炸和其他严重危害公共安全应当判处死刑的犯罪分子，主要犯罪事实清楚、证据确凿、民愤极大的，应当迅速及时审判，可以不受刑事诉讼法第110条规定的关于起诉书副本送达被告人期限以及各项传票、通知书送达期限的限制，上述所列犯罪分子的上诉期限和人民检察院的抗诉期限由10日改为3日。

根据中央的安排，1983年“严打”开展3次战役：1983年9月到

---

① 参见孙琬钟主编：《中华人民共和国法律大事典》，中国政法大学出版社1993年版，第30—31页。

1984 年 9 月为第一次战役阶段，重点打击流氓团伙犯罪；1984 年 9 月至 1985 年 9 月为第二次战役阶段，重点打击杀人、抢劫、强奸、拐卖人口等犯罪；1985 年秋至 1986 年底为第三次战役阶段，重点打击第一、二次战役中残余的犯罪分子。据统计，在“严打”三次战役中，“全国各级人民法院共审结刑事案件 140 万件，判决人犯 172 多万名。其中，属于流氓犯罪集团、杀人、抢劫、强奸等 7 个方面的严重刑事犯罪案件 60 万余件，占总数的 43% 左右；人犯 80 余万人，占总数的 45% 左右。在判处无期徒刑和死刑（包括死缓）的罪犯中，90% 以上是属于上述 7 个方面犯罪的。刑事发案率从 1981 年的 8.9‰和 1982 年的 7.4‰降了下来，1983 年为 6‰，1984 年为 5‰，1985 年、1986 年均为 5.2‰”，[①] 沉重地打击了一大批严重危害社会治安的犯罪分子，有效地遏制了刑事案件大幅度上升的势头，收到了积极的效果。

（三）1983 年“严打”的法治影响

从某种意义上讲，1983 年“严打”是新时期人民民主专政在刑事领域的体现。邓小平认为：“解决刑事犯罪问题，是长期的斗争，需要从各方面做工作。现在是非常状态，必须依法从重从快集中打击，严才能治住。搞得不疼不痒，不得人心。我们说加强人民民主专政，这就是人民民主专政。”[②] 1983 年“严打”发动之际，主持全国公安工作的刘复之指出：“依我看，严打战役，意义极为深远，就其指导思想、气势、规模和效果等方面来说，是继 1950 年至 1952 年镇压反革命运动之后，坚持人民民主专政的又一具有历史意义的里程碑。”[③] 从具体过程来看，1983 年“严打”从制定出台到实施都由党中央领导，由党委、政府指挥各级国家机关统一实施，并由最高领导人亲自过问，各种媒体纷纷进行相关报道，报纸、电视台和广播电台的报道铺天盖地接踵而至，形成浩大的声势，兼具有强烈

① 孙琬钟主编：《中华人民共和国法律大事典》，中国政法大学出版社 1993 年版，第 59 页。
② 《邓小平文选》（第三卷），人民出版社 1993 年版，第 34 页。
③ 转引自陈兴良：《严打利弊之议》，《河南省政法管理干部学院学报》2004 年第 5 期。

的法律属性和政治属性。

1983 年“严打”最初是为了应对特殊的社会治安形势而展开的打击犯罪的活动，从中央出台“严打”政策的初衷来看，是将“严打”作为一个应急性对策，在短时期内发挥成效，具有很强的时效性。一旦社会治安好转，犯罪率下降，达到“从重从快，一网打尽”的目的，“严打”也随之结束。但是，由于犯罪原因的复杂性、犯罪率的持续上升等各方面的原因，“严打”政策并未随着一次全国性的“严打”行动而结束。1991 年中共中央、国务院《关于加强社会治安综合治理的决定》指出：“必须长期坚持依法从重从快严厉打击严重危害社会治安的刑事犯罪活动。”[①] 2001 年4 月全国社会治安工作会议强调：“‘严打’是打击严重刑事犯罪活动的长期方针，要坚决贯彻执行。”[②] 同年 9 月，中共中央、国务院《关于进一步加强社会治安综合治理的意见》重申，必须毫不动摇地依法从重从快严厉打击严重刑事犯罪活动，整治治安混乱的地区，解决突出的治安问题。1983 年“严打”后，党中央根据形势的需要又采取了多次类似的“严打”行动，有指向地打击特定刑事犯罪，在改善社会治安，保护人民群众的生命财产安全方面，取得了一定的效果。

七、 中国共产党全国执政时期的刑事法治思想（二）

（一）关于刑事立法的思想

党的十一届三中全会以来，中国共产党高度重视刑事立法工作，把它作为健全社会主义法制的重要环节来强调。拨乱反正伊始，邓小平就明确

① 中共中央文献研究室编：《十三大以来重要文献选编》（下），中央文献出版社 2011 年版，第 1444 页。

② 中共中央党校理论研究室编：《历史的丰碑：中华人民共和国国史全鉴（社会卷）》，中央文献出版社 2005 年版，第 554 页。

提出要制定刑法，1978年10月，他在一次讲话中指出，"'文化大革命'前，曾经搞过刑法草案，经过多次修改，准备公布。'四清'一来，事情就放下了"，现在"很需要搞个机构，集中些人，着手研究这方面的问题，起草有关法律"。[①] 同年12月13日，他又在中央工作会议上强调，"为了保障人民民主，必须加强法制。必须使民主制度化、法律化，使这种制度和法律不因领导人的改变而改变，不因领导人的看法和注意力的改变而改变。现在的问题是法律很不完备，很多法律还没有制定出来"，"应该集中力量制定刑法、民法、诉讼法和其他各种必要的法律"。[②] 1979年刑法施行后，邓小平欣喜地评价道："在建国以来的二十九年中，我们连一个刑法都没有，过去反反复复搞了多少次，三十几稿，但是毕竟没有拿出来。现在刑法和刑事诉讼法都通过和公布了，开始实行了。全国人民都看到了严格实行社会主义法制的希望。这不是一件小事情啊！"[③] 党的十一届三中全会后，彭真在一系列讲话中，深刻阐述了加强社会主义民主法制建设的问题，强调社会主义法制早就应该抓紧搞、加快搞。在他的主持下，仅用3个多月的时间，就拟订了我国第一部刑法、刑事诉讼法等7部重要法律草案。刑法和刑事诉讼法是国家的基本法律，这2部法律的出台，使刑事案件的办理在新中国成立30年后第一次有了系统的法律依据。在刑事立法过程中，中国共产党形成了许多关于新时期刑事立法的思想主张。

1. 刑事立法要从我国实际出发，立足于本国国情

彭真指出，"立法必须从中国的实际出发，调查研究现实的实际和历史的实际"，"首先，要从中国现实的实际情况出发，这是立法的根据"，其次，"研究问题、立法，不能割断历史"，"除研究现实的社会经济关系外，还要研究我国历史的实际"，"立法时要吸收古今中外对我们有用的好经验，要解放思想，百家争鸣，但必须从中国的实际出发，根据我国的实践经验。社会实践是检验真理的唯一标准，从实际出发，实事求是，就是

① 转引自高铭暄编著：《中华人民共和国刑法的孕育和诞生》，法律出版社1981年版，第4页。
② 《邓小平文选》（第二卷），人民出版社1994年版，第146页。
③ 《邓小平文选》（第二卷），人民出版社1994年版，第243页。

唯物论”。[①]

2. 刑事立法要有理论依据、宪法依据和政策依据

彭真指出：“立法必须有理论作依据，宪法是有系统的理论作依据的，是有完整的体系的，前后一贯，体系严密。法律当然要根据党中央的方针、政策，但不是所有的政策都能立即定为法律。我们要注意了解政策的执行情况，分析研究各种典型，看实践证明哪些是成功的，哪些不成功或者不完全成功，或者尚未得到证明。实践证明成功的、成熟的，可以写进法里，否则还不能定为法律。制定法律时要集思广益，把实践证明正确的，用法律形式固定下来。”[②] 他还指出：“立法需要有两个根据，一是实际情况，二是宪法。”[③] 针对有人提出刑事立法的精神应该是重刑还是轻刑的疑问，彭真指出：“这要根据实际情况，抽象来谈轻重宽严谈不通。”他还指出：“对经济犯罪、职务犯罪、军事犯罪等，都要根据理论指导和实际情况在刑法中制定出如何惩处的条文。”[④]

3. 刑事立法要分轻重缓急，不能求大求全，只宜规定成熟的东西，不成熟的不要定，能写多少写多少，逐步完备

邓小平认为，刑事立法应当遵循先粗后细、逐步完善的科学规律。他指出，“法制要在执行中间逐步完善起来，不能等”，“法律条文开始可以粗一点，逐步完善。……修改补充法律，成熟一条就修改补充一条，不要等待‘成套设备’。总之，有比没有好，快搞比慢搞好”。[⑤] 这种“宜粗不宜细”的立法主张，充分体现了邓小平实事求是的唯物主义精神。虽然，从理论上讲，一个国家的刑法典，应当尽可能详尽地规定形形色色的犯罪及其刑罚。然而，20 世纪 70 年代拨乱反正之后，立法者要制定的是新中国第一部刑法，没有成熟的经验可以总结，仅靠借鉴外国的立法又很难完全适应中国国情。在这种情况下，如果要求刑法条文详尽细密、尽善尽

---

① 彭真：《彭真文选（一九四一——一九九〇年）》，人民出版社 1991 年版，第 421、423、403 页。
② 彭真：《彭真文选（一九四一——一九九〇年）》，人民出版社 1991 年版，第 529—530 页。
③ 彭真：《彭真文选（一九四一——一九九〇年）》，人民出版社 1991 年版，第 505 页。
④ 彭真：《彭真文选（一九四一——一九九〇年）》，人民出版社 1991 年版，第 262、263 页。
⑤ 《邓小平文选》（第二卷），人民出版社 1994 年版，第 147 页。

美，则很难在短时间内完成刑法的制定工作，势必影响拨乱反正和社会主义法制建设的进程。因此，邓小平关于刑事立法“有比没有好”“先粗后细”“逐步完善”等特定背景下“宜粗不宜细”的立法主张，是符合历史实际的，对于推动我国的刑事法制建设起了重要的作用。当然，邓小平主张“先粗”是为了“后细”，他最终追求的仍是科学完备的刑事立法，他主张“ 逐步完善”，但并没有否认刑事立法稳定性的重要意义。在经过了一定时期的刑事立法与刑事司法实践的当今中国，刑事立法当然应该追求尽可能地详尽与完善，修改不宜过度频繁。彭真也指出：“法律的制定只能随着实践经验的成熟逐步走向完备，不能匆忙，不能草率从事，也不能主观地片面地贪多求全，并且要防止过于繁琐，以致难于通行，也难于为干部、群众熟悉、掌握。我们要根据实际的需要和可能，有计划有步骤地进行立法工作，做到既积极又慎重，以保持法律的严肃性和稳定性。”① 他还说：“法律制定后，实施中还有很多问题要解决。我们这样一个大国，各地政治、经济、文化发展很不平衡。因此，法律只能解决最基本的问题，不能规定太细，太细了就难以适用全国。”② 针对刑事立法，他还说：“我们的法律为什么对每种罪的量刑都规定了相当大的幅度？一是犯罪情节千差万别，法律不能搞得太烦琐，有适当的幅度便于实事求是地依罪量刑；二是各个时期形势不同，治安情况坏时应从重，好时就应从轻。”③

（二）关于刑法的指导思想、基本原则、内容和刑罚体系的设计

1. 关于刑法的指导思想

刑法必须以马列主义、毛泽东思想为指导，以宪法为依据，以我国最大多数人的最大利益为出发点和归宿，必须从我国的实际出发，以符合我国实际为原则，中国历史上的、外国的有用立法经验要吸取，但是不符合我国实际情况的，都不能要。

① 彭真：《彭真文选（一九四一——一九九〇年）》，人民出版社 1991 年版，第 476—477 页。
② 彭真：《彭真文选（一九四一——一九九〇年）》，人民出版社 1991 年版，第 505 页。
③ 彭真：《彭真文选（一九四一——一九九〇年）》，人民出版社 1991 年版，第 407 页。

2. 刑法面前人人平等，反对特权

公民在法律和制度面前人人平等，在适用刑法上一律平等，要一视同仁地依法对犯罪行为追究刑事责任。邓小平说："公民在法律和制度面前人人平等，党员在党章和党纪面前人人平等。人人有依法规定的平等权利和义务，谁也不能占便宜，谁也不能犯法。不管谁犯了法，都要由公安机关依法侦查，司法机关依法办理，任何人都不许干扰法律的实施，任何犯了法的人都不能逍遥法外。"① 1986 年 1 月 17 日，在中央政治局常委会会议上，邓小平进一步指出，"越是高级干部子弟，越是高级干部，越是名人，他们的违法事件越要抓紧查处，因为这些人影响大，犯罪危害大"，"高级干部在对待家属、子女违法犯罪的问题上必须有坚决、明确、毫不含糊的态度，坚决支持查办部门。不管牵涉到谁，都要按照党纪、国法查处。要真正抓紧实干，不能手软"。② 1979 年 2 月 27 日，青海省某领导干部子弟杨小民蓄意杀人，但法院却重罪轻判，久拖不改，1985 年 7 月，在中央有关部门的关注下，问题才得到解决，邓小平称赞道："青海省杨小民那个案子拖了多年，几任省委书记没有解决，现在处理了，处理得好。就是要查处这样的案子，才会有震动。"③ 刑法面前人人平等，反对特权，是邓小平"有法可依、有法必依、执法必严、违法必究"法治思想在刑法领域的具体体现。

3. 关于刑法的内容和任务

刑法的重要目的是打击犯罪，保护人民，这是人民民主专政的重要体现。改革开放和社会主义现代化建设需要一个安定的社会环境和良好的社会秩序，为此，必须坚决打击各种违法犯罪活动，尤其是经济领域的违法犯罪活动和严重危害社会治安的犯罪活动。邓小平从坚持四项基本原则、坚持人民民主专政的高度，阐述刑法的目的和作用。他指出，"在四个坚持中，坚持人民民主专政这一条不低于其他三条"，"对人民实行民主，对

---

① 《邓小平文选》（第二卷），人民出版社 1994 年版，第 332 页。
② 《邓小平文选》（第三卷），人民出版社 1993 年版，第 152 页。
③ 《邓小平文选》（第三卷），人民出版社 1993 年版，第 152 页。

敌人实行专政，这就是人民民主专政。运用人民民主专政的力量，巩固人民的政权，是正义的事情，没有什么输理的地方”。[①] 在新的历史时期，坚持人民民主专政既要有勇气全面否定“以阶级斗争为纲”的错误路线，又必须有胆识运用刑事法律打击各种犯罪活动，“在社会主义社会，仍然有反革命分子，有敌特分子，有各种破坏社会主义秩序的刑事犯罪分子和其他坏分子，有贪污盗窃、投机倒把的新剥削分子，并且这种现象在长时期内不可能完全消灭。同他们的斗争不同于过去历史上的阶级对阶级的斗争（他们不可能形成一个公开的完整的阶级），但仍然是一种特殊形式的阶级斗争，或者说是历史上的阶级斗争在社会主义条件下的特殊形式的遗留。对于这一切反社会主义的分子仍然必须实行专政”，[②] “全党同志和全体干部都要按照宪法、法律、法令办事，学会使用法律武器（包括罚款、重税一类经济武器）同反党反社会主义的势力和各种刑事犯罪分子进行斗争”。[③] 1980 年 1 月，邓小平在《目前的形势和任务》的讲话中指出：“要对各种犯罪分子继续坚决打击，努力保障和巩固健全的、安定的社会秩序。我们要学会使用和用好法律武器。对违法犯罪分子手软，只能危害大多数人民的利益，危害现代化建设的大局。”[④] 同时，刑法又是解决犯罪与刑罚问题的法律，需要解决什么是犯罪、什么不是犯罪，划清罪与非罪的界限。彭真反复强调，只能将那些危害较重的行为规定为犯罪，处以刑罚；对那些危害较轻，应由党纪、政纪、民法等处理的问题，不能规定为犯罪，而应用其他法律手段或者道德规范去调整。

4. 关于刑罚体系的设计和刑罚的运用

如何看待刑罚、运用刑罚，是新时期中国共产党刑事法治思想的重要内容。邓小平认为，刑罚是治理犯罪的重要手段，但不是唯一、也不是根本的手段。邓小平主张对严重刑事犯罪从重从快惩处，但从未表现出对刑罚手段的过度依赖，而是明确指出：“解决刑事犯罪问题，是长期的斗争，

① 《邓小平文选》（第三卷），人民出版社 1993 年版，第 365、379 页。
② 《邓小平文选》（第二卷），人民出版社 1994 年版，第 169 页。
③ 《邓小平文选》（第二卷），人民出版社 1994 年版，第 371 页。
④ 《邓小平文选》（第二卷），人民出版社 1994 年版，第 253 页。

需要从各方面做工作。”[①] 具体来说，就是要实施综合治理，刑罚只是综合治理的一个重要环节，但不是唯一手段。他又深刻指出：“我们对刑事犯罪活动的打击是必要的，今后还要继续打击下去，但是只靠打击并不能解决根本的问题，翻两番、把经济搞上去才是真正治本的途径。当然我们总还要做教育工作。”[②] 在他眼里，经济的发展与社会的进步，才是减少和预防犯罪的关键，是治本之所在。彭真指出，我们国家大，犯罪情况较杂，处理的手段应当多一些，不管什么办法都可用，合乎逻辑、合乎人情，能解决问题就行。外国有的，我们也可以有，外国没有的，我们也可以有。[③] 根据彭真的指示，死缓、无期徒刑和管制被保留下来，在对犯罪作斗争的过程中发挥了重大作用。

在刑罚的适用上，主张贯彻宽严相济、区别对待的原则。邓小平指出：“对于各种破坏安定团结的人，都要分别情况，严肃对待。”[④] 如何分别情况，严肃对待？首先，“要以事实为根据，以法律为准绳”，要分别是非轻重，根据犯罪事实来判断犯罪行为的社会危害程度，然后依法适用刑罚，既不能轻罪重判，也不能重罪轻判。其次，“还是要讲坦白从宽、抗拒从严的政策”，坦白从宽、抗拒从严是惩办与宽大相结合政策的体现。再次，“对于罪大恶极的不能手软”，[⑤] 所谓罪大恶极，是指那些对国家和人民的利益危害特别严重、情节特别恶劣的犯罪分子，对于这些“严重刑事犯罪分子，包括杀人犯、抢劫犯、流氓犯罪团伙分子、教唆犯、在劳改劳教中继续传授犯罪技术的惯犯，以及人贩子、老鸨儿等，必须坚决逮捕、判刑，组织劳动改造，给予严厉的法律制裁”。[⑥] 在惩罚与教育关系的问题上，主张适用刑罚要立足教育，将惩罚与教育结合起来。邓小平指出，对于刑事犯罪，“我们用法律和教育这两个手段来解决这个问题”，[⑦]

---

① 《邓小平文选》（第三卷），人民出版社 1993 年版，第 34 页。
② 《邓小平文选》（第三卷），人民出版社 1993 年版，第 89 页。
③ 参见高西江：《彭真同志在刑法起草中的精辟见解》，《中国人大》2004 年第 14 期。
④ 《邓小平文选》（第二卷），人民出版社 1994 年版，第 255 页。
⑤ 《邓小平文选》（第三卷），人民出版社 1993 年版，第 314 页。
⑥ 《邓小平文选》（第三卷），人民出版社 1993 年版，第 34 页。
⑦ 《邓小平文选》（第三卷），人民出版社 1993 年版，第 156 页。

“对于绝大多数破坏社会秩序的人应该采取教育的办法，凡能教育的都要教育，但是不能教育或教育无效的时候，就应该对各种罪犯坚决采取法律措施，不能手软”。[①] 他进一步提出了加强法制教育的主张：“现在这么多青年人犯罪，无法无天，没有顾忌，一个原因是文化素质太低。所以，加强法制重要的是要进行教育，根本问题是教育人。法制教育要从娃娃开始，小学、中学都要进行这个教育，社会上也要进行这个教育”。[②] 惩罚的目的不仅仅在于惩罚，也在于教育，适用刑罚也要立足教育，把刑罚作为一种教育手段，“现在我们严肃处理这样一批人，不但对绝大多数犯罪分子是一种教育，对全党、全国人民也是一种教育”。[③]

关于刑罚中最严厉之死刑的适用，邓小平有过精辟的论述。他的主张包括：第一，死刑不能废除。1986 年 1 月 17 日，他在一次讲话中明确指出：“死刑不能废除，有些罪犯就是要判死刑。我最近看了一些材料，屡教屡犯的多得很，劳改几年放出来以后继续犯罪，而且更熟练、更会对付公安司法机关了。对这样的累犯为什么不依法杀一些？还有贩卖妇女、儿童，搞反动会道门活动，屡教不改的，为什么不依法从重判处？当然，杀人要慎重，但总得要杀一些。涉及政治领域、思想领域的问题，只要不触犯刑律，就不受刑事惩处，不涉及死刑问题。但是对严重的经济罪犯、刑事罪犯，总要依法杀一些。现在总的表现是手软。判死刑也是一种必不可少的教育手段。现在一般只是杀那些犯杀人罪的人，其他的严重犯罪活动呢？广东卖淫罪犯那么猖獗，为什么不严惩几个最恶劣的？老鸨，抓了几次不改，一律依法从重判处。经济犯罪特别严重的，使国家损失几百万、上千万的国家工作人员，为什么不可以按刑法规定判死刑？一九五二年杀了两个人，一个刘青山，一个张子善，起了很大的作用。现在只杀两个起不了那么大作用了，要多杀几个，这才能真正表现我们的决心。”[④] 不但认为不能废除死刑，还主张在治安形势严峻、严重刑事犯罪和严重经济犯罪

① 《邓小平文选》（第二卷），人民出版社 1994 年版，第 253 页。
② 《邓小平文选》（第三卷），人民出版社 1993 年版，第 163 页。
③ 《邓小平文选》（第二卷），人民出版社 1994 年版，第 254 页。
④ 《邓小平文选》（第三卷），人民出版社 1993 年版，第 152—153 页。

急剧上升的时候“多杀几个”，不仅犯杀人罪等侵犯人身权利犯罪的可以判死刑，经济犯罪特别严重、给国家造成重大损失的也可以判死刑。第二，死刑只适用于罪大恶极的犯罪分子。邓小平所指出的必须适用死刑的犯罪，都是罪大恶极、依法当处死刑的犯罪，同时，他在指出某些严重犯罪应当判处死刑时，一再强调要“依法”判处，也就是说，必须是符合刑法总则、分则与特别刑法规定的死刑适用条件的犯罪，才能适用死刑，绝不能把并非罪大恶极的犯罪分子强行拔高适用死刑。第三，在犯罪形势特别严重的情况下，可以适当地多适用一些死刑，但也要非常慎重。邓小平一再强调，面对治安恶化、犯罪上升的严峻形势，党和国家不能听之任之，必须采取有力的对策，必要时多适用一些死刑。但同时，为避免司法实践走向另一个极端，邓小平也特别强调了“慎刑”的问题，明确指出“杀人要慎重”，所谓“多杀”是相对于治安良好的平时来说，并不意味着突然大量增加死刑的适用。

（三）依法从重从快严惩严重刑事犯罪和严重经济犯罪

20世纪80年代以来，刑事犯罪问题特别是严重刑事犯罪问题引起中国共产党领导人的高度关注。邓小平提出，改革开放和打击严重刑事犯罪必须“两手抓”“两手都要硬”，“对违法犯罪分子手软，只能危害大多数人民的利益，危害现代化建设的大局”，[①]“在当前条件下，使用国家的镇压力量，来打击和瓦解各种反革命破坏分子、各种反党反社会主义分子、各种严重刑事犯罪分子，以便维护社会安定，是完全符合人民群众的要求的，是完全符合社会主义现代化建设的要求的”。[②] 为此，邓小平提出对严重危害社会治安和人民群众生命财产安全的严重刑事犯罪，依法从重从快打击，“刑事案件、恶性案件大幅度增加，这种情况很不得人心。……为什么不可以组织一次、二次、三次严厉打击刑事犯罪活动的战役？……现

① 《邓小平文选》（第二卷），人民出版社1994年版，第253页。

② 《邓小平文选》（第二卷），人民出版社1994年版，第373—374页。

在是非常状态，必须依法从重从快集中打击，严才能治住”。[①] 1983 年 10 月 12 日，在十二届中央委员会第二次全体会议上，邓小平总结“严打”的经验时说：“最近，在全国范围内对严重刑事犯罪分子依法实行从重从快的集中打击，受到广大群众的热烈拥护，非常得人心。群众只担心将来处理太宽，放虎归山，罪犯又来报仇。群众还认为早就应当从严打击，批评我们搞晚了。这些反映和批评值得高度重视。前两年我们曾指出各级领导上存在着软弱涣散的状况，对严重刑事犯罪分子下不了手也是一种表现。由此应当得出教训，必须坚决克服领导上的软弱涣散状态。”[②] 对“严打”给予了充分的肯定和支持。

在主张严厉打击严重刑事犯罪的同时，邓小平等领导人对严重经济犯罪也十分关注。1980 年 8 月 18 日，邓小平在中央政治局扩大会议上的讲话中指出：“现在有些青年，有些干部子女，甚至有些干部本人，为了出国，为了搞钱，违法乱纪，走私受贿，投机倒把，不惜丧失人格，丧失国格，丧失民族自尊心，这是非常可耻的。…… 在国内经济工作中，歪曲现行经济政策，利用经济管理工作中的漏洞而进行各种违法活动的个人、小集团甚至企业、单位，也有所增加。对于这种反社会主义的违法活动和犯罪分子，也必须严重警惕，坚决斗争。”[③] 同年 12 月他又指出，走私漏税、投机倒把、行贿受贿、贪赃枉法等经济犯罪活动在滋长泛滥，“对这一切现象，我们决不能掉以轻心。……如果不及时地、有区别地给以坚决处理，而听任上述各种不同性质的问题蔓延汇合起来，就会对安定团结的局面造成很大的危害”。[④] 对此，在 1982 年 4 月的中央政治局会议上，邓小平作了《坚决打击经济犯罪活动》的专题讲话，明确指出：“打击经济犯罪活动的斗争，是我们坚持社会主义道路和实现四个现代化的一个保证。这是一个经常的斗争，经常的工作。否则，社会主义道路怎么坚持呀？如果不搞这个斗争，四个现代化建设，对外开放和对内搞活经济的政策，就

① 《邓小平文选》（第三卷），人民出版社 1993 年版，第 33—34 页。
② 《邓小平文选》（第三卷），人民出版社 1993 年版，第 38 页。
③ 《邓小平文选》（第二卷），人民出版社 1994 年版，第 337—338 页。
④ 《邓小平文选》（第二卷），人民出版社 1994 年版，第 370 页。

要失败。所以，我们要有两手，一手就是坚持对外开放和对内搞活经济的政策，一手就是坚决打击经济犯罪活动。没有打击经济犯罪活动这一手，不但对外开放政策肯定要失败，对内搞活经济的政策也肯定要失败。”[①] 在阐述了打击经济犯罪活动必要性和重要性的基础上，邓小平进一步提出了从快从严从重打击严重经济犯罪的方针，提出：“现在刹这个风，一定要从快从严从重。现在看起来，太重也不行，但是对有一些情节特别严重的犯罪分子，必须给以最严厉的法律制裁。刹这股风，没有一点气势不行啊！这个问题要认真地搞，而且在近期要抓紧，处理要及时，一般地要严，不能松松垮垮，不能处理太轻了。”[②]

在党和国家领导人中，彭真最早提出“严打”严重刑事犯罪的主张。早在1979年11月21日，彭真主持召开全国城市治安会议，提出了重点整顿大中城市社会治安的任务、方针、政策和具体措施。1980年1月13日，他赴上海、广州视察。在认真听取了上海公、检、法负责同志的汇报后，首次提出了依法从重、从快严厉打击现行犯罪分子的思想：当前，对现行犯罪分子的处理，不能从轻，要从重；不能从慢，要从快，慢腾腾不行。[③] 彭真的“严打”的主张被党中央所采纳，在邓小平一锤定音下，转化为党中央的“严打”决策。总起来说，彭真“严打”思想的主要内容包括：（1）客观形势决定必须“严打”。1982年10月4日，在中央政法委员会扩大会议上，彭真指出：“依法从重从快，是根据当前社会治安严重形势决定的。法律对量刑所以要规定一个幅度，一是因为要适应犯罪情节和后果千差万别的情况。等到社会治安好转，犯罪活动不那么猖獗了，是否还一定要从重呢？那就不一定了。”[④]（2）“严打”的对象包括严重刑事犯罪和严重经济犯罪。在1979年11月召开的全国城市治安会议上，彭真提出要依法严惩杀人犯、抢劫犯、强奸犯、放火犯和其他严重破坏社会秩序的

① 《邓小平文选》（第二卷），人民出版社1994年版，第404页。

② 《邓小平文选》（第二卷），人民出版社1994年版，第403页。

③ 李海文、王燕玲编著：《世纪对话——忆新中国法制奠基人彭真》，群众出版社2002年版，第31页。

④ 《彭真生平思想研究》编辑组：《彭真生平思想》，中央文献出版社2008年版，第172页。

犯罪分子，特别是团伙犯罪的头目和教唆犯。[①] 此后，他又多次强调依法从重从快严惩走私、倒卖外汇、投机诈骗、盗窃盗卖、贪污受贿等经济犯罪。1986 年 3 月，他在谈到严厉打击严重刑事犯罪和严重经济犯罪时说，如果说打击严重刑事犯罪是艰巨、长期、复杂的，那么打击严重经济犯罪不仅是长期的，而且更加艰巨复杂。(3)“严打”的措施是依法从重、从快严厉打击。彭真认为，从重，是在法律规定的量刑幅度内从重；从快，就是抓紧、积极、不拖沓。他在强调依法从重、从快严厉打击刑事犯罪时，又强调要稳、准、狠，以事实为依据，以法律为准绳，保证“严打”的质量，注意政策。(4)“严打”要实事求是，因地制宜。刑事案件有就有，没有就没有，多就多，少就少，要从实际出发，大来大搞，中来中搞，小来小搞。(5)“严打”过程中要严格区分两类不同性质的矛盾，对少数严重刑事犯罪和经济犯罪依法从重从快打击，对轻微违法犯罪人员则要加强教育，注重感化和挽救。为此，要做好劳改和劳教工作，使其达到真正教育人和改造人的效果。(6)“严打”必须紧密依靠党的领导，紧密依靠人民群众，实施专门机关和群众路线相结合。政法机关是专政机关，必须置于党的绝对领导之下，群众路线是党一切工作的根本路线，专门机关和群众路线相结合，是政法工作，也是“严打”必须坚持的基本路线。

（四）严厉惩治腐败犯罪

中国共产党领导人对改革开放后腐败犯罪上升的形势有着清醒的认识，早在 1982 年，邓小平就指出：“我们自从实行对外开放和对内搞活经济两个方面的政策以来，不过一两年时间，就有相当多的干部被腐蚀了。卷进经济犯罪活动的人不是小量的，而是大量的。”[②] 邓小平从促进党风、社会风气好转，建设良好社会风尚的角度和执政党生死存亡的高度阐述了打击腐败犯罪的重要性，“这股风来得很猛。如果我们党不严重注意，不坚决刹住这股风，那末，我们的党和国家确实要发生会不会‘改变面貌’

---

① 参见彭真：《论新中国的政法工作》，中央文献出版社 1992 年版，第 198—203 页。

② 《邓小平文选》（第二卷），人民出版社 1994 年版，第 402 页。

的问题。这不是危言耸听”，[①]“经济建设这一手我们搞得相当有成绩，形势喜人，这是我们国家的成功。但风气如果坏下去，经济搞成功又有什么意义？会在另一方面变质，反过来影响整个经济变质，发展下去会形成贪污、盗窃、贿赂横行的世界。所以，不能不讲四个坚持，不能不讲专政，这个专政可以保证我们的社会主义现代化建设顺利进行，有力地对付那些破坏建设的人和事”。[②]为此，他主张用最严厉的手段即刑罚打击各种腐败犯罪，“凡是搞特权、特殊化，经过批评教育而又不改的，人民就有权依法进行检举、控告、弹劾、撤换、罢免，要求他们在经济上退赔，并使他们受到法律、纪律处分”，[③]“是一就是一，是二就是二，该怎么处理就怎么处理，一定要取信于民。腐败、贪污、受贿，抓个一二十件，有的是省里的，有的是全国范围的”，[④]这些论述充分体现了邓小平运用刑法惩治各种腐败犯罪的信心和决心。

（五）关于刑事诉讼和律师辩护的思想

刑事诉讼要依法惩办犯罪，但也不能冤枉好人。在彭真等领导人的主张下，1979 年刑事诉讼法的任务从“揭露犯罪，证实犯罪”改为“保证准确及时地查明犯罪事实，正确适用法律，惩罚犯罪分子”，明确了方向，对于依法打击犯罪，不冤枉好人，有着重要的导向意义。彭真十分重视刑事辩护及律师在刑事辩护中的职责。他认为，实行辩护制度有利于避免错案，“有的法院同志认为，实行辩护制度太麻烦。这种思想是错误的。从全国发生的错判数字可以看出，我们过去的审判工作并不很高明，实行辩护制度有利于避免错案”，“除涉及国家机密或者个人隐私的案件和未成年犯罪案件以外，都要公开进行审判。所有案件都要允许被告辩护，本人可以辩护，近亲属可以辩护，律师可以辩护，所在单位和人民团体也可以派

① 《邓小平文选》（第二卷），人民出版社 1994 年版，第 403 页。
② 《邓小平文选》（第三卷），人民出版社 1993 年版，第 154 页。
③ 《邓小平文选》（第二卷），人民出版社 1994 年版，第 332 页。
④ 《邓小平文选》（第三卷），人民出版社 1993 年版，第 297 页。

人辩护。证人不能伪造证据，也不能隐匿证据。要查清证明被告有罪和无罪、罪重和罪轻两个方面的证据。这样，冤案、假案、错案就不容易发生，发生了也比较容易发觉和纠正”。[①]

① 《彭真生平思想研究》编辑组编：《彭真生平思想研究》，中央文献出版社 2008 年版，第 93 页。

第七章　中国共产党全国执政时期刑事法治思想与实践（三）

1997 年 3 月 14 日，第八届全国人民代表大会第五次会议通过了修订的《中华人民共和国刑法》（以下简称 1997 年刑法）。相比于 1979 年刑法，此次刑法修改幅度之大、涉及范围之广，在新中国刑法史上可以说是空前的。1997 年刑法以邓小平理论为指导，顺应时代的要求，贯彻“依法治国，建设社会主义法治国家”的基本方略，从而大大推动了我国刑事法治乃至整个法治建设的进程。党的十四大报告把“加强社会治安综合治理，保持社会长期稳定”写入了新修改的党章总纲后，十五大报告中再次提出了加强社会治安综合治理，坚持“打防结合，预防为主”的指导思想，社会治安综合治理正式上升为我国一项重要的综合性刑事政策，并在之后党的会议上不断得到强调和细化。在构建社会主义和谐社会的要求下，宽严相济刑事政策被正式确立为基本的刑事政策，对社会主义刑事法治的发展产生了重要影响。

一、 1997 年刑法及其修改

（一）1997 年刑法修订的背景

1979 年 7 月 1 日五届全国人民代表大会二次会议通过的《中华人民共和国刑法》，是新中国制定的第一部刑法。总的来看，其所规定的任务和基本原则是正确的，许多具体规定是可行的，在某些方面具有一定的预见性，在当时是一部比较完备的刑法，对于打击刑事犯罪活动，保护人民群众生命财产安全，维护国家安全和统一，维护社会秩序，保卫人民民主专政的政权和社会主义制度，保障改革开放和社会主义现代化建设事业的顺利进行，发挥了重要作用。

但是，同任何事物一样，1979 年刑法必然存在它自身的局限性，以及其所处时代的烙印。1979 年刑法制定时，我国改革开放刚刚起步，仍在实行计划经济体制。之后随着改革开放的迅猛推进，我国经济、社会生活各个方面都发生了重大变化，使刑法呈现出许多不相适应的现象，主要包括：

1. 与迅速发展的经济、社会形势不相适应

1979 年刑法颁布实施以来，在党的十一届三中全会制定的基本路线方针政策指引下，中国共产党领导全国各族人民高举中国特色社会主义理论的旗帜，走改革开放、以经济建设为中心、解放发展生产力的中国特色社会主义的康庄大道，经济、社会形势发生巨大变化：社会主义市场经济取代计划经济，成为国家基本的经济体制；以国有经济为主导，国有经济、集体经济、个体经济、私营经济等多种经济成分并存，取代了单一公有制的经济成分，成为全国性的经济格局；在发展经济的同时，必须切实加强社会主义精神文明建设，有力打击刑事犯罪，改善社会治安，已成为全党全国人民的共识；依法治国，建设社会主义法治国家，已被确定为基本国策。根据上述精神，党的十四届三中全会特别强调，“社会主义市场经济体制的建立和完善，必须有完备的法制来规范和保障”，确定要进一步完善包括刑事立法在内的一系列法律，在 20 世纪末初步建立适应社会主义市场经济的法律体系。因此，为了适应经济、社会发展的需要，保障改革开放和社会主义市场经济的发展与社会的稳定，必然要对刑法进行修订。

2. 与现行宪法和修正后的刑事诉讼法不相适应

宪法是国家根本法，是治国安邦的总章程，包括刑法在内的一切法律都必须与之相适应。1979 年刑法是以 1978 年宪法作为制定依据的，但是

之后宪法进行了多次修改：1982 年通过了新宪法，对 1978 年宪法进行系统、重大的修改；1988 年对宪法进行第一次修改，肯定了私营经济是社会主义公有经济的重要补充，明确规定国家保护私营经济的合法权利和利益，还规定土地的使用权可以依照法律的规定进行转让等；1993 年对宪法进行第二次修改，规定了国家实行社会主义市场经济，禁止任何组织或个人扰乱社会经济秩序等。既然宪法业经多次重要修改，无疑刑法也必须作出相应的修正。同时，宪法在一系列重大原则性问题上的明确规定也为修订刑法指明了方向，并提供了修订刑法所必需的根本性的依据。此外，刑法与刑事诉讼法是两部紧密相连、互相渗透、互相补充的姊妹法。中华人民共和国第一部刑法和第一部刑事诉讼法都是 1979 年制定的。1996 年 3 月，第八届全国人民代表大会第四次会议正式通过了《关于修改〈中华人民共和国刑事诉讼法〉的规定》，这既为刑法的修订创造了良好条件，同时也更加显示出修订刑法的必要性和紧迫性。

3. 与犯罪形势及刑事司法实践的变化不相适应

受当时的历史条件和立法技术的限制，1979 年刑法无论在体系结构、规范内容还是在立法技术上都存在一些缺陷。这部刑法在观念上较为保守，内容上失于粗疏，并且在很短的时间内就暴露出与改革开放迅猛进行的中国社会现实生活的诸多不适应。1979 年刑法根据当时的需要与可能，对某些犯罪行为规定得比较原则，如司法实务部门所称的三个“口袋罪”，即投机倒把罪、流氓罪和渎职罪，规定得比较笼统，导致司法实践中不便于操作，或者存在较大随意性的弊端，产生定性不准、量刑失当或畸轻畸重的偏向。尤其是，在商品经济和市场经济日益发展、中国参与国际交往日趋增多、社会生活各个领域发生翻天覆地的变化的情势下，各种新型的经济犯罪、危害社会治安的犯罪亦呈现出前所未有的增长势头，如金融犯罪、证券犯罪、利用增值税专用发票犯罪、骗取国家出口退税罪、知识产权犯罪以及利用电子计算机的犯罪等，这些新的犯罪，在 1979 年制定刑法时，是难以完全预料的。总之，1979 年刑法内容之疏漏和对变化多端的犯罪现象缺乏及时应变能力的缺陷日趋严重。

为适应国家改革开放中的新情况、新问题和惩治防范犯罪的实际需要，中国最高立法机关自1981年起至1997年3月，先后通过了24个单行刑事法律，并在107部非刑事法律法规中设置了附属刑法规范，对刑法进行了一系列修改和补充，内容涉及极广，其中仅罪名就由130个增加到了263个。[①] 这些修改补充，虽然适应了社会形势之急需，对中国刑事司法实践起了显著有力的指导和规范作用，但是，频繁的修补并不能从根本上解决问题，相反，它还使刑法规范过于分散，缺乏体系和系统化，加上司法解释数量庞大，规范之间的不协调性日益凸显，不利于刑事法治的发展与完善。因此，刑法的全面修改势在必行。

（二）1997年刑法修订的过程

1982年3月8日，全国人大常委会通过了《关于严惩严重破坏经济的罪犯的决定》，首次明确提出："有必要对《中华人民共和国刑法》的一些有关条款作相应的补充和修改。"提出了修改刑法的设想。1988年7月1日，第七届全国人大常委会第二次会议通过了《七届全国人大常委会工作要点》，明确提出把刑法修改工作正式列入全国人大常委会的立法规划，标志着刑法修改工作已被正式列入最高立法机关议事日程上来。不久后，全国人大常委会法制工作委员会草拟出《关于修改刑法的初步设想（草稿）》，并于1988年9月至12月数次邀请中央和国家机关有关部门、有关高校科研单位的专家学者进行座谈，对刑法总则和分则逐条进行讨论，广泛听取意见。在此基础上分别形成了1988年11月的《刑法修改稿草案》和1988年12月的《刑法修改草案》。与此同时，最高人民法院和最高人民检察院也为刑法的修订做了大量工作。最高人民检察院于1989年6月向全国各省、市、区人民检察院和部分市检察院发出《刑法修改调查提纲》，广泛征求意见，最后于1989年10月形成《修改刑法研究报告》。最高人民法院在全国法院系统展开调查研究，最后形成《关于刑法总则修改的若

① 参见高铭暄：《20年来我国刑事立法的回顾与展望》，《中国法学》1998年第6期。

干问题（草稿)》和《关于刑法分则修改的若干问题（草稿)》，从刑事司法实践的角度为刑法的修订提供参考意见。1991 年 1 月，中央提出修改反革命罪，并要求尽快进行。全国人大常委会法制工作委员会立即在调查研究的基础上，起草了关于修改反革命罪的决定草案，并邀请中央政法委员会、最高人民法院、最高人民检察院、公安部、国家安全部的负责同志和部分专家进行研究修改，拟提请于当年 3 月召开的第七届全国人大第四次会议审议。后因时间仓促，有些问题尚有不同意见，决定暂不提请审议。后来又因国际形势急剧变化，修改工作被搁置下来。

1993 年 3 月，第八届全国人民代表大会产生后，提出要加快立法步伐，用法律保障和推进改革开放，引导社会主义市场经济更好地运转，刑法修改工作再次被提到议事日程，并作为本届人大常委会任期内保证审议的立法项目列入立法规划。从此，刑法修订进入全面展开阶段。为此，全国人大常委会成立了专门的工作班子，在广泛座谈和调查研究的基础上，着手拟制刑法修订稿。1996 年 3 月，八届全国人大四次会议审议通过《关于修改〈中华人民共和国刑事诉讼法〉的决定》之后，全国人大常委会法制工作委员会会同全国人大法律委员会、内务司法委员会，集中力量，加快刑法修订工作的步伐。同年 6 月，在过去准备工作的基础上，广泛征求最高人民法院、最高人民检察院、公安部、国家安全部、司法部和专家的意见，拟出了修订草案的草稿。1996 年 7 月 7 日至 16 日，王汉斌副委员长邀集全国人大法律委员会、内务司法委员会、常委会法制工作委员会的领导同志，对草稿进行讨论。根据讨论意见对草稿进行修改，并在 8 月分别召开两次座谈会，再次听取政法机关和专家的意见，对草稿再次修改。9 月 2 日至 17 日，王汉斌副委员长第二次召集上述范围的会议，对修改草稿进行逐条讨论，正式拟定出《中华人民共和国刑法修订草案》（征求意见稿)。10 月，全国人大将“征求意见稿”印发中央各有关机关和各省、自治区、直辖市、较大的市以及一些法律院校征求意见。11 月 11 日至 22 日，全国人大常委会法制工作委员会在北京再次召开刑法修订座谈会，全国人大常委会副委员长王汉斌出席会议，中央各有关部门，部分省、自治区、直辖市人大有关工作机构，地方各级司法部门科研机构，大专院校的法学专家共140人到会，对《中华人民共和国刑法修订草案》（征求意见稿）进行逐条讨论，提出许多意见。12月，《中华人民共和国刑法（修订草案）》提交全国人大常委会进行审议。

1996年12月，第八届全国人大常委会召开第二十三次会议，分组对《中华人民共和国刑法（修订草案）》进行了审议，在对草案予以肯定的同时，提出许多修改意见，建议进一步修改后提交八届全国人大五次会议审议通过。1997年1月6日至9日，由王汉斌、任建新、罗干主持，邀请中央政法委员会、最高人民法院、最高人民检察院、公安部、国家安全部、司法部、中央军委法制办、国务院法制局、全国人大法律委员会和内务司法委员会、全国人大常委会法制工作委员会的有关领导同志参加会议，对刑法修订草案中的重大问题和有争议的问题进行讨论研究修改。全国人大常委会法制工作委员会根据两次会议的意见，对刑法修订草案进行认真修改，又召开多次工作会议，听取各方面的意见，从有利于刑法实施和完善立法技术的角度，逐条进行推敲，于1997年1月形成了新的修改稿。之后全国人大法律委员会、内务司法委员会又进行联合审议，对修订草案作了部分改动，形成了较为成熟的刑法修订草案。1997年2月19日，第八届全国人大常委会第二十四次会议审议修改后的刑法修订草案，最后决定将修订草案提交1997年3月召开的第八届全国人民代表大会第五次会议审议通过，并决定对于刑法修订前全国人大常委会制定的《惩治军人违反职责罪暂行条例》和有关刑法的22个修改补充规定和决定，在修订的刑法实施后，区别情况决定是否继续实施。

1997年3月1日，第八届全国人大第五次会议在北京召开。3月6日，全国人大常委会副委员长王汉斌作了关于刑法修订草案的说明，向与会代表说明这次修订刑法的主要考虑：第一，要制定一部统一的、比较完备的刑法。将刑法（指1979年刑法）实施17年来由全国人大常委会作出的有关刑法的修改补充规定和决定研究修改编入刑法；将一些民事、经济、行政法律中“依照”“比照”刑法有关条文追究刑事责任的规定，改为刑法的具体条款；将拟制定的反贪污贿赂法和中央军委提请常委会审议的惩治军人违反职责罪条例编入刑法，分别规定为贪污贿赂罪和军人违反职责罪2章；对于新出现的需要追究刑事责任的犯罪行为，经过研究认为比较成熟、比较有把握的，尽量增加规定。第二，注意保持法律的连续性和稳定性。对刑法的原有规定，包括文字表述和量刑规定，原则上没有什么问题的，尽量不作修改。第三，对一些原来比较笼统原则的规定，尽量把犯罪行为研究清楚，作出具体规定。此外，还对刑法修订草案的主要内容作了说明，包括刑法基本原则、减刑和假释、在法定刑以下判处刑罚、正当防卫、自首和立功、反革命罪、投机倒把罪、流氓罪、贪污贿赂罪、渎职罪、完备刑事法律条文问题、死刑问题、危害国防利益罪、军人违反职责罪、全国人大常委会制定有关刑法的23个条例处理问题等15个问题。

大会代表对刑法修订草案若干具体问题提出了修改意见，全国人大法律委员会在会议期间及时作了相应的修改。3月13日，全国人大法律委员会主任薛驹对刑法修订等3个法律草案审议结果向大会主席团会议作了报告，说明根据代表的意见，对刑法修订草案10个方面作了修改。主席团审议通过了薛驹的报告，决定将刑法修订草案提交大会表决通过。1997年3月14日，第八届全国人民代表大会第五次会议正式表决通过了《中华人民共和国刑法》。同日，中华人民共和国主席江泽民以第83号主席令，予以公布，自1997年10月1日起施行。至此，自1982年以来历时15年的刑法修订工作，宣布圆满结束。

（三）1997年刑法的内容、特点和成就

1997年刑法共有总则、分则两编，另有附则1条。总则分为5章，101条。分则分为10章，350条。其中，第三章“破坏社会主义市场经济秩序罪”，又分为8节；第六章“妨害社会管理秩序罪”，分设9节。加附则总计452条。与1979年刑法相比，条文从192条增至452条，增加260条。其中分则从103条增至350条，增加247条。

在内容上，1997年刑法总则明确规定了刑法的三项基本原则特别是罪

刑法定原则，取消了类推制度；扩大了我国公民在国外犯罪的刑法适用范围，规定我国国家工作人员和军人在中国领域外犯罪的一律适用中国刑法，其他公民在我国领域犯罪，除按我国刑法规定最高刑在 3 年有期徒刑以下的外，一律适用我国刑法；确立了刑法的普遍管辖原则，规定对中华人民共和国缔结或参加的国际条约所规定的罪行，中华人民共和国在所承担条约义务范围内，行使管辖权；修改了未成年人刑事责任的规定，首次采用绝对列举的方式规定 14 周岁至 18 周岁的未成年人负刑事责任的范围仅限于刑法规定的 8 种犯罪，即故意杀人、故意伤害致人重伤或者死亡、强奸、抢劫、贩卖毒品、放火、爆炸、投毒罪，同时，取消了未成年人犯罪可以判处死刑缓期 2 年执行的规定；完善精神病人犯罪减轻刑事责任的制度，规定尚未完全丧失辨认或控制自己行为能力的精神病人犯罪的，应当负刑事责任，但是可以从轻或减轻处罚；强化了正当防卫制度，明确规定“正当防卫明显超过必要限度造成重大损害”才属于防卫过当，同时规定“对正在进行行凶、杀人、抢劫、强奸、绑架以及其他严重危及人身安全的暴力犯罪，采取防卫行为，造成不法侵害人伤亡的，不属于防卫过当，不负刑事责任”，鼓励人民群众同违法犯罪行为作斗争；完善了自首和立功制度；确定了单位犯罪制度；在程序上完善了在法定刑以下判处刑罚的规定；对减刑、假释从条件到程序作了严格规定。

刑法分则结构和内容也更趋完善。将惩治军人违反职责罪条例纳入刑法，将原刑法中分属两章的贪污罪和贿赂罪合并编为独立的贪污贿赂罪一章，将原属第七章的妨害婚姻、家庭罪，合并到第四章中，增加了危害国防利益一章；将“反革命罪”修改为“危害国家安全罪”，改变了以往罪刑规定政治化色彩过于浓厚的不当做法，强化法治化色彩；此外，将“破坏社会主义经济秩序罪”修改为“破坏社会主义市场经济秩序罪”，分解了投机倒把罪、流氓罪和渎职罪，增加了大量的新的罪名，其中最引人瞩目的是计算机犯罪、证券犯罪、黑社会性质犯罪和国际犯罪等新的犯罪类型和罪名。

与 1979 年刑法相比，1997 年刑法是一部在篇章结构和规范内容上更为完善的刑法。其特色和成就主要体现在以下几个方面。

第一，科学谨慎的立法思想及对1979年刑法的继承。刑法是国家保护各种重要社会关系的基本法律，修订刑法关系到社会生活各个方面，刑法的修订应当科学、谨慎，尽量保持刑法的稳定性与连续性。1997年刑法的制定充分体现了科学谨慎的立法思想，是对1979年刑法的继承：在体例上，1997年刑法沿用了1979年刑法的章制编排框架，即分为总则、分则两编，仍采用大章制，分则原有8章，现为10章，虽然内容大量增加，但是体例没有变化；在内容上，1997年刑法基本保留了1979年刑法和1982年以来的刑法决定或补充规定中有价值的内容。例如，总则部分中的犯罪概念、故意犯罪和过失犯罪概念、刑事责任年龄的规定、故意犯罪阶段的规定、共同犯罪的规定、刑罚种类的规定、数罪并罚的规定和犯罪追诉时效的规定等；又如，分则部分中的生产、销售伪劣商品罪吸收了《关于惩治生产、销售伪劣商品犯罪的决定》的基本内容，破坏金融管理秩序罪和金融诈骗罪吸纳了《关于惩治破坏金融秩序犯罪的决定》的主要内容，等等。1997年刑法对1979年刑法的充分继承保证了两者之间的合理衔接，对于新刑法的顺利贯彻执行，无疑具有积极意义。

第二，基本实现了刑法的统一性和完备性。实现刑法的统一性和完备性，是1997年修订刑法的重要目标之一。1997年刑法将1979年刑法实施17年来由全国人大常委会作出的有关刑法的修改补充规定和决定（即单行刑事法律）研究修改后编入了新刑法，并将一些民事、经济、行政等法律中“依照”“比照”1979年刑法有关条文追究刑事责任的规定（即附属刑法规范），改为新刑法的具体条款，从而保证了修订后的刑法体系的完整性和作用的权威性，较为圆满地实现了刑法的统一性。1997年刑法将1988年由全国人大常委会制定的《关于惩治贪污罪贿赂罪的补充规定》与最高人民检察院正在起草的反贪污贿赂法合并编为新刑法分则“贪污贿赂罪”一章，并增设了私分国有资产罪、私分罚没财物罪等新罪名，使贪污贿赂犯罪的罪刑规范更为丰富、缜密。1997年刑法还将中央军委已提请八届全国人大常委会审议的《中华人民共和国惩治军人违反职责犯罪条例（草案)》作为新刑法分则的末章，并对其具体内容作了修改补充，保证了新刑法体系的完整性和作用的权威性，同时有利于促进把军队纳入现代法治化的轨道。根据社会主义市场经济条件下刑法保护市场经济健康发展和维护国家安全、社会安定的实际需要，1997 年刑法大量充实了罪种尤其是新型犯罪，如组织、领导、参加恐怖组织罪，劫持船只、汽车罪，暴力危及飞行安全罪，非法买卖、运输核材料罪，走私核材料罪，泄露内幕信息罪，洗钱罪，侵犯商业秘密罪，损害商业信誉、商品声誉罪，虚假广告罪，煽动民族仇恨、民族歧视罪，非法侵入计算机信息系统罪，破坏计算机信息系统罪，组织、领导、参加黑社会性质组织罪等，均为新设罪种，从而使刑法内容更加完备，并具有较强的时代性和前瞻性。

第三，充分贯彻刑事法治，加强刑法的保障功能。首先，1997 年刑法明确规定了罪刑法定、刑法面前人人平等和罪责刑相适应三项刑法基本原则，并废止了 1979 年刑法中与罪刑法定原则存在一定冲突的类推制度，充分贯彻和体现了现代法治的基本精神，是我国刑法具有民主性、科学性、进步性和时代性的显著标志。其次，1997 年刑法进一步规定对未成年人犯罪从宽处罚的原则，对于全面、正确地贯彻对未成年人犯罪从宽和合理处理的政策，具有非常积极的意义。再次，1997 年刑法强化了对公民正当防卫权利的保护，使公民针对严重暴力犯罪行使正当防卫权利的刑法保护得到突出强化，有利于鼓励见义勇为，加强同严重暴力犯罪作斗争。最后，1997 年刑法规定了较为齐全的侵犯公民基本权利，尤其是侵犯公民人身权利的罪种，增设了强制猥亵、侮辱妇女罪，猥亵儿童罪，绑架罪，强迫职工劳动罪，煽动民族仇恨、民族歧视罪，出版歧视、侮辱少数民族作品罪，暴力取证罪，打击报复会计、统计人员罪，聚众哄抢罪，侵占罪，破坏生产经营罪等罪名，为确保公民人身权利、民主权利、劳动权利、财产权利和婚姻家庭权利等一系列权利的行使，提供了强有力的刑法依据。

第四，适当借鉴外国经验，促进刑法的国际化。中国的刑事立法要立足于中国的实际情况和需要，但是，积极合理地吸收借鉴国外有益的立法经验，推动本国刑法的国际化，亦是当今世界各国刑法发展之重要趋势。

1997 年刑法主要立足于社会主义初级阶段这一基本国情，同时也放眼国际上刑法改革之进步趋势，积极合理地借鉴域外有益的立法经验。例如，扩大中国刑法对中国公民的域外管辖权，并设立了中国刑法的普遍管辖权原则。又如，借鉴国际上刑罚改革的经验，扩大了开放型刑罚——管制和罚金的适用范围。根据对外开放和促进祖国和平统一的需要，并考虑到刑法罪名的科学性和司法实践中的可操作性，1997 年刑法果断地将 1979 年刑法分则第一章反革命罪更名为危害国家安全罪，按照危害国家安全的性质对此类犯罪作了必要的修改和调整，将该章中实际属于普通刑事犯罪性质的罪种移入其他罪章，使刑法更加科学化，更加符合现代刑法通例。

总之，1997 年刑法在新中国刑法发展史上具有里程碑式的意义，它在总体上顺应了中国经济、社会发展的需要，极大地推动了刑事法治建设的进程。

（四）1997 年刑法的修改（1997—2012 年）

1997 年刑法施行之后，我国经济、社会形势又出现了若干新情况，犯罪态势也有新的变化。为了适应经济、社会发展的需要和犯罪态势的变化，国家立法机关又对刑法陆续作了局部性的修改补充。

1. 发布单行刑法

1998 年 12 月 29 日，全国人大常委会通过《关于惩治骗购外汇、逃汇和非法买卖外汇犯罪的决定》，这是 1997 年刑法颁行后国家立法机关制定的唯一一部单行刑法，其制定背景是 1997 年席卷亚洲乃至全球的金融风暴，为了弥补刑法在打击危害国家外汇管理秩序的行为方面所存在的法律漏洞，将骗购外汇、逃汇和非法买卖外汇的行为予以犯罪化。自此之后，全国人大常委会就再也没有颁行过单行刑法。

2. 通过刑法修正案对刑法进行修改

从 1999 年到 2011 年，全国人大常委会先后通过了 8 个刑法修正案，分别是：1999 年 12 月 25 日第九届全国人大常委会第十三次会议通过的《中华人民共和国刑法修正案》；2001 年 8 月 31 日第九届全国人大常委会第二十三次会议通过的《中华人民共和国刑法修正案（二）》；2001年12月29日第九届全国人大常委会第二十五次会议通过的《中华人民共和国刑法修正案（三）》；2002年12月28日第九届全国人大常委会第三十一次会议通过的《中华人民共和国刑法修正案（四）》；2005年2月28日第十届全国人大常委会第十四次会议通过的《中华人民共和国刑法修正案（五）》；2006年6月29日第十届全国人大常委会第二十二次会议通过的《中华人民共和国刑法修正案（六）》；2009年2月28日第十一届全国人大常委会第七次会议通过的《中华人民共和国刑法修正案（七）》；2011年2月25日第十一届全国人大常委会第十九次会议通过的《中华人民共和国刑法修正案（八）》。对刑法总则以及分则的具体罪刑作了一系列修改补充，使法网更加严密，刑罚结构和刑罚制度更加合理和人性化，更好地适应经济社会发展和司法实践的需要。

3. 通过法律解释对刑法进行完善

截止到2012年，全国人大常委会通过了9个刑法立法解释文件，它们是：2000年4月29日第九届全国人民代表大会常务委员会第十五次会议通过的《关于〈中华人民共和国刑法〉第九十三条第二款的解释》；2001年8月31日第九届全国人民代表大会常务委员会第二十三次会议通过的《关于〈中华人民共和国刑法〉第二百二十八条、第三百四十二条、第四百一十条的解释》；2002年4月28日第九届全国人民代表大会常务委员会第二十七次会议通过的《关于〈中华人民共和国刑法〉第二百九十四条第一款的解释》；2002年4月28日第九届全国人民代表大会常务委员会第二十七次会议通过的《关于〈中华人民共和国刑法〉第三百八十四条第一款的解释》；2002年8月29日第九届全国人民代表大会常务委员会第二十九次会议通过的《关于〈中华人民共和国刑法〉第三百一十三条的解释》；2002年12月28日第九届全国人民代表大会常务委员会第三十一次会议通过的《关于〈中华人民共和国刑法〉第九章渎职罪主体适用问题的解释》；2004年12月29日第十届全国人民代表大会常务委员会第十三次会议通过的《关于〈中华人民共和国刑法〉有关信用卡规定的解释》；2005

年12月29日第十届全国人民代表大会常务委员会第十九次会议通过的《关于〈中华人民共和国刑法〉有关出口退税、抵扣税款的其他发票规定的解释》；2005年12月29日第十届全国人民代表大会常务委员会第十九次会议通过的《关于〈中华人民共和国刑法〉有关文物的规定适用于具有科学价值的古脊椎动物化石、古人类化石的解释》。此外，最高人民法院、最高人民检察院还发布了大量关于办理刑事案件适用法律问题的司法解释。这些解释实际上也在一定程度和相关方面促进了刑法的完善。

二、 社会治安综合治理战略的形成和完善

社会治安综合治理，是指在各级党委和政府领导下，把各界、各单位和各方面的力量组织起来，充分运用政治的、经济的、思想教育的、文化的、行政的和法律的各种手段，惩罚制裁犯罪者、犯罪行为，挽救、改造违法犯罪者，积极消除产生违法、犯罪的原因，全面预防和减少违法犯罪，维护社会主义法律秩序的刑事法治系统工程。

社会治安综合治理酝酿于20世纪七八十年代，正式形成于90年代，发展完善于21世纪初，是在影响社会治安的原因日趋复杂、社会治安形势日益严峻的背景下形成的。

（一）社会治安综合治理战略方针的萌生

社会治安综合治理是在20世纪70年代末80年代初特定的社会治安形势下提出的。1979年6月19日，中共中央宣传部等8个单位向中共中央提交了《关于提请全党重视解决青少年违法犯罪问题的报告》，建议“必须实行党委领导，全党动员，书记动手，依靠学校、工厂、机关、部队、街道、农村社队等城乡基层组织以及全社会的力量，来加强对青少年的教育”，以解决青少年违法犯罪问题。中共中央在转发该报告的通知中指出：“从现在起，各级党委都要把加强对青少年的培养教育，包括解决其中极

少数人的违法犯罪问题，放到重要议事日程上来。主要领导同志亲自过问，党委分管青年工作的同志，要督促、帮助共青团组织把这一工作认真抓起来。还要统一组织宣教、政法、财经等部门和工会、妇联等人民团体齐心协力，有计划有目的地进行调查研究，及时交流情况，总结经验，按照各自的职责范围，努力做好工作，切切实实抓出成效来。”① 初步提出了对青少年违法犯罪要实行综合治理的思想。

1981 年 5 月，中央政法委员会召开的五大城市治安工作座谈会第一次明确提出了“综合治理”的概念，会议明确提出：争取社会治安根本好转，必须各级党委来抓，全党动手，实行全面“综合治理”。随后，中共中央转发此次会议纪要的通知，正式明确了社会治安综合治理的战略方针：争取社会治安根本好转，必须各级党委来抓，全党动手，实行全面综合治理。首要的任务是搞好党风，并从政治、经济、教育、文化等各方面加强工作，才能克服社会上的歪风邪气，大大减少犯罪现象，建立良好的社会秩序。1982 年中共中央《关于加强政法工作的指示》再次强调，“为了争取治安情况根本好转，必须加强党的领导，全党动手，认真落实‘综合治理’的方针”，“在整顿治安中，各级党委要加强领导，把维护良好的社会秩序看成是建设社会主义精神文明的一个重要方面，把各条战线、各个部门、各个方面的力量组织起来，采取思想的、政治的、经济的、行政的、法律的各种措施和多种方式，推广适合各种情况的安全保卫责任制，把‘综合治理’真正落实到各个方面”。1985 年中央《关于进一步加强青少年教育，预防青少年违法犯罪的通知》、1986 年全国政法工作会议、1989 年全国政法工作座谈会都反复提出了治安综合治理的各项工作要求。②

（二）社会治安综合治理战略方针的正式形成

1991 年 1 月，全国社会治安综合治理工作会议在烟台召开。会议在回

① 何东昌主编：《中华人民共和国重要教育文献（1949 年—1997 年）》，海南出版社 1998 年版，第 1718 页。

② 参见刘惠恕主编：《社会治安综合治理论》，上海社会科学院出版社 2006 年版，第 3—7 页。

顾总结过去10年综治工作的同时，确定了社会治安综合治理的工作方针、指导原则、工作范围、领导体制和工作制度，解决了社会治安综合治理工作面临的一系列重大问题。2月，中共中央、国务院发布《关于加强社会治安综合治理的决定》，指出社会治安综合治理方针是解决中国社会治安问题的根本出路。3月，第七届全国人大常委会第十八次会议通过《关于加强社会治安综合治理的决定》，以立法的形式确立了社会治安综合治理的战略方针。同年，从中央到地方普遍成立了综治工作机构，加强对综治工作的组织领导。1992年，党的十四大把“加强社会治安综合治理，保持社会长期稳定”写进了党章，作为全党在新时期的一项重点工作加以明确。1993年，中央综治委等五部委出台了《关于实行社会治安综合治理领导责任制的若干规定》。上述文件比较全面系统地阐述了社会治安综合治理的重要意义、工作任务、要求和目标、工作范围、原则、目标管理责任制、领导和组织体制、重大措施等一系列问题，主要内容包括[①]：

1. 确定社会治安综合治理的基本方针和任务

社会治安综合治理的基本方针是“打防并举，标本兼治，重在治本”。社会治安综合治理的基本任务是：在各级党委和政府的统一领导下，各部门协调一致，齐抓共管，依靠广大人民群众，运用政治的、经济的、行政的、法律的、文化的、教育的等多种手段，整治社会治安，打击犯罪和预防犯罪，保障社会稳定，为社会主义现代化建设和改革开放创造良好的社会环境。

2. 明确社会治安综合治理的主要目标和要求

社会治安综合治理的主要目标是：社会稳定，重大恶性案件和多发性案件得到控制并逐步下降，社会丑恶现象大大减少，治安混乱的地区和单位的面貌彻底改观，治安秩序良好，群众有安全感。社会治安综合治理工作的要求是：（1）各级党委和政府要把综合治理摆上重要议程，健全社会治安综合治理的领导机构和办事机构，定期研究部署工作；（2）各部门、

① 参见全国人大常委会法制工作委员会审定：《中华人民共和国法律法规全书》（第三卷），中国民主法制出版社1994年版，第223页。

各单位齐抓共管，形成“谁主管谁负责”的局面；（3）各项措施落实到城乡基层单位，群防群治形成网络，广大群众法治观念普遍增强，敢于同违法犯罪行为作斗争。

3. 拟定社会治安综合治理的工作范围

社会治安综合治理的工作范围，主要包括“打击、防范、教育、管理、建设、改造”6个方面。打击是综合治理的首要环节，是落实综合治理其他措施的前提条件；大力加强防范工作，是减少各种违法犯罪活动和维护社会治安秩序的积极措施；综合治理的根本在于加强教育，特别是要加强对青少年的教育；加强各方面的行政管理工作，是堵塞犯罪空隙、减少社会治安问题、建立良好社会秩序的重要手段；加强基层组织建设和制度建设，是落实综合治理的关键；改造工作是教育人、挽救人、防止重新犯罪的特殊预防工作。

4. 提出社会治安综合治理的原则

主要有以下几条：（1）“谁主管谁负责”的原则。“谁主管谁负责”，就是地区、部门和单位的领导要对所主管的地区、部门和单位的综合治理工作负责。哪个地区、哪个部门或哪个单位的综合治理工作出了问题，就要追究该地区、该部门和该单位领导的责任。（2）“属地管理”原则。社会治安综合治理“属地管理”原则，是解决“条条”和“块块”责任划分的一个重要原则。所谓“条条”，是指按不同工作性质划分的，隶属于不同系统的各个行业、部门及其所属的单位；所谓“块块”，是按地域划分的行政管辖区，如省、市、县、乡（镇）、街道等。（3）“一票否决”原则。这一原则指社会治安综合治理这项工作达不到标准或者发生重大治安问题的，由相应的机关否决责任单位和责任人的评先晋级资格。（4）法治化原则。这一原则要求所有的综合治理措施要尽可能纳入法治的轨道，任何一项治安管理行为都要于法有据。（5）专门机关和群众路线相结合的原则。这一原则要求在治理社会治安时，政法机关既要充分发挥自己的职能作用，依法行使职权，又要坚持走群众路线，最大限度地依靠和取得人民群众的支持和协助，充分调动人民群众的力量，打击和预防违法犯罪。

社会治安综合治理工作中群防群治工作是这一原则的重要体现。所谓群防群治，指在各级党委、政府领导和专门机关指导下，发挥企事业单位和其他群团组织的作用，把群众组织起来，预防和治理违法犯罪，维护所在地区或单位的治安秩序。

总之，上述文件将社会治安综合治理的实践经验整合为系统的理论体系，标志着社会治安综合治理方针从单纯的党和政府的政策，开始进入规范化、法治化轨道，上升为党的执政方略和国家法律规定。

（三）社会治安综合治理战略方针的发展完善

党的十五大报告提出，加强社会治安综合治理，坚持打防结合，预防为主。对社会治安综合治理方针的表述作出一定调整，但仍然包含了原方针的基本内涵。2001 年 9 月，中共中央、国务院发布《关于进一步加强社会治安综合治理的意见》指出：坚持“打防结合，预防为主”的方针，强调打击犯罪是社会治安综合治理的首要环节，预防犯罪是维护社会治安秩序的积极措施，要进一步把严打、严管、严防、严治有机结合起来；深入开展矛盾纠纷排查调处工作；认真落实各项安全防范措施；深入持久地开展基层安全创建活动；切实加强对流动人口的管理；进一步加强对刑满释放、解除劳教人员的安置、帮教工作；加强法治和道德教育，进一步落实预防青少年违法犯罪的工作措施；加强基层基础建设，把社会治安综合治理各项措施落实到基层；进一步健全和完善全社会齐抓共管的社会治安综合治理工作机制；严格执行责任制，确保社会治安综合治理各项措施的落实。2002 年 11 月，党的十六大提出“坚持打防结合、预防为主，落实社会治安综合治理的各项措施，改进社会管理，保持良好的社会秩序”。2004 年，党的十六届四中全会通过的《中共中央关于加强党的执政能力建设的决定》提出“打防结合，预防为主，专群结合，依靠群众”的新方针，进一步明确了依靠广大人民群众搞好基层安全工作，深入开展社会治安综合治理的重要性。

从 2003 年开始，各地陆续开展“平安建设”，在实践中进一步深化和发展社会治安综合治理战略。2005 年 10 月 21 日，中共中央办公厅、国务院办公厅转发了《中央政法委员会、中央社会治安综合治理委员会关于深入开展平安建设的意见》。该意见阐述了“平安建设”的重要意义，提出了“平安建设”的指导思想、目标任务、工作重点和主要措施，强调“平安建设”作为新形势下加强社会治安综合治理工作的新举措，是构建社会主义和谐社会、促进经济社会协调发展的保障工程，是维护广大人民群众根本利益、为人民群众所期盼的民心工程，是提高党的执政能力、巩固党的执政地位的基础工程。在深入开展基层安全创建活动的基础上，要重点开展平安县（市、区）活动，进而开展建设平安市（地）、平安省（区、市）活动，推动“平安建设”向纵深发展。在该意见的指导下，“平安建设”在全国各城市内全面铺开。

社会治安综合治理是中国共产党在总结历史经验的基础上提出的打击和预防犯罪、维护社会稳定的刑事法治系统工程，它既是治理犯罪的系统工程，某种意义上也是保证党和国家长治久安的重要战略，对于遏制刑事案件高发势头、确保社会治安持续好转、人民群众安全感稳步上升发挥了积极作用，为全面建设小康社会、构建社会主义和谐社会创造了安全稳定和谐的社会环境，同时，也面临着如何适应新时代社会主要矛盾变化，提高预测预警预防各类风险能力，切实增强工作原则性、系统性、预见性、创造性，提高社会治理系统化、科学化、法治化、智能化水平等现实问题。

三、 宽严相济刑事政策的确立

宽严相济是进入 21 世纪以来中国共产党在新形势下提出的一项基本刑事政策，它指针对犯罪的不同情况，区别对待，该宽则宽，该严则严，有宽有严，宽严适度，做到既要有力打击和威慑犯罪，维护法制的严肃性，又要尽可能减少社会对抗，化消极因素为积极因素，实现法律效果和社会效果的统一。

（一）宽严相济刑事政策的历史渊源

宽严相济政策是在惩办与宽大相结合刑事政策的基础上形成发展起来的。惩办与宽大相结合的刑事政策是中国共产党在革命战争时期就提出的基本刑事政策，“惩办与宽大相结合是我们党和国家同犯罪作斗争的基本政策。这项政策是从无产阶级改造世界、改造人类的使命出发，根据反革命分子和其他刑事犯罪分子中存在着不同情况而制定的。它对于争取改造多数、孤立打击少数，分化瓦解敌人，有着重大的作用”。[①] 新中国成立以来，党和国家在刑事立法和刑事司法中贯彻的刑事政策，仍然主要是“惩办与宽大相结合”的政策。1956 年中国共产党第八次代表大会的政治报告中指出：“我们对反革命分子和其他犯罪分子一贯地实行惩办和宽大相结合的政策，凡是坦白的、悔过的、立功的，一律给以宽大的处置。大家知道，这个政策已经收到了巨大的成效。”[②] 1979 年《中华人民共和国刑法》第 1 条规定：“中华人民共和国刑法，以马克思列宁主义毛泽东思想为指针，以宪法为根据，依照惩办与宽大相结合的政策，结合我国各族人民实行无产阶级领导的、工农联盟为基础的人民民主专政即无产阶级专政和进行社会主义革命、社会主义建设的具体经验及实际情况制定。”1979 年刑法的各个部分，都体现了惩办与宽大相结合的刑事政策。而且，在 1979 年刑法颁布之后的刑事司法活动中，也体现了惩办与宽大相结合的刑事政策，使惩办与宽大相结合的刑事政策不但作为刑事立法政策，同时也作为基本的刑事司法政策，在刑事司法活动中发挥指导作用。

尽管惩办与宽大相结合的刑事政策被刑法学界认为内容表达充满斗争话语、政治色彩较为浓厚，但就以本义来说，其强调对犯罪分子区别对待，既包括惩办的一面，同时又兼顾宽大的一面，因此从某种意义上说，宽严相济是惩办与宽大相结合刑事政策的题中之义。与此同时，自 20 世

---

① 高铭暄编著：《中华人民共和国刑法的孕育和诞生》，法律出版社 1981 年版，第 21 页。

② 《刘少奇选集》（下），人民出版社 1985 年版，第 254 页。

纪80年代以来，由于社会转型时期治安形势的急剧恶化，出于严厉打击刑事犯罪、遏制犯罪率上升的需要，“严打”一时成为我国刑事政策的主调。从根本上讲，依法从重从快这一“严打”的具体政策同惩办与宽大相结合基本刑事政策的精神完全一致，并非对立相悖的，一个时期强调依法从重从快，并不会导致对惩办与宽大相结合的基本刑事政策的根本否定。虽然，1997年刑法删去了第1条中关于惩办与宽大相结合刑事政策的规定，但立法者的解释是：惩办与宽大相结合是我们党和国家同犯罪作斗争的基本刑事政策，这项政策对于争取改造多数、孤立打击少数，有着重要的作用，由于刑法已经根据犯罪的不同情况作了一系列的区别对待的规定，如对累犯、教唆未成年人犯罪规定了从重处罚，对从犯、胁从犯、未遂犯、中止犯和自首立功的犯罪分子规定可以从轻、减轻或者免除处罚，根据罪犯在执行刑罚中的表现还规定了减刑和假释，等等，这都是惩办与宽大相结合政策的具体体现，因为这一政策已体现在具体规定之中，所以刑法中不再单独专门规定惩办与宽大相结合的政策。[①] 刑法相关条款表述的调整并不意味着惩办与宽大相结合的刑事政策被废除，恰恰相反，在总结“严打经验”的基础上，以惩办与宽大相结合刑事政策为渊源，一种新的更为科学、完善、具有适应性的基本刑事政策逐渐形成。

（二）宽严相济刑事政策的形成和完善

在总结“严打”刑事政策经验的基础上，以及新时期发展和完善惩办与宽大相结合刑事政策思想的指导下，宽严相济的刑事政策应运而生。

2004年12月22日，中共中央政治局常委、中共中央政法委员会书记罗干在全国政法工作会议上指出，正确运用宽严相济的刑事政策，对严重危害社会治安的犯罪活动严厉打击，绝不手软，同时要坚持惩办与宽大相结合，才能取得更好的法律和社会效果。在2005年12月5日至6日召开的全国政法工作会议上，罗干再次专门提及宽严相济的刑事政策，明确将

① 参见胡康生、李福成主编：《中华人民共和国刑法释义》，法律出版社1997年版，第2页。

之视为我国在维护社会治安的长期实践中形成的基本刑事政策，他指出，宽严相济是指对刑事犯罪区别对待，做到既要有力打击和震慑犯罪，维护法制的严肃性，又要尽可能减少社会对抗，化消极因素为积极因素，实现法律效果和社会效果的统一。他指出，贯彻宽严相济的刑事政策，一方面是对严重刑事犯罪依法严厉打击，另一方面要充分重视依法从宽的一面，对轻微违法犯罪人员，对失足青少年，要继续坚持教育、感化、挽救方针，有条件的可适当多判一些缓刑，积极稳妥地推进社区矫正工作。2006年3月，在十届全国人大四次会议上，最高人民法院院长肖扬、最高人民检察院检察长贾春旺分别在《最高人民法院工作报告》、《最高人民检察院工作报告》中强调“宽严相济”的刑事政策对今后司法工作的重要指导意义。2006年10月11日，中国共产党第十六届中央委员会第六次全体会议通过的《中共中央关于构建社会主义和谐社会若干重大问题的决定》明确指出：“实施宽严相济的刑事司法政策，改革未成年人司法制度，积极推行社区矫正。”[①] 至此，惩办与宽大相结合的刑事政策正式让位于宽严相济的刑事政策。

2007年1月，最高人民检察院下发了《最高人民检察院关于在检察工作中贯彻宽严相济刑事司法政策的若干意见》。该意见指出：宽严相济是我们党和国家的重要刑事司法政策，是检察机关正确执行国家法律的重要指针；检察机关要按照构建社会主义和谐社会的要求，认识和把握宽严相济刑事司法政策在新的形势下对检察工作的重要指导意义，在对严重犯罪依法严厉打击的同时，对犯罪分子依法能争取的尽量争取，能挽救的尽量挽救，能从宽处理的尽量从宽处理，最大限度地化消极因素为积极因素，为构建社会主义和谐社会服务；贯彻宽严相济的刑事司法政策应当坚持全面把握、区别对待、严格依法、注重效果的原则。该意见提出了检察机关在履行法律监督职能中全面贯彻宽严相济刑事司法政策的政策要求：（1）依法严厉打击严重危害社会治安的犯罪和严重破坏市场经济秩序等犯罪；

---

① 转引自赵秉志：《和谐社会构建与宽严相济刑事政策的贯彻》，《吉林大学社会科学学报》2008年第1期。

（2）依法严肃查处贪污贿赂、渎职侵权等国家工作人员职务犯罪；（3）严格把握“有逮捕必要”的逮捕条件，慎重适用逮捕措施。逮捕是最严厉的刑事强制措施，能用其他强制措施的尽量使用其他强制措施；（4）正确把握起诉和不起诉条件，依法适用不起诉；（5）突出立案监督的重点；（6）在抗诉工作中正确贯彻宽严相济的刑事司法政策；（7）对未成年人犯罪案件依法从宽处理；（8）对因人民内部矛盾引发的轻微刑事案件依法从宽处理；（9）对轻微犯罪中的初犯、偶犯依法从宽处理；（10）正确处理群体性事件中的犯罪案件。并就建立健全贯彻宽严相济刑事司法政策的检察工作机制和办案方式提出了进一步健全检察环节贯彻“严打”方针的经常性工作机制、加强侦查机制建设、推进办案专业化、依法正确适用简易程序和简化审理程序、改革完善未成年人犯罪案件的办案方式、在办理刑事案件中强化化解矛盾的工作、完善对监外执行和社区矫正的法律监督机制、完善办案的考核评价体系等具体要求。[①]

2010 年 2 月，最高人民法院下发了《关于贯彻宽严相济刑事政策的若干意见》，对刑事案件审判过程中如何贯彻宽严相济刑事政策提出了具体的指导性意见。该意见开头便明确指出：宽严相济刑事政策是我国的基本刑事政策，贯穿于刑事立法、刑事司法和刑罚执行的全过程，是惩办与宽大相结合政策在新时期的继承、发展和完善。意见明确了贯彻宽严相济刑事政策的 5 点总体要求：（1）贯彻宽严相济刑事政策，要根据犯罪的具体情况，实行区别对待，做到该宽则宽，当严则严，宽严相济，罚当其罪；（2）要正确把握宽与严的关系，切实做到宽严并用；（3）贯彻宽严相济刑事政策，必须坚持严格依法办案，切实贯彻落实罪刑法定原则、罪刑相适应原则和法律面前人人平等原则，依照法律规定准确定罪量刑；（4）要根据经济社会的发展和治安形势的变化，尤其要根据犯罪情况的变化，在法律规定的范围内，适时调整从宽和从严的对象、范围和力度；（5）贯彻宽严相济刑事政策，必须严格依法进行，维护法律的统一和权威，确保良

---

① 参见全国人大常委会法制工作委员会审定：《最高人民检察院司法解释》，中国民主法制出版社 2014 年版，第 332—335 页。

好的法律效果。同时，必须充分考虑案件的处理是否有利于赢得广大人民群众的支持和社会稳定，是否有利于瓦解犯罪，化解矛盾，是否有利于罪犯的教育改造和回归社会，是否有利于减少社会对抗，促进社会和谐，争取更好的社会效果。意见还分别从“准确把握和正确适用依法从‘严’的政策要求”、“准确把握和正确适用依法从‘宽’的政策要求”、“准确把握和正确适用宽严‘相济’的政策要求”、“完善贯彻宽严相济刑事政策的工作机制”等方面提出了具体的政策要求。[①]

（三）宽严相济刑事政策的基本内容及其贯彻

宽严相济之“宽”，是指对于犯罪施以宽松刑事政策，在刑事处理上侧重宽大、宽缓、宽容。从刑事司法的角度讲，是指对于轻微的犯罪行为和偶犯、过失犯、中止犯、从犯、胁从犯、防卫过当犯、避险过当犯，以及未成年人、又聋又哑或者盲人、孕妇或哺乳期的妇女、严重疾病患者等犯罪人，予以轻缓化的合法合理合情的处理。从刑事立法的角度说，是指合理削减死刑罪名，将管制刑的执行改革为社区劳役，扩大罚金刑的适用范围，增加对年满70周岁老人的宽宥制度，建立健全赦免制度，建立健全社区矫正立法等。

宽严相济之“严”，是指对于犯罪施以严格刑事政策，在刑事处理上侧重严密、严厉、严肃。申言之，在刑事司法方面，对有组织犯罪、黑恶势力犯罪、严重暴力犯罪、跨国境犯罪、恐怖主义犯罪、严重影响群众安全的多发性犯罪以及对于人身危险性大的犯罪人采取从重的刑事政策，具体体现为适用普通程序和刑事诉讼化、刑罚化与监禁化，直至适用最严厉的刑罚——死刑。在刑事立法上，宽严相济之“严”，则体现为严密刑事法网，严肃刑罚执行。

宽严相济之“济”，包含着结合、配合、补充、渗透、协调、统一、和谐之意，亦即协调运用宽松刑事政策与严格刑事政策，以实现二者的相

① 参见中国法制出版社编：《中华人民共和国刑事诉讼法律法规全书（含典型案例及文书范本）》（2017年版），中国法制出版社2017年版，第174—178页。

互依存、相互配合、相互补充、相互协调、有机统一。易言之，当宽则宽，该严则严，轻中有严，重中有宽，宽严有度，宽严适时。宽严相济的核心原则是区别对待。人类社会刑事法治发展的历史证明，没有区别便没有正确的政策，具体刑事犯罪的社会危害性各异，犯罪人的人身危险性也不尽相同，从控制犯罪的策略出发，要有意识地发现、利用这些差别，通过对不同情况施以不同的处遇，从而有效地维护社会治安，促进社会和谐。

贯彻宽严相济的刑事政策，一方面要注重贯彻宽松刑事政策。积极推行程序简易化和非刑事诉讼化，扩大适用简化审和简易程序，严格执行立案标准，正确、充分地运用不起诉制度；正确、充分地运用非刑罚处理方法，充分运用非刑罚化制度，达到量刑上总体趋于轻缓；扩大适用非监禁化制度，重视运用管制刑、财产刑、缓刑、减刑、假释等制度；深入探索恢复性司法制度，探索尝试刑事和解制度、社区矫正制度；着力重构现代赦免制度，缓解社会矛盾、调节利益冲突，从而维护国家的安定和社会的稳定。另一方面要合理运用严格刑事政策。严格刑事政策不同于“严打”，不只限于严厉打击刑事犯罪，还具有严密刑事法网、严肃刑罚执行之意。具体到中国刑事司法实践来说，严格刑事政策的贯彻，应重视运用累犯制度、慎用死刑制度，提高有期徒刑的最高期限，提高死缓、无期徒刑减为有期徒刑后实际服刑的期限，正确适用从重量刑的情节，等等。

贯彻宽严相济的刑事政策，更重要的是要协调运作宽松刑事政策与严格刑事政策，使宽严之“济”落到实处：（1）宽以济严，严以济宽。对轻微犯罪及危险性小的犯罪人处理以宽松刑事政策，集中力量惩治严重犯罪和危险性大的犯罪人，使被从严处理者真正感受到法律的威严和法治的雷霆万钧，使被从宽处理者真正感受到法律的惠施和法治的春风化雨，从而达到一般预防和特殊预防的刑罚目的。（2）轻中有严，重中有宽。轻中有严，是指轻微的犯罪中也可能有从重的情节，如犯罪人人身危险性较大，这种情况下，应慎重考虑从重情节，在严格限制的前提下，可有条件地予以从严处理。重中有宽，是指严重的犯罪也可能有从宽的情节，在这种情况下，应充分考虑从宽情节，并在刑事处理中予以体现。（3）严而不厉，宽而不纵。严而不厉，是指对严重犯罪和人身危险性大的犯罪人的处理严格但不苛厉，应遵循罪刑法定、罪责刑相适应等刑事法基本原则，严格依法对犯罪人从重处理，也即从重也应有一定的限制，不能超越法律，也不是一律在法定刑幅度内顶格判处，更不能在刑事司法中侵犯人权。宽而不纵，是指对犯罪人宽大但不轻纵，即宽大也应有一定限度，不是一律在法定刑最低限判处，不能宽大到放纵的程度。（4）宽严适时。根据社会态势对刑罚宽严作出调整，使对犯罪的宽严处理符合社会形势的发展，使宽严相济的刑事政策获得动态发展，实现法律效果和社会效果的统一。

为切实贯彻宽严相济刑事政策，正确把握宽和严的标准，着力实现宽与严的“相济”即协调运作，减少实践中出现的偏差和失误，必须明确和坚持一些基本的原则：（1）罪刑法定原则。罪刑法定原则不仅是刑法的基本原则，也应当是贯彻宽严相济刑事政策应当遵循的首要原则。罪刑法定原则对宽严相济刑事政策之“宽”和“严”的标准具有界定功能，即“宽”和“严”都必须符合罪刑法定原则的要求，不得超越法律的规定，不得任意出入人罪，不得法外定罪量刑或免刑。（2）罪责相适应原则。从内容上讲，罪责刑相适应原则既要求罪刑相当，又要求区别对待，实现刑罚个别化，而宽严相济刑事政策的核心亦是区别对待。因此，在区别对待这一点上，坚持罪责刑相适应原则是贯彻宽严相济刑事政策的必然要求，罪责刑相适应原则为宽严相济刑事政策之“宽”和“严”的度提供了基本标准，解决了“如何宽，如何严”“宽多少，严多少”“宽严如何相济”之量的把握问题，即对具体犯罪设定、裁量和执行的刑罚在量上要以犯罪行为的社会危害性大小、犯罪人的主观恶性大小、人身危险性大小、再犯可能性程度为基本依据。（3）主客观相统一的原则。贯彻宽严相济刑事政策还要坚持主客观相统一的原则。在定罪阶段，必须坚持主客观相统一，反对主观归罪或者客观归罪；在量刑阶段，必须坚持客观危害与主观恶性和人身危险性的统一，全面衡量反映犯罪行为客观危害和主观恶性、人身危险性的情节；在刑罚执行阶段，宽严相济也要坚持主客观相统一，准确评价犯罪人的人身危险性和教育改造效果，决定应否对行为人减刑、假释。（4）正当程序原则。就内涵而言，宽严相济刑事政策就是要解决司法机关对犯罪人是否批捕、起诉，是否定罪、是从宽还是从严量刑等自由裁量权问题，要保证这种裁量权的合理运用及防止滥用，就必须创制和遵守正当的程序。只有通过正当的法定程序，才能得出公正的实体结果。（5）法律效果、社会效果、政治效果相统一原则。司法机关在贯彻宽严相济刑事政策过程中，既要保证执法办案的法律效果，维护法律的严肃性，又要讲求执法办案的社会效果，使执法办案活动有利于震慑严重犯罪、维护社会稳定，有利于最大限度地化解社会矛盾、减少社会对抗，有利于依法保障人权、维护公民权益，促进社会和谐稳定，实现法律效果、社会效果与政治效果的有机统一。

（四）宽严相济刑事政策的法治意义

宽严相济的刑事政策是在构建社会主义和谐社会这一宏伟目标的前提下逐步确立的。2002 年 11 月，党的十六大明确提出“社会更加和谐”的发展要求，2006 年 10 月，党的十六届六中全会通过《中共中央关于构建社会主义和谐社会若干重大问题的决定》，对社会主义和谐社会进行了系统的阐述。决定指出：我们要构建的社会主义和谐社会，是在中国特色社会主义道路上，中国共产党领导全体人民共同建设、共同享有的和谐社会；民主法治、公平正义、诚信友爱、充满活力、安定有序、人与自然和谐相处，是构建社会主义和谐社会的总要求；社会主义和谐社会的构建，应以解决人民群众最关心、最直接、最现实的利益问题为重点，着力发展社会事业、促进社会公平正义、建设和谐文化、完善社会管理、增强社会创造活力，走共同富裕道路，推动社会建设与经济建设、政治建设、文化建设协调发展。宽严相济刑事政策的确立，是构建社会主义和谐社会的时代产物。切实贯彻宽严相济的刑事政策，合理地组织对犯罪的理性反应，有助于不断化解社会矛盾，最大限度地减少不和谐因素；有助于促进民主法治，践行社会主义核心价值观和法治理念；有助于充分保障人权，营造宽松、理性、祥和的社会氛围；有助于公正惩治犯罪，维护和谐、稳定的社会秩序，构建民主与法治相统一、公平与效率相统一、活力与秩序相统一、人与自然相统一的社会主义法治中国。

四、中国共产党全国执政时期的刑事法治思想（三）

在建设中国特色社会主义、推进依法治国的过程中，中国共产党结合20世纪末到21世纪初我国刑事领域斗争的变化态势，从依法治国、建设社会主义法治国家的基本方略出发，提出了一系列内涵丰富、思想深刻、富有时代意义的刑事法治方面的主张。

（一）严厉打击各类刑事犯罪活动，维护大局稳定

2001年4月全国社会治安工作会议上，江泽民发表了“切实加强社会治安工作”的重要讲话，指出：“社会治安，不仅是一个重大的社会问题，而且也是一个重大的政治问题。社会治安不好，群众不能安居乐业，不仅会影响党和政府在人民群众心目中的形象，而且也会影响改革发展稳定的大局。”[①] 他强调：“当前，要在全国范围内开展一场严打整治斗争，坚决打掉犯罪分子的嚣张气焰，尽快改变治安面貌，这是广大人民群众的强烈愿望。严打是打击严重刑事犯罪活动的长期方针，要坚持贯彻执行。”[②] 他同时指出：“对严重刑事犯罪分子，要在法律规定的量刑幅度内从重、在法定期限内从快进行打击。”[③] 胡锦涛高度重视改革开放以来新形势下的社会稳定，为了依法打击犯罪活动，除了部署打击黑社会犯罪活动以外，也格外重视对那些犯罪性质恶劣、造成严重后果、社会影响极坏的犯罪活动的严厉打击。例如，针对2010年三四月份发生的多起伤害幼儿园、小学

① 《江泽民文选》（第三卷），人民出版社2006年版，第208页。
② 《江泽民文选》（第三卷），人民出版社2006年版，第208页。
③ 《江泽民文选》（第三卷），人民出版社2006年版，第209页。

生的恶性刑事犯罪案件，胡锦涛高度重视，多次作出重要指示，要求严肃处理校园凶案犯罪分子，切实加强校园安全防范，严防类似案件再次发生，维护社会和谐稳定。

（二）严厉打击经济犯罪

自改革开放以来，随着计划经济体制向市场经济体制的转轨，我国经济领域的犯罪活动呈现上升趋势，各种形形色色的经济犯罪纷纷涌现。特别是20世纪80年代末90年代初以来，经济犯罪活动十分猖獗泛滥，渗透到了社会经济活动的各个方面，突出表现为走私贩私、偷税逃税、假冒伪劣、金融诈骗、非法经营等严重扰乱社会经济秩序的犯罪形式，严重冲击和扰乱了正常经济秩序，干扰了经济体制改革，破坏了我国对外开放政策的实施，危害国家经济安全。江泽民清醒地认识到打击经济犯罪关系到我国改革开放以及社会主义现代化建设的全局，早在1989年，他在《求是》杂志1989年第12期上撰文强调："对于严重经济犯罪活动，必须坚持依法严惩，决不能手软。"① 在1997年11月召开的全国金融工作会议上，江泽民作了《统一思想认识，切实加强领导，做好深化金融改革和防范金融风险工作》的重要讲话，就打击金融违法犯罪问题作了精辟的论述，他指出："要切实加大执法力度，依法严厉打击各种金融违法犯罪活动。各地要抓紧审理一批典型案件，公开处理，对金融违法犯罪分子形成强大威慑，以严肃金融法纪。"② 针对20世纪90年代在我国各地泛滥的走私犯罪活动，江泽民坚决指出："现在已到了狠狠打击、彻底惩治的时候了。不能有任何犹豫，必须坚决、迅速地把走私的猖獗势头打下去。这既是一场重大的经济斗争，也是一场严肃的政治斗争。这样的大问题，再不抓紧解决好，后果不堪设想，党、政权、军队就要变质，我们的社会主义国家就可能毁于一旦。"③ 根据江泽民关于坚决打击走私犯罪活动重要讲话的要

---

① 《江泽民文选》（第一卷），人民出版社2006年版，第55页。
② 《江泽民文选》（第二卷），人民出版社2006年版，第75页。
③ 《江泽民文选》（第二卷），人民出版社2006年版，第167页。

求，我国开展了一场从中央到地方，声势浩大、参与广泛的严厉打击走私犯罪活动的斗争，严肃查处了一大批走私犯罪分子与腐败犯罪分子，有效维护了社会正常的经济秩序，保证了经济的健康发展和改革的稳步推进。

（三）有效惩处危害国家安全犯罪

国家安全是一个国家刑法竭力加以保卫的重要客体。我国刑法将危害国家安全罪排列在分则各章类罪之首，充分表明了危害国家安全罪的严重社会危害性，也表明了国家对打击这类犯罪的重视和决心。早在 1989 年 6 月 24 日，江泽民在党的十三届四中全会上就发表重要讲话，指出："我们对制造动乱和暴乱的一切政治阴谋，一定要继续清查和彻底揭露，决不可半途而废。对于策划、组织、指挥动乱和暴乱的阴谋分子，参与暴乱的反革命暴徒，务必依法惩处，坚决打击，决不能心慈手软。"[①] 危害国家安全的犯罪不仅包括破坏社会秩序与危害国家安全的暴乱和动乱活动，也包括危害国家领土完整与主权统一的分裂活动。1994 年 7 月 20 日，在党中央、国务院召开的第三次西藏工作座谈会上，江泽民强调指出："要坚决依法打击西藏境内发生的分裂活动，打击刑事犯罪活动。对突发事件的处理要坚决、果断、及时，把可能发生的动乱消灭在萌芽状态。对国际敌对势力和达赖集团的渗透、颠覆活动要高度警惕，一经发现，必须坚决打击。"[②] 他还指出，许多危害国家安全的犯罪是直接或间接打着宗教的幌子实施的，对此要高度警觉，坚决打击，"一些地方早已被废除的宗教封建特权死灰复燃，利用宗教干预行政、司法、教育的情况有所抬头。因民族、宗教因素引发的影响社会稳定的突发性事件和群体性事件时有发生。境外利用宗教对我进行的渗透不断加剧。另外，打着'宗教'旗号的邪教和其他违法犯罪活动猖獗"，[③] 因此，必须"制止利用宗教进行的非法活动，抵御

---

① 《江泽民文选》（第一卷），人民出版社 2006 年版，第 58 页。

② 《江泽民文选》（第一卷），人民出版社 2006 年版，第 394—395 页。

③ 《江泽民文选》（第三卷），人民出版社 2006 年版，第 383 页。

境外利用宗教进行的渗透，打击利用宗教进行的违法犯罪活动”,[①] “对各种蛊惑人心、危害人民生命健康、危害社会安定团结的邪教，一定要严加防范，一露头就打，绝不能让它们生成和蔓延开来”。[②]

（四）坚决惩治腐败犯罪

在1992年10月召开的党的十四大上，江泽民提出了改革开放新形势下腐败情况还很严重以及坚持开展反腐败斗争和坚决惩治腐败犯罪的必要性问题。他认为，“坚持反腐败斗争，是密切党同人民群众联系的重大问题。要充分认识这个斗争的紧迫性、长期性和艰巨性。在改革开放的整个过程中都要反腐败，把端正党风和加强廉政建设作为一件大事，下决心抓出成效，取信于民”,[③] 提出“腐败分子危害党和人民，不论是什么人，都必须依照党纪国法，坚决予以惩处”。[④] 在1993年8月21日召开的中纪委第二次全体会议上，江泽民在广泛调研与讨论的基础上，实事求是地估计了我国反腐败斗争的现状与形势，比较全面系统地阐发了他的惩贪反腐思想。他首先深入分析了腐败现象产生的社会历史原因，一针见血地指出：“腐败是一种历史现象。它的主要表现是贪赃枉法、行贿受贿、敲诈勒索、权钱交易、挥霍人民财富、腐化堕落等。这种现象，从本质上说是剥削制度、剥削阶级的产物。”[⑤] 接着他又指出：“我国在社会主义条件下仍然存在腐败现象，有种种复杂的原因。我国是一个封建社会历史很长的国家，封建主义和其他剥削阶级思想的影响将长期存在，总要通过各种形式表现出来。我们实行对外开放，借鉴和利用世界各国包括发达资本主义国家的一切现代文明成果，资本主义腐朽的东西也会趁机钻进来。我们建立社会主义市场经济体制，要经历一个艰难的新旧体制转换过程。在这个过程中，由于制度和机制不健全、不完善，工作中存在一些漏洞和薄弱环节，

① 《江泽民文选》（第三卷），人民出版社2006年版，第386页。
② 《江泽民文选》（第三卷），人民出版社2006年版，第389页。
③ 《江泽民文选》（第一卷），人民出版社2006年版，第248—249页。
④ 《江泽民文选》（第一卷），人民出版社2006年版，第249页。
⑤ 《江泽民文选》（第一卷），人民出版社2006年版，第322—323页。

也会给腐败现象滋生以可乘之机。这些年来，我们有些地方、有些单位对党员、干部的思想政治教育抓得不紧，拜金主义、享乐主义、极端个人主义在一部分党员、干部中滋长，也是腐败现象得以蔓延的一个重要原因。”[①] 在正确认识腐败现象产生的社会历史根源的基础上，他提出了具有针对性的惩贪防腐的战略思想与具体举措，提出：“惩治腐败，要作为一个系统工程来抓，标本兼治，综合治理，持之以恒。最基本的，要靠教育、靠法制。”具体来说，他认为反腐败斗争必须坚持以下几项原则：（1）坚持党的基本路线，紧紧围绕经济建设这个中心，为促进改革、建设和发展服务；（2）突出重点；（3）从领导干部做起，首先从高级干部做起，包括领导干部身边的工作人员；（4）严格依法办案；（5）不搞群众运动，不搞人人过关；（6）惩治腐败与扶持正气相结合。[②] 在1997年召开的党的十五大上，江泽民深刻总结我国前几年反腐败工作经验，进一步明确提出反腐败要“坚持标本兼治，教育是基础，法制是保证，监督是关键。通过深化改革，不断铲除腐败现象滋生蔓延的土壤”。[③] 党的十六大报告延续了这一反腐思路：“坚持标本兼治、综合治理的方针，逐步加大治本的力度。加强教育，发展民主，健全法制，强化监督，创新体制，把反腐败寓于各项重要政策措施之中，从源头上预防和解决腐败问题。”[④] 在党的十七大报告上，胡锦涛将这一反腐思路进一步发展为“坚持标本兼治、综合治理、惩防并举、注重预防”的治理腐败的战略方针。在党的十八大报告上，胡锦涛重申了这一方针：“反腐倡廉必须常抓不懈，拒腐防变必须警钟长鸣。要坚持中国特色反腐倡廉道路，坚持标本兼治、综合治理、惩防并举、注重预防方针，全面推进惩治和预防腐败体系建设，做到干部清正、政府清廉、政治清明。加强反腐倡廉教育和廉政文化建设。”并提出了“加强反腐倡廉教育和廉政文化建设”“严格执行领导干部重大事项报告制度”“加强对领导干部特别是主要领导干部行使权力的监督”“健全

① 《江泽民文选》（第一卷），人民出版社2006年版，第324页。
② 参见《江泽民文选》（第一卷），人民出版社2006年版，第325—326页。
③ 《江泽民文选》（第二卷），人民出版社2006年版，第46页。
④ 《江泽民文选》（第三卷），人民出版社2006年版，第573页。

反腐败法律制度”“加强反腐败国际合作”“健全纪检监察体制”“坚决查处大案要案”“着力解决发生在群众身边的腐败问题”等具体举措。[①]

（五）打击恐怖主义，推进刑事司法国际合作

随着现代科学技术的飞速发展以及交通、通讯媒介的日益发达，国与国间的往来日益频繁。与此同时，犯罪的全球化以及跨国化发展趋势日渐明显。尤其是相比于普通刑事犯罪，恐怖主义犯罪有着更为严重的社会危害性和跨国性。自“9·11”事件以来，国际形势发生了许多变化，恐怖主义犯罪阴霾不散，且呈愈演愈烈之势，给世界各国及人民带来了巨大的灾难和无穷的痛苦，已构成了对世界和平与稳定的严重威胁。在2002年4月10日访问德国期间在德国外交政策协会演讲时，江泽民指出，“恐怖主义严重威胁着世界的和平与稳定，是国际社会的一大公害。中国政府和人民坚定不移地谴责和反对一切形式的恐怖主义”，“无论恐怖主义发生在何时何地、针对何人、以何种方式出现，国际社会都应该共同努力，坚决予以谴责和打击”。[②] 在2002年10月25日访问美国期间同美国总统布什会谈时，他再次表明了“中国一贯反对一切形式的恐怖主义”的严正立场，并进一步指出：“在反恐斗争中，中国人民同美国人民是站在一起的。我们在外交、金融等领域里进行了有效的反恐合作，年内两国有关部门还要进行第三次反恐磋商。中方也已应邀派人去关塔那摩基地审讯了在押的‘东突’恐怖分子。我们希望两国在反恐领域的合作取得更大成效。”[③] 在他的积极倡导和推动下，旨在打击国际恐怖主义、分裂主义和极端主义“三股势力”，以共同致力于维护和保障中亚地区和平、安全与稳定为目标的上海合作组织应运而生，在此基础上，江泽民明确提出了打击国际恐怖主义犯罪活动应当遵守的三项基本原则：“打击恐怖主义要有真凭实据，要有明确目标，不要伤及无辜；打击恐怖主义要在联合国宪章的宗旨和原

① 参见《胡锦涛文选》（第三卷），人民出版社2016年版，第657—658页。
② 《江泽民文选》（第三卷），人民出版社2006年版，第475页。
③ 《江泽民文选》（第三卷），人民出版社2006年版，第525页。

则的范围内行动，要经过联合国安理会讨论；打击恐怖主义要有长远观点，要有利于世界的和平与发展。”[①] 尤其是，他强调“不能将恐怖主义与特定的民族或宗教混为一谈。不能对打击恐怖主义采取双重标准。不能借反恐怖主义推行影响世界和地区稳定与发展的其他政治意图”，[②] 为国际社会联合打击恐怖主义犯罪活动与少数西方国家借反恐之名推行其不可告人的政治意图之实的行为划清了界线。胡锦涛不仅重视对国内各种犯罪活动的严厉打击，也很重视与国际社会合作以打击跨国犯罪。在2004年7月中国与东盟成员国总检察长会议召开期间，胡锦涛指出，“近年来，本地区经贸联系日趋紧密，人员、信息等方面的往来和交流日益增加，为各国经济社会发展创造了良好条件。同时，犯罪活动也呈现出区域化、国际化、组织化的特点，特别是恐怖主义、制造贩卖毒品和走私等犯罪活动对本地区的稳定和发展构成了严重的威胁。加强合作，打击跨国有组织犯罪，成为本地区各国必须共同面对和携手解决的问题”，[③] 强调探讨中国与东盟各国检察机关之间加强相互交流与合作，建立有效打击本地区跨国有组织犯罪的协调配合机制。

（六）关于死刑的主张

1998年7月的中央军委常务会议上，江泽民明确指出：“对于经济犯罪和腐败现象，我们已斗争了多年，为什么这些歪风老刹不住，有的还变本加厉，这是什么原因？从工作上来检查，一个重要原因就是我们有些同志心太慈、手太软。对于这样的坏人坏事，心慈手软不得。我们心慈手软，犯罪分子就会更加猖獗起来。不采取严厉措施，不用重典，是绝对不行的。”[④] 在1998年7月13日会见全国打击走私工作会议代表讲话时，江泽民进一步明确指出：“现在，我们打击走私和其他犯罪活动，也要抓住

---

① 《江泽民文选》（第三卷），人民出版社2006年版，第366—367页。

② 《江泽民文选》（第三卷），人民出版社2006年版，第475页。

③ 胡锦涛：《致中国与东盟成员国总检察长会议的信》（2004年6月），载戴玉忠主编《中国检察年鉴（2005）》，中国检察出版社2006年版。

④ 《江泽民文选》（第二卷），人民出版社2006年版，第180—181页。

典型的重大案件，狠狠打击。对于犯罪分子，该关的要关，该判的要判，该杀的要杀，绝不能手软。那些大案要案的首恶分子，不坚决杀掉，群众能答应吗？杀一才能儆百！”[①] 在2001年4月2日召开的全国社会治安工作会议上，他再次强调：“依法该严判的要严判一批，依法该杀的要杀一批。否则，就难以扭转一些地方的社会治安状况。”[②] 不过必须指出的是，江泽民坚决主张对严重刑事犯罪保留死刑，但是他始终强调要依法判处，“打击犯罪活动，打击歪风邪气，要讲法制、讲原则”，“不是以言代法，而是要依法从严惩处。坚决依照党纪国法办事，这是党和国家的最高原则”。[③]

① 《江泽民文选》（第二卷），人民出版社2006年版，第168页。
② 《江泽民文选》（第三卷），人民出版社2006年版，第209页。
③ 《江泽民文选》（第二卷），人民出版社2006年版，第168页。

第八章　中国共产党全国执政时期刑事法治思想与实践（四）

习近平总书记在十九大报告中指出："十八大以来的五年，是党和国家发展进程中极不平凡的五年。"这5年，同样是中国特色社会主义法治建设极不平凡的5年。尤其是2014年10月召开的十八届四中全会，在党的中央全会上第一次专题讨论全面推进依法治国的重大问题，专门作出《中共中央关于全面推进依法治国若干重大问题的决定》，构成中国特色社会主义法治建设进程中的又一里程碑式的重大法治事件。法治中国建设驶入"快车道"，中国特色社会主义法治建设进入新的全面推进的发展阶段。党的十八大以来，全面依法治国新举措接连推出，全面依法治国成就辉煌，开辟了全面依法治国理论和实践的新境界，开启了中国特色社会主义法治的新时代。中国共产党领导下的社会主义刑事法治建设，在十八大以来取得显著的新成就，展现出新时代的新气象。

一、刑法修改表现出"严而不厉"的新趋势

1997年刑法生效至今已20多年，其间我国经历了前所未有的经济高速发展和社会变革，进入了全面转型的关键期以及全球化时代、信息社会与风险社会，新的重大安全威胁与犯罪挑战不断出现，立法机关则对之持续不断地予以立法回应。自1998年至2011年，全国人大常委会先后通过

了1个单行刑法和8个刑法修正案。2015年8月29日，第十二届全国人民代表大会常务委员会第十六次会议通过《中华人民共和国刑法修正案（九）》，修改的部分包括：（1）新增“准备实施恐怖活动罪”“宣扬恐怖主义、极端主义、煽动实施恐怖活动罪”“虐待被监护、看护人罪”“代替考试罪”“帮助信息网络犯罪活动罪”“组织、资助非法聚集罪”等20个罪名；（2）废止嫖宿幼女罪；（3）取消“走私武器、弹药罪”“走私核材料罪”“伪造货币罪”“集资诈骗罪”“组织卖淫罪”“阻碍执行军事职务罪”等9个罪名的死刑；（4）扩张“帮助恐怖活动罪”“危险驾驶罪”“强制猥亵、侮辱罪”等罪的入罪范围；（5）对恐怖组织犯罪增设财产刑；（6）加重与恐怖活动有关的偷越国（边）境罪的法定刑；（7）取消“收买被拐卖的妇女、儿童罪”“可以不追究刑事责任”的规定，一律作犯罪评价；（8）加重“侵犯公民个人信息罪”的法定刑；（9）对妨害公务罪增设从重处罚规定；（10）对“非法侵入计算机信息系统罪”等4个信息网络犯罪增设单位犯罪；（11）加重“扰乱无线电通讯管理秩序罪”的法定刑；（12）加重“组织、利用会道门、邪教组织、利用迷信破坏法律实施罪”的法定刑并对“情节较轻”者降低法定刑；（13）加重“非法生产、买卖、运输制毒物品、走私制毒物品罪”的法定刑；（14）对贪污罪、受贿罪增设终身监禁制度；（15）对行贿罪等4罪增设罚金刑；（16）对侮辱罪、诽谤罪和虐待罪的告诉才处理作相应修改，使特定情形下的被害人能获得告诉的帮助。

2017年11月4日，第十二届全国人大常委会第三十次会议通过《中华人民共和国刑法修正案（十）》，新增“侮辱国歌罪”1个罪名，在公共场合侮辱国歌的行为被写入刑法，情节严重的可处3年以下有期徒刑。

2020年12月26日，第十三届全国人民代表大会常务委员会第二十四次会议通过了《中华人民共和国刑法修正案（十一）》。主要内容包括：第一，涉及未成年人的修改。一是在不普遍降低刑事责任年龄的前提下，对法定最低刑事责任年龄作个别下调。《刑法修正案（十一）》第1条第3

款规定：已满12周岁不满14周岁的人，犯故意杀人、故意伤害罪，致人死亡或者以特别残忍手段致人重伤造成严重残疾，情节恶劣，经最高人民检察院核准追诉的，应当负刑事责任。二是加大对性侵未成年人犯罪的惩处。修改奸淫幼女犯罪，对奸淫不满10周岁的幼女或者造成幼女伤害等严重情形明确适用更重刑罚；增加特殊职责人员性侵犯罪，对负有监护、收养、看护、教育、医疗等特殊职责人员，与已满14周岁不满16周岁未成年女性发生性关系的，不论未成年人是否同意，都应追究刑事责任；进一步明确对猥亵儿童罪从严惩处的具体情形，如猥亵儿童多人或者多次的；聚众猥亵儿童的，或者在公共场所当众猥亵儿童、情节恶劣的；造成儿童伤害或者其他严重后果的；猥亵手段恶劣或者有其他恶劣情节的。第二，维护公众安全感的修改。一是在维护公共安全方面，提高重大责任事故类犯罪的刑罚。对明知存在重大事故隐患而拒不排除，仍冒险组织作业，造成严重后果的安全生产类犯罪加大刑罚力度；增加危险作业犯罪，将刑事处罚阶段适当前移，对具有导致严重后果发生的现实危险、多发易发的安全生产违法违规情形依法追究刑事责任。《刑法修正案（十一）》第4条规定：在生产、作业中违反有关安全管理的规定，有下列情形之一，具有发生重大伤亡事故或者其他严重后果的现实危险的，处1年以下有期徒刑、拘役或者管制：（1）关闭、破坏直接关系生产安全的监控、报警、防护、救生设备、设施，或者篡改、隐瞒、销毁其相关数据、信息的；（2）因存在重大事故隐患被依法责令停产停业、停止施工、停止使用有关设备、设施、场所或者立即采取排除危险的整改措施，而拒不执行的；（3）涉及安全生产的事项未经依法批准或者许可，擅自从事矿山开采、金属冶炼、建筑施工，以及危险物品生产、经营、储存等高度危险的生产作业活动的。二是对社会反映突出的妨害公共交通工具安全驾驶的犯罪作出明确规定，维护人民群众的“出行安全”。《刑法修正案（十一）》第2条第1款规定：对行驶中的公共交通工具的驾驶人员使用暴力或者抢控驾驶操纵装置，干扰公共交通工具正常行驶，危及公共安全的，处1年以下有期徒刑、拘役或者管制，并处或者单处罚金。三是在维护食品、药品安全方面，进一步强化食品药品安全，与《药品管理法》等法律做好衔接。在《药品管理法》对假、劣药的范围作出调整后，同步调整了生产、销售假药罪和生产、销售劣药罪，以便于行刑衔接，同时，在《药品管理法》对假药、劣药的范围作出调整以后，保持对涉药品犯罪的惩治力度不被弱化，为此，增加妨害药品管理秩序犯罪这一轻罪，《刑法修正案（十一）》第7条规定：违反药品管理法规，有下列情形之一，足以严重危害人体健康的，处3年以下有期徒刑或者拘役，并处或者单处罚金；对人体健康造成严重危害或者有其他严重情节的，处3年以上7年以下有期徒刑，并处罚金：（1）生产、销售国务院药品监督管理部门禁止使用的药品的；（2）未取得药品相关批准证明文件生产、进口药品或者明知是上述药品而销售的；（3）药品申请注册中提供虚假的证明、数据、资料、样品或者采取其他欺骗手段的；（4）编造生产、检验记录的。第三，打击金融犯罪的修改。一是加大对证券犯罪的惩治力度。提高欺诈发行股票、债券罪，违规披露、不披露重要信息罪等资本市场违法犯罪的刑罚，加大罚金力度；明确控股股东、实际控制人等"关键责任人"的刑事责任；压实保荐人等中介机构的职责；进一步明确对"幌骗交易操纵""蛊惑交易操纵""抢帽子交易操纵"等新型操纵市场行为追究刑事责任。二是完善非法集资犯罪规定。将非法吸收公众存款罪的法定最高刑由10年有期徒刑提高到15年，同时调整集资诈骗罪的刑罚结构，加大对个人和单位犯集资诈骗罪的处罚力度。三是严厉惩处非法讨债行为。将采取暴力、"软暴力"等手段催收高利放贷等产生的非法债务的行为规定为犯罪，断绝支撑"套路贷""高利贷"等非法金融活动的获利基础。四是完善关于反洗钱犯罪的规定，加大境外追逃追赃力度。将《刑法》第191条修改为：为掩饰、隐瞒毒品犯罪、黑社会性质的组织犯罪、恐怖活动犯罪、走私犯罪、贪污贿赂犯罪、破坏金融管理秩序犯罪、金融诈骗犯罪的所得及其产生的收益的来源和性质，有下列行为之一的，没收实施以上犯罪的所得及其产生的收益，处5年以下有期徒刑或者拘役，并处或者单处罚金；情节严重的，处5年以上10年以下有期徒刑，并处罚金：（1）提供资金账户的；

（2）将财产转换为现金、金融票据、有价证券的；（3）通过转账或者其他支付结算方式转移资金的；（4）跨境转移资产的；（5）以其他方法掩饰、隐瞒犯罪所得及其收益的来源和性质的。将实施一些严重犯罪后的“自洗钱”明确规定为犯罪，同时增加有关洗钱行为方式的规定，增加地下钱庄通过“支付”结算方式洗钱等。第四，加强民营企业保护和优化营商环境的刑法修改。一是加大力度惩治在民营企业内部发生的侵害民营企业财产的犯罪，提高和调整职务侵占罪、非国家工作人员受贿罪、挪用资金罪的刑罚配置。二是总结实践中企业产权保护案件的经验，考虑民营企业发展和内部治理的实际情况，增设特殊情形下减免处罚的规定。《刑法修正案（十一）》第30条第3款规定：犯挪用资金罪，在提起公诉前将挪用的资金退还的，可以从轻或者减轻处罚。其中，犯罪较轻的，可以减轻或者免除处罚。三是对由于“融资门槛高”“融资难”等原因，民营企业因生产经营需要在融资过程中有一些违规行为，但并没有给银行造成重大损失的，一般不作为犯罪处理。为此，修改骗取贷款罪的入罪规定，缩小了刑法打击范围。第五，涉及知识产权的刑法修改。根据实践需要并且与修改后的《著作权法》《商标法》等相衔接，本次修改对《刑法》第213条假冒注册商标罪，第214条销售假冒注册商标的商品罪，第215条非法制造、销售非法制造的注册商标标识罪，第217条侵犯著作权罪，第218条销售侵权复制品，第219条侵犯商业秘密罪等有关规定作出修改完善。一是适当提高5个犯罪的刑罚，进一步加大惩治力度。二是增加侵犯服务商标犯罪规定，完善侵犯著作权中作品种类、侵权情形，增设有关侵犯表演者权等邻接权的规定。三是完善有关定罪标准的规定，将销售假冒注册商标的商品罪、销售侵权复制品罪的定罪量刑标准，修改为违法所得加情节。四是对侵犯商业秘密罪的规定作了进一步完善，规定了商业间谍犯罪等。第六，强化公共卫生的刑事立法。总结防控新冠肺炎疫情的经验和现实需要，与《生物安全法》的制定和《野生动物保护法》《传染病防治法》等法律的修改相衔接，本次刑法修改强化了公共卫生方面的立法。一是修改妨害传染病防治罪。进一步明确新冠肺炎疫情等依法确定的采取甲类传染病管理措施的传染病，属于本罪调整范围。同时将“出售、运输疫区中被传染病病原体污染或者可能被传染病病原体污染的物品，未进行消毒处理”“拒绝执行县级以上人民政府、疾病预防控制机构依照传染病防治法提出的预防、控制措施”增列为妨害传染病防治罪的行为类型，完善了构成犯罪的情形，严密了法网。二是增设相关轻罪。从维护国家安全和生物安全，防范生物威胁的角度出发，增加了三类犯罪，即非法植入基因编辑、克隆胚胎犯罪，非法采集人类遗传资源、走私人类遗传资源材料犯罪，以及非法引进、释放、丢弃外来入侵物种犯罪。三是强化对陆生野生动物的刑法保护。全国人大常委会《关于全面禁止非法野生动物交易、革除滥食野生动物陋习、切实保障人民群众生命健康安全的决定》明确规定：凡《野生动物保护法》和其他有关法律禁止猎捕、交易、运输、食用野生动物的，必须严格禁止；全面禁止食用国家保护的“有重要生态、科学、社会价值的陆生野生动物”及其他陆生野生动物，包括人工繁育、人工饲养的陆生野生动物；全面禁止以食用为目的猎捕、交易、运输在野外环境自然生长繁殖的陆生野生动物。为与上述决定相衔接，《刑法修正案（十一）》将以食用为目的非法猎捕、收购、运输、出售除珍贵、濒危野生动物和“三有野生动物”以外的在野外环境自然生长繁殖的陆生野生动物，情节严重的行为增加规定为犯罪，从源头上防范和控制重大公共卫生风险的发生。第七，其他修改。一是对污染环境罪作了较大修改完善。《刑法修正案（十一）》第40条调整了本罪的刑罚设置，将法定最高刑提高至15年有期徒刑，加大了对污染环境犯罪的惩处力度。为依法从严惩治重点领域的污染环境犯罪，根据《水污染防治法》《固体废物污染环境防治法》《土壤污染防治法》相关规定的精神，对一些污染环境的具体情形作了明确列举，并以犯罪情节而非实害后果作为法定刑升格的标准，避免“唯结果论”，不需要等严重后果发生就可以予以重罚。二是将环境影响评价造假、伪造环境监测数据的行为明确规定为犯罪。《刑法修正案（十一）》第25条对《刑法》第229条提供虚假证明文件罪、出具证明文件重大失实罪作了修改完善，将承担环境影响评价、环境监测职责的中介组织的人员明确为本罪的犯罪主体，同时对涉及公共安全的重大工程、项目中提供虚假的环境影响评价等证明文件的行为，适用更重的刑罚，法定最高刑提升至10年有期徒刑，加大了对环保领域提供虚假证明文件行为的处罚力度。三是根据实践中的发案情况，对袭警犯罪，破坏自然保护地犯罪，侮辱、诽谤英雄烈士，组织跨境赌博，兴奋剂违规等作出规定。总之，《刑法修正案（十一）》把握新时代我国社会主要矛盾的变化，积极回应社会关切，及时调整刑事立法理念，更加注重统筹发挥好刑法对于国家安全、社会稳定和保护人民的重要功能，在涉未成年人、金融乱象、产权保护、安全生产、食品药品、公共卫生安全、生态环境，以及妨害社会管理秩序等犯罪方面作了许多重要修改，充分体现出新时代刑事立法的新特点。

回顾1997年刑法实施20多年来的历次修改，可以发现我国刑事立法的特点和总趋势是“严而不厉”、[①]“严而有别”：

（一）严密刑事法网

20多年刑法修改过程表明，我国刑法立法开始从“厉而不严”抽身而出，转向“严而不厉”的科学文明的立法方向，刑事法网日趋严密。1979年刑法128个罪名，至今，我国现行刑法已有400多个罪名，将过去一些按民事侵权、违约或者行政违法予以民事制裁或者行政处罚的行为予以犯罪化，并通过扩充犯罪主体、扩展行为种类、扩大行为对象、兼容罪过等方式，修改罪状，降低入罪门槛，从而扩张刑事法网。刑事法网的严

① “严而不厉”是北京大学储槐植教授提出的关于刑法罪刑模式的主张。储槐植教授在20世纪80年代末撰文认为，刑法关于罪刑的模式有四种，“从严与厉的关系角度看，刑法不外有四种模式：一是不厉不严，二是厉而不严，三是又严又厉，四是严而不厉”。其中，“严而不厉”的罪刑模式，一是有助于实现刑罚预防犯罪的目的，二是相比于其他模式在我国能获得更长远的总效益，三是符合当今世界限制重刑的刑法改革潮流，因而对我国刑事立法而言是一种相对较好的立法模式。储槐植教授当时认为，我国刑法的罪刑模式，是“厉而不严”，“不严”表现在犯罪构成上，指“某些社会危害大的多发性犯罪的起刑线过高”。（参见储槐植：《严而不厉：为刑法修订设计政策思想》，载《刑事一体化》，法律出版社2004年版，第197—213页）距储槐植教授提出该论断已经过去了30余年，而我国刑法也已经历了多次修改，“严而不厉”的罪刑模式，笔者认为已经在我国刑事立法中日趋实现。

密主要表现在以下几个方面。

1. 贪污贿赂犯罪立法的完善

1997年刑法不仅在刑法分则第八章中规定了贪污罪、受贿罪、单位受贿罪、行贿罪、对单位行贿罪、介绍贿赂罪、单位行贿罪等贿赂犯罪，而且在刑法分则第三章第三节“妨害对公司、企业的管理秩序罪”中规定了公司、企业人员受贿罪与对公司、企业人员行贿罪。刑法实施后，立法机关对贪污贿赂犯罪的规定进行了多次修改与完善：（1）2006年《刑法修正案（六）》将公司、企业人员受贿罪的主体与对公司、企业人员行贿罪的行贿相对方身份范围拓展至“其他单位的工作人员”，相应的罪名修改为非国家工作人员受贿罪与对非国家工作人员行贿罪。（2）2009年《刑法修正案（七）》增设利用影响力受贿罪，将国家工作人员的近亲属或者其他与该国家工作人员关系密切的人利用该国家工作人员身份、地位和影响力收受贿赂的行为，以及离职的国家工作人员或者其近亲属以及其他与其关系密切的人利用该离职国家工作人员身份、地位和影响力收受贿赂的行为，一并纳入受贿犯罪体系。（3）2011年《刑法修正案（八）》新增对外国公职人员、国际公共组织官员行贿罪，将为谋取不正当商业利益而贿赂外国公职人员或者国际公共组织官员的行为规定为犯罪并予以刑事处罚，这是我国坚决履行《联合国反腐败公约》的重要举措。① 《刑法修正案（八）》将对外国公职人员、国际公共组织官员行贿罪设置在刑法第164条，作为该条第2款予以规定，在法定刑、单位犯罪、主动交代行贿可以从宽处罚等方面与对非国家工作人员行贿罪适用完全相同的规定。（4）2015年《刑法修正案（九）》对贪污贿赂犯罪进行了4个方面的完善：一是修改了贪污罪和受贿罪的定罪量刑标准，不再单纯以具体的数额作为定罪量刑标准，而是将犯罪的情节和数额综合作为定罪量刑标准；二是完善了行贿罪的财产刑规定，对行贿罪的处理也作了进一步的从严限定，目的是加大对行贿犯罪的处罚力度；三是增加利用国家工作人员影响

---

① 2005年，十届全国人大常委会第十八次会议审议批准了《联合国反腐败公约》，对推进我国的反腐败立法、加强同腐败犯罪作斗争，以及开展反腐败的国际合作，产生了深远的、历史性的影响。

力谋取不正当利益的规定；四是增加对贪污贿赂犯罪的禁止从业性规定，从而达到一种特殊预防犯罪的目的。

除了通过修正案的方式进行修改外，司法机关还发布司法解释，进一步明确贪污贿赂犯罪的办案标准。1999 年最高人民检察院制定的《关于人民检察院直接受理立案侦查案件立案标准的规定（试行）》为检察机关查处、起诉贿赂犯罪提供了量化标准。2003 年最高人民法院印发的《全国法院审理经济犯罪案件工作座谈会纪要》对受贿犯罪若干实践疑难问题进行了相对系统的解答，并归纳了对典型贿赂犯罪实践把握与法律适用的指导性意见。2007 年“两高”制定的《关于办理受贿刑事案件适用法律若干问题的意见》针对交易型受贿、干股型受贿、理财型受贿、特定关系人受贿等各种新类型受贿刑事案件的主要法律适用问题，研究制定了司法认定标准。2008 年“两高”制定的《关于办理商业贿赂刑事案件适用法律若干问题的意见》为办理商业贿赂刑事案件所面临的比较突出的问题提供了统一的司法判断规则。2009 年“两高”制定的《关于办理职务犯罪案件认定自首、立功等量刑情节若干问题的意见》进一步规范了职务犯罪案件自首、立功等量刑情节的认定问题。2010 年“两高”制定的《关于办理国家出资企业中职务犯罪案件具体应用法律若干问题的意见》根据企业改制过程中贪污贿赂犯罪案件中存在的一些新情况、新问题，提出了办理此类刑事案件具体应用法律的若干问题与司法适用意见。2016 年“两高”联合发布《关于办理贪污贿赂刑事案件适用法律若干问题的解释》，明确了贪污罪、受贿罪、挪用公款罪等诸多腐败犯罪的定罪量刑标准，贪污罪、受贿罪死刑、死缓及终身监禁的适用原则，为他人谋取利益、受贿故意、累计受贿数额的认定规则，行贿从宽处罚条件，罚金刑的适用等问题，强调依法从严惩治贪污贿赂犯罪。总之，通过制定刑法修正案与司法解释解决贪污贿赂犯罪刑法实践疑难问题，完善刑法惩治贪污贿赂犯罪的法网，已经被实践认可为一种兼具合法性与效率性的刑事法治路径。

2. 金融犯罪立法的完善

1997 年刑法分则第三章第四节“破坏金融管理秩序罪”有第 170 条至

第191条共计22个条文，第五节“金融诈骗罪”有第192条至第200条共计9个条文。根据1997年12月9日最高人民法院《关于执行〈中华人民共和国刑法〉确定罪名的规定》，破坏金融管理秩序罪包含罪名24个，金融诈骗罪包含罪名8个。

1998年12月29日，全国人大常委会颁布了《关于惩治骗购外汇、逃汇和非法买卖外汇犯罪的决定》，其中第1条新增加了有关骗购外汇的规定。1999年12月25日，第九届全国人大常委会通过了《刑法修正案》。其中第2条至第7条对刑法金融犯罪的有关规定进行了修改：增加了对期货交易中的内幕交易、泄露内幕信息，编造并传播期货交易虚假信息，诱骗投资者买卖期货合约和操纵期货交易价格行为追究刑事责任的规定；增加了对擅自设立证券、期货、保险机构和伪造、变造、转让其经营许可证或者批准文件行为追究刑事责任的规定；增加了对证券、期货、保险机构工作人员挪用本单位或者客户资金的行为追究刑事责任的规定。

2001年12月29日，第九届全国人大常委会通过了《刑法修正案（三）》。该修正案第7条加大了打击单位洗钱犯罪的力度，增加了“情节严重的，处5年以上10年以下有期徒刑”的量刑幅度。2005年2月28日，第十届全国人大常委会通过了《刑法修正案（五）》。该修正案第1条在刑法第177条后增加一条关于妨害信用卡管理秩序的规定，作为第177条之一。另外，《刑法修正案（五）》第2条对刑法第196条信用卡诈骗罪的行为模式进行了修改，增加了“使用以虚假的身份证明骗领的信用卡的”进行诈骗的情形。2006年6月29日，第十届全国人大常委会通过了《刑法修正案（六）》。该修正案第10条至第16条对刑法中金融犯罪的有关规定作了大幅度的补充和修改。分别对刑法第182条操纵证券、期货交易价格罪，第186条第1款违法向关系人发放贷款罪、第2款违法发放贷款罪，第187条第1款用账外客户资金非法拆借、发放贷款罪，第188条第1款非法出具金融票证罪，第191条第1款洗钱罪进行了修改。同时，该修正案新增了2条有关金融犯罪的规定：刑法第175条之一规定了有关骗用贷款、金融票证的犯罪，即以欺骗手段取得银行或者其他金融机构的贷款、票据承兑、信用证、保函等，给银行或者其他金融机构造成重大损失或者有其他严重情节的，最高可判7年有期徒刑；刑法第185条之一规定了有关擅自运用客户资金、委托、信托财产和违规运用资金的犯罪。2009年2月28日，第十一届全国人大常委会通过了《刑法修正案（七）》。该修正案第2条对内幕交易、泄露内幕信息罪作了修改和补充。在刑法第180条第1款中增加了明示、暗示他人从事非法证券、期货交易活动的行为方式，并增加一款关于"老鼠仓"的规定作为第180条的第4款。2015年8月29日，第十二届全国人大常委会通过的《刑法修正案（九）》在金融犯罪方面的主要修改内容便是废除了伪造货币罪、集资诈骗罪等金融犯罪的死刑，从而使刑法所有金融犯罪的法定刑中死刑都不复存在，开启了刑法成体系、成领域废除死刑的先河。

对金融犯罪刑事立法的补充和修正反映了我国金融市场变化和发展的需求。近十几年来，我国金融市场发展突飞猛进的发展，刑法的修改弥补了我国金融犯罪原有刑事立法的不足，也满足了惩治金融犯罪司法实践发展的需要，同时在很大程度上顺应了国际公约、条约等对我国的要求，努力做到了与世界各国和地区有关金融犯罪刑事立法接轨。

3. 恐怖活动犯罪立法的完善

恐怖主义已成为影响世界和平与发展的重要因素，是全人类的公敌。打击恐怖主义是我国刑法的重要任务。近十几年来，全国人大常委会根据恐怖活动犯罪的新情况、新形势，适应打击恐怖活动的实践需要，对刑法有关规定适时作出了修改完善。

第一，2001年《刑法修正案（三）》对恐怖活动犯罪的修改完善。《刑法修正案（三）》是专门规定恐怖活动犯罪的修正案。2001年美国发生了震惊世界的"9·11"恐怖袭击事件，世界反恐面临新形势。我国刑法立法迅速作出反应，对有关恐怖活动犯罪作了修改补充，以有效防范和应对可能出现的新的恐怖犯罪。具体来说，增加了资助恐怖活动罪、投放虚假危险物质罪、编造传播虚假恐怖信息罪，提高了组织、领导恐怖组织罪的法定刑，进一步明确了毒害性、放射性、传染病病原体等危险物质作为有关恐怖活动犯罪的对象，打击恐怖融资活动，将恐怖活动犯罪增加规定为洗钱罪的上游犯罪等。

第二，2015 年《刑法修正案（九）》对恐怖主义、极端主义犯罪的完善。包括：（1）将与实施恐怖活动有关的、按照传统犯罪形态理论和共犯理论属于预备行为和帮助犯行为的一些行为明确规定为独立的犯罪，由此增加了资助恐怖活动培训的犯罪，为恐怖活动招募、运送人员的犯罪，为恐怖活动作准备的犯罪，为进行恐怖活动偷越国边境的犯罪，拒不提供恐怖活动犯罪证据的犯罪等。（2）防范和惩处宣扬、传播、利用极端主义的行为。从国际上恐怖主义发展的规律看，以歪曲宗教教义或者以其他方法煽动仇恨、煽动歧视、崇尚暴力的极端主义，往往是恐怖活动犯罪的思想基础。对此，刑法作出针对性规定，将宣扬恐怖主义、极端主义，煽动实施恐怖活动，强制穿戴宣扬恐怖主义、极端主义服饰、标志，利用极端主义破坏法律实施以及非法持有恐怖主义、极端主义物品的行为规定为犯罪。上述修改补充体现了重在防范，打早打小和从严惩治的精神。

4. 网络犯罪刑事立法的完善

互联网技术的快速发展和广泛应用极大地影响和改变了人们的社会生活。互联网在促进技术创新、经济发展、文化繁荣、社会进步的同时，安全问题和利用互联网犯罪问题也日益凸显。与传统犯罪相比，互联网犯罪有其特殊的规律，如何把握其中的规律，并根据网络信息技术的发展，不断完善惩治互联网犯罪的规定，是刑法面临的新挑战。我国刑法立法回应互联网违法犯罪的新情况，通过《刑法修正案（七）》和《刑法修正案（九）》2 个修正案，及时修改、补充刑法规定，在网络治理上积极发力，为互联网健康、有序和安全发展提供了法制保障。

第一，完善针对互联网信息系统安全犯罪的立法。增加规定了侵入计算机信息系统或者通过其他技术手段，非法获取计算机信息系统数据或者非法控制计算机信息系统的犯罪；将提供侵入、非法控制计算机信息系统程序、工具的行为规定为专门犯罪；对入侵、控制和破坏计算机信息系统的犯罪增加规定了单位犯罪的刑事责任；修改扰乱无线电通讯管理秩序罪，加强打击“伪基站”“黑广播”等破坏通讯信息系统传输的犯罪。

第二，完善针对互联网信息内容安全犯罪的立法。为了及时、有效地制止和惩治当前信息网络领域突出的一些违法犯罪现象，降低侦查打击成本，将利用信息网络建立违法犯罪网站、发布违法犯罪信息、诈骗信息的行为规定为独立犯罪，将为他人利用信息网络实施犯罪提供帮助的行为规定为独立犯罪；为加强网络服务提供者对于网络安全的责任，促使网络服务提供者配合监管部门打击网络犯罪，增加了拒不履行信息网络安全管理义务罪；为加强对公民个人信息的保护，增加、修正了侵犯公民个人信息罪；将在信息网络上编造、故意传播虚假险情、疫情、警情、灾情的行为规定为犯罪；修改侮辱、诽谤罪，对通过信息网络实施侮辱、诽谤犯罪，被害人告诉时有权要求有关部门在取证上提供协助作了规定。

5. 破坏生态环境犯罪立法的完善

党的十八大以来，以习近平同志为核心的党中央高度重视生态文明建设，将其作为“五位一体”总体布局和“四个全面”战略布局的重要内容，坚持节约资源和保护环境的基本国策，树立“绿水青山就是金山银山”的理念，提出加快生态文明制度建设，用严格的法律制度保护生态环境。刑事立法贯彻中央精神，面对日益严重的资源与环境问题，根据实践需要，及时修改、补充了破坏生态环境犯罪的规定，在多个刑法修正案中对破坏生态环境犯罪作了修改补充：将非法占用林地，造成大量林地等农用地毁坏的行为增加规定为犯罪；对刑法中有关走私废物的规定作了修改；针对破坏国家重点保护的珍贵植物等森林资源的情况，补充了新的犯罪行为类型；修改污染环境罪，降低犯罪门槛，扩大了污染排放物的范围；修改非法采矿罪，加强对矿产资源的保护。

此外，20 多年来尤其是党的十八大以来，刑事立法还在加强对人民群众生命健康等权利保护、加强社会治理、维护社会秩序等方面进行了多处修改，完善了惩治相关犯罪的规定。

一是修改完善有关食品、药品等的犯罪规定，降低生产、销售假药罪和生产、销售不符合标准的医用器材罪的入罪门槛，加大处罚力度，调整了罚金的处罚标准，增加规定了食品监管渎职罪，将妨害进出境动植物检疫犯罪修改为妨害动植物防疫、检疫罪，扩大了构成犯罪的范围，以维护公共卫生安全。

二是修改完善重大责任事故罪、强令违章冒险作业罪、重大劳动安全事故罪等安全生产相关犯罪的规定，降低构成犯罪条件，提高有关犯罪的法定刑，增加了大型群众性活动重大安全事故罪和不报、谎报安全事故罪。

三是修改完善侵犯弱势群体权利犯罪的规定，增加了组织出卖人体器官罪，雇佣童工从事危重劳动罪，虐待被监护、看护人罪，组织残疾人、儿童乞讨罪，组织未成年人进行违反治安管理活动罪，拒不支付劳动报酬罪，协助组织卖淫罪等，对强制猥亵罪，猥亵儿童罪，收买被拐卖的妇女、儿童罪，强迫劳动罪，虐待家庭成员犯罪作了进一步修改、完善，取消了嫖宿幼女罪，总体上加大了对这类犯罪的惩处力度，以保护弱势群体的权益。

四是修改完善失信背信相关犯罪的规定，将社会管理领域中的一些突出的、社会危害严重的失信、背信行为作了入罪处理，增加了组织考试作弊罪和非法出售、提供试题、答案罪和代替考试罪，修改了伪造、变造居民身份证的犯罪规定，扩大伪造、变造身份证件的范围，将虚假诉讼的行为规定为犯罪等。

五是修改完善黑社会性质组织犯罪的规定，进一步明确黑社会性质组织犯罪的特征，提高法定刑，配套修改了与黑社会性质犯罪采取手段有关的强迫交易罪、敲诈勒索罪、寻衅滋事罪，修改了有关构成要件，提高了法定刑，加大对邪教犯罪的惩处力度。

六是修改完善危害公共安全方面犯罪的规定，增加危险驾驶罪，将醉酒驾车、飙车、客运车辆严重超载超速、违规运输危险化学品的行为规定为犯罪，维护道路安全。

七是修改完善侵犯财产治安犯罪的规定，修改了盗窃罪，有入户盗窃、携带凶器盗窃、扒窃情形的，直接入罪，修改抢夺罪，有多次抢夺情形的，直接入罪，加大惩治力度。

八是修改完善妨害公务犯罪的规定，明确对暴力袭警行为从重处罚，增加扰乱国家机关工作秩序罪，组织、资助非法聚集罪，维护国家机关依法履行职权。

九是修改完善扰乱社会秩序、破坏公序良俗犯罪的规定，修改赌博罪，提高开设赌场罪的法定刑，修改走私、买卖制毒物品罪，增加了惩治生产、运输制毒物品犯罪行为的规定，提高了法定刑，修改盗窃、侮辱尸体罪，将故意毁坏尸体行为入罪，把保护对象扩大到尸骨、骨灰等。

十是修改完善妨碍司法公正犯罪的规定，增加泄露不应公开的案件信息罪，披露、报道不应公开的案件信息罪，修改扰乱法庭秩序罪，增加构成犯罪的情形，提高拒不执行判决、裁定罪的法定刑，增加单位犯罪，对该罪的法律适用作出解释，对有关司法渎职类犯罪作了修改完善，增加了执行判决、裁定失职罪，执行判决、裁定滥用职权罪以及枉法仲裁罪，对妨害司法的赃物犯罪作了修改完善，惩治掩饰、隐瞒犯罪所得及其收益的行为。

（二）刑罚总体趋向宽缓化

在严密刑事法网的同时，刑事立法贯彻“国家尊重和保障人权”的宪法规定，理性回应了社会对于保障人权的强烈呼声，逐渐开启宽缓化变革之路，在坚持罪刑相适应原则的基本前提下，刑罚有轻有重，而总体趋向宽缓。

1. 减少死刑，慎用死刑

改革开放之后至1997年刑法颁布之前，我国从计划经济向社会主义市场经济过渡，社会矛盾累积且多发，治安形势一度十分严峻，为此，立法机关通过单行刑法增加新的罪名，加大对一些犯罪行为的处罚，同时也增加了一些死刑。1997年刑法修订本着“对现行法律规定的死刑，原则上不减少也不增加”① 的精神，保留了68个死刑罪名，但实际上对死刑在适用上有所限制和减少。自此之后，我国虽然在维护社会治安、预防和惩治犯罪方面遇到了一些严峻形势，但总体上并未再增加规定死刑条款。

2011年《刑法修正案（八）》废除了走私文物罪、票据诈骗罪、盗窃罪等13个非暴力犯罪的死刑适用，开创了新中国成立后刑事立法上削减死刑罪名之先河，同时拉开了减少死刑的帷幕，这在中国共产党刑事法治史上，无疑具有里程碑式的意义。2013年，党的十八届三中全会审议通过了《中共中央关于全面深化改革若干问题的重大决定》，明确指出完善人权司法保障制度、国家尊重和保障人权、逐步减少适用死刑罪名，是司法体制改革的重要内容，这是我国继《刑法修正案（八）》出台后，首次以党中央决定的形式提及死刑政策，并提出了从立法层面逐步削减死刑罪名的主张，是中国共产党在刑事法治改革过程中的又一重要举措。随后，2015年《刑法修正案（九）》取消了走私武器、弹药罪，走私核材料罪，走私假币罪，伪造货币罪，集资诈骗罪，组织卖淫罪，强迫卖淫罪，阻碍执行军事职务罪，战时造谣惑众罪9个死刑罪名。经过2011年、2015年2次减少死刑罪名，我国刑法中保留有死刑的罪名减少了约1/3。目前，我国刑法保留了46个死刑罪名，除贪污罪、受贿罪外，对经济性非暴力犯罪基本上不再保留死刑，死刑罪名基本上都直接与国家安全、公共安全、人民生命安全相关。

除了减少死刑罪名，立法机关还在以下方面对适用死刑作了进一步限制：（1）进一步严格了死刑缓期执行变为执行死刑的条件。将死缓执行死刑的条件由“故意犯罪，查证属实的”修改为“故意犯罪，情节恶劣的”，提高了死缓罪犯执行死刑的门槛，同时增加规定了对于死缓期间故意犯罪、但未执行死刑的，死刑缓期执行的期间重新计算，并报最高人民法院备案。（2）严格限制死刑适用对象。1997年刑法规定，对犯罪时未成年的人和审判时怀孕的妇女不适用死刑。《刑法修正案（八）》尊重中

---

① 王汉斌：《关于〈中华人民共和国刑法（修订草案）〉的说明》，1997年3月6日第八届全国人民代表大会第五次会议。

华民族“恤老怜幼”的法律传统，发扬人道主义精神，进一步规定，对审判的时候已满75周岁的人，不适用死刑，但以特别残忍手段致人死亡的除外。（3）1997年刑法对绑架罪“致使被绑架人死亡或杀害被绑架人的”规定了绝对确定的死刑，《刑法修正案（九）》对该规定作了调整，为司法机关根据案件情况正确适用死刑留下了空间。

死刑的减少，是中国共产党刑事政策的重大调整，反映了时代的发展潮流和要求，反映了中国共产党执政能力的提升和对制度的自信，也是新中国刑事法治不断进步、文明的标志。从长远来看，要进一步落实党中央提出的逐步减少适用死刑罪名的要求，除了继续研究死刑罪名的减少外，还需要对总则中死刑的适用条件、分则罪名适用死刑的情形等问题进行深入的研究，进一步从立法和司法上严格控制死刑的适用。

2. 调整刑罚结构，有选择地加重生刑

在减少死刑、慎用死刑的同时，加重生刑，主要是指提高死缓和无期徒刑的实际执行期限，加大惩治力度，尤其是对于死缓，通过限制减刑和设置终身监禁的方法，延长了实际执行期限。《刑法修正案（八）》将死缓罪犯有重大立功表现，可以减为有期徒刑的刑期由“十五年以上二十年以下”修改提高为“二十五年”，同时规定：对被判处死刑缓期执行的累犯以及因故意杀人、强奸、抢劫、绑架、放火、爆炸、投放危险物质或者有组织的暴力性犯罪被判处死刑缓期执行的犯罪分子，人民法院根据犯罪情节等情况可以同时决定对其限制减刑；人民法院对适用限制减刑的死刑缓期执行的犯罪分子，缓期执行期满后依法减为无期徒刑的，不能少于25年；缓期执行期满后依法减为25年有期徒刑的，不能少于20年。《刑法修正案（九）》对贪污罪和受贿罪规定终身监禁制度。

3. 轻轻重重，宽严相济

2012年以来，党中央在深化司法体制和工作机制改革中，提出了进一步落实宽严相济的刑事政策和对刑罚结构作出调整的具体要求。刑法修改贯彻中央决策，坚持宽严相济，有轻有重，既要加重对社会危害严重罪犯的精准发力，重点打击，也防止刑罚过度。一是加重部分犯罪的法定刑。主要加重了几类近年来发生较多、社会危害性较大、群众反映强烈的犯罪的法定刑，如组织、利用会道门、邪教组织、利用迷信破坏法律实施罪，拒不执行判决、裁定罪等。严格无期徒刑的执行，延长判处无期徒刑罪犯减刑、假释的最低实际服刑期限，由10年延长至13年。适当提高有期徒刑数罪并罚刑期，将有期徒刑数罪并罚后决定执行的刑期不超过20年，修改为“有期徒刑总和刑期不满三十五年的，最高不能超过二十年，总和刑期在三十五年以上的，最高不能超过二十五年”。特殊累犯涉及的犯罪增加了恐怖活动犯罪和黑社会性质的组织犯罪，严格限制立功减免处罚，取消犯罪后自首又有重大立功表现应当减轻或免除处罚的规定，等等。二是新增轻刑犯罪情节，进一步完善特殊人群从宽处罚制度，如未成年人累犯的排除（犯罪时不满18周岁的人不构成累犯），未成年人、孕妇和老年人缓刑的应当性适用（对其中不满18周岁的人、怀孕的妇女和已满75周岁的人，应当宣告缓刑），未成年人轻罪前科报告义务的免除（对未满18周岁的人犯罪被判处5年有期徒刑以下刑罚的，免除其报告义务），老年人犯罪从轻（已满75周岁的人犯罪，从轻、减轻处罚），等等。近年来，司法解释在刑法规定的基础上，贯彻宽严相济的刑事政策，根据司法实践情况，进一步严格规范了减刑、假释的具体执行，对减刑的条件、起始时间、减刑幅度、间隔等作了进一步从严把握，防止刑罚执行中的不公正和腐败问题，维护刑罚执行的严肃性。

4. 行刑社会化，强化刑罚尤其非监禁刑的社会效果

《刑法修正案（八）》在总结社区矫正工作试点经验的基础上，第一次在法律上规定了社区矫正制度，并明确适用于判处管制和适用缓刑、假释的罪犯。这对进一步完善我国的刑事执行制度，扩大非监禁刑罚的适用，改善刑罚执行效果具有重要意义。刑法修正案还创设了2项预防性措施：一是禁止令。《刑法修正案（八）》规定对犯罪分子在执行非监禁刑罚过程中，禁止其从事特定活动，进入特定区域、场所，接触特定的人，规定对犯罪分子决定假释时，应当考虑其假释后对所居住社区的影响。二

是职业禁止。《刑法修正案（九）》规定，因利用职业便利，或者实施违背职业要求的特定义务的犯罪被判处刑罚的，人民法院可以根据犯罪情况和预防再犯罪的需要，处罚其自刑罚执行完毕之日或者假释之日起禁止从事相关职业，期限为3年至5年。这些措施有利于强化刑罚的社会效果，更好地实现刑法的社会保护功能。

二、社会治理呈现共建共治共享的新格局

社会治理是现代国家治理的重要领域，指多元社会治理主体共同参与社会事务和社会生活的治理，进而实现国家对社会的有效治理。社会治理和社会管理虽然只有一字之差，但体现的是系统治理、依法治理、源头治理、综合施策，反映了中国共产党对社会运行规律和治理规律认识的深化，是社会建设理念、体制和方式的一次重大变革，与刑事法治建设有着极为密切的关系。

（一）新中国成立以来中国共产党社会治理理论的创新

新中国成立以来，中国共产党的社会治理理论经历了“计划管理”、“社会管理”、“社会治理”三个阶段。改革开放之前的计划经济时期，我国的社会结构是显性的城乡二元结构，社会治理实行与高度集中的计划经济体制相适应的、以严格管控为特征的计划管理模式。其主要特点是政府全能的社会管理，以单位为基础的从业人员管理，以街区为基础的城市人员管理和以单位制度、户籍制度、职业身份制度和档案制度为基础的社会流动管理。社会控制模式的实施极大地增强了国家对社会的组织动员能力和控制能力，但由于政府包办一切社会事务，所有社会成员被管理在相对封闭的“单位”之中，社会缺乏自我组织、自我管理、自我调节的机制，整个社会缺乏活力和创造力。

改革开放以后，随着经济体制改革的不断深化，我国经济社会结构发

生了巨大变化。因应改革开放之后的经济社会发展需要，我国社会治理模式逐步从改革开放之前的计划管理模式演变为与社会主义市场经济相适应的社会管理模式。2004 年，党的十六届四中全会通过的《中共中央关于加强党的执政能力建设的决定》提出“加强社会建设和管理，推进社会管理体制创新”。2006 年 10 月，党的十六届六中全会通过的《中共中央关于构建社会主义和谐社会若干重大问题的决定》提出要“创新社会管理体制，整合社会管理资源，提高社会管理水平，健全党委领导、政府负责、社会协同、公众参与的社会管理格局，在服务中实施管理，在管理中体现服务”。2007 年 10 月，党的十七大报告明确提出要“加快推进以改善民生为重点的社会建设”，要“更加注重社会建设，着力保障和改善民生，推进社会体制改革，扩大公共服务，完善社会管理，促进社会公平正义，努力使全体人民学有所教、劳有所得、病有所医、老有所养、住有所居，推动建设和谐社会”。总之，伴随着改革开放的不断深入，利益格局的不断调整，社会分化和重组的不断变化，新阶层不断涌现，社会主体多元化趋势呈现，利益矛盾日益突出，各种纠纷日趋频繁，弱势群体利益诉求表达方式出现了非理性化或对抗化，社会结构的张力不断加大，社会不和谐、不稳定的风险指数不断提高。面对改革开放带来的这些新矛盾、新问题，中国共产党提出了“坚持最广泛最充分地调动一切积极因素，不断提高构建社会主义和谐社会的能力”的目标，围绕着构建社会主义和谐社会的目标，进一步提出了“完善社会管理体系和政策法规，整合社会管理资源，建立健全党委领导、政府负责、社会协同、公众参与的社会管理格局。更新管理理念，创新管理方式，拓宽服务领域……形成社会管理和社会服务的合力”的“党政主导型”社会管理思路，希冀藉此化解社会矛盾，整合社会关系，使社会不同阶层、不同利益主体之间统一性增强、对立性减弱，达到关系融洽、团结协作，人与人之间相互尊重、相互信任的目的。

党的十八大以来，以习近平同志为核心的党中央，根据时代的变化提出了“创新社会治理”的命题，以辩证的思维矫正社会管理理论与实践的偏差，克服社会管理中单向度的重统治轻服务、重管控轻整合的偏好，提出了“坚持系统治理，加强党委领导，发挥政府主导作用，鼓励和支持社会各方面参与，实现政府治理和社会自我调节、居民自治良性互动”的多元主体合作治理理念。2012 年，党的十八大将社会管理模式概括为“党委领导、政府负责、社会协同、公众参与、法治保障”，目标是“保障改善民生、扩大公共服务、完善社会管理、促进社会公平正义”，这一表述在完善我国社会管理理论体系的同时，也为我国治理理论从“社会管理”跃升到“社会治理”奠定了基础。2013 年，党的十八届三中全会明确提出全面深化改革的总目标是完善和发展中国特色社会主义制度，推进国家治理体系和治理能力现代化，将“创新社会治理体制”作为推进“国家治理体系和治理能力现代化”的重要组成部分，明确提出了“创新社会治理体制”和“提高社会治理水平”的总体要求。至此，中国共产党的社会治理理论从计划管理、社会管理跃升到社会治理。在“五大发展理念”指导下，十八届五中全会进一步提出“推进社会治理精细化，构建全民共建共享的社会治理格局”。党的十九大总结社会治理实践与理论创新成果，基于对当前我国社会基本矛盾的准确研判，提出“打造共建共治共享的社会治理格局”的社会治理新构想，进一步完善了新时代中国共产党的社会治理理论。

（二）共建共治共享社会治理的新内涵

共建共治共享社会治理格局的创新在于通过共建、共治、共享，实现了权、责、利的动态平衡，是一种可持续的治理方式。

1. 共建是社会治理可持续的基础

共建指共同参与社会建设。党的十八大报告提出“在改善民生和创新管理中加强社会建设”，党的十九大报告提出“提高保障和改善民生水平，加强和创新社会治理”。可见，社会建设是社会治理的重要抓手，包括社会客体建设和社会主体建设。社会客体建设包括社会事业、公共服务和公共事务的处理等，表现为民生的全面改善；社会主体建设包括社会力量成长、公共精神培育等。从现实情况来看，十八大之前计划管理、社会管理的实践一方面积压了大量的社会需求与社会矛盾，集中表现为利益诉求多元化、社会问题多样化、社会阶层结构不合理，另一方面形成了畸形的政府与社会的关系，表现为社会组织能力低下、社会自治无序、公共精神缺失等。只有通过"共建"将社会客体和主体基础筑牢，共建共治共享社会治理新格局才能顺利开展。

2. 共享是社会治理可持续的动力

社会治理中"共建""共治"者的付出可能是来自某种崇高的情感，但长期缺乏承诺的兑现或可预见的收益，单纯靠情感和热情激发，"共建""共治"便难以为继。必须通过"共享"，建立社会治理的可持续动力。如果说"社会管理"是"以经济建设为中心"的从属政策，那么"社会治理"则是"以人民为中心"的主导政策，这一政策更加关注社会成员在社会治理过程中的获得感。"共享"就是要让社会治理的主体即人民群众有能力、有机会分享经济发展和社会治理的成果，让勤劳者能够致富，让奉献者享有尊荣，让公益者受尊崇，让弱者得到有效的照顾，让所有人都有合适的途径参与社会治理与国家治理，让所有人的合法权益得到尊重与维护，都能享受到精准化的社会保障、精细化的公共服务、可预期的社会晋升、安定有序的社会环境等。当然，共享并不意味着平均分配，而是指在满足各个利益相关者基本权利的基础之上实现社会公共利益的最大化，即全民共享、全面共享、共建共享和渐进共享。共享是权利，但也要承担相应责任；共享需要公平，但也考量效率；共享需要合作，但也需要竞争。

3. 共治是社会治理可持续的核心

在传统的社会管理格局中，政府居于中心，各个社会治理主体居于边缘位置。由于过度强调党和政府对社会的管控，各个社会治理主体不断被边缘化，参与社会治理的积极性没有充分发挥出来。社会治理是从自上而下的管理模式到上下结合、国家与社会相结合的治理模式的转变，这需要正确处理国家和社会的关系，鼓励和支持社会各方面的参与，需要在党的全面领导下，政府积极引导推动广大群众和社会组织、企事业单位等社会力量参与社会治理，引领群众自觉进行角色转换，从社会治理的旁观者、议论者、抱怨者、仇视者变成积极的建言者、参与者、建设者，努力形成社会治理人人参与、人人尽责的良好局面。

4. 党的领导是社会治理可持续的根本保证

中国特色社会主义最本质的特征是中国共产党的领导，中国特色社会主义制度的最大优势是中国共产党的领导。党是最高的政治领导力量，在我国国家治理体系中处于领导核心地位。坚持和加强党的全面领导，是新时代社会治理创新的题中应有之义，也是新时代社会治理创新的根本保证。新时代社会治理创新，必须始终坚持和加强党的全面领导，善于把党的领导和社会主义制度优势转化为社会治理优势，完善保证党的全面领导的制度安排，改进党的领导方式和执政方式，提高党把方向、谋大局、定政策、促改革的能力和定力，确保党始终总揽全局、协调各方。要坚持和完善党对社会治理工作全面领导的制度，推进党建工作在基层实践落地，构建由“一核多元”到“一核多能”的治理理念与服务创新。坚持开放的心态，以价值和战略为引领，充分向社会授权、分权，大力推动基层自治组织和社会组织的发展，构建新型“政党—社会”，形塑“强国家—强社会”模式。增强党的引领能力，推进服务型政府职能转变，激发社会活力，形成共建共治共享的现代化社会治理格局。

5.“自治法治德治”的社会治理体系是社会治理可持续的支柱

自治、法治、德治，是社会治理现代化建设的三大支柱。基层社会实行自治制度，既是国家宪法规定的重要制度，又是坚持人民主体地位的基本要求。法治是社会治理的基本准则和手段，全面推行法治，是社会治理现代化最重要的标志。德治是社会发展的本质要求，引领社会治理的前进方向。“三治并举”已经成为社会共识，进一步构建“三治并举”支柱体系，需要健全基层群众自治机制，增强基层社会自治功能，扩大群众参与治理的范围和途径，丰富自治内容和形式，加强基层民主制度建设，使之更好地适应和服务于社会治理创新的趋势和要求；需要加快社会领域立法进程，深化执法、司法体制改革，更好维护社会秩序，促进社会公平正义，深入开展法治社会宣传教育，在全社会树立法律至上的基本信念和行为准则；需要大力培育和弘扬社会主义核心价值观，继承和弘扬中华民族优秀传统文化，增强人们的认同感和归属感；还要做到自治、法治、德治相互融合、相互促进。

6. “社会化、法治化、智能化、专业化”建设是社会治理可持续的重要支撑

提高社会治理社会化、法治化、智能化、专业化水平，是推进社会治理现代化的重要目标，也是提升社会治理能力的重要途径。社会治理必须依靠社会力量，“社会化”就是要广泛动员全体社会成员，激发出强大的社会参与和自主能动力量；法治是社会治理常态化、长效化的根本保障，“法治化”就是要坚持以法律和法理为准绳，保障社会治理在法治的轨道上运行；智能治理是时代的重要特征，“智能化”就是要构建智能化社会治理平台体系，实现精准、高效、便捷的新型社会治理；专业本领是社会治理本领的重要体现，“专业化”就是要大力培养社会治理专业人才，用先进的理念、科学的态度、专业的方法、精细的标准，为加强和创新社会治理提供各种专业的服务。要推广现代科技应用，大力推进信息化、智能化建设，突出加强社会安全治理、公共空间治理、网络社会治理，特别要提高预测预警预防各类风险能力，提高快速、高效、精准应对各类突发事件的能力，更加注重加强制度建设，提高社会治理“四化”水平。

（三）共建共治共享社会治理的刑事法治内涵

当前，中国的社会治理面临诸多新问题、新挑战。人民日益增长的美好生活需要对党和政府进行的社会治理工作提出了更高的要求，快速变动的经济格局使得社会民生层面上的差距日益扩大，社会流动速度的加快带来价值观念颠覆性变化使得各种潜在风险急剧上升，城镇一体化过程中征地拆迁、利益分配等引发的群体性矛盾和危机不断迸发，劳动关系的复杂多变使劳资矛盾更加突出，基层干群关系仍然紧张。此外，随着经济全球一体化的进程不断加快，也带来了各类新型社会风险，恐怖主义、生态环

境、未知疾病、局部战争、金融危机可能导致大规模的社会动荡和治理危机。这一切，意味着新时代社会治安形势仍不容乐观，犯罪整体上仍呈复杂多发态势，从刑事法治的视角看，构建新时代共建共治共享社会治理新格局必然包括：

1. 加强预防和化解社会矛盾机制建设

创新社会治理，要从人民群众最关心最直接最现实的利益问题入手，建立健全社会矛盾排查预警机制，努力做到早发现、早预防、早处置。充分运用大数据技术、信息化手段，提高对各类社会矛盾的发现预警能力，及时排除、化解、处置各类社会矛盾。建立健全重大决策社会稳定风险评估机制。遇到关系复杂、牵涉面广、矛盾突出的改革，要及时深入了解群众实际生活情况怎么样，群众诉求是什么，改革能给群众带来的利益有多少，从人民利益出发谋划思路、制定举措、推进落实。预防和减少利益冲突，从源头上预防和减少各类社会矛盾。建立健全矛盾纠纷多元化调解机制。要善于运用法治、民主、协商的办法解决人民内部矛盾。强化法律在维护群众权益、化解社会矛盾中的权威地位，建立健全利益表达机制、协商沟通机制、救济救助机制，畅通群众利益协调、权益保障法律通道，完善人民调解、行政调解、司法调解联动，诉讼与非诉讼方式有机衔接、相互协调的多元化纠纷解决机制，提高矛盾多元化解的整体效果和效力。对各类社会矛盾，要引导群众通过法律程序、运用法律手段解决，推动形成办事依法、遇事找法、解决问题用法、化解矛盾靠法的良好环境。

2. 完善公共安全体系

习近平总书记指出："平安是老百姓解决温饱后的第一需求，是极重要的民生，也是最基本的发展环境。"要牢固树立安全发展理念，抓紧建立健全安全生产责任体系，完善安全生产法律法规、政策标准、技术服务，推动建立行业公共安全风险评估、化解和管控制度，落实政府安全生产监管责任和企业安全生产主体责任，加大安全生产目标考核权重和责任追究力度，强化预防治本、健全预警应急机制，提高安全生产的科技支撑能力和应急救援水平，坚决遏制重特大安全事故。要顺应人民群众的期待，坚持源头治理、标本兼治，加快相关安全标准制定，加快建立科学完善的食品安全治理体系，加快建立健全覆盖生产加工到流通消费的全程监管制度，加快检验检测技术和信息化建设，严把从农田到餐桌的每一道防线，用最严谨的标准、最严格的监管、最严厉的处罚、最严肃的问责，确保人民群众“舌尖上的安全”。要着力解决突出环境问题，构建政府为主导、企业为主体、社会组织和公众广泛参与的环境治理体系。切实加大投入，提高全社会安全意识，完善部门协同、上下联动、社会参与、分工协作的防灾减灾机制，提升全社会防灾减灾能力。要健全国家安全体系，推动全社会形成维护国家安全的强大合力。

3. 加快建设社会治安防控体系

深入推进平安中国建设，着眼于提升整体效能，努力构建全方位、立体化的公共安全防控网络，一手抓专项打击整治，一手抓源头性、基础性工作，以“全域覆盖、全网共享、全时可用、全程可控”为目标，深入推进公共安全视频监控建设联网应用，加快实现建设集约化、联网规范化、应用智能化。加强对学校、医院、人流密集场所等重点区域的防控，提高在基层一线化解矛盾和快速处置风险能力。严密防范坚决打击暴力恐怖活动，依法开展扫黑除恶专项斗争，惩治偷拐骗抢、黄赌毒等严重危害人民群众生命财产安全的犯罪活动，整治电信网络诈骗、侵犯公民个人信息、网络传销等突出问题，切实保护人民人身权、财产权、人格权。要加强源头治理，把激发活力和维护秩序、维护权益和维护稳定、保障安全和服务民生结合起来，优化公共安全治理社会环境，着力解决影响社会安定的深层次问题。

4. 加强互联网治理

网络安全和信息化是事关国家安全和人民群众工作生活的重大战略问题。习近平总书记指出，“网络空间是亿万民众共同的精神家园。网络空间天朗气清、生态良好，符合人民利益。网络空间乌烟瘴气、生态恶化，不符合人民利益。谁都不愿生活在一个充斥着虚假、诈骗、攻击、谩骂、恐怖、色情、暴力的空间。互联网不是法外之地”，“我们要本着对社会负责、对人民负责的态度，依法加强网络空间治理”。新时代社会治理涵括保护国家网络主权，加强互联网内容建设，建立网络综合治理体系。要加强互联网领域立法，完善网络信息服务、网络安全保护、网络社会治理等方面的法律法规，推动依法管网、依法办网、依法上网。健全基础管理、内容管理、行业管理以及网络违法犯罪防范和打击工作联动机制，形成党委领导、政府管理、企业履责、社会监督、网民自律等多主体参与，经济、法律、技术等多种手段相结合的综合治网格局。健全网络突发事件处置机制，形成正面引导和依法管理相结合的网络治理强大合力，营造清朗的网络空间。

三、反腐败斗争取得压倒性胜利

党的十一届三中全会不仅实现了指导思想的拨乱反正，也开启了以“纠正不正之风”为起点的中国特色反腐倡廉道路的探索。这次会议在吸取改革开放以前经验和教训的基础上，决定重建党内各级纪检机关，选举产生了以陈云为第一书记的中央纪律检查委员会，标志着反腐倡廉建设正式进入制度恢复和发展的新时期。自 1983 年 10 月开始，全党开展了为期 3 年半的“整风”运动。1986 年，在整党运动取得预期成果和腐败形势发生变化的情况下，邓小平进一步提出，“现在从党的工作来说，重点是端正党风，但从全局来说，是加强法制”，“廉政建设要作为大事来抓。还是要靠法制，搞法制靠得住些”。[①] 1987 年，党的十三大报告开始使用“消极腐败现象”这一提法，并明确提出：“在党的建设上走出一条不搞政治运动，而靠改革和制度建设的新路子。”1987 年 7 月，中华人民共和国监察部正式挂牌办公。1989 年，在广东省率先成立广东省人民检察院反贪污受贿工作局，最高人民检察院经济检察厅也更名为贪污贿赂检察厅，中央

① 《邓小平文选》（第三卷），人民出版社 1993 年版，第 163、379 页。

和地方开始了反腐倡廉制度建设的积极探索。

随着改革开放和利益分化的不断深入，腐败现象急速蔓延，引起人民群众的强烈不满，也引起了高层的重视，党和国家开始加大打击和惩治腐败的力度，并完善反腐败斗争的制度建设。1991 年，在建党 70 周年庆祝大会上，江泽民郑重提出："建立健全一套拒腐防变的制度，……同一切消极腐败现象进行毫不留情的斗争。"1989 年邓小平在谈话中提出："整个改革开放过程中都要反对腐败。"[①] 1997 年党的十五大正式提出"坚持标本兼治，教育是基础，法制是保证，监督是关键"的反腐败方针，2001 年 9 月，党的十五届六中全会进一步提出："标本兼治、综合治理，注重从源头上预防和解决腐败问题。"2003 年 10 月，党的十六届三中全会第一次明确提出要建立"惩治和预防腐败体系"，2007 年党的十七大报告第一次将反腐倡廉建设单列出来，成为党的"五大建设"之一，并指出必须"坚持标本兼治、综合治理，惩防并举、注重预防的方针，扎实推进惩治和预防腐败体系建设"。为落实十七大关于反腐倡廉建设的要求，中共中央制定《建立健全惩治和预防腐败体系 2008—2012 年工作规划》，对具体的工作步骤作了详细规划。

总的来说，党的十八大之前，中国共产党和中国政府在吸取改革开放以来反腐倡廉经验和教训的基础上，逐渐形成了反腐倡廉的思路：法治与制度反腐，注重加强法治和制度建设，积极构筑反腐倡廉的系统工程，初步形成了"惩治和预防腐败体系"的基本框架，确立了中国特色反腐倡廉的基本制度。但不可否认的是，党的十八大之前，反腐败斗争形势非常严峻，任务非常艰巨，腐败问题屡禁不止并开始呈高发态势，"圈子腐败"等塌方式腐败明显增多，习近平总书记在第十八届中央纪律检查委员会第二次全体会议上指出，"我们党员干部队伍的主流始终是好的。同时，我们也要清醒地看到，当前一些领域消极腐败现象仍然易发多发，一些重大违纪违法案件影响恶劣，反腐败斗争形势依然严峻，人民群众还有许多不

① 《邓小平文选》（第三卷），人民出版社 1993 年版，第 327 页。

满意的地方”，这是基于对党情国情客观分析基础上的清醒判断。

党的十八大以来，以习近平同志为核心的党中央反复考量、系统谋划，把党风廉政建设和反腐败斗争作为推进全面从严治党重大战略决策，以力挽狂澜的气魄、猛药去疴的决心、踏石有印的劲头、壮士断腕的勇气、严厉惩处的力度重拳出击，开创了反腐败斗争的新境界。反腐败斗争取得了压倒性胜利，形成了压倒性态势。党的十九大报告提出了“巩固压倒性态势、夺取压倒性胜利”的重要任务，2019 年 1 月，习近平总书记在十九届中央纪委三次全会上指出要“巩固发展反腐败斗争压倒性胜利”。党的十八大以来，反腐败斗争取得的重要进展和成就主要有以下几个方面。

（一）重拳反腐，“打虎”“拍蝇”“猎狐”无禁区

党的十八大以来，以习近平同志为核心的党中央以雷霆万钧之势掀起“打虎拍蝇”的廉政风暴，既坚决查处领导干部违纪违法案件，又切实解决发生在群众身边的不正之风和腐败问题。从宏观上看，处分和立案查处的人数均创历史新高。根据最高人民法院工作报告，2008—2012 年 5 年间，全国各级法院审结国家工作人员贪污贿赂、渎职侵权犯罪案件共 13.8 万件，判处罪犯 14.3 万人。而 2013 年至 2016 年 4 年间，这 2 项数字就已经分别达到 13.9 万件、18.7 万人。2012—2017 年，全国各级检察机关狠打职务犯罪，查办涉嫌犯罪的原县处级以上干部 16680 人，其中厅局级干部 2253 人，省部级干部 120 人。[①] 全国纪检监察机关共同处置问题线索 267.4 万件，立案 154.5 万件，处分 153.7 万人，涉嫌犯罪被移送司法机关处理 5.8 万人。[②] 从微观上看，查处的干部级别之高，人数之多，领域之宽，速度之快，挖掘问题之深，堪称空前。一是大官小官统打。以前反腐工作成绩突出体现在惩治了很多小官，但大官较少。拍苍蝇容易，打老

---

① 郭洪平：《依法反腐：用群众看得见的成效诠释责任担当》，《检察日报》2017 年 10 月 15 日第 2 版。

② 十九大首场记者会：“严”字何解？数字说话！新华网，http：//news. xinhuanet. com/politics/19cpcnc/2017-10/19/c_ 129723019. htm？from = groupmessage。

虎难，批量打虎则更难。本次反腐则是“以上率下”。周永康、薄熙来、郭伯雄、徐才厚、孙政才、令计划、苏荣等一批大“老虎”被绳之以法，消除了党内重大政治隐患，厚植了党执政的政治基础，坚定了人民群众对党的信心，传递出“零容忍”的信号，也更充分说明党纪国法面前没有任何人可以例外，再一次证明没有免罪的“丹书铁券”，也没有“铁帽子王”。在重拳打虎的同时，惩腐高压更有力地向基层传递。二是落马人数保持高位运行。2012—2017 年，立案审查省军级以上党员干部及其他中管干部 440 人。[①] 十八大之后的 2 年多时间内，年均被查的高官数是十八大前的 10 多倍。[②] 徐才厚是十八大后落马的首位原中央政治局委员，苏荣是首位副国级官员，周永康的查处打破了“刑不上常委”的惯例。反腐力度之大前所未有。三是反腐领域无限制。十八大之后的反腐败斗争深入了各个系统、各个领域，不但查处了人们熟悉的党政机关单位，还延伸到了新闻媒体、外交、军队、国安等敏感领域，诠释了中央“不设限制、没有禁区”的反腐决心。四是“猎狐”行动成就斐然。根据中央纪委监察部 2017 年 10 月 12 日发布的消息，在中央反腐败协调小组国际追逃追赃工作办公室统筹协调下，2014 年以来，共从 90 多个国家和地区追回外逃人员 3453 名、追赃 95.1 亿元，“百名红通人员”中已有 48 人落网，截至 2018 年 1 月，这个数字上升到了 52 人。红色通缉令头号嫌犯杨秀珠、5 号嫌犯闫永明等重点人员被缉拿归案或投案自首。在追逃追赃工作的高压态势下，外逃人员不断减少，根据十八届中央纪委向中国共产党第十九次代表大会报告中披露的信息，2014 年中国新增外逃人员达到了 101 人，在 2015 年已经减少到了 31 人，2016 年已经降到了 19 人，2017 年 1 月至 9 月为 4 人。[③]

---

① 十九大首场记者会：“严”字何解？数字说话！新华网，http：//news. xinhuanet. com/politics/19cpcnc/2017-10/19/c_ 129723019. htm？from = groupmessage。

② 吴高庆、钱文杰：《“打虎”大数据：传递哪些信息》，《检察日报》2015 年 1 月 13 日第 5 版。

③ 参见罗星：《新时代反腐思路的新拓展——十八大以来中国反腐败国际合作研究》，《河北青年管理干部学院学报》2018 年第 5 期。

（二）健全反腐败斗争的法治体系

2013 年 1 月 1 日生效的《刑事诉讼法修正案》对职务犯罪的侦查工作作出重大修改：对重大的贪污、贿赂犯罪案件可以采取技术侦查措施；通过特殊侦查手段获得的证据可以在法庭上直接使用；特别重大贿赂犯罪案件在侦查期间，辩护律师会见在押的犯罪嫌疑人应当经侦查机关许可等。特别值得一提的是，该次修正还首次规定了违法所得特别没收程序，为贪污贿赂等重大犯罪案件中犯罪嫌疑人、被告人逃匿、死亡情况下没收违法所得及其他涉案财产提供了法律依据。2015 年 11 月生效的《刑法修正案（九）》修改了贪污受贿罪定罪量刑标准，将原来的具体数额改为“数额＋情节”并重的二元弹性模式；在保留死刑的前提下增加对重大特大贪污受贿犯罪分子在被判处死缓同时可附带“终身监禁，不得减刑、假释”的规定；增设资格刑以剥夺被告人担任特定职务的权利；增设“对有影响力的人行贿罪”；严格行贿罪从宽处罚条件等。2015 年 10 月颁布的《中国共产党廉洁自律准则》《中国共产党纪律处分条例》把党章关于纪律的要求具体化，划出了党组织和党员不可触碰的底线，较好地处理了党内法规和国家法律的关系，有利于实现“把纪律挺在前面”。反腐败斗争法治体系的健全不仅表现在建章立制，更表现为有法必依。薄熙来案，从立案侦查到指定管辖、提起公诉再到微博直播庭审，严格遵循法治反腐的理念。白恩培受贿 2.46 亿元被判处死缓且终身监禁，不得减刑、假释，成为“终身监禁第一人”。2013 年至 2016 年底，全国检察机关共受理违法所得没收程序案件 62 件，向人民法院提出没收违法所得申请案件 38 件。[①]《人民日报》刊文称：近期查处的一系列大案要案都表明，对于贪污腐败，不管涉及谁，不管涉及哪一级，我们都会坚持一切皆断于法。[②]

---

① 参见裴显鼎、王晓东、刘晓虎：《违法所得没收程序重点疑难问题解读》，《法律适用》2017 年第 13 期。

② 《用法治思维和法治方式反腐败》，《人民日报》2013 年 8 月 27 日第 1 版。

（三）充分发挥巡视制度的作用

巡视制度是中央和省区市党委通过专门巡视机构按有关规定对下级党组织领导班子及其成员进行监督的制度。党的十八大以来，适应全面从严治党的新要求，中央修订了《中国共产党巡视工作条例》，对巡视工作的内容、形式等作出新规定，大大增强了巡视工作的针对性、实效性，使巡视工作步入制度化、规范化、常态化的轨道。纪委监察机关在巡视实践中不断创新，巡视工作机动灵活，新的思路、方式和手段层出不穷，在巡视中发现了大量领导干部涉腐问题线索，并按规定分别移交有关单位和部门办理。十八届中央第四轮巡视结束后，中央巡视组用近 2 年时间，完成了对 31 个省区市和新疆生产建设兵团的巡视全覆盖，2016 年又开展了 3 轮大规模巡视，对 19 个中央部门和企事业单位开展专项巡视，在矿产资源、土地出让、工程项目、惠民资金和专项经费管理等重点领域发现大量腐败问题，揭露了大批顶风违反中央“八项规定”精神的突出问题和违规用人、拉票贿选、买官卖官、超编制配备干部等问题，巡视强度、力度全面提升，巡视工作卓有成效，上下联动的巡视巡察体系基本形成。

（四）深化国家监察体制改革，实现监察工作全覆盖

深化国家监察体制改革，是以习近平同志为核心的党中央作出的事关全局的重大政治体制改革，是强化党和国家自我监督和反腐败斗争的重大决策部署。以习近平同志为核心的党中央高度重视国家监察体制改革。在 2016 年初召开的十八届中央纪委六次全会上，习近平总书记就明确指出，要坚持党对党风廉政建设和反腐败工作的统一领导，扩大监察范围，整合监察力量，健全国家监察组织架构，形成全面覆盖国家机关及其公务员的国家监察体系。2016 年 10 月，党中央决定在北京、山西、浙江 3 地先行开展国家监察体制改革试点工作，从体制机制、制度建设上先行先试、探索实践，为在全国推开改革和成立国家监察委员会积累经验。十九大报告强调，深化国家监察体制改革，将试点工作在全国推开，组建国家、省、

市、县监察委员会，同党的纪律检查机关合署办公，实现对所有行使公权力的公职人员监察全覆盖。2018 年 3 月 20 日，第十三届全国人大一次会议表决通过《中华人民共和国监察法》。经过先行试点、科学设计和广泛征求意见，国家监察委员会这一崭新的制度设计终于破土而出，确立其在国家政治体制中的法律地位，以法律形式明确了监察权的法律地位，从法律层面弥补了权力监督和制约的“短板”，从政治体制和法律制度双重层面科学构建起反腐败全新战略布局，有力实现监察工作全覆盖，有效推动涉及公权力领域的全方位监督。

四、“扫黑除恶”严厉打击黑恶势力犯罪

2018 年 1 月，中共中央、国务院联合发布了《关于开展扫黑除恶专项斗争的通知》，决定在全国开展为期 3 年的“扫黑除恶”专项斗争。根据部署，全国扫黑除恶专项斗争自 2018 年 1 月开始，至 2020 年底结束，为期 3 年，1 年一个阶段：2018 年为第一阶段，掀起扫黑除恶专项斗争新高潮，扫黑除恶专项斗争整体效能明显提高，犯罪突出问题得到有效控制，形成扫黑除恶浓厚氛围；2019 年为第二阶段，针对尚未攻克的重点案件、重点问题、重点地区集中攻坚，对已侦破的案件循线深挖、逐一见底，彻底铲除黑恶势力赖以滋生的土壤，人民群众安全感、满意度明显提升；2020 年为第三阶段，建立健全遏制黑恶势力滋生蔓延的长效机制，取得扫黑除恶专项斗争压倒性胜利。通过 3 年努力，使黑恶势力违法犯罪特别是农村涉黑涉恶问题得到根本遏制，涉黑涉恶治安乱点得到全面整治，重点行业、重点领域管理得到明显加强，人民群众安全感、满意度明显提升；黑恶势力“保护伞”得以铲除，加强基层组织建设的环境明显优化；基层社会治理能力明显提升，涉黑涉恶违法犯罪防范打击长效机制更加健全，扫黑除恶工作法治化、规范化、专业化水平进一步提高。截至 2018 年 12 月 31 日，在开展专项斗争 1 年的时间里，全国公安机关共打掉涉黑组织

1292个、恶势力犯罪集团5593个，破获各类刑事案件79270起，缴获各类枪支851支，查封、扣押、冻结涉案资产621亿余元，取得了明显的阶段性成效；通过开展专项斗争，带动社会治安形势进一步好转，全国刑事案件同比下降7.7%，八类严重暴力案件同比下降13.8%，人民群众安全感、满意度明显增强。[①]

“扫黑除恶”专项斗争，是党和国家在复杂多变的国内外形势下，高举习近平新时代中国特色社会主义思想的旗帜，坚持以人民为中心的发展思想，积极推进国家治理体系和治理能力现代化建设，有效巩固基层政权和切实保障人民群众安全的重大举措。“扫黑除恶”是刑法惩罚犯罪和保障人权使命的时代升华，亦是中国共产党运用刑事法律武器巩固人民民主专政之刑事法治传统的延续，具有丰富的时代意义和刑事法治内涵。

（一）改革开放以来打击黑恶势力犯罪刑事法治的历史脉络

我国惩治黑恶势力的刑事立法可追溯到1979年刑法。囿于当时的立法技术，1979年刑法没有对黑恶势力的相关犯罪进行明确规定，也没有针对性地引入与黑恶势力有关的概念。在实践中，司法部门只能适用其他罪名对黑恶犯罪进行处罚，如1979年刑法第23条第1款规定：“组织、领导犯罪集团进行犯罪活动的或者在共同犯罪中起主要作用的，是主犯。”该款中的“犯罪集团”，是指3人以上为实施共同犯罪而组成的较为固定的犯罪组织，这一特征与后来刑事立法对“黑社会性质组织”界定的组织特征具有高度的相似性。进入20世纪90年代后，随着改革开放的深化和社会主义市场经济体制的建立，我国的社会关系和社会结构发生了复杂的变化，有组织犯罪向黑社会犯罪演化的趋势明显，带黑社会性质的犯罪越来越多，境外黑社会组织对我国内地的渗透性犯罪不断增多，迫

---

① 参见《公安部发布会：通报全国公安机关扫黑除恶专项斗争一年来的工作情况》，公安部网站，http://www.mps.gov.cn/n2254536/n2254544/n2254552/n6371377/slindex.html，2019年9月7日访问。

于这一情势，立法部门经过研究，在1997年刑法中设置了3个专门罪名和1个关联罪名以加强对黑恶势力犯罪的惩治，具体包括：在第294条第1款增设组织、领导、参加黑社会组织罪；在第294条第2款增设入境发展黑社会性质组织罪；在第294条第3款增设包庇、纵容黑社会性质组织罪；在第191条增设洗钱罪，并将黑社会性质组织犯罪作为洗钱罪的上游犯罪。

由于黑社会性质组织的内涵和外延不甚明确，司法机关在对黑社会性质组织的认定上并不统一。为消除司法机关适用刑法的分歧，2000年12月5日，最高人民法院发布了《关于审理黑社会性质组织犯罪的案件具体应用法律若干问题的解释》，规定黑社会性质组织必须具备以下4个特征，即组织特征、经济特征、行为特征和客观危害性特征。在此基础上，2002年4月28日，全国人大常委会通过的《关于〈中华人民共和国刑法〉第二百九十四条第一款的解释》，对上述司法解释规定的4个特征予以了进一步的补充和完善，试图进一步明确黑社会性质组织的界限。为加大对黑社会性质组织的惩治力度，2011年颁行的《刑法修正案（八）》对黑社会性质组织犯罪作出了4个方面的修订：一是将全国人大常委会对黑社会性质组织所作的立法解释纳入刑法；二是加重了黑社会性质组织相关犯罪的法定刑；三是将黑社会性质组织犯罪纳入特殊累犯的范围；四是将强迫交易罪、寻衅滋事罪纳入黑社会性质组织犯罪的范围。该修正案加大了对黑恶势力犯罪的打击力度，为我国从严打黑提供了法律依据。经过数次修订，我国初步形成了以刑法第294条和其他关联条款为主体，以刑法修正案和相关司法解释等其他法律文件为补充的黑恶势力犯罪惩治体系，在打击黑恶势力犯罪方面收到一定成效。

（二）“扫黑除恶”的政策考量

党中央、国务院决定开展本次“扫黑除恶”专项斗争，既考虑到了当前我国黑恶势力实施违法犯罪的具体情况，也充分结合了我国对黑恶势力长期坚持的一贯政策方针。

1. 一些高发、多发的黑恶势力犯罪严重侵害了公民合法利益，妨碍了党治国理政和国家长治久安

惩治具有相当社会危害性的行为，是此次专项斗争最明确的指向。例如，2017 年在校园多次发生的“裸贷”事件，经媒体曝光后，引起了社会公众的热烈评议，这既关涉社会伦理问题，也暴露了金融领域内亟待治理的贷款乱象；再如，2016 年发生在山东聊城，在国内引起重大影响的“于欢案”，被害人使用侮辱、暴力等违法手段追讨债务跟惨剧的发生存在直接的因果关系；又如，在涉黑的腐败领域，基层腐败一直以来都是社会的“毒瘤”。黑恶势力犯罪严重扰乱了社会秩序，侵害了公民合法权益，长远看则严重妨碍了党治国理政和国家长治久安。以乡村振兴为例，乡村振兴战略是习近平总书记在党的十九大报告中明确提出的战略。实施乡村振兴战略必须创新乡村治理体系，而在实践中，乡村一些地方黑恶势力、宗族势力不断侵蚀、渗透基层“两委”，部分村“两委”人员借助、利用黑恶势力、宗族势力成为“村霸”，严重影响扶贫脱贫、振兴乡村等政策的实施，成为全面建成小康社会和实施乡村振兴战略的重大障碍。本次“扫黑除恶”专项斗争，正是对这些群众反映最强烈、最深恶痛绝、严重妨碍党治国理政和国家长治久安的各类黑恶势力违法犯罪社会问题的回应。

2. 常规的治理思维和手段对目前一些黑恶势力犯罪已难以达到效果

近几年来，黑恶势力犯罪呈现隐蔽化的趋势。有些黑恶势力借助科技发展，在黑恶活动中充分利用科技手段，强化了犯罪的隐蔽性。有些黑恶势力假冒创新创业使其活动介于违法与犯罪之间。黑恶势力的组织形态、获取利益的路径、手段也在不断发生变化。这些变化主要体现在犯罪手段由“硬暴力”向“软暴力”或非暴力手段转变。以前打打杀杀是黑恶势力的常见行为，但经过打黑除恶的整治和现代社会的发展，这些行为已经逐渐淡出人们的视野，大部分黑恶势力开始以“软暴力”或非暴力的恐吓、威胁等方式达到其攫取利益的目的；逐渐借助合法外衣继续进行违法犯罪活动，例如，以设立公司名义从事非法活动，以公司作为其合法外衣

躲避侦查；黑恶势力逐渐从过去常涉及的采砂、建筑等行业向物流、交通等领域转变，或者借助信息化平台构建非法高利贷平台或公司，事后使用威胁、恐吓手段加以催债；有些黑恶势力犯罪介于黑社会性质组织犯罪和普通犯罪之间，不利于对他们的犯罪活动作出快速定性及采取相应措施。在黑恶势力犯罪隐蔽性提升的情况下，单纯的“打黑除恶”手段已略显滞后，需要与时俱进地上升为“扫黑除恶”，深挖黑恶势力残余，剥掉黑恶势力的隐身外衣，减少漏网之鱼。

（三）“扫黑除恶”的政策依据

“扫黑除恶”专项斗争开展以来，从中央到地方出台了一系列政策文件，初步形成了关于“扫黑除恶”的政策体系。代表性的政策文件有：

1. 中共中央、国务院《关于开展扫黑除恶专项斗争的通知》

2018 年 1 月，中共中央、国务院联合发布了《关于开展扫黑除恶专项斗争的通知》。通知指出了“扫黑除恶”的重要意义，明确了“扫黑除恶”的总体要求、目标任务。要求聚焦涉黑涉恶问题突出的重点地区、重点行业、重点领域，把打击锋芒始终对准群众反映最强烈、最深恶痛绝的各类黑恶势力违法犯罪；坚持依法严惩、打早打小、除恶务尽，始终保持对各类黑恶势力违法犯罪的严打高压态势；进一步明确政策法律界限，既坚持严厉打击各类黑恶势力违法犯罪，又坚持严格依法办案，确保办案质量和办案效率的统一，确保政治效果、法律效果和社会效果的统一；严格贯彻宽严相济的刑事政策，对黑社会性质组织犯罪组织者、领导者、骨干成员及其“保护伞”依法从严惩处，对犯罪情节较轻的其他参加人员依法从轻、减轻处罚；依法及时采取查封、扣押、冻结等措施，综合运用追缴、没收、判处财产刑以及行政罚款等多种手段，铲除黑恶势力经济基础；主动适应以审判为中心的刑事诉讼制度改革，切实把好案件事实关、证据关、程序关和法律适用关，严禁刑讯逼供，防止冤假错案，确保把每一起案件都办成铁案；把扫黑除恶与反腐败斗争和基层“拍蝇”结合起来，深挖黑恶势力“保护伞”，将党员干部涉黑涉恶问题作为执纪审查重点加大督办力度，把打击“保护伞”与侦办涉黑涉恶案件结合起来，做到同步侦办、重点督办。

2. 最高人民法院、最高人民检察院、公安部、司法部《关于依法严厉打击黑恶势力违法犯罪的通告》

2018 年 2 月 2 日，最高人民法院、最高人民检察院、公安部、司法部联合发布《关于依法严厉打击黑恶势力违法犯罪的通告》，就依法严厉打击黑恶势力违法犯罪作出 4 项通告：（1）凡是实施黑恶势力违法犯罪以及包庇、纵容黑社会性质组织的人员，必须立即停止一切违法犯罪活动。自通告发布之日起至 2018 年 3 月 1 日，主动投案自首、如实供述自己罪行的，可以依法从轻或者减轻处罚。在此规定期限内拒不投案自首、继续为非作恶的，将依法从严惩处。（2）黑恶势力犯罪人员的亲友应当积极规劝其尽快投案自首，经亲友规劝、陪同投案的，或者亲友主动报案后将犯罪人员送去投案的，视为自动投案。窝藏、包庇黑恶势力犯罪人员或者帮助洗钱、毁灭、伪造证据以及掩饰、隐瞒犯罪所得、犯罪所得收益的，将依法追究刑事责任。黑恶势力犯罪人员到案后有检举、揭发他人犯罪并经查证属实，以及提供侦破其他案件的重要线索并经查证属实，或者协助司法机关抓获其他犯罪嫌疑人的，可以依法从轻或者减轻处罚；有重大立功表现的，可以依法减轻或者免除处罚。黑恶势力犯罪人员积极配合侦查、起诉、审判工作，在查明黑社会性质组织的组织结构和组织者、领导者的地位作用，组织实施的重大犯罪事实，追缴、没收赃款赃物，打击“保护伞”等方面提供重要线索和证据，经查证属实的，可以根据案件具体情况，依法从轻、减轻或者免除处罚。（3）全国政法战线要贯彻落实党的十九大精神，在各级党委的统一领导下，充分发挥社会治安综合治理优势，推动各部门各司其职、齐抓共管，形成工作合力。（4）欢迎广大群众积极举报涉黑涉恶犯罪和“村霸”等突出问题，对在打击黑恶势力违法犯罪、铲除黑恶势力滋生土壤、深挖黑恶势力“保护伞”中发挥重要作用的，予以奖励。政法机关将依法保护举报人的个人信息及安全。

3. 最高人民法院、最高人民检察院、公安部、司法部《关于办理黑恶势力犯罪案件若干问题的指导意见》

2018 年 1 月 16 日，最高人民法院、最高人民检察院、公安部、司法部联合发布了《关于办理黑恶势力犯罪案件若干问题的指导意见》，制定了“扫黑除恶”的司法指导意见。意见指出“扫黑除恶”要重点打击威胁政治安全特别是政权安全、制度安全以及向政治领域渗透的黑恶势力，把持基层政权、操纵破坏基层换届选举、垄断农村资源、侵吞集体资产的黑恶势力，利用家族、宗族势力横行乡里、称霸一方、欺压残害百姓的“村霸”等黑恶势力，在征地、租地、拆迁、工程项目建设等过程中煽动闹事的黑恶势力，在建筑工程、交运运输、矿产资源、渔业捕捞等行业、领域，强揽工程、恶意竞标、非法占地、滥开滥采的黑恶势力，在商贸集市、批发市场、车站码头、旅游景区等场所欺行霸市、强买强卖、收保护费的市霸、行霸等黑恶势力，操纵、经营“黄赌毒”等违法犯罪活动的黑恶势力，非法高利放贷、暴力讨债的黑恶势力，插手民间纠纷、充当“地下执法队”的黑恶势力，组织或雇佣网络“水军”在网上威胁、恐吓、侮辱、诽谤、滋扰的黑恶势力，境外黑社会入境发展渗透以及跨国跨境的黑恶势力。同时，要坚决深挖黑恶势力“保护伞”。意见还就黑社会性质组织犯罪的认定与惩处、恶势力犯罪的认定与惩处、利用“软暴力”实施的犯罪的认定与惩处、非法放贷讨债犯罪的惩处、依法严惩“保护伞”、依法处置涉案财产、黑恶势力犯罪的律师辩护，提出了具体的司法指导意见。

4. 中共中央办公厅、国务院办公厅《全国扫黑除恶专项斗争督导工作方案》

2018 年 7 月，中共中央办公厅、国务院办公厅印发《全国扫黑除恶专项斗争督导工作方案》。方案明确，由中央政法委牵头，会同全国扫黑除恶专项斗争领导小组成员单位，组成扫黑除恶专项斗争中央督导组开展督导工作。督导工作从 2018 年上半年开始，到 2019 年底，基本实现督导工作全覆盖。在督导基础上，适时开展“回头看”，督导各地区整改落实和建立健全长效机制情况，确保扫黑除恶专项斗争取得压倒性胜利。方案指出，督导工作主要围绕以下6个重点开展：一是围绕政治站位，重点督导党委和政府贯彻落实习近平总书记有关重要指示和中央决策部署情况，贯彻落实扫黑除恶专项斗争的总体要求和实施步骤情况，专项斗争第一责任人、直接责任人切实履行扫黑除恶重大政治责任情况；二是围绕依法严惩，重点督导扫黑、除恶、治乱的成效，特别是发动群众情况，严守法律政策界限，严格依法办案，确保涉黑涉恶问题得到根本遏制情况；三是围绕综合治理，重点督导各部门齐抓共管，相关监管部门对重点行业、重点领域加强日常监管，形成强大合力、整治突出问题情况；四是围绕深挖彻查，重点督导把扫黑除恶与反腐败斗争和基层"拍蝇"结合起来，治理党员干部涉黑涉恶问题，深挖黑恶势力背后"保护伞"情况；五是围绕组织建设，重点督导整顿软弱涣散基层党组织，严防黑恶势力侵蚀基层政权，为铲除黑恶势力滋生土壤提供坚强组织保证情况；六是围绕组织领导，重点督导各级扫黑除恶专项斗争领导小组及其办公室充分发挥职能作用，加大统筹力度，层层压实责任，推动解决经费保障、技术装备、专业队伍建设等重要问题情况。对督导发现的涉黑涉恶违法犯罪问题线索，依法移送有管辖权限的政法机关，对重大复杂疑难案件进行会商督办。对发现的党员干部及其他所有行使公权力的公职人员涉嫌违纪、职务违法和职务犯罪问题线索，及时移送纪检监察机关。

五、 中国共产党全国执政时期的刑事法治思想（四）

党的十八大以来，针对新时代刑事领域出现的新情况，以习近平为代表的中国共产党人解放思想、实事求是、与时俱进、求真务实，以全新的视野对新时代矛盾化解、维护国家安全、打击暴力恐怖犯罪、反腐败斗争、网络治理中的刑事课题进行了理论探索，丰富了新时代中国共产党刑事法治思想的内涵。

（一）坚持和发展“枫桥经验”，加强预防和化解社会矛盾机制建设

现代社会日趋复杂，矛盾和问题多发，防范风险和处置突发事件是社会治理的重要内容。针对当前社会矛盾多发现象，在党的十九大报告中，习近平总书记指出，要“加强预防和化解社会矛盾机制建设，正确处理人民内部矛盾。树立安全发展理念，弘扬生命至上、安全第一的思想，健全公共安全体系，完善安全生产责任制，坚决遏制重特大安全事故，提升防灾减灾救灾能力。加快社会治安防控体系建设，依法打击和惩治黄赌毒黑拐骗等违法犯罪活动，保护人民人身权、财产权、人格权”，健全利益表达、利益协调、利益保护机制，引导居民依法行使权利、表达诉求、解决纠纷。在化解社会矛盾上，20 世纪 60 年代初，浙江省诸暨市枫桥镇干部群众创造了“依靠群众就地化解矛盾”的“枫桥经验”，并根据形势变化不断赋予其新内涵，成为全国政法综治战线的一面旗帜。枫桥构筑了纵横交叉的防控网络系统，预防和打击违法犯罪活动并举；创建了矛盾分立调解法，根据不同的类型予以区别对待；建立了协调联动的矛盾纠纷多元化解机制，实现了由单一调解向多元化解调解转型升级。2013 年，习近平总书记作出重要批示，强调要充分认识“枫桥经验”的重大意义，发扬优良作风，适应时代要求，创新群众工作方法，善于运用法治思维和法治方式解决涉及群众切身利益的矛盾和问题，把“枫桥经验”坚持好、发展好，把党的群众路线坚持好、贯彻好。新时代借鉴“枫桥经验”，健全基层矛盾调处化解工作机制，一是要建立健全矛盾化解机制，整合政法、综治、维稳、司法行政等力量，完善基层矛盾排查调处化解机制。及时化解社会矛盾，有效解决群众诉求及困难，确保“小事不出村居、大事不出乡镇社区、难事不出县区、矛盾不上交”。二是要深化联动工作机制，做到人民调解与司法调解的联动、人民调解与治安行政调解的联动、人民调解与其他行政调解的联动，积极探索人民调解与刑事和解联动工作机制。三是引导社会力量参与社会矛盾的化解，促进社会和谐。

（二）运用总体国家安全观，维护国家安全和社会稳定

国家安全和社会稳定是国家发展的重要基石、人民福祉的根本保障。习近平总书记在不同场合多次强调，国泰民安是人民群众最基本、最普遍的愿望。实现中华民族伟大复兴的中国梦，保证人民安居乐业，国家安全是头等大事。早在2013 年1 月十八届中央政治局第三次集体学习时，习近平总书记就发表讲话，向国际社会发出维护国家安全的明确信号："我们要坚持走和平发展道路，但决不能放弃我们的正当权益，决不能牺牲国家核心利益。任何外国不要指望我们会拿自己的核心利益做交易，不要指望我们会吞下损害我国主权、安全、发展利益的苦果。"2014 年 1 月 7 日，在中央政法工作会议上，习近平总书记指出："要把维护社会大局稳定作为基本任务，把促进社会公平正义作为核心价值追求，把保障人民安居乐业作为根本目标，坚持严格执法公正司法，积极深化改革，加强和改进政法工作，维护人民群众切身利益，为实现'两个一百年'奋斗目标、实现中华民族伟大复兴的中国梦提供有力保障。"明确提出维护社会大局稳定是政法工作的基本任务。

习近平总书记从时代和全局的高度，面对新形势下我国国家安全和社会安定面临的威胁和挑战，适时调整完善国家安全战略和国家安全政策，统筹推进各项安全工作，健全国家安全体系，创造性地发展了中国共产党关于国家安全的思想和理论，提出了总体国家安全观。2014 年 4 月 15 日，习近平总书记在中央国家安全委员会第一次全体会议上首次提出总体国家安全观重大战略思想。2015 年 7 月 1 日，十二届全国人大常委会第十五次会议通过的《中华人民共和国国家安全法》，在总则中明确了国家安全、总体国家安全观、国家安全领导体制等概念，规定了维护国家安全的任务与职责，国家安全制度，国家安全保障，公民、组织的义务和权利等，明确了政治安全、国土安全、军事安全、文化安全、科技安全等 11 个领域的国家安全任务。2016 年 12 月 9 日，习近平总书记主持中共中央政治局会议，审议通过了《关于加强国家安全工作的意见》，明确了国家安全的

总体部署。把国家安全保障能力建设纳入“十三五”发展规划纲要，更好地适应了国家安全工作需要。十九大报告提出必须“坚持国家利益至上，以人民安全为宗旨，以政治安全为根本，统筹外部安全和内部安全、国土安全和国民安全、传统安全和非传统安全、自身安全和共同安全，完善国家安全制度体系，加强国家安全能力建设，坚决维护国家主权、安全、发展利益”。2018 年 4 月，在十九届中央国家安全委员会第一次会议上，习近平总书记再次发表重要讲话，强调要全面贯彻落实总体国家安全观，开创新时代国家安全工作新局面。

总体国家安全观内容丰富，从国内法的角度来说，其主要内容可以概括为“一条道路”“五对关系”“十二个要素”。“一条道路”是“走中国特色国家安全道路”。“五对关系”是既重视外部安全又重视内部安全，既重视国土安全又重视国民安全，既重视传统安全又重视非传统安全，既重视发展问题又重视安全问题，既重视自身安全又重视共同安全。“十二个要素”是人民安全、政治安全、国土安全、军事安全、经济安全、文化安全、社会安全、科技安全、信息安全、生态安全、资源安全、核安全。总之，总体国家安全观是一种统筹当代国家安全各方面问题的系统的国家安全思想、科学的国家安全理论。在新时代，面对国家安全这样一个异常复杂的社会大系统，必须在总体国家安全观指导下，运用系统的理论和科学的方法来认识和处理各方面的国家安全问题。

（三）严厉打击暴力恐怖犯罪

打击暴力恐怖犯罪是维护国家安全的应有之义，但应对境内外暴力恐怖主义犯罪上升的势头，打击暴力恐怖犯罪在刑事法治领域具有独特的价值和意义。习近平总书记高度重视打击暴力恐怖犯罪，2014 年 3 月 1 日云南省昆明市发生 1 起暴力恐怖事件，习近平总书记在第一时间作出重要指示，要求“以坚决态度、有力措施，严厉打击各种暴力恐怖犯罪活动”。2014 年 3 月 4 日，习近平总书记在参加全国政协少数民族界委员联组会时指出，“要坚决依法惩处和打击暴力恐怖活动”。2014 年 4 月 9 日，习近平总书记在为武警部队“猎鹰突击队”授旗时强调，“武警部队作为国家反恐维稳的重要力量，要……坚决有力打击各种暴力恐怖犯罪活动”。习近平总书记关于严厉打击暴力恐怖犯罪论述的内容主要包括以下几点：一是以“零容忍”的态势严打暴力恐怖主义犯罪。2014 年 5 月 21 日，习近平总书记在亚洲相互协作与信任措施会议第四次峰会上指出：“对恐怖主义、分裂主义、极端主义这‘三股势力’，必须采取零容忍的态度，加强国家和地区合作，加大打击力度”。针对 2014 年 4 月 30 日新疆乌鲁木齐火车南站发生的暴力恐怖主义案件，习近平总书记指出，反暴力恐怖斗争一刻也不能放松，必须采取果断措施，坚决把暴力恐怖分子的嚣张气焰打下去，必须打早、打小、打苗头，以迅雷不及掩耳之势、用铁的手腕予以毁灭性打击。二是构建打击恐怖主义犯罪的法治体系。2014 年 4 月 25 日，习近平总书记在中共中央政治局就切实维护国家安全和社会安定进行第十四次集体学习时指出：“反恐怖斗争事关国家安全……坚决把暴力恐怖分子嚣张气焰打下去。要建立健全反恐工作格局，完善反恐工作体系，加强反恐力量建设。要坚持专群结合、依靠群众，深入开展各种形式的群防群治活动，筑起铜墙铁壁，使暴力恐怖分子成为‘过街老鼠、人人喊打’”。党的十八大以来，我国陆续出台了一系列有关维护国家安全的法律，并逐步夯实和丰富了反恐法治体系，法治反恐格局基本形成。三是开展国际反恐合作。习近平总书记在诸多国际大型会议的讲话中反复谈及反恐国际合作和区域合作的重要性，尤其是在当前形势下更应重视区域性合作机制的构建。2015 年 7 月 10 日，习近平总书记在上海合作组织成员国元首理事会第十五次会议上指出：“我们要强有力推进反恐、禁毒、防务合作，提高本组织安全行动能力，形成更严密健全的执法合作网络。”2015 年 10 月 12 日，习近平总书记在中共中央政治局第二十七次集体学习中强调，要“加强国际社会应对资源能源安全、粮食安全、网络信息安全、应对气候变化、打击恐怖主义、防范重大传染性疾病等全球性挑战的能力”。2017 年 1 月 18 日，习近平总书记在联合国日内瓦总部演讲时指出：“近年来，在欧洲、北非、中东发生的恐怖袭击事件再次表明，恐怖主义是人类公敌。反恐是各国共同义务，既要治标，更要治本。要加强协调，建立全球反恐统一战线，为各国人民撑起安全伞。”

（四）加强网络治理，打击互联网犯罪

随着互联网新技术新应用不断发展，加强和创新网络治理成为国家治理中的重大问题。习近平总书记强调网络安全是事关国家安全和国家发展、事关广大人民群众工作生活的重大战略问题，提出了一系列新论断新要求，为打击互联网犯罪、加强互联网治理提供了思想遵循。2014 年 11 月，习近平总书记在向首届世界互联网大会所致的贺词中表示：“中国愿意同世界各国携手努力……深化国际合作，尊重网络主权，维护网络安全，共同构建和平、安全、开放、合作的网络空间。”为解决我国互联网管理体制方面存在的不足，统筹协调涉及政治、经济、军事以及社会文化等各个领域的网络安全和信息化重大问题，中央成立了网络安全和信息化领导小组，习近平总书记亲自担任组长。在中央网络安全和信息化领导小组第一次会议上，习近平总书记明确提出了“没有网络安全就没有国家安全，没有信息化就没有现代化”的重要论断。他强调：“网络安全和信息化是一体之两翼、驱动之双轮，必须统一谋划、统一部署、统一推进、统一实施。做好网络安全和信息化工作，要处理好安全和发展的关系，做到协调一致、齐头并进，以安全保发展、以发展促安全，努力建久安之势、成长治之业。”在 2016 年中央政治局的集体学习上，习近平总书记又强调：要严密防范网络犯罪特别是新型网络犯罪，维护人民群众利益与社会和谐稳定，要发挥网络传播互动、体验、分享的优势，听民意、惠民生、解民忧，凝聚社会共识，网上网下要同心聚力、齐抓共管，形成共同防范社会风险、共同构筑同心圆的良好局面，要维护网络空间安全以及网络数据的完整性、安全性、可靠性，提高维护网络空间安全能力。在党的十九大报告中，习近平总书记还指出要牢牢掌握意识形态工作领导权，“加强互联网内容建设，建立网络综合治理体系，营造清朗的网络空间”，各级领导要“增强改革创新本领，保持锐意进取的精神风貌，善于结合实际创

造性推动工作，善于运用互联网技术和信息化手段开展工作”。

（五）严惩腐败犯罪，抓好党风廉政建设和反腐败斗争

腐败与反腐败是包括刑事法治在内的国家法治建设中的一个重要主题。党的十八大以来，以习近平同志为核心的党中央围绕深入推进党风廉政建设和反腐败斗争，提出了一系列新观点、新论断、新要求，深刻回答了新时代党风廉政建设和反腐败斗争的重大理论和现实问题，进一步丰富和发展了党的反腐倡廉建设学说，为探索新时代党风廉政建设和反腐败斗争的规律，全面提高党的建设科学化水平提供了新的理论指导和行动指南，构成新时期中国共产党刑事法治思想的重要组成部分。其主要观点包括：

1. 党风廉政建设和反腐败斗争是中国共产党必须抓好的重大政治任务

习近平总书记多次从政治高度指出了反腐败工作的重大意义，认为腐败对中国共产党伤害最大，反腐败工作关系到党和国家的生死存亡，“近年来，一些国家因长期积累的矛盾导致民怨载道、社会动荡、政权垮台，其中贪污腐败就是一个很重要的原因。大量事实告诉我们，腐败问题越演越烈，最终必然会亡党亡国”，“我们党把党风廉政建设和反腐败斗争提到关系党和国家生死存亡的高度来认识，是深刻总结了古今中外的历史教训的。中国历史上因为统治集团严重腐败导致人亡政息的例子比比皆是，当今世界上由于执政党腐化堕落、严重脱离群众导致失去政权的例子也不胜枚举”。因此，他态度鲜明地指出：“坚决反对腐败，防止党在长期执政条件下腐化变质，是我们必须抓好的重大政治任务。”

2. 以零容忍态度惩治腐败

所谓零容忍，就是对腐败现象毫不忍受、毫不宽容，有腐必反、有贪必肃，发现一起坚决纠正一起，哪怕是轻微的腐败行为，也要毫不犹豫、毫不妥协地进行斗争，防止滋生蔓延。习近平总书记强调，“深入推进反腐败斗争，持续保持高压态势，做到零容忍的态度不变、猛药去疴的决心不减、刮骨疗毒的勇气不泄、严厉惩处的尺度不松，发现一起查处一起，

发现多少查处多少，不定指标、上不封顶，凡腐必反，除恶务尽”，“我们党严肃查处一些党员干部包括高级干部严重违纪问题的坚强决心和鲜明态度，向全党全社会表明，我们所说的不论什么人，不论其职务多高，只要触犯了党纪国法，都要受到严肃追究和严厉惩处，绝不是一句空话”，彰显出“有腐必反”的决心和态度。

3. 以“不敢腐”“不能腐”“不想腐”为目标，健全权力运行和监督体系

在反腐败战略目标上，习近平总书记提出“不敢腐、不能腐、不想腐”，惩治之后强化预防，通过治标为治本赢得时间，加强制度建设，健全权力运行和监督体系，真正做到“把权力关进制度的笼子里”，从“不敢腐”升级到“不能腐”“不想腐”。为此，要实行合理、科学的结构性分权与过程性分权，形成有效的权力制衡机制，“强化制约，合理分解权力，科学配置权力，不同性质的权力由不同部门、单位、个人行使，形成科学的权力结构和运行机制”。要强化权力公开，让权力在阳光下运行，“强化公开，推行地方各级政府及其工作部门权力清单制度，依法公开权力运行流程，让权力在阳光下运行，让广大干部群众在公开中监督，保证权力正确行使”。要明确责任，使权力制约监督制度真正产生威力，“一分部署还要九分落实。制定制度很重要，更重要的是抓落实，九分气力要花在这上面”，“要狠抓制度执行，扎牢制度篱笆，真正让铁规发力、让禁令生威”，落实党委的主体责任和纪委的监督责任。要创新纪检监察体制，保证纪委监察机构的相对独立性和权威性，习近平总书记指出，“增强权力制约和监督效果，必须保证各级纪委监督权的相对独立性和权威性”，“强化上级纪委对下级纪委的领导；明确规定查办腐败案件以上级纪委领导为主，各级纪委书记、副书记的提名和考察以上级纪委会同组织部门为主”，在出席十八届中央纪委六次全体会议的讲话中，习近平总书记提到要健全国家监察组织架构，形成全面覆盖国家机关及其公务人员的国家监察体系，首次提出了成立统一、相对独立的国家监察委员会的构想，通过创新纪检监察体制，构建党统一指挥、全面覆盖、权威高效的监督体系，

把党内监督同国家机关监督、民主监督、司法监督、群众监督、舆论监督贯通起来，增强监督合力。

4. 古为今用，汲取传统反腐倡廉法制文化中的有益成分

反腐倡廉法制在传统中国的历史可谓源远流长，是传统中国法制的重要组成部分，虽然，传统中国的反腐倡廉法制总的来说服从于大一统专制帝国君主集权的需要，是君主“以法治官”、控制官僚机构及队伍的工具，但经过数千年的历史演进，具备了高度的系统性、完整性、持续性和本土性，积累了丰富的反腐败的历史经验，时至今日，仍然闪烁着现实性的光彩。习近平总书记十分重视从传统反腐倡廉法制文化中汲取营养来完善当今中国反腐败的制度体系，他特别指出：“我们的先人们早就认识到，反腐倡廉的核心是制约和监督权力。我国古代很早就有监察、御史、弹劾、谏官等方面的制度。这些制度有不少在历代反腐倡廉中发挥了重要作用，对我们推进反腐倡廉制度建设具有借鉴意义。”党的十八大以来，权力制约与监督制度方面的许多创举充分借鉴了传统监察法制的一些做法，如巡视制度明显借鉴了传统巡按制度的经验，国家监察委员会显然借鉴了传统御史台制度的经验。

结语：坚守人民政法工作的刑事法治传统

政法传统是中国共产党在根据地时期形成并传承至今的法律传统。1959年，国家领导人董必武在一次讲话中指出，人民政法工作的优良传统是“服从党的领导、贯彻群众路线、结合生产劳动、为党和国家的中心工作服务”。[①] 政法传统强调党对政法工作的绝对领导权，明确法律的制定与实施必须从根本上服务于党治国理政的最高目标，深刻影响并指导了新中国各领域法律制度的发展和法治传统的形成。刑事法治传统是政法传统在刑事领域的体现和延伸，它既是中国共产党将马克思主义国家学说与法律理论运用于中国革命、建设与改革实践的产物，也是古代中国“刑治”传统的当代传承和创新。

一、 人民政法刑事法治思想的要旨

100多年来，中国共产党在领导中国革命、建设、改革的实践中，逐步积累起丰富的政法工作经验，逐步形成了一套自成体系、一以贯之的刑事法治思想体系及传统。其要点包括：

（一） 区分敌我，处理不同性质矛盾

作为国家暴力的必要组成部分，刑法从来就不是仁慈的直接展现，而

① 董必武：《董必武法学文集》，法律出版社2001年版，第423页。

主要是对敌人专政的利器。因此，适用刑法首先要区分敌我，对敌我矛盾性质的犯罪要坚决专政，无情打击，但对属于人民内部矛盾的违法犯罪，则要讲究方法，注重教育，“我们对于反动派和反动阶级的反动行为，决不施仁政。我们仅仅施仁政于人民内部，而不施于人民外部的反动派和反动阶级的反动行为”。①

（二）宽严相济，惩办与宽大相结合

在打击犯罪过程中，要针对犯罪的不同情况，区别对待，该宽则宽，该严则严，有宽有严，宽严适度。既要有力打击和威慑犯罪，维护法制的严肃性，又要尽可能减少社会对抗，化消极因素为积极因素，实现法律效果与社会效果的有机统一。虽然，对敌我性质矛盾的犯罪必须坚决专政，不心慈手软，不吝适用刑罚，但基于无产阶级改造世界、改造人类的自觉和神圣使命，应当将惩办与宽大结合起来，给犯罪分子以自新之路，做到改造多数，打击少数，“我们对反革命分子和其他犯罪分子一贯地实行惩办和宽大相结合的政策，凡是坦白的、悔过的、立功的，一律给以宽大的处置”。②

（三）刑法面前人人平等

中国共产党从成立第一天开始，就是为劳苦大众争取平等权利的无产阶级政党，平等是中国共产党新民主主义革命时期的基本政治诉求，也是社会主义革命、建设和改革开放时期党治国理政、建章立制的指导原则之一。在适用刑法打击犯罪的问题上，中国共产党虽然主张区分敌我，但那是基于矛盾的性质而非基于犯罪之人身份、财产和地位作出的区分。相反，党一直主张公民适用刑法上一律平等，党员干部犯罪与普通民众犯罪一样追究责任，甚至从党自我净化、自我完善、自我革新、

---

① 《毛泽东选集》（第四卷），人民出版社 1991 年版，第 1476 页。
② 《刘少奇选集》（下），人民出版社 1985 年版，第 254 页。

自我提高的政治高度出发，对党员干部遵纪守法提出更高的要求，对党员干部违法犯罪追究更严格的责任，“公民在法律和制度面前人人平等，党员在党章和党纪面前人人平等。人人有依法规定的平等权利和义务，谁也不能占便宜，谁也不能犯法。不管谁犯了法，都要由公安机关依法侦查，司法机关依法办理，任何人都不许干扰法律的实施，任何犯了法的人都不能逍遥法外”。[①]

（四）重视对犯罪的预防和综合治理

犯罪是阶级社会必然存在的社会现象，只要阶级没有消灭，利益冲突和斗争存在，就必然会产生犯罪现象。刑法的中心任务就是打击和预防犯罪，在刑事领域，对人民群众生命、财产和安全的保护只有通过有效打击与预防犯罪才能真正得以实现。为此，要在党的领导下，动员各方力量，对犯罪实施系统治理、依法治理、源头治理、综合施策，完善社会治安防控体系，加强预防和化解社会矛盾机制建设，积极消除犯罪的深层次原因，把犯罪扼杀在萌芽状态，全面预防和减少犯罪。

二、马克思主义法律理论同古代中国“刑治”传统相结合

马克思主义经典作家认为，国家是阶级斗争的产物，暴力革命是建立无产阶级国家的必经之路，无产阶级法律是无产阶级实现自己根本意志的必要手段，无产阶级法律同样依靠国家强制力保证实施，国家强制力最终体现为以军队、警察、监狱等暴力机构为载体的国家暴力，这种国家暴力本身属于无产阶级国家专政职能的重要组成部分，刑法则是有组织、有计划实施这种国家暴力的必须依据，也因此成为无产阶级专政的法治力量体现，构成无产阶级国家法律体系不可或缺的组成部分。

---

① 《邓小平文选》（第二卷），人民出版社 1994 年版，第 332 页。

人民政法工作的刑事法治传统，是中国共产党将马克思主义国家学说、法律理论尤其刑法理论运用于中国革命、建设、改革实践的成果。100 多年来，中国共产党领导中国人民取得了新民主主义革命、社会主义革命与建设、改革开放的伟大成就。但回顾既往，中国革命之艰辛、斗争之残酷，世所罕见；中国社会主义建设道路之崎岖、问题之复杂，世所罕见；中国改革开放中矛盾冲撞之剧烈、利益格局改变之巨大，世所罕见。师出以律，刑起于兵，面对革命、建设、改革过程中层出不穷、复杂纠结且从不乏尖锐的矛盾和问题，信仰马克思主义国家学说与法律理论的中国共产党自然而然以法律为武器，以刑法为干戈，一力降十会，迅速高效地破解革命、建设、改革过程中的矛盾和难题，由此进一步具体化并强化了马克思主义刑法理论在中国的运用。

人民政法工作的刑事法治传统，又是古代中国“刑治”传统在当代中国的传承与创新。早在夏商西周三代，刑法就已构成国家法律体系的主要部分，秦汉以降，礼乐德教在大一统中央集权帝国治理过程中的角色趋于次要，刑法和刑罚成为维系和治理大一统帝国的真正法制力量。诚然，古代中国并非只有刑法，但刑法高度发达是无可争辩的事实，而且违法和犯罪之间不存在严格的界限，一切触犯法律的行为，无论情节严重与否，都倾向于用刑罚来制裁，“刑为盛世所不尚”的表象下，是在治国和法制的实践中频繁及广泛适用刑罚的“刑治”真相，一切的钟鼎玉帛、黼黻文章，都遮盖不了这一“刑治”的真相。当然，“刑治”不反对恤刑慎杀，然恤刑慎杀必须以依法正确适用刑罚为前提，而非屈法恩宥，滥施仁义；“刑治”亦不主张一味重刑酷刑，而认为“刑罚世轻世重”，但在需要的时候将毫不犹豫地将“世轻世重”转变为“重典治国”。与之相类，人民政法工作的刑事法治传统主张区分敌我矛盾与人民内部矛盾，但对属于敌我矛盾的犯罪施行毫不留情的专政；主张惩办与宽大相结合，但并非放弃惩办；主张宽严相济，但并非一味从宽；重视对犯罪的综合治理，但决不放弃与削弱刑罚作为最终及最有力打击犯罪之手段的地位和作用。人民政法工作的刑事法治传统与古代中国

“刑治”传统的相似相通，反映出中国共产党基于高度的文化自信对传统法律文化的自觉传承和创新。

三、宽猛相济方能长治久安

政法工作是党和国家工作的重要组成部分，政法机关是党领导下从事政法工作的专门力量，政法传统是党和国家必须长期坚持的法律传统，这一传统在承认政法工作和政法机关的法律属性的同时，突出政法机关和政法工作的政治属性，明确政法机关首先是党领导下的政治机关，政法工作的首要任务是维护国家政治安全。为此，政法机关必须履行起专政的职责，运用好刑法这一法律武器，同危害国家政治安全的犯罪分子进行斗争，不为各种虚伪煽情的“普世”宣教所干扰，坚定捍卫党长期执政地位、捍卫中国特色社会主义、捍卫马克思主义在意识形态领域的主导地位、捍卫中华民族伟大复兴历史进程的自觉与自信，“运用人民民主专政的力量，巩固人民的政权，是正义的事情，没有什么输理的地方”，[①] 诚哉斯言！

新时代社会主要矛盾的转化并不意味着矛盾问题的减少、利益冲突的缓解，相反，快速变动的经济格局使得社会民生层面上的差距有所扩大，社会流动速度的加快带来价值观念的变化，使得各种潜在风险急剧上升，因利益分配引发的群体性矛盾仍在不断积累迸发，政法机关确保社会大局稳定的任务依然艰巨，刑法在新时代社会治理中，仍将发挥着不可替代的支柱性功能与作用。“鞭扑不可弛于家，刑罚不可废于国”，一味轻刑并不能有效遏制和预防犯罪，宽猛相济、刚柔并用才是国家长治久安之正道，也是人民政法工作的刑事法治传统始终不变的内涵。

① 《邓小平文选》（第三卷），人民出版社 1993 年版，第 379 页。

“一代之治体，自有一代之家法”，值此西声喧嚣之际，人民政法工作的刑事法治传统，融合了外来与本土、传统与现代，集宽与严、打与防、罚与爱等内容于一体，充分体现了刑法应有的本土场景与实践导向，必将为新时代法治中国和平安中国建设注入强大的法治力量。